詞詮

楊樹達 著

民國滬上初版書·復制版

詞詮

楊樹達 著

上海三聯書店

图书在版编目(CIP)数据

词诠 / 杨树达著. ——上海:上海三联书店,2014.3

(民国沪上初版书·复制版)

ISBN 978-7-5426-4662-0

Ⅰ.①词… Ⅱ.①杨… Ⅲ.①古汉语虚词 Ⅳ.①H141

中国版本图书馆 CIP 数据核字(2014)第 038235 号

词诠

著　　者 / 杨树达

责任编辑 / 陈启甸 王倩怡

封面设计 / 清风

策　　划 / 赵炬

执　　行 / 取映文化

加工整理 / 嘎拉 江岩 牵牛 莉娜

监　　制 / 吴昊

责任校对 / 笑然

出版发行 / 上海三联书店

(201199)中国上海市闵行区都市路 4855 号 2 座 10 楼

网　　址 / http://www.sjpc1932.com

邮购电话 / 021-24175971

印刷装订 / 常熟市人民印刷厂

版　　次 / 2014 年 3 月第 1 版

印　　次 / 2014 年 3 月第 1 次印刷

开　　本 / 650×900　1/16

字　　数 / 480 千字

印　　张 / 42.25

书　　号 / ISBN 978-7-5426-4662-0/H·38

定　　价 / 189.00 元

民国沪上初版书·复制版

出版人的话

如今的沪上，也只有上海三联书店还会使人联想起民国时期的沪上出版。因为那时活跃在沪上的新知书店、生活书店和读书出版社，以至后来结合成为的三联书店，始终是中国进步出版的代表。我们有责任将那时沪上的出版做些梳理，使曾经推动和影响了那个时代中国文化的书籍拂尘再现。出版“民国沪上初版书·复制版”，便是其中的实践。

民国的“初版书”或称“初版本”，体现了民国时期中国新文化的兴起与前行的创作倾向，表现了出版者选题的与时俱进。

民国的某一时段出现了春秋战国以后的又一次百家争鸣的盛况，这使得社会的各种思想、思潮、主义、主张、学科、学术等等得以充分地著书立说并传播。那时的许多初版书是中国现代学科和学术的开山之作，乃至今天仍是中国学科和学术发展的基本命题。重温那一时期的初版书，对应现时相关的研究与探讨，真是会有许多联想和启示。再现初版书的意义在于温故而知新。

初版之后的重版、再版、修订版等等，尽管会使作品的内容及形式趋于完善，但却不是原创的初始形态，再受到社会变动施加的某些影响，多少会有别于最初的表达。这也是选定初版书的原因。

民国版的图书大多为纸皮书，精装（洋装）书不多，而且初版的印量不大，一般在两三千册之间，加之那时印制技术和纸张条件的局限，几十年过来，得以留存下来的有不少成为了善本甚或孤本，能保存完好无损的就更稀缺了。因而在编制这套书时，只能依据辗转找到的初版书复制，尽可能保持初版时的面貌。对于原书的破损和字迹不清之处，尽可能加以技术修复，使之达到不影响阅读的效果。还需说明的是，复制出版的效果，必然会受所用底本的情形所限，不易达到现今书籍制作的某些水准。

民国时期初版的各种图书大约十余万种，并且以沪上最为集中。文化的创作与出版是一个不断筛选、淘汰、积累的过程，我们将尽力使那时初版的精品佳作得以重现。

我们将严格依照《著作权法》的规则，妥善处理出版的相关事务。

感谢上海图书馆和版本收藏者提供了珍贵的版本文献，使“民国沪上初版书·复制版”得以与公众见面。

相信民国初版书的复制出版，不仅可以满足社会阅读与研究的需要，还可以使民国初版书的内容与形态得以更持久地留存。

2014 年 1 月 1 日

楊樹達 著

詞詮

林義光署檢

中華民國十七年十月初版

序例

凡讀書者有二事焉：一曰明訓詁，二曰通文法。訓詁治其實，文法求其虚。清儒善説經者，首推高郵王氏。其所著書，如廣雅疏證，徵實之事也；經傳釋詞，擣虚之事也。其讀書雜志經義述聞，則交會虚實而成者也。嗚乎！虚實交會，此王氏之所以卓絶一時，而獨開二百年來治學之風氣者也！訓詁之學，自爾雅説文以下，更清儒之疏通證明，美矣！備矣！蔑以加矣！文法之學，篳路藍縷於劉淇，王氏繼之，大備於丹徒馬氏。余生顓魯，少讀王氏書而好之。弱冠遊倭，喜治歐西文字；於其文法，頗究心焉。歸國後，乃得讀馬氏書，未能盡慊。既頗刊其誤，復爲文法一書以正之。顧文法自有界域，不能盡暢其意，因倣經傳釋詞之體，輯爲是書。上采劉王，下及孫經世馬建忠童斐之書。凡諸詞義，緦理務密，暢言無隱。學者取是及鄦所爲文法參互治之，於文法之事，庶過半矣。編纂大例，具於左方，可覽觀焉。

一是書取古書中恒用之介詞、連詞、助詞、歎詞及一部分之代名詞、內動詞、副詞之用法，加以說明，首別其詞類，次說明其義訓，終舉例以明之。

一王氏經傳釋詞於詞之通常用法略而不說。此編意在便於初學，不問用法爲常爲偶，一一詳說。

一習用之詞，亦偶及其實義：如則訓法，乃名詞；如訓往，乃動詞。本書以治虛爲主，而復及此類實義者，蓋欲示學者以詞無定義，虛實隨其所用，不可執著耳。此類意之所至，偶示一二；不能求備，自不待言。

一字以引申而義變，義變而用法歧。本書爲欲便於初學，於詞之用法之異者，固不惜詳爲分晰。然江流萬派，同出岷山。學者旣知其所以分，又能知其所以合，則可謂心知其意者矣。

一經傳釋詞用唐守溫三十六字爲次，今用教育部國音字母爲次，師王氏之意也。慮有不習字母者，別編部首目錄，詳載卷數葉數，以便尋檢。

一本書例句多爲著者讀書時隨手采輯。亦間有展轉迻錄者。因出版倉卒。未獲一一檢核原書。如有差失，深冀讀者是正。

一本書原與著者所編高等國文法相輔而行，彼書以文法系統爲主，此編則以詞爲綱。讀者讀此編後，更讀彼書，則於我國古代文法可得會通，於讀古書或有事半功倍之効矣。

民國十七年五月二十日，遇夫記於北平六鋪炕寓之積微居。

詞詮目錄

ㄉㄊㄋㄌ諸聲之字　卷數與面數

ㄍㄎㄫㄏ諸聲之字　卷數與面數

ㄓㄔㄕㄖ諸聲之字　卷數與面數

ㄗㄘㄙ諸聲之字　　卷數與面數

一音之字　卷數與面數

ㄨ音之字　卷數與面數

ㄩ音之字　卷數與面數

ㄚㄞㄢㄦ諸音之字　　卷數與面數

附錄

詞詮部首目錄

人部

詞詮卷一

長沙　楊樹達　撰集

薄

①表態副詞　厚之反。▲子曰：躬自厚而薄責於人，則遠怨矣。論語衛靈公　▲及解年長，更折節爲儉，以德報怨，厚施而薄望。史記游俠郭解傳

②語首助詞　無義。後漢書李固傳注引韓詩薛君傳曰：薄，辭也。　▲薄汙我私，薄澣我衣。詩周南葛覃　▲采采芣苢，薄言采之。又芣苢　▲薄言采芑，于彼新田。又小雅采芑　▲薄伐獫狁，至於太原。又六月　▲薄言震之，莫不震疊。又周頌時邁　▲薄言追之，左右綏之。又有客

備ㄅㄟ

①表態副詞　具也，皆也。▲晉侯在外十九年矣；而果得晉國。險阻艱難，備嘗之矣。左傳僖二十八年　▲不穀惡其無成德，是用宣之以懲不壹；諸侯備聞此言。又成十三年　▲孝文皇帝備行此道，海內蒙恩，爲漢太宗。漢書王嘉傳　▲臣前與官屬三十六人奉使絕域，備遭艱厄。後漢書班超傳　▲奉少聰明，爲郡決曹史，行部四十二縣，錄囚徒數百千人。及還，太守備問之，奉口說罪繫姓名坐狀輕重，無所遺脫。又應奉傳

暴ㄅㄠ

①時間副詞。猝也。與今口語「陡然」同。▲陳嬰母謂嬰曰：自我爲汝家婦，未嘗聞汝先古之有貴者。今暴得大名，不祥；不如有所屬。史記項羽紀　▲第中鼠暴

多，與人相觸，以尾畫地。漢書霍光傳 ▲自古無道之國，水猶不冒城郭。今政治和平，世無兵革，上下相安，何因當有大水一日暴至？又王商傳 ▲長葛縣在潁川，其社有樹暴長。王隱地道記

本（ㄅㄣˇ）

①副詞 原始之辭。義與今語『本來』同。▲灌嬰在滎陽，聞魏勃本教齊王反，使使召責問魏勃。史記齊悼惠王世家 ▲竟不易太子者，留侯本招此四人之力也。又留侯世家 ▲陳丞相少時本好黃帝老子之術。又陳平世家 ▲彭越本定梁地，功多。又彭越傳 ▲尉佗之王，本由任囂。又南越傳 ▲雖萬全無患，然本非天子之所宜近也。又司馬相如傳 ▲張蒼爲計相時緒正律曆，以高祖十月始至霸上，因故秦時本以十月爲歲首，弗革。又張丞相傳 ▲蒼本好書，無所不觀。又 ▲於是上曰：『本言都秦地者婁敬。『婁』者，乃『劉』也。』賜姓劉氏。又婁敬傳 ▲哀

帝崩，莽秉政，使大司徒孔光奏：『隆前爲冀州牧，治中山馮太后獄，冤陷無辜，不宜處位在中土。』本中謁者令史立侍御史丁玄自典考之，但與隆連名奏事。漢書毋將隆傳 ▲式客罷，讓諸生曰：我本不欲來，諸生彊勸我，竟爲豎子所辱。又儒林傳 ▲莽妻宜春王氏女立爲皇后，本生四男：宇獲安臨。二子前誅死，安頗荒忽，迺以臨爲皇太子。又王莽傳 ▲然君初入關，本得百姓心，十餘年矣；皆附君。又蕭何傳

旁 ㄆㄤˊ

①方所介詞　傍也。按此字說文作徬，二篇下彳部云：徬，附行也。周禮牛人鄭注云：居其旁曰徬。▲齊人東郭先生遮衛將軍車拜謁曰：願白事。將軍止車前，東郭先生旁車言。史記滑稽傳 ▲其明年，單于將十餘萬騎旁塞獵。漢書匈奴傳 ▲匈奴三千餘騎入五原，略殺數千人。後數萬騎南旁塞獵。又 ▲左大且渠迺自請

與呼盧訾王各將萬騎南旁塞獵。又 ▲匈奴大發十餘萬騎，南旁塞至符奚盧山，欲入爲寇。又趙充國傳 ▲始皇遂旁海西至平原津而病，到沙丘而崩。論衡紀妖

彼

①不完全內動詞　假作『匪』字用，非也。 ▲彼交匪敖，萬福來求。詩小雅桑扈 按左傳襄二十七年說此詩云：『匪交匪敖，福將焉往？』 ▲彼交匪紓，天子所予。又采菽　按荀子勸學篇引作『匪交匪舒。』 ▲彼交匪傲。左傳成十四年引詩　按漢書五行志重引作『匪徼匪傲。』

②人稱代名詞　與今語『他』字相當。 ▲君退臣犯，曲在彼矣。左傳僖二十八年 ▲彼丈夫也；我，丈夫也。吾何畏彼哉？孟子滕文公上 ▲御者且羞與射者比，比而得禽獸雖若丘陵弗爲也。如枉道而從彼何也？又滕文公下 ▲彼必自負其材，

故受辱而不羞。史記季布傳 ▲及燕置酒，太子侍，四人者從太子；年皆八十有餘，鬚眉皓白，衣冠甚偉。上怪之，問曰：彼何爲者？又留侯世家 ▲蘇代曰：王不若重其贄厚其祿以迎之。使彼來，則置之鬼谷，終身勿出。又甘茂傳 ▲魏豹彭越懷畔逆之意，及敗，不死而虜囚，身被刑戮，何哉？彼無異故，智略絕人，獨患無身耳。又魏豹傳 ▲彼顯有所出事，迺以自爲他故；說者與知焉，則身危。又韓非傳

③指示代名詞　此指物而言，與前條指人者異，故別爲指示代名詞。 ▲息壤在彼。秦策 ▲以德若彼，用力如此，蓋一統若斯之難也！史記秦楚月表序 ▲陛下患使者有司之若彼；悼不肖愚民之如此。又司馬相如傳 ▲由是觀之，在彼不在此。又酷吏傳

④指示形容詞　此用在名詞之上，故與前條異。 ▲嘒彼小星，三五在東。詩召南小星 ▲有鳥高飛，亦傅于天。彼人之心，于何其臻？又小雅菀柳 ▲彼王不能用君之言任臣，安能用君之言殺臣乎？史記商君傳 ▲高祖召戚夫人指示四人者曰：

我欲易之，彼四人輔之；羽翼已成，難動矣。又留侯世家 ▲廣身自射彼三人者 又李廣傳

⑤句中助詞　無義。外動詞賓語倒裝時用之，與倒裝用之『是』字同。▲昧雉彼視。公羊傳　按此猶云『昧雉是視。』

俾

①不完全外動詞　爾雅釋詁云：俾，使也。▲王俾榮伯作賄肅慎之命。書序 ▲勸之以九歌，俾勿壞。書大禹謨 ▲俾予靖之。詩小雅菀柳 ▲俾爾彌爾性。又大雅卷阿 ▲無俾民憂。又民勞 ▲無俾城壞。又板 ▲俾爾熾而昌，俾爾壽而臧。又魯頌閟宮 ▲有渝此盟，明神殛之，俾墜其師，無克祚國。左傳成十二年 ▲敢盡布之執事，俾執事實圖利之。又成十三年 ▲穆公不忘舊德，俾我惠公用能奉祀於晉。又 ▲天降禍於周，俾我兄弟並有亂心，以爲伯父憂。又昭三十二年

比ㄅ一

①形容詞　每也，頻也。▲諸侯之於天子也，比年一小聘，三年一大聘。禮記王制

按鄭注云：比年，每歲也。▲永始二年，梁國平原郡比年傷水災。漢書食貨志 ▲孝王十四年入朝，十七年十八年比年入朝。又文三王傳 ▲丁令比三歲入盜匈奴。又匈奴傳　按顏注均訓比爲頻。

②表數副詞　皆也。▲耳目之官不思而蔽於物；物交物，則引之而已矣。心之官則思，思則得之，不思則不得也。此天之所與我者；先立乎其大者，則其小者不能奪也。孟子告子上　按比字或改爲此，非也。▲於是比選天下端士。大戴禮保傅

按漢書賈誼傳比作皆。▲頓足徒裼，犯白刃，蹈煨炭，斷死於前者比是也。秦策

按韓子初見秦篇比作皆。▲中山再戰，比勝。齊策

③表數副詞　頻也，連也。▲間者數年比不登。漢書文帝紀 ▲間者歲比不登。又

景帝紀　▲自趙廣漢誅後，比更守尹。又張敞傳　▲以樂成比廢絕，故改國曰安平。後漢書孝明八王傳

④時間副詞　近也。　▲比陰陽錯謬，日月薄蝕。後漢書光武紀

⑤時間介詞　讀去聲。及也，至也。與口語『到』同。　▲比時，具物。禮記祭義　▲王之臣有託其妻子於其友而之楚遊者。比其反也，則凍餒其妻子。孟子梁惠王下　▲武子

▲高祖以亭長爲縣送徒驪山，徒多道亡。自度比至皆亡之。史記高帝紀

不聽，卒立之。比及葬，三易衰。又魯世家　▲周丘一夜得三萬人，遂將其兵北略城陽。比至城陽，兵十餘萬。又吳王濞傳　▲宣教授諸生滿堂。有狗從外入，齧其中庭羣雁數十。比驚救之，已皆斷頭。漢書翟義傳　▲太后下詔曰：皇帝幼年，朕且統政，比加元服。又王莽傳　按此謂至平帝加元服時止，太后且統政也。　▲宜權停留，須來秋冬。比爾，吳亦足平。魏志鄧艾傳

⑥介詞　亦讀去聲。義同『爲』。（爲去聲。）　▲寡人恥之，願比死者一洒之。孟

子梁惠王上 ▲且比化者無使土親膚，於人心獨無恔乎？又公孫丑

必

①動詞　決也。內外動兩用。▲足下所以得須臾至今者，以項王在。項王卽亡，次取足下。何不與楚連和，三分天下而王齊？今釋此時，自必於漢王以擊楚，且爲智者固若此邪？漢書韓信傳　按此例爲內動用法。▲中國有禮義之教，刑罰之誅，愚民猶尚犯禁；又況單于能必其衆不犯約哉？又匈奴傳　按此例爲外動詞用法，可以今語『保證』意譯之。

②表態副詞　決也。今言『必定』。▲如有復我者，則吾必在汶上矣。論語雍也 ▲今之成人者何必然。又憲問 ▲子張曰：書云：高宗諒陰三年不言，何謂也？子曰：何必高宗！古之人皆然。又 ▲君子疾夫舍曰欲之而必爲之辭。又季氏 ▲必樹吾墓上以梓，令可以爲器。史記伍子胥傳 ▲布數爲項羽窘上，上怨之，故必

欲得之。又季布傳 ▲彼必自負其財，故受辱而不羞。又 誠得樊將軍首與燕督亢之地圖奉獻秦王，秦王必說，見臣。又刺客傳 ▲願得王一漢節，必有以報王。又吳王濞傳 ▲子孫爲小吏，來歸謁，萬石君必朝服見之，不名。又萬石君傳 ▲王計必欲東，能用信，信卽留。又淮陰侯傳 ▲王必欲長王漢中，無所事信。又 ▲子能必使來年秦之不復攻我乎？又平原君傳 ▲儀貧無行，必此盜相君之璧。又張儀傳 ▲王卽不聽用鞅，必殺之，無令出境！又商君傳

畢ㄅㄧˋ

①動詞 內外動兩用。終也。今言「完了。」 ▲吏民嘗有事學意方，及畢盡得意方不？史記倉公傳 按此作內動詞用。 ▲不多具牛酒，卽不能畢會。又孟嘗君傳 按此例作外動詞用。

②表數副詞 皆也。 ▲羣后以師畢會。書泰誓 ▲諸將効首虜休，畢賀。史記淮陰

侯傳　▲列侯畢已受封。又蕭何世家　▲招延四方豪傑；自山以東，游說之士莫不畢至。又梁孝王世家　▲戰勝暴子，割八縣，地未畢入。又穰侯傳　▲明道德之廣崇。治亂之條貫，靡不畢見。又屈原傳　▲天下遺文古事，靡不畢集。又自序　▲至高闕，獲首虜二千三百級，車輜畜畢收爲鹵。又衛將軍傳　▲割地定制，令齊趙楚各爲若干國，使悼惠王幽王元王之子孫畢以次各受祖之分地。漢書賈誼傳

別 ㄅㄧㄝˊ

①表態副詞　與今言「另」同。▲使沛公項羽別攻城陽。史記高帝紀　▲父恭弟寬信與家屬徙合浦，母別歸故郡鉅鹿。漢書董賢傳　▲良帶徑至單于庭，人衆別置零吾水上田居。又匈奴傳

②表數副詞　各也。▲卦氣起中孚，故離坎震兌各主一方。其餘六十卦。卦有六爻，爻別主一日，凡主三百六十日。易緯稽覽圖

便

①副詞　本爲『就便』之義，引申用之，則與『卽』字義同。▲善游者數能。若夫沒人，則未嘗見舟而便操之者也。莊子達生　▲郡不出鐵者，置小鐵官，便屬在所縣。史記平準書　▲令六國復自立，秦地益小，乃以空名爲帝，不可。宜爲王如故。便立二世之兄子公子嬰爲秦王。又秦始皇紀　▲少年欲立嬰便爲王。又項羽紀　▲楊僕使使上書，願便引兵擊東越。又東越傳　▲馳義侯遺兵未及下，上便令征西南夷平之。漢書武帝紀　▲涉遣奴至市買肉，奴乘涉氣，與屠爭言，斫傷屠者亡。茂陵守令尹公聞之，大怒。知涉名豪，欲以示衆厲俗，遣兩吏脅守涉。至日中，奴不出，吏欲便殺涉去。涉迫窘，不知所爲。又游俠傳　▲臣超區區特蒙神靈，竊冀未便僵仆，目見西域平定。後漢書班超傳　▲或謂超可便殺之。超曰：非汝所及。又　▲如有卒暴，超之氣力不能從心，便爲上損國家累世之功，下棄忠臣竭力之用，誠可

痛也。又 ▲至，便問徐孺子所在。世說 ▲預此宗流，便稱才子。鍾嶸詩品

偏 ㄆㄧㄢ

①表數副詞 皆也。表數之全。▲羣黎百姓，偏爲爾德。詩小雅 ▲偏謁羣公子。左傳 ▲彼自丞尉以上，偏置私人。漢書賈誼傳 ▲若其它背理而傷道者，難偏以疏擧。又 ▲范蠡偏遊天下。又李陵傳 ▲孝元之後，偏有天下。然而世絕於孫，豈非天哉！又宣元六王傳贊

並 ㄅㄧㄥ 竝 倂 并

①表數副詞 劉淇曰：同時相比之辭。▲諸侯竝起。漢書高帝紀 ▲少以父任兄弟竝爲郎。又蘇武傳 ▲高皇帝與諸公倂起。又賈誼傳 ▲哀帝之末，俱著名字，爲後進冠，竝入公府。又陳遵傳 ▲昭儀及賢與妻旦夕上下，竝侍左右。又董賢傳

▲兄弟竝寵。又 ▲父子並爲公卿。又

②表數副詞　皆也。朕卜，幷吉。書大誥 ▲余並論次，擇其言尤雅者，故著爲本紀書首。史記五帝紀

③表態副詞　兼也。▲代孝王參初立爲太原王。四年，代王武徙爲淮陽王，而參徙爲代王，復並得太原，都晉陽如故。漢書文三王傳

④介詞　合也。▲孫堅說愼曰：賊城中無穀，當外轉糧食。堅願得萬人斷其運道，將軍以大兵繼後，賊必困乏而不敢戰。若走入羌中，幷力討之，則涼州可定也。後漢書董卓傳 ▲餘羌招同種千餘落幷兵晨奔熲軍。又段熲傳

⑤介詞　與今語『連』『合』義同。▲元鼎中，徙代王於淸河，是爲剛王。並前在代凡立四十年薨。漢書文三王傳

⑥方所介詞　音傍。與『旁』字用法同。參閱『旁』字條。▲文帝從霸陵上，欲西馳下峻阪。袁盎騎，並車擥轡。上曰：將軍怯邪？史記袁盎傳 ▲自代並陰山下至

高闕爲塞。漢書匈奴傳 ▲騫並南山欲從羌中歸，爲匈奴所得。又張騫傳

⑦連詞 且也。▲殷叛楚，以舒屠六，舉九江兵迎黥布，竝行屠城父。漢書高帝紀 ▲見者呼之曰：『薊先生小住！小住！』竝行應之。後漢書方術傳

不

①不完全內動詞 非也。▲苟不至德，至道不凝焉。禮記中庸 按正義云：不，非也。言苟非至德也。▲苟不固聰明聖知達天德者，其孰能知之？又 ▲女何擇否人？何敬不刑？何度不及？墨子尚賢 按此引書呂刑篇文。今呂刑否字不字皆作非。▲今有飢色，君過而遺先生食，先生不受，豈不命耶？莊子讓王 ▲田成子有乎盜賊之名，而身處堯舜之安，小國不敢非，大國不敢誅，十二世有齊國，則是不乃竊齊國幷與其聖知之法以守其盜賊之身乎？又胠篋 ▲人主欲得善射射遠中微者，縣貴爵重賞以招致之，內不可以阿子弟，外不可以隱遠人，能中是者取

之是豈不必得之之道也哉！荀子君道 ▲畢弋田獵之得，不以盈宮室也；徵斂於百姓，非以充府庫也。大戴禮王言 ▲上之所賞，命固且賞，非賢固賞也；上之所罰，命固且罰，不暴故罰也，墨子非命 按右二例不與非互用。不非古音同母，故可通用。▲虧損聖德，誠不小愆。漢書孔光傳 ▲煒曰：夫人小而聰了，大未必奇。融應聲曰：觀君所言，將不蚤惠乎？後漢書孔融傳

②同動詞　無也。▲若師不功，則厭而奉主車。周禮大司馬 按與上文若師有功相對爲文。▲不本而犯，怨之所聚也。晉語五

③否定副詞　▲人不知，而不慍，不亦君子乎？論語學而 ▲夫一旦有急叩門，不以親爲解，不以存亡爲辭，天下所望者，獨季心劇孟耳。史記袁盎傳 ▲以項羽之氣而季布以勇顯於楚，身典軍搴旗者數矣；可謂壯士！然被刑戮，爲人奴而不死，何其下也！又季布傳 ▲窮困不能辱身下志，非人也；富貴不能快意，非賢也。又 ▲仁爲人陰重不泄；常衣敝補衣溺袴，期爲不絜清，以是得幸景帝。又周文傳 ▲天

子曰：非此母不能生此子。又酷吏傳 ▲上幸鼎湖，病久，已而卒起幸甘泉，道多不治。上怒曰：縱以我爲不復行此道乎？又 ▲溫舒至惡，其所爲，不先言縱，縱必以氣淩之，敗壞其功。又 ▲所藏活豪士以百數，其餘庸人不可勝言。然終不伐其能，歆其德。又游俠傳 ▲布之初反，謂其將曰：上老矣，厭兵，必不能來。又黥布傳 ▲天子以太后故，不忍致法於王。又韓長孺傳 ▲意忽忽不樂。又 ▲留侯性多病，卽道引，不食穀。又留侯世家

④禁止副詞　勿也。 ▲我且往見，夷子不來。孟子滕文公

⑤否定副詞　作「否」字用。 ▲公卿有可以防其未然救其已然者不？各以誠對！漢書于定國傳 ▲今世以侈靡相競，而上亡制度，棄禮誼，捐廉恥，日甚，可謂月異而歲不同矣。逐利不耳！慮非顧行也。又賈誼傳 ▲人主之行異布衣。布衣者，飾小行，競小廉，以自託於鄉黨；人主唯天下安社稷固不耳。又 ▲司監若此，可謂稱不？又王莽傳

⑥語首助詞　無義。▲我有良翰，不顯申伯。詩大雅崧高　▲不顯不承，無射於人斯。又周頌清廟　▲不顯成康，上帝是皇。又執競

⑦語中助詞　無義。　按古『不』『丕』通用。『丕』爲無義之助詞者甚多，故『不』亦有爲助詞而無義者。惟王氏釋詞於此例所收太廣。如書西伯戡黎，『我生不有命在天，』明是反詰語氣省去『乎』字者。史記有『乎』字，是其明證；而王氏必謂史記爲誤。逸周書芮良夫篇云：『不其亂而，』左傳宣四年云：『若敖氏之鬼，不其餒而，』此皆爲反詰語氣。『不其亂而，』猶云『不將亂乎』也。而王氏亦認不爲發聲無義，皆不免違失。故今約舉數例，讀者於此當審辨之。▲爾尙不忌凶德。書多方　▲播刑之不迪。禮記緇衣引書甫刑　▲幼壯孝弟，耆耋好禮，不從流俗，修身以俟死者，不在此位也。又射義　▲我不則寅哉寅哉。逸周書皇門

叵

①不可之合音　說文云：叵，不可也。　按不，副詞；可，助動詞。　▲布目備曰：大耳兒最叵信。後漢書呂布傳

②副詞　遂也。　▲帝知其終不爲用，叵欲討之。後漢書隗囂傳　▲超欲因此叵平諸國，乃上疏請兵。又班超傳

頗

①表態副詞　略也，少也。　▲魯周霸孔安國雒陽賈嘉頗能言尚書事。史記儒林傳　▲襄，其天姿善爲容，不能通禮經；延頗能，未善也。又　▲梁使韓安國及楚死事相弟張羽爲將軍，乃得頗敗吳兵。又吳王濞傳　▲及絳侯免相之國，國人上書告以爲反，徵繫請室。宗室諸公莫敢爲言。唯袁盎明絳侯無罪。絳侯得釋，盎頗有力。又袁盎傳　▲臣願頗采古禮與秦儀雜就之。又叔孫通傳　▲孝景之時，鼂錯以刻深頗用術輔其資。又酷吏傳　▲然戰國之權變，亦有可頗采者，何必上古！又六

圖表序 ▲人有告鄧通盜出徼外鑄錢。下吏問，頗有之。又佞幸傳 ▲樗里子以骨肉重固其理；而秦人稱其智故頗采焉。又樗里疾傳 ▲且縱單于不可得，恢所部擊其輜重，猶頗可得以慰士大夫心。又韓長孺傳 ▲自殷以前諸侯，不可得而譜；周以來，乃頗可著。又三代世表序

丕 ㄆㄧ

①連詞　王引之云：丕，承上之詞。「丕」猶言「乃」，「丕乃」猶言「於是」。

▲三危既宅，三苗丕敘。書禹貢 ▲女克黜乃心，施實德于民，至于婚友，丕乃敢大言女有積德。又盤庚 ▲女萬民乃不生生，暨予一人猷同心，先后丕降與女罪疾。又 ▲茲予有亂政同位，具乃貝玉，乃祖乃父丕乃告我高后。又 ▲迪高后丕乃崇降弗祥。又 ▲至於旬時，丕蔽要囚。又康誥 ▲后式典集，庶邦丕享。又梓材 ▲厥既命殷庶，庶殷丕作。又召誥

②語首助詞　無義。　▲丕惟曰，爾克永觀省。書酒誥　▲丕若有夏歷年。又　▲丕靈承帝事。又多士　▲丕單稱德。又君奭　▲丕承無疆之恤。又　▲丕顯文武。又文侯之命　▲丕承萬子孫。逸周書皇門　▲丕顯哉！文王謨；丕承哉！武王烈。孟子滕文公引書

③語中助詞　無義。　▲惟乃丕顯考文王克明德慎罰。書康誥　▲女丕遠惟商耇成人宅心知訓。又酒誥　▲其丕能諴于小民。又召誥　▲公稱丕顯德。又洛誥　▲罔丕惟進之恭。又多方　▲公稱丕顯之德。逸周書祭公　▲奉揚天子之丕顯休命。左傳僖廿八年　▲昧旦丕顯。又昭三年

披ㄆㄧ　陂　波

①表地介詞　傍也。　▲披山通道，未嘗寧居。史記五帝紀　按徐廣注云：披他本作陂，旁其邊之謂也。　▲自玉門陽關出西域有兩道：從鄯善傍南山北波西行至

莎車爲南道，自車師前王庭隨北山波，河西行至疏勒爲北道。漢書西域傳 ▲波。漢之陽互九疑爲長沙。又諸侯王表序 ▲陂山谷而閒處兮，守寂寞而存神。馮衍顯志賦

偏 之一七

①副詞 ▲朕聞天不頗覆，地不偏載。漢書匈奴傳 ▲嘗晝寢，偏藉上袖。上欲起，賢未覺；不欲動賢，乃斷袖而起。其恩愛至此。又董賢傳 按兩袖而藉其一，故云偏藉。▲謝公因子弟集聚，問：毛詩何句最佳？遏稱曰：『昔我往矣，楊柳依依；今我來思，雨雪霏霏。』公曰：『訏謨定命，遠猶辰告。』謂此句偏有雅人深致。世說

頻 之一八

①數量形容詞 屢也。連也。 ▲加以北征匈奴，西開三十六國，頻年服役，轉輸煩

費。後漢書楊終傳

②副詞　屢也連也。　▲頻歷二司，舉動得禮。後漢書劉愷傳　▲和帝初，拜謁者，除任城長，遷陽夏重合令。頻歷三城，皆有惠政。又周磐傳　▲自帝卽位以後，頻遭元二之戹，百姓流亡，盜賊竝起。又陳忠傳　▲是時，地數震裂，衆災頻降。又李雲傳

莫ㄇㄛ

①無指代名詞　爲『無人』『無物』之義。　▲子曰：莫我知也夫！論語憲問　▲非是，莫喪羊舌氏矣！左傳昭二十八年　▲見而民莫不敬。禮記中庸　▲晉國，天下莫强焉。孟子梁惠王上　▲君仁莫不仁，君義莫不義。又離婁上　▲莫非命也，順受其正。又盡心上　▲狂者傷人，莫之怨也；嬰兒詈老，莫之疾也。淮南子說林訓　▲魯人從君戰，三戰三北。仲尼問其故，對曰：吾有老父，身死，莫之養也。韓非子五蠹　▲東西南北，莫可奔走。鹽鐵論非鞅　▲代王曰：宗室將相王侯以爲莫宜寡人，寡人

不敢辭。史記文帝紀 ▲與匈奴閒中有棄地，莫居，千餘里。各居其邊，爲甌脫。史記匈奴傳 ▲孟嘗君將入秦，賓客莫欲其行，諫，不聽。又孟嘗君傳 ▲此其君臣百姓必皆戴陛下之德，莫不鄉風慕義，願爲臣妾。又留侯世家 ▲今諸將皆陛下故等夷，乃令太子將此屬，無異使羊將狼，莫肯爲用。又 ▲張負女孫五嫁而夫輒死，人莫敢娶。又陳平世家 ▲平曰：陛下將用兵有能過韓信者乎？上曰：莫及也。又 ▲諸將皆慴服，莫敢枝梧。又項羽紀 ▲吾視沛公大度，此真吾所願從游，莫爲我先。又酈生傳 ▲五霸既沒，賢聖莫續。又主父偃傳 ▲故詬莫大於卑賤，而悲莫甚於窮困。又李斯傳 ▲諸公莫敢復明言於上。又魏其侯傳 ▲蓋聞王者莫高於周文，伯者莫高於齊桓。漢書高帝紀

②同動詞 無也。▲及平長，可娶妻，富人莫肯與者，貧者平亦恥之。史記陳平世家 ▲京師親戚冠蓋相望，亦古今常道，莫足言者。漢書游俠傳 ▲爲京兆尹門下督，從至殿中，侍中諸侯貴人爭欲揖章，莫與京兆尹言者。又

③否定副詞 不也。▲其計祕，世莫得聞。史記陳平世家 ▲為君計，莫若遣君子孫昆弟能勝兵者悉詣軍所。又蕭相國世家 ▲已而冒頓以鳴鏑自射善馬，左右或莫敢射；冒頓立斬之。漢書匈奴傳

④禁戒副詞 勿也。▲因慶封，以封徇曰：無效齊慶封弒其君而弱其孤，以盟諸大夫。封反曰：莫如楚共王庶子圍弒其君——兄之子——員而代之立！史記楚世家 ▲秦王車裂商君以徇，曰：莫如商鞅反者！又商君傳 ▲其去剛卯，莫以為佩；除刀錢，勿以為利！漢書王莽傳中

末㈢

①無指指示代名詞。▲說而不繹，從而不改，吾末如之何也已矣！論語子罕 ▲不曰如之何如之何者，吾末如之何也已矣！又衛靈公 按此二例「末」字訓「無」，實為「無道」之義，故為代名詞。（無字為代名詞例參閱）蓋「末如之何」

今語當云『沒法拿他怎樣』也。

②同動詞 無也。▲如有所立，卓爾。雖欲從之，末由也已。論語子罕

③時間副詞 晚也。▲武王末受命。禮記中庸 按鄭注云：末猶老也。正義云：謂武王年老而受命平定天下也。▲孝成皇帝自知繼嗣不以時立，念雖末有皇子，萬歲之後，未能持國，權柄之重，制於女主。漢書孝成趙后傳 按師古曰：末，晚暮也。

④否定副詞 與『未』義同。▲魯莊公及宋人戰於乘丘，縣賁父御，卜國爲右。馬驚，敗績，公隊。佐車授綏。公曰：末之卜也。禮記檀弓 ▲不忍一日末有所歸也。又 ▲吾與鄭人末有成也。公羊傳隱六年 ▲末言爾。又成十六年

⑤禁戒副詞 勿也。▲命膳宰曰：末有原！禮記文王世子 按鄭注云：末，猶勿也。勿有所再進。

⑥語首助詞 無義。▲其諸君子樂道堯舜之道與？末不亦樂乎堯舜之知君子

也？公羊傳哀十四年

每

①外動詞　貪也。讀平聲。▲貪夫徇財，烈士徇名，夸者死權，品庶每生。賈誼服鳥賦

②逐指指示代名詞　每事也。▲妾伏自念：入椒房以來，遺賜外家，未嘗踰故事。每輒決上，可覆問也。漢書孝成許后傳　按師古云：每事皆奏決於天子，乃敢行也。▲或問：小每知之，可謂師乎？曰：是何師與？是何師與？天下小事爲不少矣。每知之，是謂師乎？法言問明　按小每知之，謂小事每事知之也。

③逐指指示形容詞　用於名詞之上，故與前條異。▲子入太廟，每事問。論語八佾　▲故爲政者，每人而悅之，日亦不足矣。孟子離婁下

④副詞　每次也。▲初，伯宗每朝，其妻必戒之。左傳成十五年　▲每詔令議下，諸老先生未能言，誼盡爲之對，人人各如其意所出。漢書賈誼傳　▲每賜洗沐，不肯

出，常留中視醫藥。又董賢傳 ▲每至直更，數過，吏弗求。怪之，問其故，解使脫之。又游俠郭解傳 ▲每漢使入匈奴，匈奴必報償。又匈奴傳 按『每漢使入匈奴』猶言『漢使每次入匈奴』，此『每』字非『漢使』之形容詞，故不入前條，而列於此。▲每一念至，何時可忘！魏文帝與吳質書 ▲諸將咸欲攻闡，抗每不許。吳志陸抗傳 ▲豐爲中書二歲，帝比每獨召與語，不知所說。魏志夏侯玄傳注

⑤推拓連詞 雖也。▲每有良朋，況也永歎。詩小雅常棣 按鄭箋云：雖有善同門來茲，對之長歎而已。

某ㄇㄡˇ

①虛指指示代名詞。▲師冕見。及階，曰：階也。及席，子告之曰，某在斯，某在斯。論語衞靈公 ▲筮某之某爲尸。儀禮特牲饋食禮 ▲哀子某爲其父某甫筮宅。儀禮 ▲哀子某來日某卜葬其父某甫。又 ▲從某至某廣從六里。秦策二 ▲臣

非知爲此奏，乃正監掾史某爲之。史記張湯傳 ▲此某之龜也。又龜策傳 ▲太山琅邪賊勞丙等復叛，遣御史中丞趙某持節督州郡討之。後漢書桓帝紀 按李賢注云：史失名。 ▲章德竇皇后，諱某，扶風平陵人。又皇后紀 ▲荊州牧某發奔命二萬人攻之。又劉玄傳 按漢書高帝紀云：『始大人常以臣亡賴，不能治產業，不如仲力。今某之業所就，孰與仲多？』楚元王傳云：『高祖曰：某非敢忘封之也，爲其母不長者。』又王莽傳云：『其一署曰赤帝行璽某傳予黃帝金策書。』此三『某』字乃史家避高帝之諱改稱，非人可自稱曰『某』也。

②虛指指示形容詞　用在名詞之前，故與前條異。 ▲反命曰：以君命聘於某君，某君受幣於某宮，某君再拜以享某君，某君再拜。儀禮聘禮 ▲某所有公田，願得假借之。史記滑稽傳 ▲某所有公魚池蒲葦數頃，陛下以賜臣，臣朔乃言。又 ▲某日可取婦乎？又日者傳 ▲某時某喪，使公主某事，不能辦，以此不任用公。漢書項籍傳 ▲設妾欲作某屏風，張于某所，曰：故事無有，或不能得。又孝成許后傳

▲鰥寡孤獨有死無以葬者，鄉部書言，霸具爲區處某所大木可以爲棺，某亭豬子可以祭。又黃霸傳

彌

①表數形容詞　連也，屢也。▲永和中，荊州盜賊起，彌年不定，乃以固爲荊州刺史。後漢書李固傳　▲詣黃叔度，乃彌日信宿。世說

②表態副詞　益也，愈也。▲舜居潙汭，行彌謹。史記五帝紀　▲自此之後，方士言神祠者彌衆。又封禪書　▲退而修詩書禮樂，弟子彌衆。又孔子世家　▲孔子循道，彌久，溫溫無所試，莫能己用。又

靡

①形容詞　無也，用於名詞之上。▲靡神不舉。詩　▲或湛樂飲酒，或慘慘畏咎。

或出入風議，或靡事不爲。又小雅北山

②否定代名詞　『無物』『無人』之義。▲物靡不得其所。史記司馬相如傳 ▲四海之內，靡不受獲。又

③否定副詞　不也。▲古布衣之俠，靡得而聞已。史記游俠傳 ▲秦以前尙略矣！其詳靡得而記焉。又外戚世家

蔑 ㄇㄧㄝˋ

①同動詞　無也。▲臣出晉君，君納重耳，蔑不濟矣。左傳僖十年 ▲雖我小國，則蔑以過之矣。又文十七年 ▲夫狡焉思啓封疆以利社稷者，何國蔑有？唯然，故多大國矣。又成十年 ▲雖甚盛德，其蔑以加於此矣！又襄二十九年

②否定副詞　不也。▲寧事齊楚，有亡而已，蔑從晉矣。左傳成十六年 ▲吾有死而已，吾蔑從之矣！晉語二

謬　繆

①表態副詞　漢書司馬相如傳注云：繆，詐也。▲蔡澤曰：若夫秦之商君，楚之吳起，越之大夫種，其卒然，亦可願與？應侯知蔡澤之欲困己以說，復謬曰：何爲不可？史記蔡澤傳　▲於是相如往舍都亭，臨邛令繆爲恭敬，日往朝相如。漢書司馬相如傳　▲是時，卓王孫有女文君新寡，故相如繆與令相重而以琴心挑之。又

非

①不完全內動詞　玉篇云：非，不是也。▲此莫非王事，我獨賢勞也。孟子萬章上　▲城非不高也，池非不深也，兵革非不堅利也，委而去之，是地利不如人和也。又公孫丑下　▲莊子與惠子遊於濠梁之上。莊子曰：鯈魚出遊從容，是魚之樂也！惠子曰：子非魚，安知魚之樂？莊子曰：子非我，安知我不知魚之樂？莊子秋水　▲吾所

謂時者，非時日也。史記韓世家　▲自吾先王受封，望不過江漢，而河非所獲罪也。又楚世家　▲爲昨逆以憂太后，非長策也。又吳王濞傳　▲今者所養非所用，所用非所養。又韓非傳　竆山通谷豪士並起，不可勝載也；然皆非公侯之後，非長官之吏也。又平津侯傳　▲若伯夷叔齊，可謂善人者非邪？又伯夷傳　▲非附青雲之士，惡能施於後世哉？又　▲昆弟諸子欲厚葬湯，湯母曰：湯爲天子大臣，被汙惡言而死，何厚葬乎！載以牛車，有棺無椁。天子聞之，曰：非此母不能生此子。又張湯傳

②同動詞　無也。▲衆非元后，何戴？后非衆，罔與守邦。書大禹謨　▲死而非補。賈子耳痺　▲夫子則非罪。史記孔子世家

③否定副詞　不也。▲肆予沖人非廢厥謀。書盤庚　▲各非敢違卜。又　▲芷蘭生於深林，非以無人而不芳。荀子宥坐　按家語在厄篇「非」作「不」。　▲今夫惑者非知反性命之情，其次非知觀於五帝三王之所以成也。呂氏春秋謹聽　▲寡人金錢在天下者往往而有，非必取於吳。史記吳王濞傳　▲先人有則而我弗虧，行

有枉徑而我非隨。後漢書崔駰傳

④否定副詞　不也。與前條異者，以用於句末，故別出之。▲偃蟜制而鼓鑄者，欲及春耕種贍民器也。今魯國之鼓，當先具其備，至秋乃能舉火。此言與實反者非？漢書終軍傳　▲初，天子出到宣平門，當度橋，汜兵數百人遮橋曰：是天子非？車不得前。後漢書董卓傳注引獻帝起居注

匪

①不完全內動詞　非也。▲匪寇婚媾。易屯　▲匪來貿絲，來卽我謀。詩衛風氓　▲匪適株林。又陳風株林

②指示代名詞　與『彼』同。▲如匪行邁謀，是用不得于道。詩小雅小旻　按王念孫云：襄八年左傳引此詩，杜注曰：匪，彼也。此猶下文言『如彼築室於道謀，是用不潰於成』亦猶雨無正篇云『如彼行邁』也。

③指示形容詞　亦與『彼』同。惟位在名詞之上，故與前條異。▲匪直也人，秉心塞淵。詩鄘風定之方中　按王念孫云，言彼正直之人秉心塞淵也。▲匪風發兮，匪車偈兮。又檜風匪風　按王氏云：言彼風之動發發然，彼車之驅偈偈然也。▲心之憂矣，如匪澣衣。又邶風柏舟　▲鳳鳥蹌蹌，匪堯之廷。法言問明

④否定副詞　不也。▲夙夜匪懈。詩大雅　▲稼穡匪懈。又商頌殷武　▲使我兩君匪以玉帛相見而以興戎。左傳僖十五年　▲朕祇懼潛思，匪遑啓處。後漢書順帝紀

否ㄈㄡ

①不完全內動詞　與『非』同。▲先王之書相年之道曰：『夫建國設都，乃作后王君公，否用泰也；卿大夫師長，否用佚也；維辯治使天均則。』此語古者上帝鬼神之建設國都立正長也，非高其爵厚其祿富貴游佚而錯之也；將以爲萬民興利除害，富貴貧寡，安危治亂也。墨子尚同

②否定副詞　不也。▲某則否能。大戴禮 ▲赴以名，則亦書之；不然，則否。左傳僖二十三年 ▲晉人侵鄭，以觀其可攻與否。又僖三十年 ▲一二三子用我今日，否亦今日。又成十八年 ▲吾得見與否，在此歲也。又襄三十年 ▲義則進，否則奉身而退。又襄二十六年 ▲儒林之官，四海淵原，宜皆明於古今，溫故知新，通達國體，故謂之博士。否則學者無述焉。漢書成帝紀

③應對副詞　不然也。▲公子翬諂乎隱公，謂隱公曰：百姓安子，諸侯說子，子盍終爲君矣？隱公曰：否。公羊傳隱四年 ▲萬章問曰：人有言；『至於禹而德衰，不傳於賢而傳於子。』有諸？孟子曰：否；不然也。孟子萬章上 ▲萬章問曰：人有言：『伊尹以割烹要湯，』有諸？孟子曰：否；不然。又 ▲萬章問曰：或曰：『孔子於衞主癰疽，於齊主侍人瘠環，』有諸乎？孟子曰：否；不然也。又

凡

①表態形容詞　平凡也，普通也。▲自凡人猶繫於習俗，而況哀公之倫乎？漢書景十三王傳贊　▲賞所置皆其魁宿，皆貰其罪，詭令立功以自贖。盡力有效者，因親用之爲爪牙，追捕甚精，甘耆姦惡，甚於凡吏。又酷吏傳

②指示形容詞　一切也，總指時用之。▲凡今之人，莫如兄弟。詩小雅　▲故凡同類者，舉相似也。孟子　▲凡吾所以來，爲父老除害，非有所侵暴也。毋恐！史記高帝紀　▲凡人之思，故在其病也。又張儀傳　▲凡賢主者，必將能拂世磨俗而廢其所惡，立其所欲。又李斯傳　▲每事凡議，必與及之。漢書杜鄴傳　▲是時，繼嗣不明，凡事多晻。又

③副詞　總共也。說文云：凡，最括也。漢書注云：最計也。▲陳勝王凡六月。史記陳涉世家　▲寡人節衣食之用，積金錢修兵革聚穀食，夜以繼日，三十餘年矣。凡爲此。又吳王濞傳　▲其後，常以護軍中尉從攻陳豨及黥布，凡六出奇計。又陳平世家　▲高祖十一年十月，淮南王黥布反，立子長爲淮南王，王黥布故地，凡四郡。又

淮南王傳 ▲奮長子建。次甲，次乙，次慶，皆以馴行孝謹官至二千石。於是景帝曰：『石君及四子皆二千石，人臣尊寵，乃舉集其門。』凡號奮爲萬石君。漢書石奮傳 ▲五年一朝，凡三朝，十七年薨。又文三王傳 ▲元鼎中，徙代王於淸河，是爲剛王。並前在代凡立四十年薨。又 ▲元延中，立復以公事怨相掾及雎陽丞，使奴殺之，殺奴以滅口。凡殺三人，傷五人。又

反 ㄈㄢˇ

①表態副詞 顧也。與今語義同。 ▲天與弗取，反受其咎。史記趙世家 ▲悔失番禺，乃反見疑。又朝鮮傳 ▲自以爲故人，求益，反見辱。又張儀傳 ▲攻之，不如割地反以賂秦。又 ▲黯曰：夫以大將軍有揖客，反不重邪！又汲黯傳 ▲以求賢任人，反舉浮淫之蠹而加之於功實之上。又韓非傳 ▲未至，望之如雲。及到，三神山反居水下。又封禪書 ▲因問信曰：兵法右倍山陵，前左水澤。今者將軍令臣等反背

水陳，何也？又淮陰侯傳 ▲足反居上，首顧居下。漢書賈誼傳 ▲審食其從太公呂后閒行，反遇楚軍。又高帝紀 ▲石君家破，不能有以安也，而受其財物，此爲石氏之禍，萬氏反當以爲福邪？又萬章傳

泛ㄈㄢˋ

①表態副詞　今言「泛泛地。」▲王莽居攝，誅鉏豪俠，名捕漕中叔，不能得。素莽强弩將軍孫建，莽疑建藏匿，泛以問建。漢書游俠傳　按師古注云：泛者，以常語問之。

方ㄈㄤ

①表態副詞　並也。　按說文云：方，併船也。引申爲並義。　▲方告無辜於上。書呂刑 ▲小民方興，相爲敵讎。又微子　按史記宋世家方作並。　▲不方足。儀禮

鄉射禮 ▲故象刑殆非生於治古，方起於亂今也。漢書刑法志 按荀子正論篇方作並。 ▲夫漢幷二十四郡十七諸侯，方輪錯出，運行數千里，不絕於道。 又枚乘傳 ▲文武方作，是庸四克。 又敍傳

②表態副詞 偏也。 ▲方命厥后，奄有九有。詩商頌玄鳥 按鄭箋云：謂偏告諸侯。是方爲偏也。 ▲湯湯洪水方割。書堯典 ▲方行天下，至於海表。 又立政

③時間副詞 正也，適也。表現在。 ▲定之方中，作於楚宮。詩鄘風定之方中 ▲陳桓公方有寵於王。左傳隱四年 ▲陳鮑方睦。又昭十年 ▲國家方危。又定四年 ▲趙方西憂秦，南憂楚，其力不能禁我。 史記陳涉世家 ▲是時項羽方與漢王相距滎陽。 又外戚世家 ▲漢王方蒙矢石爭天下，諸生寧能鬬乎？ 又叔孫通傳 ▲張儀曰：賴子得顯，方且報德，何故去也，又張儀傳 ▲方將約車趨行，適聞使者之明詔。又 ▲是時上方鄉文學。又酷吏傳 ▲平原君家未有以發喪，方假貸服具。 又陸賈傳 ▲上方踞牀洗，召布入見。又黥布傳 ▲行酒次至臨汝侯，臨汝侯方與程

不識耳語。又魏其侯傳　▲秦王方環柱走，卒惶急，不知所爲。又刺客傳　▲郎中執兵皆陳殿下，非有詔召，不得上。方急時，不及召下兵。又　▲上方與晁錯調兵算軍食。上問曰：君嘗爲吳相，知吳臣田祿伯爲人乎？又吳王濞傳

④時間副詞　將也。表未來。　▲隨何曰：陛下使何與二十人使淮南，至，如陛下之意，是何之功賢於步卒五萬人騎五千也。然而陛下謂何腐儒，爲天下安用腐儒，何也。上曰：吾方圖子之功。迺以隨何爲護軍中尉。史記黥布傳　▲東海君有罪，吾前繫於葛陂。今方出之，使作雨也。後漢書方術傳　▲會諸將曰：孤已得冀州，諸君知之乎？皆曰：不知。公曰：諸君方見不久也。魏志太祖紀注　▲小人則將及水火，君子則方成猿鶴。庾信哀江南賦

⑤時間介詞　當也。　▲方其盛時必毀。素問瘧論　▲方今唯秦雄天下。史記魯仲連傳　▲惲家方隆盛時，乘朱輪者十人。漢書楊惲傳

夫ㄈㄨ

①人稱代名詞　彼也。▲子木曰：夫獨無族姻乎？左傳襄廿六年　按楚語作『彼有公族甥舅。』▲使夫往而學焉，夫亦愈知治矣！又襄三十年　▲我皆有禮，夫猶鄙我。又昭十六年　▲彼好專利而妄。夫見君之入也，將先道焉。又哀二十五年　▲夫何敢！是將爲亂乎？夫何敢！公羊傳莊三十二年　▲獨貴獨富，君子恥之，夫也中之矣。大戴禮衞將軍文子　▲夫由賜也見我。禮記檀弓　▲夫焉能相與羣居而不亂乎？又三年問　按荀子禮論篇『夫』作『彼。』▲夫爲其君勤也。齊語　按管子小匡篇『夫』作『彼。』▲今夫以君爲紂。晉語　▲夫有所受之也。孟子　▲彼且爲我死，故吾得與之俱生；彼且爲我亡，故吾得與之俱存；夫將爲我危，故吾得與之皆安。漢書賈誼傳

②指示形容詞　此也。▲夫人不言，言必有中。論語先進　▲微夫人之力，不及此。

左傳僖三十年 ▲夫二人者，魯國社稷之臣也。又成十六年 ▲靡於何有，而使夫人怒也！魯語 ▲且夫戰也微卻至，王必不免。晉語 ▲曾子襲裘而弔，子游裼裘而弔，曾子指子游而示人曰：夫夫也爲習於禮者。如之何其裼裘而弔也？禮記檀弓 按鄭注云：『夫夫』猶言『此丈夫』也， ▲從母之夫，舅之妻，夫二人相爲服。又 按鄭注云：『夫二人』猶言『此二人』也。 ▲忌日不用，非不祥也；言夫日志有所至而不敢盡其私也。又祭義 按鄭注云：親以此日亡。 ▲有仕於此，而子悅之，不告於王而私與之吾子之祿爵；夫士也，亦無王命而私受之於子，則可乎？孟子公孫丑下 ▲禮曰：『父召無諾；君命召，不俟駕。』固將朝也，聞王命而遂不果，宜與夫禮若不相似然。又

③指示形容詞 彼也。用在名詞之上，故與第一條異。 ▲夫祛猶在，汝其行乎！左傳僖二十四年 ▲請東人之能與夫二三有司言者。又文十三年 ▲日君以夫公孫段爲能任其事，而賜之州田。又昭七年 ▲予惡夫涕之無從也。禮記檀弓 ▲不

以夫一害此一。（荀子解蔽）▲此一是非，隅曲也；夫一是非，宇宙也。（淮南子齊俗訓）▲君獨不見夫朝趨市者乎？（史記孟嘗君傳）▲此夫老子所謂上德不德，是以有德。（又日者傳）

④指示形容詞 孝經疏引劉瓛曰：夫，猶凡也。▲思夫人自亂於威儀。（書顧命）▲夫人愁痛，不知所庇。（左傳襄八年）按杜注云：夫人猶人人也。▲夫人而能爲鎛也。（周禮考工記）▲上有大澤，則民夫人待於下流。（禮記祭統）▲夫人奉利而歸諸上。（周語）按韋注云：夫人猶人人也。▲夫人作享，家爲巫史。（楚語）

⑤提起連詞 孝經疏云：夫，發言之端。▲夫國君好仁，天下無敵。（孟子）▲夫人必自侮，然後人侮之。（又）▲項羽曰：吾聞秦軍圍趙王鉅鹿，疾引兵渡河，楚擊其外，趙應其內，破秦軍必矣。宋義曰：不然。夫搏牛之蝱，不可以破蟣蝨。今秦攻趙，戰勝則兵罷，我乘其敝；不勝，則我引兵鼓行而西，必舉秦矣。故不如先鬬秦趙。夫被堅執銳，義不如公；坐而論策，公不如義。（史記項羽紀）▲孫子曰：夫解雜亂紛糾者

不控捲。又孫子傳　夫免身立功以明先王之迹，臣之上計也。又樂毅傳　▲夫學者載籍極博，猶考信於六藝。又伯夷傳　▲夫斯乃上蔡布衣，閭巷之黔首。又李斯傳　▲夫以秦王之威，而相如廷叱之，辱其羣臣，相如雖駑，獨畏廉將軍哉！又藺相如傳　▲夫千乘之王，萬乘之侯，百室之君，尙猶患貧，而況匹夫編戶之民乎！又貨殖傳

⑥語中助詞　無義。▲掌以夫遂取明火於日。周禮司烜　按鄭司農曰：夫，發聲。▲加夫橈與劍焉。禮記少儀　按鄭注云：夫，發聲。

⑦語末助詞　表感歎。　按據錢氏大昕及近人汪榮寶之考證，『夫』古音當如『巴』，卽今語之『罷』字。▲古之聰明睿智神武而不殺者夫！易繫辭　▲爾責於人，終無已夫！三年之喪，亦已久矣夫！禮記檀弓　▲仁夫公子重耳！又　▲用之則行，舍之則藏，惟我與爾有是夫！論語述而　▲逝者如斯夫！不舍晝夜。又子罕　▲南人有言曰：『人而無恆，不可以作巫醫。』善夫！又子路　▲率天下之人而禍仁義者，必子之言夫！孟子　▲桓公視管仲云：樂夫仲父！管子　▲余嘗

讀商君開塞耕戰書，與其人行事相類；卒受惡名於秦，有以也夫！（史記商君傳）▲翟公大署其門曰：一死一生，乃知交情；一貧一富，乃知交態；一貴一賤，交情乃見。汲鄭亦云。悲夫！（又汲鄭傳）▲高帝曰：嗟呼！有以也夫！（又田儋傳）▲微夫斯之爲符也！（漢書司馬相如傳）

⑧語末助詞　表疑問。▲路說應之曰：然則公欲秦之利夫？周頗曰：欲之，（呂氏春秋應言）▲是以侯王稱孤寡不穀，是其賤之本與非夫？（國策）▲吾歌，可夫？（史記孔子世家）

甫 ㄈㄨˇ

①時間副詞　始也。於一事之方始時用之。與口語『剛』同。▲今吏甫受詔讀記，直豫言：『使后知之非可復若私府有所取也。』（漢書孝成許后傳）▲今歌吟之聲未絕，傷痍者甫起，而噲欲搖動天下，妄言以十萬衆橫行，是面謾也。（又匈奴傳）

▲甫欲鑿石索玉，剖蚌求珠，今乃隋和炳然，有如皎日。蜀志秦宓傳

復ㄈㄨˋ

①副詞 又也，更也，再也。▲言偃復問曰：如此乎禮之急也？禮記禮運 ▲遷爲中尉，其治復放河內。史記酷吏傳 ▲使使至漢，漢王爲太牢具，舉進；見楚使，卽詳驚曰：「吾以爲亞父使，乃項王使！」復持去，更以惡草具進楚使。又陳丞相世家 ▲遂入關，收散兵復東。又 ▲平曰：非魏無知，臣安得進。上曰：君可謂不背本矣。乃復賞魏無知。又 ▲陳平曰：我多陰謀，是道家之所禁。吾世卽廢，亦已矣，終不能復起。又 ▲李廣上馬，與十餘騎奔，射殺胡白馬將，而復還至其騎中。又李將軍傳 ▲十一年，齊秦各自稱爲帝，月餘，復歸爲王。又楚世家 ▲孝文時，人有言其賢者，孝文召，欲以爲御史大夫。復有言其勇，使酒難近，至留邸一月，見罷。又季布傳 ▲范雎得出，後魏齊悔，復召求之。又范雎傳 ▲雖舜禹復生，弗能改已。又 ▲秦

王跽而請曰：先生何以幸教寡人？范睢曰：唯唯。有閒，秦王復跽而請曰：先生何以幸教寡人？又 ▲賈不意君能自致於青雲之上。賈不敢復讀天下之書，不敢復與天下之事。又 ▲應侯知蔡澤之欲因己以說，復謬曰：何爲不可？又蔡澤傳 ▲於是遂誅高漸離，終身不復近諸侯之人。又刺客傳 ▲因問陸生曰：我孰與蕭何曹參韓信賢？陸生曰：王似賢。復曰：我孰與皇帝賢？又陸賈傳

弗ㄈㄨˊ

①否定副詞　不也。 ▲子謂子貢曰：女與回也孰愈？對曰：賜也何敢望回！回也聞一以知十，賜也聞一以知二。子曰：弗如也！吾與女，弗如也！論語公冶長 ▲陛下雖得廉頗李牧，弗能用也。史記馮唐傳 ▲盎曰，陛下居代時，太后嘗病三年，陛下不交睫，不解衣，湯藥非陛下口所嘗，弗進。又袁盎傳 ▲司馬夜引袁盎起曰：君可以去矣！吳王期旦日斬君。盎弗信，曰：公何爲者？又 ▲王公由之所以一天下臣諸

侯也；弗由之所以捐社稷也。又禮書　▲買臣守長史，見湯，湯坐牀上，丞史遇買臣，弗爲禮。又酷吏傳　▲智誠知之，決弗敢行者，百事之禍也。又淮陰侯傳　▲因故秦時本以六月爲歲首，弗革。又張蒼傳　▲漢兵追至塞，度弗及，卽罷。又韓長孺傳　▲寡人金錢在天下者往往而有，非必取於吳，諸王日夜用之弗能盡。又吳王濞傳　▲上召寧成爲都尉；其治效郅都，其廉弗如。又酷吏傳　▲主見所侍美人，上弗說。又外戚傳　▲長安諸公莫弗稱之。又竇嬰田蚡傳

伏

①表敬副詞　劉淇云：伏者，以卑承尊之辭。按古人俯伏所以爲敬，此其本義也。

▲伏聞康叔親屬有十。史記三王世家　▲臣青翟臣湯等竊伏孰計之：皆以爲尊卑失序，使天下失望，不可。又　▲臣伏計之：大王奉高祖宗廟最宜稱。漢書文帝紀　▲謹以實對，伏須重誅。又文三王傳　▲伏惟聖主之恩，不可勝量。又楊惲傳

▲大用民力，功不可必立，臣伏憂之。又匈奴傳 ▲伏見先帝武臣宿兵，年者卽世者有聞矣。曹植求自試表 ▲伏惟陛下咨帝堯欽明之德。又求通親親表

詞詮卷二

大ㄉㄚˋ

①表態副詞　▲周陽侯始爲諸卿時，嘗繫長安，湯傾身爲之；及出爲侯，大與湯交。史記酷吏傳　▲通，小臣，戲殿上，大不敬。又申屠嘉傳　▲於是天子察其行敦厚，辯論有餘，習文法吏事，而又緣飾以儒術，上大說之。又公孫弘傳　▲其治大放張湯而善候伺。又酷吏傳　▲劇孟行大類朱家，而好博。又游俠傳　▲其明年，貧民大徙，皆仰給縣官。又平準書　▲其明年，大將軍驃騎大出擊胡。又　▲及羣臣有言老父，則大以爲仙人也。又封禪書　▲時已昏，漢匈奴相紛拏，殺傷大當。又衞將軍傳　▲甘茂曰：息壤在此。王曰：有之。因大悉起兵。又甘茂傳　▲呂產王也，諸大臣未大

服。又荊燕吳傳 ▲魯王以故不大出游。又田叔傳 ▲後遂封爲定陵侯，大見信用。漢書淳于長傳

多 ㄉㄛ

①外動詞　與『賢』字義同。 ▲諸公皆多季布能摧剛爲柔。史記季布傳 ▲於是天子多南越義，守職約，爲興師遣兩將軍往討閩越。又南越傳 ▲諸公聞之，皆多解之義，益附焉。漢書郭解傳

②數量形容詞　▲上將大誇胡人以多禽獸。揚雄長楊賦　按此例以多字置名詞之前。 ▲諸侯多謀伐寡人者。孟子 ▲趙人多爲張耳陳餘耳目者，以故得脫出。史記張耳傳　按此言『諸侯中謀伐寡人者多，』『趙人中爲張耳陳餘耳目者多』也。故多字爲形容詞而非副詞。 ▲珠玉寶器多於京師。漢書梁孝王傳

③表數副詞　此種多字，皆係於動詞；故爲副詞用法。 ▲護假貸，多持幣帛過齊。

漢書樓護傳 按此文譯今語當云『多多地持著。』 ▲多作兵弩弓數十萬。又梁孝王傳 ▲多畜妻妾，淫於聲色。又淳于長傳 ▲父子專朝，兄弟並寵，多受賞賜。又董賢傳

④表態副詞 與『祇』同。適也。見論語正義。 ▲人雖欲自絕，其何傷於日月乎？多見其不知量也。論語子張 ▲苟假曰吾令實過，悔之何及？多遺秦禽。左傳襄十四年 ▲欲之而言叛，多見疏也。又襄二十九年 按疏云：服虔本『多』作『祇』。 ▲存亡有命，事楚何為？多取費焉。又定十五年 ▲不足以害吳，而多殺國士，不如已也。又哀八年

⑤代名副詞 此種多字，係表名詞之數，故與第三條異。 ▲佐舜調馴鳥獸，鳥獸多馴服。史記秦本紀 按此謂鳥獸之多數馴服。不能如前條譯為『多多地』也。 ▲觀古今文人，多不全了此處。後漢書自敘 按此謂文人之多數不全了此處也。

得

①外動詞　獲也。▲子游爲武城宰。子曰：女得人焉爾乎？論語雍也

②外動詞　此爲『被捕得』之義，乃外動詞之被動用法。因在文中往往以一字爲句，而校書家有誤解者，故特出之。▲渭水虒上小女陳持弓年九歲，走入橫城門，入未央宮尚方掖門，門衛戶者莫見，至句盾禁中而覺，得。漢書五行志　按王念孫不知得字一字爲句，因校改此文爲『覺而得』，非也。說詳余著漢書補注補正。▲其後人有盜高廟座前玉環，得。文帝怒，下廷尉治。又張釋之傳　▲今大司馬博陸侯禹與母宣城侯夫人顯及從昆弟子冠陽侯雲樂平侯山諸姊妹壻謀爲大逆，欲詿誤百姓。賴祖宗神靈，先發，得，咸伏其辜。又霍光傳　按顏注云：事發而捕得。▲聖子賓客爲羣盜，得，繫廬江。又何武傳　▲太子兵敗，亡，不得。上怒甚。羣下憂懼，不知所出。又武五子傳　按此爲未捕得者，故云『不得。』下條同。▲太

子疑齊以己陰私告王，與齊忤，使吏逐捕齊，不得；收繫其父兄。又江充傳 ▲鍾子期夜聞擊磬聲者而悲。且召問之，曰：何哉？子之擊磬若此之悲也！對曰：臣之父殺人而不得，臣之母得而爲公家隸，臣得而爲公家擊磬。臣不睹臣之母三年於此矣；昨日爲舍市而睹之，意欲贖之，無財；身又公家之有也：是以悲也。新序雜事四 ▲王之所大欲，可得聞與？又

③助動詞 ▲先爲之極，又焉得立？左傳閔二年 ▲得侍同朝，甚喜。孟子 ▲是時王氏方盛，賓客滿門。五侯兄弟爭名，其客各有所厚，不得左右。漢書樓護傳 ▲今壹受詔如此，且使妾搖手不得。又孝成許后傳 按此文乃『不得搖手』之倒文。 ▲聖自以子必死，武平心決之，卒得不死。又何武傳 ▲田爲王田，賣買不得。後漢書隗囂傳

殆ㄉㄞ

①形容詞　近也。▲寇退，曾子反。左右曰：待先生如此其忠且敬也！寇至，則先去

以爲民望；寇退則反：殆於不可。孟子離婁下 ▲孔子謂爲芻靈者善，謂爲俑者不仁，殆於用人乎哉！禮記檀弓下 ▲皇子曰：委蛇，其大如轂，其長如轅，紫衣而朱冠，見之者殆乎霸。莊子達生 ▲國人皆以

②副詞　近也，幾也，或然之詞。▲顏氏之子，其殆庶幾乎！易繫辭 ▲夫子將復爲發棠，殆不可復？孟子盡心下 ▲良曰：沛公殆天授。史記留侯世家 ▲乃悉取其禁方書盡與扁鵲，忽然不見：殆非人也。又扁鵲傳 ▲蘇秦已而告其人曰：張儀，天下賢士，吾殆弗如也。又張儀傳 ▲吾聞聖人不相，殆先生乎！又范雎傳 ▲上問曰：言變事蹤跡安起？湯詳驚曰：此殆文故人怨之。又酷吏傳 ▲勝好勇而陰求死士，殆有私乎！又伍子胥傳 ▲申屠嘉可謂剛毅守節矣；然無術學，殆與蕭曹陳平異矣。又張丞相傳 ▲吾嘗見一子於路，殆君之子也。又趙世家 ▲願上所居宮毋令人知，然後不死之藥殆可得也。又始皇紀 ▲名譽雖高，賓客雖盛，所中殆與太伯延陵季子異矣。又張耳傳 ▲古人所以重施刑於大夫者，殆爲此也。漢

登與縣長王雋帥吏兵七十二人直往赴救，與賊交戰，吏兵散走，雋殆見害，登手格一賊以全雋命。魏志王朗傳注引書司馬遷傳

迨 ㄉㄞˋ

①時間介詞　表『乘趁』之義，與『及』第三條用法同。爾雅云：『迨，及也。』

▲迨天之未陰雨，徹彼桑土，綢繆牖戶。詩豳風鴟鴞

▲宋公與楚人期戰於泓之陽，楚人濟泓而來。有司復曰：請迨其未畢濟而擊之！宋公曰：不可。既濟，未畢陳；有司復曰：請迨其未畢陳而擊之！宋公曰：不可。公羊傳僖二十二年

逮 ㄉㄞˋ

①動詞　及也。▲逮事父母，則諱王父母；不逮事父母，則不諱王父母。禮記曲禮

②時間介詞　及至也。▲昔逮我獻公，及穆公相好，戮力同心。左傳成十三年

③時間介詞　與『迨』同，趁也。凡於一事未始之前先爲一事時用之。▲願君逮楚趙之兵未至於梁，亟以少割收魏。史記穰侯傳

代 ㄉㄞˋ

①介詞　替代也。▲元爲王，專代吏治事。史記五宗世家　▲虎圈嗇夫從旁代尉對上所問禽獸簿甚悉。又張釋之傳　▲王者代天爵人，尤宜愼之。漢書王嘉傳

道 ㄉㄠˋ

①介詞　由也，從也。表動作之起點。▲故凡治亂之情，皆道上始。管子禁藏　▲師曠不得已，援琴而鼓。一奏之，有玄鶴六道南來，集於郎門之垝。韓非子十過　▲上問曰：道軍所來，聞鼂錯死，吳楚罷不？史記鼂錯傳　▲南越食蒙蜀枸醬。蒙問所從來，曰：道西北牂柯。又西南夷傳　▲諸使者道長安來，爲妄妖言，言上無男，漢不治，

卽喜。漢書淮南王安傳 ▲風道北來。山海經 ▲楚巫微導裔款以見景公。晏子春秋諫上 ▲孔子道彌子瑕見釐夫人，因也。呂氏春秋貴因

②介詞　由也。表經由，故與前義異。字或作『導』。

③介詞　由也，主表事之原由，故與前二條異。▲治者，所道富也；富者，所道強也；強者，所道制也。管子制分 ▲君何年之少而棄國之蚤？奚道至於此乎？晏子春秋雜篇 ▲若雖知之，奚道知其不爲私？呂氏春秋有度 ▲平公曰：此奚道乎？師曠曰：此師延所作與紂爲靡靡之樂也。韓非子十過 ▲簡子曰：此其母賤，翟婢也。奚道貴哉？史記趙世家

到 ㄉㄠˋ

①時間介詞　至也，及也。▲如因丙子之孟夏，順太陰以東行，到後七年之明歲，必有五年之餘蓄，然後大行考室之禮。漢書翼奉傳

②介詞　至也。▲孝文曰：朕能任衣冠，念不到此。史記律書

但　亶

①表態副詞　僅也，止也。▲匈奴匿其壯士肥牛馬，但見老弱及羸畜。史記劉敬傳　▲太子起坐，更適陰陽，但服湯二旬而復故。又扁鵲傳　▲天子所以貴者，但以聞聲，羣臣莫得見其面。又李斯傳　▲但聞悲風蕭條之聲。李陵答蘇武書　▲雖不能盡誅，亶奪其畜產，虜其妻子，復引兵還，冬復擊之。漢書趙充國傳　▲蘇武使匈奴二十年，不降。還，亶爲典屬國。又武五子傳　▲非亶倒懸而已。又賈誼傳　▲莽憂懣不能食，亶飲酒啗鰒魚。又王莽傳　▲及事迫急，亶爲厭勝。又

②表態副詞　空也，徒也。▲民欲祭祀喪紀而無用者，錢府以所入工商之貢但賒之。漢書食貨志　按師古注曰：但，空也，徒也。言但賒與之，不取息也。▲審如御史章，尊乃當伏觀闕之誅，放於無人之域，不得苟免，及任舉尊者，當獲選舉之辜，

不可但已。又王尊傳　按師古注曰：但，徒也，空也。但已，謂就此而止，一無所問。▲縱不伏誅，必蒙遷削貶黜之罪，未有但已者也。又淮陽憲王傳　▲但居者不知負戴之勞也。鹽鐵論　▲亶費精神於此。漢書揚雄傳

③命令副詞　第也。▲涉因入弔，問以喪事，家無所有。涉曰：但絜埽除沐浴待！漢書原涉傳

④轉接連詞　第也，特也。與口語『不過』同。▲安與任隗舉奏諸二千石又它所連及貶秩免官者四十餘人，竇氏大恨，但安隗素行高，亦未有以害之。後漢書袁安傳　▲初不中風，但失愛於叔父，故見罔耳。魏志太祖紀注　▲公幹有逸氣，但未遒耳。又吳質傳

誕 ㄉㄢˋ

①語首助詞　無義。▲殷小腆，誕敢紀其敍。書大誥　▲誕鄰胥伐于厥室。又

▲誕無我責。又君奭 ▲誕先登于岸。詩大雅皇矣 ▲誕彌厥月。先生如達。又生民 ▲誕寘之隘巷，牛羊腓字之；誕寘之平林，會伐平林；誕寘之寒冰，鳥覆翼之。鳥乃去矣，后稷呱矣。又 ▲誕實匍匐，克岐克嶷，以就口食。又 ▲誕后稷之穡，有相之道。又 ▲誕降嘉種，維秬維秠。又 ▲誕我祀如何？或舂或揄，或簸或蹂。又

②語中助詞　無義。 ▲肆朕誕以爾東征。書大誥 ▲須暇之子孫誕作民主。又多方

當

①內動詞　與今口語「相當」同。 ▲燕之有祁，當齊有社稷，宋之有桑林，楚之有雲夢也。墨子明鬼　按左傳僖三十三年云：「鄭之有原圃，猶秦之有具囿也。」句例同。

②外動詞　抵當也。▲匈奴復益遣騎來，漢因卒少，不能當；保車師城中。漢書西域傳下

③外動詞　漢書賈誼傳注引如淳曰：決罪曰當。▲夫望夷之事，二世見當以重法者，投鼠而不忌器之習也。漢書賈誼傳

④助動詞　宜也，應也。今言『該當』『應當』。▲仲父不當盡語我昔者有道之君乎？管子 ▲文帝曰：吏不當若是邪？史記張釋之傳 ▲黥布，秦時爲布衣，少年有客相之曰：當刑而王。又黥布傳 ▲五日，良夜未半往。有頃，父亦來喜曰：當如是。又留侯世家 ▲天下事非若所當言也。又曹相國世家 ▲湯念丞相以四時行園，當謝，湯無與也。不謝。又酷吏傳 ▲平身閒行杖劍亡。渡河，船人見其美丈夫獨行，疑其亡將，要中當有金玉寶器，目之。又陳平世家 ▲向使嬰有庸主之才，僅得中佐，山東雖亂，秦之地可全而有，宗廟之祀，未當絕也。又秦始皇紀 ▲今上禱祠備謹，而有此惡神，當除去，而善神可致。又 ▲斯曰：安得亡國之言！此非人臣所

當議也！又李斯傳 ▲卽宮車一日晏駕，非大王當誰立者？又淮南王傳 ▲項王見人恭敬慈愛，言語嘔嘔；人有疾病，涕泣分食飲。至使人有功當封爵者，印刓弊，忍不能予。又淮陰侯傳 ▲今政治和平，世無兵革，上下相安，何因當有大水一日暴至？漢書王商傳 ▲曉人不當如此邪？又薛廣德傳 ▲謂盆子曰：自知當死不？對曰：罪當應死。後漢書劉盆子傳

⑤時間介詞　方也。▲當在宋也，予將有遠行。孟子 ▲當是時，楚兵冠諸侯。史記項羽紀

⑥方所介詞　▲延壽嘗出，臨上車，騎吏一人後至，敕功曹議罰白。還至府門，門卒當車願有所言。延壽止車問之。漢書韓延壽傳 ▲其秋，上酎祭宗廟，出便門，欲御樓船，廣德當乘輿車免冠頓首曰：宜從橋。又薛廣德傳

⑦假設連詞　若也，如也。與「儻」音近字通，故用法同。▲然則奚以爲治法而可？當皆法其父母，奚若？墨子法儀 ▲當使若二士者言必信，行必果，言行之合猶

合符節也，無言而不行也。又兼愛下 ▲然則當爲之撞巨鐘，擊鳴鼓，彈琴瑟，吹竽笙而揭干戚，民衣食之財將安可得乎？又非樂 ▲先祖當賢，後子孫必顯行。荀子君子 ▲虎豹之所以能勝人執百獸者，以其爪牙也。當使虎豹失其爪牙，則人必制之矣。韓非子人主

登ㄉㄥ

①形容詞　當也。「登」與「當」一聲之轉。▲輅以爲注易之急，急於水火。水火之難，登時之驗。魏志管輅傳

②時間副詞　亦當也。▲牧遣使慰譬，登皆首服。吳志鍾離牧傳注

等ㄉㄥˇ

①副詞　均也，同也。▲陳勝吳廣乃謀曰：今亡亦死，舉大計亦死。等死，死國可乎？

史記陳涉世家　按『等死』猶言『等是死，』故『等』爲副詞。

②名詞或代名詞之下之添加詞　表多數之義。▲單于無言章尼等。漢書文帝紀　▲上於是出龔等補吏。又儒林傳　▲亡一姬復一姬進，天下所少，寧姬等邪？又郅都傳　按以上諸例爲名詞之加詞。▲公等皆去！吾亦從此逝矣。史記高祖紀　▲公等碌碌，所謂因人成事者也。又平原君傳　▲春秋二百四十二年，變異爲衆，莫若日蝕大。自漢興，日食亦爲呂霍之屬見。以今揆之，豈有此等之效與？漢書外戚傳　按以上諸例爲代名詞之加詞。

底ㄉㄧ　抵

①介詞　至也。▲林類底春被裘。列子天瑞　▲項梁嘗有櫟陽逮，乃請蘄獄掾曹咎書抵櫟陽獄掾司馬欣，以故事得已。史記項羽紀　▲秦昭王囚孟嘗君，謀欲殺之。孟嘗君使人抵昭王幸姬求解。又孟嘗君傳　▲外黃富人女甚美，嫁庸奴，亡其

夫去抵父客。又張耳傳

遞ㄉㄧˋ

①表態副詞　爾雅釋言云：遞，迭也。小爾雅廣詁云：遞，更也。　按今言『更遞』。

▲四輿遞代八風生。漢書郊祀志　▲肱與二弟仲海季江友愛天至，常共臥起。及各娶妻，兄弟相戀，不能別寢。以係嗣當立，乃遞往就室。後漢書姜肱傳　▲於是合場遞進。傅毅舞賦　▲與七盤其遞奏。卞蘭許昌宮賦

第ㄉㄧˋ

①命令副詞　但也，第但一聲之轉。　▲君第重射！臣能令君勝。史記孫子吳起傳　▲君第去！臣亦且亡避吾親。又袁盎傳　▲文帝曰：汝第往！吾今使人召若。又申屠嘉傳　▲陰使人至豨所曰：第舉兵！又淮陰侯傳　▲陛下第出僞遊雲夢。又陳平世家

▲與人言，常大罵，未可以儒說也。酈生曰：第言之！又酈生傳 ▲文君久之不樂，曰：長卿！第俱如臨邛，從昆弟假貸，猶足爲生，何至自苦如此！又司馬相如傳 ▲宰孔曰：齊桓公益驕，不務德而務遠略，諸侯弗平。君第毋會，毋如晉何。又晉世家

②假設連詞　漢書陳勝傳注引服虔曰：第，使也。▲今大王與吳西鄉，第令事成，兩主分爭，患乃始結。又吳王濞傳 ▲公等遇雨，皆已失期；失期當斬。藉第令毋斬，而成死者固十六七。又陳涉世家

地

①副詞　假爲「第」。▲西曹地忍之！漢書丙吉傳 按李奇云：地猶第也。師古曰：地亦但也，語聲之急耳。

迪

①語首助詞　無義。▲迪高后丕乃崇降弗祥。書盤庚 ▲迪惟前人光，施於我冲子。又君奭

②語中助詞　無義。▲古之人迪惟有夏。書立政 ▲又惟殷之迪諸臣惟工。又酒誥 ▲在昔殷先哲王迪畏天顯小民。又 ▲咸建五長，各迪有功。又皋陶謨 ▲亦惟十人迪知上帝命。又大誥 ▲今惟民不靜，未戾厥心，迪屢未同。又康誥 ▲爾乃迪屢不靜。又多方

迭 ㄉㄧㄝ˙

①副詞　更也，互也。說文云：迭，更迭也。▲迭用剛柔。易說卦 ▲師夜從之，三呼皆迭對。左傳昭十七年 ▲弟兄迭爲君。公羊傳襄二十九年 ▲五行之動，迭相竭也。禮記禮運 ▲迭爲賓主。孟子 ▲北方有比肩民焉，迭食而迭望。爾雅釋地 ▲迭與迭衰。漢書郊祀志

鼎 ㄉㄧㄥˇ

①時間副詞　方也，正也。▲毋說詩！匡鼎來！漢書匡衡傳　▲天子春秋鼎盛。又賈誼傳　▲顯鼎貴，上信用之。又賈捐之傳

定 ㄉㄧㄥˋ

①表態副詞　劉淇云：的辭也。　按猶今語云『的確。』　▲聞陳王定死，因立楚後懷王孫心為楚王。史記高帝紀　▲定聞陸抗表至，成都不守。吳志華覈傳

都 ㄉㄨ

①表態副詞　廣韻云：都猶總也。　▲置平準於京師，都受天下委輸。漢書食貨志　▲是時宿儒有清河胡常與方進同經；常為先進，名譽出方進下，心害其能，論議

不右方進。方進知之，候伺常大都授時，遣門下諸生至常所問大義疑難，因記其說。如是者久之，常知方進之宗讓己，內不自得。其後居士大夫之間，未嘗不稱述方進。又翟方進傳 ▲西極大楊川，望黃沙，猶若人委干糒於地，都不生草木。水經注 ▲於時，天月明淨，都無纖翳。世說

②介詞 爾雅云：都，於也。王念孫云：『都』『諸』聲近，故『諸』訓爲『於』，『都』亦訓爲『於』也。 ▲謨蓋都君咸我績。孟子萬章 ▲揆厥所元，終都攸卒。史記司馬相如傳 按趙注及史記集解引漢書音義並云：都，於也。

③嘆詞 ▲帝曰：疇咨若予采？驩兜曰：都！共工方鳩僝功。書堯典 ▲皋陶曰：都！在知人，在安民。又皋陶謨 ▲按史記夏本紀『都』作『於』。 ▲帝曰：來，禹亦昌言！禹拜曰：都！帝！予何言？予思日孜孜。又 ▲禹曰：都！帝慎乃在位！又

獨 ㄉㄨˊ

①副詞　一人也。▲大夫不均，我從事獨賢。詩小雅北山 ▲爾有母遺，繄我獨無。左傳隱元年 ▲今民各有心，而鬼神乏主；君雖獨豐，其何福之有？又桓六年 ▲諸侯縣公皆慶寡人，女獨不慶寡人，何故？又宣十一年 ▲四國皆有分，我獨無有。又昭十二年 ▲得之爲有財，古之人皆用之，吾何爲獨不然？孟子 ▲諸君子皆與驩言，孟子獨不與驩言，是簡驩也。又 ▲魏勃少時，欲求見齊相曹參，家貧，無以自通，乃常獨早夜掃齊相舍人門外。史記齊悼惠世家 ▲進言者皆曰天下已安已治矣，臣獨以爲未也。漢書賈誼傳

②副詞　一人知之而他人不與知時，亦用獨字。與今語『暗自』義同。▲立濞，於沛爲吳王。已拜，受印，高帝召濞相之，謂曰：『若狀有反相。』心獨悔，業已拜。史記吳王濞傳

③表態副詞　唯也，僅也，但也。▲今營陵侯澤，諸劉爲大將軍，獨此尚觖望。史記荆燕世家 ▲自古受命帝王及繼體守文之君，非獨內德茂也，蓋亦有外戚之助

焉。又外戚世家　▲齊城之不下者，獨唯聊莒即墨；其餘皆屬燕。又燕世家　▲且陛下病甚，大臣震恐，不見臣等計事，顧獨與一宦者絕乎？又樊噲傳　▲主父方貴幸時，賓客以千數。及其族死，無一人收者。唯獨洨孔車收葬之。又主父偃傳　▲及高祖崩，呂后夷戚氏，誅趙王，而高祖後宮唯獨無寵疏遠者得無恙。又外戚世家　▲老子曰：子所言者，其人與骨皆已朽矣。獨其言在耳。又老子傳　▲堯曰：陛下獨宜爲趙王置貴彊相，及呂后大臣素所敬憚，乃可。又張丞相傳　▲人或毀曰：不疑狀貌甚美，然獨無奈其善盜嫂何也！不疑聞，曰：我乃無兄。又直不疑傳　▲秦將果欲連和，沛公欲許之。張良曰：此獨其將欲叛，恐其士卒不從；不如因其怠懈擊之。漢書高帝紀

④反詰副詞　反問時用之。王引之訓爲『寧』。按之左傳宣四年襄二十八年二例，不可通也。▲棄君之命，獨誰受之？左傳宣四年　▲子木曰：夫獨無族姻乎？又襄二十六年　▲宗不余辟，余獨焉辟之？又襄二十八年　▲且女獨未聞牧野之語

乎？禮記樂記 ▲今聞荆兵日進而西，將軍雖病，獨忍棄寡人乎？史記王翦傳 ▲君獨不見夫朝趨市者乎？又孟嘗君傳 ▲獨不聞天子之上林乎？又司馬相如傳 ▲上曰：劍人之所施易，獨至今乎？又萬石君傳 ▲公奈何衆辱我？獨無閒處乎？又馮唐傳

對 ㄉㄨㄟˋ

①方所介詞 與今語義同。▲涉還至主人，對賓客歎息曰：人親臥地不收，涉何心鄉此？願徹去酒食。漢書原涉傳 ▲莽侍曲陽侯疾，因言長見將軍久病，意喜；自以當代輔政，至對衣冠議語署置。又淳于長傳 ▲莽求見太后，具言長驕佚欲代曲陽侯，對莽母上車，私與長定貴人姊通，受取其衣物。太后亦怒。又

端 ㄉㄨㄢ

①副詞　正也。　▲妾薄命，端遇竟寧前。漢書成許后傳

斷 ㄉㄨㄢˋ

①表態副詞　決也。　▲介如石，寧用終日，斷可識矣。易繫辭

頓 ㄉㄨㄣˋ

①表態副詞　遽也，急也。　▲夫天子之所嘗敬，衆庶之所嘗寵，死而死耳！賤人安宜得如此而頓辱之哉？漢書賈誼傳　▲庾風姿神貌，陶一見便改觀，設宴竟日，愛重頓至。世說　▲性高簡，不學晉語。諸公與之言，皆因傳譯。然神領意得，頓在言前。又注引高坐別傳

動 ㄉㄨㄥˋ

①表態副詞　動輒也。劉淇云：凡云『動』者，卽兼『動輒』之義，乃省文也。▲且兵，凶器，雖克所願，動亦耗病。史記律書 ▲又動欲慕古，不合時宜。漢書食貨志 ▲老弱相隨，動有萬計。後漢書陳忠傳 ▲故膠東相董仲舒老病致仕，朝廷每有政議，數遣廷尉張湯親至陋巷問其得失，於是作春秋決獄二百三十二事，動以經對，言之詳矣。又應劭傳 ▲帝數問政事，篤詭辭密對，動依典義。又延篤傳 ▲簡文爲相，事動經年，然後得過。世說

他ㄊ　它　佗

①旁指指示代名詞　▲遭夫人世子之喪，君不受使大夫受於廟。其他如遭君喪。儀禮聘禮 ▲且夫兄弟之怨，不徵於它；徵於它，利乃外矣。國語周語中 ▲王顧左右而言他。孟子梁惠王下 ▲高明光大，不在乎他，在乎加之意而已。漢書董仲舒傳 ▲昔詩人所刺，春秋所譏，指象如此，殆不在它。又杜鄴傳 ▲爲人少文；居它，惛

惛不辨；至於中尉，則心開。又王溫舒傳 按後漢書方術傳云：長房曾與人共行，見一書生黃巾被裘，無鞍騎馬，下而叩頭。長房曰：『還他馬，赦汝罪。』人問其故，長房曰：此狸也；『盜社公馬耳！』 按此例似以『他』字作人稱代名詞『彼』字用，與今口語同。以他書罕見，故附記於此。

②旁指指示形容詞 用於名詞之前，故與前條異。 ▲子不我思，豈無他人？詩鄭風褰裳 ▲于是沛公乃夜引兵從他道還。史記高祖紀 ▲欲赴佗國奔亡，痛吾兩主使不通，故來服過。又滑稽傳 ▲此無佗故，其祟在龜。又龜策傳 ▲割地定制，令齊趙楚各爲若干國，使悼惠王幽王元王之子孫畢以次各受祖之分地，地盡而止；及燕梁佗國皆然。漢書賈誼傳 ▲意者有它繆巧可以禽之，則臣不知也。又韓安國傳 ▲雖其前辭嘗曰：『得亡效五年？』宜無它心，不足以故出兵。又趙充國傳 ▲縣有劇賊及它非常，博輒移書以詭責之。又朱博傳 ▲鄭令蘇建得顯私書，奏之；後以它事論死。又石顯傳

特[illegible]

①名詞 匹也。▲實維我特。詩 ▲自求新特。又

②表態副詞 但也，直也。與今語「不過」同。▲臣之所見，蓋特其小小者耳。史記司馬相如傳 ▲設帝百歲後，是屬寧有可信者乎？此特帝在，卽錄錄。又魏其侯傳 ▲丞相特前戲許灌夫，殊無意往。又 ▲漢大臣皆故高帝時大將，習兵，多謀詐。此其屬意非止此也，特畏高帝呂太后威耳。又孝文紀 ▲諸所言者，單于特空給王烏，殊無意入漢。又匈奴傳 ▲此特羣盜鼠竊狗偷耳。又叔孫通傳 ▲曹參雖有野戰略地之功，此特一時之事。又蕭相國世家 ▲今臣之賢，不若曾參；王之信臣，又不如曾參之母信曾參也。疑臣者非特三人，臣恐大王之投杼也。又甘茂傳 ▲其樂非特朝夕之樂也。又楚世家 ▲今郡主之權，非特六卿之重也；地幾千里，非特閭巷之資也。又主父偃傳 ▲羽季父左尹項伯，素善張良，夜馳見張良，具告

其實欲與俱去，毋特俱死。漢書高帝紀 ▲豈者，吾所生長，極不忘耳！吾特爲其以雍齒故，反我爲魏。又 ▲今天下賢者智能，豈特古之人乎！又 ▲而世又不能與死節者比，特以爲智窮罪極，不能自免，卒就死耳。又司馬遷傳 ▲高帝曰：公罷矣！吾特戲耳。又叔孫通傳

③表態副詞 今言『特地』。 ▲河東，吾股肱郡，故特召君耳。史記季布傳

④表態副詞 與今言『特別』同。 ▲若有道之士對問高者，宜垂省覽，特遷一等以廣直言之路。後漢書陳忠傳 ▲勇至樓蘭，以鄯善歸附，特加三綬。又班勇傳 ▲汝南西平縣有龍淵水，可用淬刀劍，特堅利。水經注引晉太康地記

投ㄊㄡˊ

①時間介詞 後漢書任光傳注云：投，至也。 ▲涉單車驅上茂陵，投暮入其里宅。漢書原涉傳 ▲顯嘗使至諸官有所徵發，顯先自白：恐後漏盡宮門閉，請使詔吏

開門。顯故投夜還，稱詔開門入。又石顯傳 ▲式便服朋友之服，投其葬日馳往赴之。後漢書范式傳 ▲世祖遂與光等投暮入堂陽界。又任光傳

泰 太 ㄊㄞˋ

①表態副詞　過也，甚也。　▲昊天泰憮。詩小雅 ▲今子既上無君侯有司之勢，而下無大臣職事之臣，而擅飾禮樂選人倫以化齊民，不泰多事乎？莊子漁父 ▲吾聞之荀卿曰：物禁太盛。史記李斯傳 ▲臣愚以爲陛下法太明，賞太輕，罰太重。又主父偃傳 ▲大臣皆畏其口，賂遺累千金。人或說偃曰：太橫矣。又 ▲世言荊軻，其稱太子丹之命天雨粟，馬生角也，太過。又荊軻傳

儻 ㄊㄤˇ 黨

①表態副詞　或也。　▲物之儻來，寄也。莊子繕性 ▲日月之有蝕，風雨之不時，怪

星之黨見。荀子天論 ▲今漢兵至，衆彊，計殺餘善自歸諸將，儻幸得脫。史記東越傳 ▲如此則民怨，諸侯懼，即使辯武隨而說之，儻可徼幸什得一乎！又淮南王傳 ▲騶衍，其言雖不軌，儻亦有牛鼎之意乎！又孟子荀卿傳 ▲舍人弟上變告信欲反狀於呂后。呂后欲召，恐其黨不就，乃與蕭相國謀。又淮陰侯傳 ▲試迹之古，返之於天，黨可得見乎？漢書董仲舒傳 ▲郡中枯旱三年。後太守至，卜筮其故，于公曰：孝婦不當死，前太守彊斷之，咎黨在是乎？又于定國傳

②假設連詞　若也，如也。今用『儻』。▲黨皆法其君，奚若？墨子法儀 ▲誠知言必見識，然猶未能無望。何者？朽骨無益於人，而文王葬之；死馬無所復用，而燕昭寶之。黨同文昭之德；豈不大哉！後漢書張奐傳

忝ㄊㄧㄢˇ

①表敬副詞　辱也。▲弼大怒曰：太守忝荷重任，當選士報國，爾何人而僞詐無

狀！後漢書史弼傳

徒 ㄊㄨ

①副詞 乃也。 ▲吾聞之夫子：事求可，功求成，用力少見功多者，聖人之道。今徒不然。莊子天地 ▲子路謂子貢曰：吾以夫子爲無所不知，夫子徒有所不知。荀子子道 ▲子貢謂子路曰：女謂夫子爲有所不知乎？夫子徒無所不知。又 ▲田子方望翟黃乘軒騎駕，方以爲文侯也。移車而避之，則徒翟黃也。韓非子外儲說

②副詞 但也。 ▲徒善不足以爲政，徒法不能以自行。孟子離婁上 ▲王如用予，則豈徒齊民安！天下之民擧安。又公孫丑下 ▲孔子曰：異哉徒使我不誠於伯高。禮記檀弓 ▲平原君之游，徒豪擧耳！不求士也。史記信陵君傳 ▲相如乃與馳歸，家居徒四壁立。又司馬相如傳 ▲孫子曰：王徒好其言，不能用其實。又孫子吳起傳 ▲且擅兵而別，多他利害，未可知也；徒自損耳。又吳王濞傳 ▲兩人非有材能，

徒以婉佞貴幸與上臥起。又佞幸傳 ▲陳餘曰：吾度前終不能救趙，徒盡亡軍。又陳餘傳 ▲今蕭何未嘗有汗馬之勞，徒守文墨。又蕭相國世家 ▲諸君徒能得走獸耳，功狗也。又 ▲天下匈匈數歲者，徒以吾兩人耳。又項羽紀 ▲徒見畜牧於野，不見一人。又韓長孺傳 ▲兩國相擊，此宜夸矜見所長，今臣往，徒見羸弱。又劉敬傳 ▲上曰：君薄淮陽邪？吾今召君矣，顧淮陽吏民不相得，吾徒得君之重，臥而治之。又汲黯傳 ▲天下游士離其親戚，棄墳墓，去故舊，從陛下游者，徒欲日夜望咫尺之地。又留侯世家 ▲夫不能修申韓之明術，行督責之道，專以天下自適也，而徒務苦形勞神，以身徇百姓，則是黔首之役。又李斯傳 ▲時鮮有所獲，徒奮揚威武，明漢兵若雷風耳。漢書匈奴傳

③表態副詞　空也。▲齊師徒歸。左傳襄二十五年 ▲以吾從大夫之後，不可徒行也。論語先進 ▲徒歌謂之謠。爾雅釋樂

突 ㄊㄨˋ

①表態副詞　今言「突然。」　▲嘗有部刺史奏事過遵，値其方飲，刺史大窮。候遵霑醉時，突入見遵母，叩頭自白當對尙書有期會狀。母乃令從後閤出去。　漢書陳遵傳　▲時王莽貴人魏氏賓客放從，延率吏卒突入其家捕之。　後漢書虞延傳　▲蕃時年七十餘，聞難作，將官屬諸生八十餘人並拔刃突入承明門。　又陳蕃傳

脫 ㄊㄨㄛ

①副詞　或也。　▲今關門禁嚴，君狀貌非凡，將以此安之。不如詣闕自歸。事既未然，脫可免禍。　後漢書李通傳　▲袁史則故御史珍之孫，何爲苛罰？脫有奄忽，如何？　北堂書鈔七十三引謝承後漢書　▲王汝南既除所生服，遂停墓所。兄子濟每來拜墓，略不過叔，叔不候濟。脫時過，止寒溫而已。世說

通 ㄊㄨㄥ

①副詞　皆也，共也。▲是以富商大賈，周流天下；交易之物，莫不通得其所欲。史記貨殖傳 ▲故吏皆通令伐棘上林。又平準書 ▲大郡二千石死，官賦斂送葬皆千萬以上；妻子通共受之以定產業。漢書原涉傳 ▲上以賢難歸，詔令賢妻得通引籍殿中，止賢廬。又董賢傳 ▲歷佛然廷詰皓曰：屬通諫何言？而今復背之！大臣乘朝車處國事，固復輾轉若此乎？後漢書來歷傳 按李賢注云：通，猶共也。▲今濟北東阿四十里有故淸亭，卽春秋所謂淸者也；是濟水通得淸之目焉。水經注

痛 ㄊㄨㄥˋ

①表態副詞　甚也。▲姦臣痛言人情以驚主。管子七臣七主 ▲畜積餘贏以稽市物，痛騰躍。漢書食貨志 ▲蚡爲人貌侵，生貴甚；又以爲諸侯王多長，上初卽位，

富於春秋，蚡以肺附爲相，非痛折節以禮屈之，天下不肅。又田蚡傳

那ㄋㄛ

①不完全外動詞　奈也，如也。讀去聲。▲所向全勝，要那後無繼何？魏志毋丘儉傳注　▲牢之曰：平玄之後，令我那驃騎何？宋書劉敬宣傳　按玄者，桓玄；驃騎謂元顯。

②疑問代名詞　『奈何』之合音。讀平聲。▲牛則有皮，犀兕尙多，棄甲則那？左傳　按杜注云：那猶何也。顧氏日知錄卷三十二云：直言之曰『那』，長言之曰『奈何』，一也。

③疑問副詞　何也。▲疇年十三，謂兄渙曰：亡母之言，可以行矣！渙曰：那可爾？魏志劉疇傳　▲魯國孔氏好讀經，兄弟講論皆可聽。學士來者有聲名，不聽孔氏那得成！連叢子　▲謝夫人問太傅：那得初不見君教兒？世說

④介詞　爾雅云：那，於也。讀平聲。▲吳人之那不穀，亦又甚焉。越語

⑤語末助詞　表驚怪之意，讀去聲。▲韓康，字伯休，常採藥名山，賣於長安市，口不二價三十餘年。時有女子從康買藥，康守價不移。女子怒曰：公是韓伯休那！乃不二價乎？後漢書逸民傳

諾ㄋㄜ

①應對副詞　唯也。▲冉有曰：夫子爲衛君乎？子貢曰：諾；吾將問之。論語述而　▲陽貨曰：懷其寶而迷其邦，可謂仁乎？曰：不可。好從事而亟失時，可謂知乎？曰：不可。日月逝矣，歲不我與。孔子曰：諾；吾將仕矣。又陽貨

乃ㄋㄞ　迺

①不完全內動詞　是也，爲也。▲臣竊矯君命以責賜諸民，民稱萬歲，乃臣所以

爲君市義也。齊策　▲呂公女，乃呂后也。史記高帝紀　▲樊噲，帝之故人也，功多；且又乃呂后弟呂須之夫。又陳丞相世家　▲臣非知君，知君乃蘇君。又張儀傳　▲贏乃夷門抱關者也。又信陵君傳　▲臨大澤，無崖，蓋乃北海云。又大宛傳　▲此蓋乃昔所謂西戎，在于街冀豲道者也。魏志東夷傳注

②對稱人稱代名詞　爾也，汝也。▲余嘉乃勳。左傳　▲古我先王暨乃祖乃父，胥及逸勤。又盤庚　▲必欲烹乃翁，幸分我一杯羹！漢書項羽傳　▲且所給備善，則已。不備善而苦惡，則候秋熟，以馬馳蹂迺稼穡也。又匈奴傳　按以上諸例皆用於領位。當今語之『你的。』　▲今欲發之，乃能從我乎？又翟義傳　按此例用於主位。

③指示代名詞　如此也。▲孟孫氏特覺人哭亦哭，是自其所以乃。莊子大宗師　▲子產蹵然改容更貌曰：子無乃稱！又德充符　按王引之云：此猶云：『子無稱是言，』以『乃』爲代名詞。劉淇云：『此乃字合訓如此，言無爲如此稱說也。』則

認『乃』爲代名詞作副詞用者。二說劉氏較長。今以『乃』原是代名詞，故附於此，非主王氏之說也。

④指示代名詞　用義與『其』同，用於領位。 ▲既備乃事。詩小雅大田 ▲各修乃職，考乃法，待乃事。周禮小宰 ▲使乃好惡喜怒未嘗差。春秋繁露王道通三 ▲太中大夫宋漢清修雪白，正直無邪。予錄乃勳，引登九列。後漢書宋弘傳

⑤指示形容詞　是也，此也。 ▲公曰：吾聞之：五子不滿隅，一子可滿朝：非迺子耶？晏子春秋外篇

⑥副詞　顧也，却也。王引之云：異之之詞。 ▲女不憂朕心之攸困，乃咸大不宣乃心。書盤庚 ▲不見子都，乃見狂且。詩鄭風山有扶蘇 ▲然則鬬與不鬬，亡於辱之與不辱也，乃在於惡之與不惡也。荀子正論 ▲夫敖倉，天下轉輸久矣；臣聞其下迺有藏粟甚多。史記酈食其傳 ▲當改過自新，乃益驕溢，卽山鑄錢。又吳王濞傳 ▲朕日一食者累月，迺何樂之聽？漢書車千秋傳 ▲鄉者，僕亦嘗廁下大夫之

列，陪外廷末議，不以此時引綱維，盡思慮，今已虧形爲掃除之隸，在闒茸之中，迺欲卬首信眉，論列是非，不亦輕朝廷，羞當世之士邪？又司馬遷傳

⑦副詞　但也，僅也。▲天下勝者衆矣！而霸者乃五。呂氏春秋孝行覽義賞　▲長沙乃纔二萬五千戶。賈子藩彊　▲至東城，乃有二十八騎。史記項羽紀　▲且秦舉咸陽而棄之，何乃越也！又東越傳　▲儒者所謂中國者，於天下乃八十一分居其一分耳。又孟子荀卿傳　▲且酈生一士，伏軾掉三寸舌，下齊七十餘城；將軍將數萬之衆，迺下趙五十餘城。爲將數月，反不如一豎儒之功乎？漢書蒯通傳　▲諸公幸者迺爲中涓，其次廑得舍人。又賈誼傳　▲匈奴大入上谷漁陽，安國壁迺有七百餘人。又韓安國傳　▲蘇武使匈奴二十年不降，還，迺爲典屬國，大將軍長史無功勞，爲搜粟都尉。又蘇武傳　▲自古有戰，非乃今也。潛夫論邊議篇

⑧時間副詞　始也，初也。▲乃深其怨於齊，又退侵宋以衆其敵。穀梁傳莊十年　▲先生所爲文市義者，乃今日見之。齊策　按本當云『乃於今日見之，』於字

省去。▲古之王者，太子乃生，固舉之禮。大戴禮保傅 按漢書賈誼傳「乃」作「迺」，賈子作「初」。▲故迺孩提有識，三公三少固明孝仁禮義以道習之。漢書賈誼傳 ▲故太子迺生而見正事，聞正言，行正道。又 ▲方今布衣迺竊國家之隙，見閒而起者，蜀郡是也。又梅福傳

⑨反詰副詞 寧也，豈也。▲人謂子產：「就直助彊。」子產曰：豈爲我徒國之禍難，誰知所敝？或主彊直，難乃不生？姑成吾所。左傳襄三十年

⑩副詞 於是也，然後也，始也。今語言「這纔」。訓始與第八條同。惟此用於承接，故異耳。▲見乃謂之象，形乃謂之器。易繫辭傳 ▲作十有三載，乃同。又禹貢 ▲九月丁巳，葬我君定公，雨，不克葬。戊午日下昃，乃克葬。春秋定十五年 ▲文王九十七乃終。禮記文王世子 ▲終不得入中城，乃罷而引歸。史記大宛傳 ▲侯生視公子色終不變，乃謝客就車。又魏公子傳 ▲以爲諸侯莫足遊者，乃西入關，見衛將軍。又主父偃傳

⑪轉接連詞　若也，若夫也。　▲皆古聖人也，吾未能有行焉，乃所願，則學孔子也。孟子公孫丑上　▲或曰：有性善，有性不善。是故以堯爲君而有象；以瞽瞍爲父而有舜；以紂爲兄之子，且以爲君，而有微子啓王子比干。今曰性善；然則彼皆非與？孟子曰：乃若其情，則可以爲善矣。又告子上　▲是故君子有終身之憂，無一朝之患也。乃若所憂，則有之。孟子　▲小人殉財，君子殉名，其所以變其情易其性則異矣！乃至於棄其所爲而殉其所不爲，則一也。莊子盜跖　▲非獨政能也，乃其姊亦烈女也！史記刺客傳

⑫假設連詞　若也。　▲乃有不吉不迪，顛越不恭，暫遇姦宄，我乃劓殄滅之無遺育。書盤庚　▲女萬民乃不生生，暨予一人猷同心，先后丕降與女罪疾。又　▲女乃是不蘉，乃時惟不永哉。又洛誥　▲乃有不用我降爾命。書　▲乃越逐不復，汝則有常刑。又

⑬語首助詞　無義。　▲乃聖乃神，乃武乃文。書大禹謨

奈

①外動詞　如也，若也。恆與疑問副詞『何』字連用。　按是今語『處置』『對付』『安頓』之義。『奈何』卽今語之『怎樣對付，』『奈之何』卽今語之『怎樣對付他。』故此『何』字爲疑問副詞。　▲吾君老矣，國家多難。伯氏不出，奈吾君何？ 晉語二　▲於是項羽乃悲歌慷慨自爲詩曰：『力拔山兮氣蓋世，時不利兮騅不逝！騅不逝兮可奈何？虞兮虞兮！奈若何？』 史記項羽紀　按『奈若何』謂『奈汝何。』　▲邊人奴婢愁苦欲亡者多，曰：聞匈奴中樂，無奈候望急何。又匈奴傳　▲夫唐堯有丹朱，周文王有管蔡：此皆上聖，無奈下愚子何。漢書王莽傳　按『無奈候望急何』者，言『無法怎樣對付候望急；』『無奈下愚子何』者，言『無法怎樣對付下愚子』也。故此種『無』字實爲無指指示代名詞。宜注意！　▲諸侯不從，奈何？ 史記高帝紀　按『奈何』爲『奈之何』之省略，『之』

字卽指上文之諸侯。▲沛公大驚曰：爲將奈何？又留侯世家 ▲太史伯陽曰：禍成矣！無可奈何。又周本紀 按『無可奈何』謂『無法可怎樣對付』也。『無』字乃無指指示代名詞。▲昔伯姬燔而諸侯憚。奈何乎？陛下！漢書東方朔傳 ▲君不知兮可奈何？楚辭九辨 按『可奈何』謂『可怎樣對付』 ▲唯無形者無可奈也。淮南子兵略訓 ▲惟虐惟殺，人莫予奈。揚雄廷尉箴 按此二例，皆無『何』字相連。『無可奈』者，謂『無法可對付』；『人莫予奈』者，謂『人無法對付我』也。故此二例中『無』字『莫』字亦是無指指示代名詞。

難ㄋㄢ

①外動詞 廣韻云：難，患也。奴案切。按讀去聲。▲宋衛實難，鄭何能爲？左傳隱六年 ▲求而無之，實難；過求何害？又文六年 ▲人生實難，其有不獲死乎？又成二年 ▲吾不能是難，楚不爲患。又昭元年 ▲僑聞君子非無賄之難，立而無令名之患。

又昭十六年 ▲僑聞爲國非不能事大字小之難，無禮以定其位之患。又 ▲人犧實難，己犧，何害？又昭二十二年 ▲夫戮出於身實難，自他及之，何害？晉語 ▲愛冀土以毀三常，失位而闕聚。是之不難，無乃不可乎？又 按以上諸例「實難」「之難」之「實」「之」二字，皆助詞表倒裝者，與「唯利是趨」之是字同。▲吾欲作大事，而難三公子之徒，如何？又 ▲君既許我殺太子而立奚齊矣。吾難里克奈何？又

②表態形容詞 易之反。 ▲文王帥殷之叛國以事紂，唯知時也。今我易之，難哉！左傳襄四年 ▲今吾子相鄭國，作封洫，立謗政，制參辟，鑄刑書，將以靖民，不亦難乎？又昭六年 ▲才難，不其然乎！論語泰伯 按以上諸例難字單用。 ▲衆叛親離，難以濟矣！左傳隱四年 ▲又收其良以死，難以在上矣！又文六年 ▲或者難以霸乎！又哀十二年 按以上三例，「難」字與介詞「以」字連用。「難以」猶言「難於。」 ▲子產曰：衆怒難犯，專欲難成。又襄十年 按「難犯」謂「難於見犯，」

『難成』謂『難於成。』前例云『難以，』此省去『以』字耳。學者往往以其形似而誤認『難』爲副詞，宜注意！

⑧奈何之合聲 ▲忠爲令德，其子弗能任，罪猶及之，難不愼也！左傳昭十年 按顧氏炎武云『言不可不愼，』非是。今定此字讀如『棄甲則那』之『那，』奈何也。

能ㄋㄥˊ

①外動詞 與『耐』同。按能字古音同耐。禮記鄭注云：耐，古能字，故二字用同。

▲比盛暑，隴畝平而根深，能風與旱。漢書食貨志 ▲夫胡貉之地，其人密理，鳥獸毳毛，其性能寒；楊粵之地，其人疏理，鳥獸希毛，其性能暑。又鼂錯傳 ▲漢馬不能冬。又趙充國傳 ▲且越人緜力薄材，不能陸戰，又無車騎弓弩之用，然而不可入者，以保地險，而中國之人不能其水土也。又嚴助傳 ▲不能飢渴。又西域傳 ▲豕之性能水。詩小雅漸漸之石箋

②可能助動詞　▲且人之欲善，誰不如我？我欲無貳，而能謂人已乎？左傳僖九年　▲法語之言，能無從乎？巽與之言，能無說乎？論語子罕　▲今之事君者皆曰：我能爲君辟土地，充府庫。孟子告子下　▲持方枘欲內圓鑿，其能入乎？史記孟子荀卿傳　▲當是時，諸公皆多季布能摧剛爲柔。又季布傳　▲上欲廢太子；大臣多諫爭，未能得堅決者也。又留侯世家　▲富貴不能快意，非賢也。又欒布傳　▲天子曰：非此母不能生此子。又酷吏傳　▲且帝寧能爲石人邪？又魏其侯傳　▲布之初反，謂其將曰：上老矣，厭兵，必不能來。又黥布傳　▲今大臣雖欲爲變，百姓弗爲使，其黨寧能專一邪？又孝文紀　▲寡人已知將軍能用兵矣。又孫子吳起傳　▲夫習與正人居之，不能毋正，猶生長于齊，不能不齊言也。漢書賈誼傳

③助動詞　與不字連用，表『不及』『不到』之義；恆與數字或時間有關。其下省去動字，故亦定爲助動詞。　▲散不能三千金。秦策　▲其地不能千里。趙策　▲於是不能朞年，千里之馬至者三。燕策　▲不能五十里者，不合於天子；附

於諸侯，曰附庸。禮記王制　▲行令未能一歲，五衢之民皆多衣帛完屨。管子輕重丁

▲其死未能半日也。史記扁鵲傳　▲方今大王之兵衆，不能十分吳楚之一。又淮南王安傳　▲用賢未能三旬而退。漢書劉向傳　▲調校尉以來，未能十日以上。又霍光傳　▲宣王以至外族內屬，血脈所連，不能千億。論衡藝增

④形容詞　得也。　▲王者無外，此其言出何？不能乎母也。公羊傳僖二十四年　按『不能』猶今言『不相得，』或言『不相能，』義同。

⑤副詞　與『乃』同，顧也，卻也。　▲奉陽君約魏，魏王將封其子。謂魏王曰：王嘗身濟漳，朝邯鄲，抱葛薛陰成以爲趙養邑，而趙無爲王有也。王能又封其子河陽姑密乎？臣爲王不取也。魏策　▲今韓信兵號數萬，其實不過數千。能千里而襲我，亦以罷極。史記淮陰侯傳　▲非獨色愛，能亦各有所長。又佞幸傳

⑥承接連詞　與『而』同。　▲建信君入言於王，厚任葺以事，能重責之。趙策

▲是貴能威之，富能祿之，賤能事之，近能親之，美能淫之也。管子任法　按下文五

能字皆作而。▲不欲强能不服，智而不牧。（又修權）▲入則求君之嗜欲能順之；君怨良臣，則具其往失而竝之。（晏子春秋外篇）▲少而示之黑，謂黑；多示之黑，謂白；少能嘗之甘，謂甘；多嘗之甘，謂苦。（墨子天志）▲貴而下賤，則衆弗惡也；富能分貧，則窮士弗惡也；智而教愚，則童蒙者弗惡也。（韓詩外傳）▲或有忠能被害，或有孝而見殘。（崔駰大理箴）　按諸例皆「能」與「而」互用。

⑦承接連詞　亦與「乃」同。王念孫云：「能」字古讀若「耐」，聲與「乃」相近，故義亦同。▲中美能黃，上美爲元，下美則裳。（左傳昭十二年）▲二者不失，則民能可得而官也。（管子修權）▲故用兵之法：十則圍之，五則攻之，倍則分之，敵則能戰，少則能守，不若則能避之。（孫子謀攻）▲先生以不斜之故，能至於此。（列女傳賢明）▲鳥則雄者鳴鴝，雌能順服；獸則牡者唱導，牝乃相從。（後漢書荀爽傳）

來ㄌㄞˊ

①語中助詞　賓語倒置時用之。與惟利是趨之『是』字用同。▲不念昔者，伊予來塈。詩邶風谷風　按王引之云：此言君子不念昔日之情而惟我是怒也。▲是用作歌，將母來諗。又小雅四牡　▲顯允方叔，征伐玁狁，荊蠻來威。又采芑　▲既之陰女，反予來赫。又大雅桑柔　▲匪安匪遊，淮夷來求。又江漢　▲匪安匪舒，淮夷來鋪。又　▲匪疚匪棘，王國來極。又

②語末助詞　無義。　按今語之『咧』，疑由此字變來。▲盍歸乎來！孟子離婁　▲子桑戶死，孟子反子琴張相和而歌曰：嗟來！桑戶乎！嗟來！桑戶乎！莊子大宗師　▲雖然若必有以也。嘗以語我來！又人間世　▲子其有以語我來！又

賴 ㄌㄞˋ

①介詞　恃也。▲周賴大國之義得君臣父子相保也。東周策　▲張儀曰：賴子得顯，方且報德，何故去也？史記張儀傳　▲曾孫賴吉得全。漢書宣帝紀　▲羽意既

解范增欲害沛公，賴張良樊噲得免。又項籍傳 ▲且先王亡國，賴皇帝得復國。又張耳傳

濫 ㄌㄢˋ

①副詞 ▲自此諸爲怨隙者因相陷害，睚眦之忿，濫入黨中。後漢書黨錮傳

犂 ㄌㄧˊ 棃 黎

①時間介詞 及也，至也。與「遲」通用。參閱「遲」 ▲重耳謂其妻曰：待我二十五年不來，乃嫁，其妻笑曰：犂二十五年，吾冢上柏大矣。史記晉世家 ▲帝晨出射，太后使人持酖飲趙王。犂孝惠還，趙王已死。又呂后紀 ▲其頗不得，失之旁郡國。棃來，會春，溫舒頓足歎。又酷吏傳 ▲黎明，圍宛城三匝。又高帝紀

立

①時間副詞　卽也，今言『立刻』。管子小稱篇注云：立猶速也。▲故我有善，則立譽我；我有過，則立毀我。管子小稱　▲於是呂澤立夜見呂后。史記留侯世家　▲於是公子立自責，似若無所容者。又信陵君傳　▲劍堅，故不可立拔。又荊軻傳　▲此皆可使還至而立有效者也。漢書董仲舒傳　▲已而冒頓以鳴鏑自射善馬，左右或莫敢射；冒頓立斬之。又匈奴傳　▲大神石人談曰：趣新皇帝之高廟受命！毋留！於是新皇帝立登車之漢氏高廟受命。又王莽傳中　▲至如近世外戚宦豎，請託不行，意氣不滿，立能陷人於不測之禍。後漢書仲長統傳　▲劉子駿聞吾言，乃立稱善焉。桓譚新論

歷

①形容詞　本經歷之義，乃動詞，變爲此及下條二種用法。▲人君莫不好忠正而惡讒諛，然而歷世之患，莫不以忠正得罪讒諛蒙倖者，蓋聽忠難，從諛易也。後漢書左雄傳　▲先零東羌，歷載爲患。又段熲傳　▲李固被誅，陟以故吏禁錮歷年。又羊陟傳

②副詞　▲虞舜側微，堯聞之聰明，歷試諸難。書序　▲故太尉段熲武勇冠世，習於邊事，歷事二主，勳烈獨昭。後漢書段熲傳　▲建武二年，騎都尉弓里戍將兵平定北州，到太原，歷訪英俊大人，問以策謀。又獨行溫序傳

略ㄌㄧㄝ。

①表態副詞　大略也。▲略聞夏殷欲卜者，乃取蓍龜，已則棄去之。史記龜策傳　▲太史公推古天變，未有可考于今者。蓋略以春秋二百四十二年之間，日蝕三十六。又天官書　▲齊王曰：雖然，略以子之所聞見而言之！又司馬相如傳　▲至平

孝武，元功宿將略盡。漢書外戚恩澤侯表 ▲詩書所歎，略同一揆。又后妃傳 ▲略涉傳記，贍於文辭。又陳遵傳 ▲至如滎陽左右周數百里，歲略不收。魏志高柔傳

聊 ㄌㄧㄠˊ

①表態副詞 詩泉水鄭箋云：聊，且略之辭。 ▲孌彼諸姬，聊與之謀。詩邶風泉水 ▲和調度以自娛兮，聊浮游而求女。離騷 ▲老臣妄竊帝號，聊以自娛。史記南越傳 ▲王生曰：吾老且賤，自度終無益於張廷尉。張廷尉方今天下名臣；吾故聊辱廷尉，使跪結韈，欲以重之。又張釋之傳 ▲邯鄲將帥數言我發漁陽上谷兵吾聊應言然；何意二郡良爲吾來！後漢書景丹傳

連 ㄌㄧㄢˊ

①表數形容詞 ▲廣利與單于戰余吾水上連日。漢書武帝紀 ▲上重違大臣正

議又內迫傅太后猗違者連歲。又孔光傳　▲初太尉張禹司徒防欲與忠父寵共奏追封和熹皇后父護羌校尉鄧訓，寵以先世無奏請故事，爭之，連日不能奪。後漢書陳忠傳　▲光之所坐，情既可原，而守闕連年，終不見理。又霍諝傳

②表數副詞　頻也，繼續也。▲元帝令充宗與諸易家論，充宗乘貴辨口，諸儒莫能與抗。有薦雲者，召入，攝齋登堂，抗首而請，音動左右。既論難，連拄五鹿君。漢書朱雲傳　▲後數復毆傷郎，夜私出宮，傅相連奏，坐削或千戶或五百戶。又文三王傳　▲王背策戒，誖暴妄行，連犯大辟。又　▲羽因留，連戰未能下。又項籍傳　▲貳師解而引歸，與單于連鬭十餘日。又匈奴傳　▲宣帝卽位，烏孫昆彌復上書言：連爲匈奴所侵削。又　▲後連有災異，詔舉有道，公卿百寮各上封事。後漢書陳忠傳　▲臣竊見元年以來，盜賊連發，攻亭劫掠，多所傷殺。又　▲黃巾三十萬衆入郡界，劭糾率文武，連與賊戰。又應劭傳

臨ㄌㄧㄣˊ

①時間介詞　於事之未發而卽將發時用之。▲忌數與齊諸公子馳逐重射。孫子見其馬足不甚相遠，馬有上中下輩，於是孫子謂田忌曰：君第重射！臣能令君勝。及臨質，孫子曰：『今以君之下駟與彼上駟，取君上駟與彼中駟，取君中駟與彼下駟。』既馳三輩畢，而田忌一不勝而再勝。史記孫武傳　▲太子早死。臨死謂其父昆莫曰：必以岑娶爲太子！又大宛傳　▲方進素與司直師丹相善。臨御史大夫缺，使丹奏咸爲姦利，請案驗，卒不能有所得；而方進果自得御史大夫。漢書杜欽傳　▲今歲不登，穀暴騰踊。臨秋收斂，猶有乏者。又魏相傳　▲上大賢之，制詔丞相：其封吉爲博陽侯。臨當封，吉疾病。又丙吉傳　▲延壽嘗出，臨上車，騎吏一人後至。又韓延壽傳　▲衡又使官大奴入殿中問行起居，還言漏上十四刻行。臨到，衡安坐，不變色改容，無怵惕肅敬之心。又王尊傳　▲上以皇后父孔鄉侯傅晏爲大

司馬衞將軍，而帝男安陽侯丁明爲大司馬票騎將軍。臨拜，日食。又杜鄴傳

良（ㄌㄧㄤˊ）

①表態副詞　信也，果也。文選古詩十九首注云：良，信也。▲諸將皆以爲趙氏孤兒良已死。史記趙世家　▲太史公曰：吾如淮陰，淮陰人爲余言：韓信雖爲布衣時，其志與衆異。其母死，貧無以葬，然乃行營高敞地，令其旁可置萬家。余視其母冢，良然。又淮陰侯傳　▲武帝病，神君言曰：與我會甘泉！於是病愈，遂幸甘泉，病良已。又孝武紀　▲鄉亡桓公星，遂至地，中國其良絕矣。漢書五行志　▲良有不得已，可賜以貨財，不可私以官位。又李尋傳　▲世祖引見丹等，笑曰：邯鄲將帥數言我發漁陽上谷兵，吾聊應言然，何意二郡良爲吾來！後漢書景丹傳　▲古人思秉燭夜遊，良有以也。魏文帝與吳質書

②表態副詞　甚也。　▲季布因進曰：夫陛下以一人之譽而召臣，一人之毀而去

臣，臣恐天下有識聞之，有以闚陛下也。上默然慚，良久曰：河東吾股肱郡；故特召君耳。史記季布傳 ▲盎對曰：方今計獨斬鼂錯，發使赦吳楚七國，復其故削地，則兵可無血刃而俱罷。於是上嘿然，良久，曰：顧誠何如？吾不愛一人以謝天下。又吳王濞傳 ▲上既聞廉頗李牧爲人，良說，漢書馮唐傳

令

①不完全外動詞 使也。 ▲令者，所以令人知罪也。管子七臣七主 ▲太子早死。臨死，謂其父昆莫曰：必以岑娶爲太子，無令他人代之。史記大宛傳 ▲平明，令門下候伺，至日中，丞相不來。又魏其侯傳 ▲武安遂怒，乃令騎留灌夫。灌夫欲出，不得。籍福起爲謝，案灌夫項令謝。夫愈怒，不肯謝。又 ▲君第重射！臣能令君勝。又孫武傳 ▲燕王昏亂，其太子丹乃陰令荊軻爲賊。又秦始皇紀 ▲大將軍陰受上誡，以爲李將軍老，數奇，毋令當單于。又李將軍傳 ▲靑捕虜，知單于所居，乃自以

精兵走之，而令廣并於右將軍，出東道。又▲釋之既朝畢，因前言便宜事。文帝曰：卑之！毋甚高論！令今可施行也。又張釋之傳▲及竇嬰袁盎進說，上令鼂錯衣朝衣，斬東市。又鼂錯傳▲天子置公卿輔弼之臣，寧令從諛承意陷主於不義乎？又汲黯傳

②假設連詞　若也，如也。▲太后怒，不食。曰：今我在也，而人皆藉吾弟！令我百歲後，皆魚肉之矣！史記田蚡傳▲文帝怒曰：此人親驚吾馬！吾馬賴柔和！令他馬，固不敗傷我乎！又張釋之傳▲令大王與吳西鄉。弟令事成，兩主分爭，患乃始結。又吳王濞傳▲嗟乎！令冬月益展一月，足吾事矣！又酷吏傳▲令此六七公者皆亡恙，當是時，而陛下卽天子位，能自安乎？漢書賈誼傳

累 ㄌㄟˇ

①表數形容詞　屢也。▲太傅陳蕃輔弼先帝，出納累年。後漢書陳蕃傳

②表數副詞　屢也。▲東種所餘三萬餘落，久亂并涼，累侵三輔。後漢書段熲傳

類

①外動詞　似也，若也。▲王類欲令若爲之。國策　▲上問湯曰：吾所爲，賈人輒先知之，是類有以吾謀告之者。史記酷吏傳

②副詞　大率也。▲大抵吏之治類多成由等矣。史記酷吏傳　▲夫移風易俗，使天下回心而鄉道，類非俗吏之所能爲也。漢書賈誼傳　▲冀部屬郡，多封諸王，賓客放縱，類不檢節。後漢書邳彤傳

屢　婁

①表數副詞　廣韻云：數也。▲屢顧爾僕。詩小雅　▲婁蒙嘉瑞，獲茲祇福。漢書宣帝紀　▲婁敕公卿，日望有效。又元帝紀

慮

①副詞　漢書賈誼傳注云：慮，大計也。劉淇云：大計猶云大率。▲其所以接下之百姓者，無禮義忠信焉，慮率用賞慶刑罰勢詐，除阨其下，獲其功用而已矣。荀子議兵　▲若此諸王，雖名爲臣，實皆有布衣昆弟之心，慮亡不帝制而天子自爲者。漢書賈誼傳　▲一二指搐，身慮無聊。又　▲逐利不耳！慮非顧行也。又　▲借父耰鉏，慮有德色。又　▲至於俗流失，世壞敗，因恬而不知怪，慮不動於耳目，以是爲適然耳。又　▲夫萬乘至重，而壯者慮輕。後漢書明帝紀　按李賢注云：『思慮輕淺』，釋慮爲名詞，誤。此以『慮輕』與『至重』相對爲文，『至』『慮』皆副詞也。

劣

①表態副詞　僅也。▲子德願，善御車。常立兩柱，使其中劣通車軸，驅牛奔從柱間直過。宋書劉懷眞傳　▲江津岸峭壁立，潘以刀頭穿岸劣容指，于是徑上。又胡藩傳

詞詮卷三

各ㄍㄜˋ

①代名副詞　▲顏淵季路侍，子曰：盍各言爾志！論語公冶長　▲長老皆各往往稱堯舜之處。史記五帝紀　▲最從高帝得相國一人，丞相二人，將軍二千石各三人。又周勃世家　▲令外國客徧觀各倉庫府藏之積。又大宛傳　▲且賢君者，各及其身顯名天下。又商君傳　▲諸侯王或欲推私恩分子弟邑者，令各條上。又王子侯表　▲賜聞：聲歌各有宜也。如賜者，宜何歌也？又樂書　▲夫忠臣不避死而庶幾，孝子不勤勞而見危；人臣各守其職而已矣。又李斯傳　▲於是上曰：陳豨將誰？曰：王黃曼丘臣，皆故賈人。上曰：知之矣。迺各以千金購黃臣等。又陳豨傳　▲梁王曰：若寡

人，國小也，尙有徑寸之珠照車前後各十二乘者十枚。又田敬仲世家　▲始皇聞此議各乖異，難施用。又封禪書　▲長安熾盛，街閭各有豪俠。漢書萬章傳　▲每詔令議下，諸老先生未能言，誼盡爲之對，人人各如其意所出。又賈誼傳　▲是時王氏方盛，賓客滿門，五侯兄弟爭名。其客各有所厚，不得左右。又樓護傳

蓋 ㄍㄞˋ

①傳疑副詞　於所言之事無確信時用之。禮記檀弓正義云：蓋是疑辭。▲有子蓋既祥而絲屨組纓。禮記檀弓　▲舜葬於蒼梧之野，蓋三妃未之從也。又　▲蓋上世嘗有不葬其親者。孟子　▲西伯蓋卽位五十年。其囚羑里，蓋益易之八卦爲六十四卦。詩人道西伯蓋受命之年稱王而斷虞芮之訟，後十年而崩，諡爲文王。史記周本紀　▲太史公曰：吾聞之周生曰：舜目蓋重瞳子。又項羽紀　▲上有所幸王夫人。夫人卒，少翁以方蓋夜致王夫人及竈鬼之貌云。又封禪書　▲古者帝

堯之治天下也，蓋殺一人刑二人而天下治，又禮書 ▲然劇孟母死，自遠方送喪蓋千乘。又游俠傳 ▲蓋墨翟，宋大夫，善守禦，爲節用。又孟子荀卿傳 ▲臨大澤，無崖，蓋乃北海云。又大宛傳 ▲太史公曰：余登箕山，其上蓋有許由冢云。又伯夷傳 ▲諸子中，勝最喜賓客；賓客蓋至者數千人。又平原君傳 ▲衞皇后，字子夫，生微矣。蓋其家號曰衞氏。又外戚世家 ▲用法益刻，蓋自此始。又酷吏傳 ▲大直若詘，道固委蛇，蓋謂是乎？又叔孫通傳

②疑問副詞　何也。▲勢位富貴，蓋可忽乎哉？秦策

③反詰副詞　音義與訓『何不』之『盍』同。▲子蓋言子之志於公乎？禮記檀弓

④提起連詞　▲朕聞：蓋天下萬物之萌生，靡不有死。史記文帝紀 ▲蓋聞有虞氏之時，畫衣冠異章服以爲僇。又 ▲高曰：蓋聞聖人遷徙無常。又李斯傳 ▲蓋聞王者莫高於周文，霸者莫高於齊桓。漢書高帝紀

⑤承接連詞　承上文而推原其故時用之。▲丘也聞有國有家者，不患寡而患不均，不患貧而患不安。蓋均無貧，和無寡，安無傾。論語季氏　▲孔子罕稱命，蓋難言之也。史記外戚世家　▲屈平之作離騷，蓋自怨生也。又屈原傳　▲夏正以正月，殷正以十二月，周正以十一月。蓋三王之正若循環。又曆書　▲匈奴明以戰攻爲事，其老弱不能鬬，故以其肥美飲食壯健者；蓋以自爲守衛。如此，父子各得久相保。何以言匈奴輕老也？又匈奴傳

皋ㄍㄠ

①語首助詞　無義。▲及其死也，升屋而號，曰：皋某復！禮記禮運　按鄭注云：皋者，引聲之言。

苟ㄍㄡ

①表態副詞　詩鄭箋云：苟，且也。按苟之訓且，今有二義，一爲「苟且」，一爲「姑且」。「苟且」義重，「姑且」義輕。古義無別耳。▲子謂衛公子荊善居室。始有，曰：苟合矣。少有，曰：苟完矣。富有，曰：苟美矣。論語子路 ▲苟錯諸地而可矣。易繫辭 ▲小適大，苟舍而已，焉用壇？左傳襄二十八年 ▲小國之事大國也，苟免於討，不敢求貺。又昭五年 ▲臨財毋苟得，臨難毋苟免。禮記曲禮 按孔疏以苟且釋苟字。▲不苟訾，不苟笑。又 ▲季孟生平自言：所以擁兵衆者，欲以保全父母之國而完墳墓也。又言苟厚士大夫而已。後漢書馬援傳 ▲鮮卑天性貪暴，不拘信義，故數犯障塞，且無寧歲。唯至互市，乃來靡服。苟欲中國珍貨，非爲畏威懷德。又應劭傳

②命令副詞　倘也。多於禱神陳述希望時用之。▲晉侯伐齊，將濟河，中行獻子禱曰：苟捷有功，毋作神羞！左傳襄十八年 ▲季孫紹與孟伯常治魯國之政，不能相信，而祝於叢社曰：「苟使我和！」是猶弇其目而祝於叢社曰：「苟使我皆視！」

豈不繆哉！墨子耕柱

③假設連詞 若也，如也。舊訓爲誠。▲苟非其人，道不虛行。易繫辭 ▲苟有其備，何故不可？左傳昭五年 ▲苟志於仁矣，無惡也。論語里仁 ▲苟無其德，不敢作禮樂焉。禮記中庸 ▲今之欲王者，猶七年之病求三年之艾也。苟爲不蓄，終身不得。苟不志於仁，終身憂辱以陷於死亡。孟子 ▲苟得其養，無物不長。又 ▲王曰：苟如公言，不可徼幸邪？史記淮南王傳 ▲苟與吾地，絕齊未晚也。又張儀傳 ▲苟必信，胡不赴秦軍俱死？又陳餘傳 ▲上曰：苟各有主者，而君所主者何事也？又陳平傳 ▲秦兵苟退，請必言子於衞君，使子爲南面。又樗里疾傳 ▲今諸王苟能存亡繼絕，振弱伐暴，以安劉氏，社稷之所願也。又吳王濞傳

敢

①表意志之助動詞 凡實有『敢』字之義者屬此。▲緜蠻黃鳥，止于丘隅。豈

敢憚行！畏不能趨。詩小雅緜蠻 ▲王非若主耶？何自敢言若主？史記田叔傳 ▲上下明詔趙有敢隨趙王，罪三族。又 ▲於是下董仲舒吏當死，詔赦之。於是董仲舒竟不敢復言災異。又儒林傳 ▲至禹本紀山海經所有怪物，余不敢言之也。又大宛傳 ▲爲人請求事，事可出，出之；不可者，各厭其意，然後乃敢嘗酒食。又游俠傳 ▲公子爲人仁而下士，士無賢不肖皆謙而禮交之，不敢以其富貴驕士。又信陵君傳 ▲秦王使使者告魏王曰：吾攻趙，旦暮且下。而諸侯敢救者，已拔趙，必移兵先擊之。又 ▲是後，魏王畏公子之賢能，不敢任公子以國政。又 ▲然鄭莊在朝，常趨和承意，不敢甚引當否。又鄭當時傳 ▲書到，明以誼曉王！敢復懷詐，罪過益深。漢書文三王傳

②表敬助動詞　惟存形式而實已無『敢』字之意義者屬此。儀禮士虞禮鄭注云：敢，冒昧之辭。疏云：凡言敢者，皆是以卑觸尊，不自明之意。▲敢昭告於皇皇后帝。書湯誓 ▲敢布腹心，君實圖之！左傳宣十二年 ▲賓曰：敢固辭。主人曰：敢固

以請。禮記投壺　▲赤也惑，敢問！論語先進　▲敢問何浩然之氣？孟子公孫丑上　▲敢問夫子惡乎長？又　▲敢問其所不敢，何也？又

更ㄍㄥ

①外動詞　改也。▲莊王以爲幣輕，更以小爲大。史記循吏傳　▲超遂叱吏士收廣汎等，於陳睦故城斬之，更立元孟爲焉耆王。後漢書班超傳

②副詞　復也，再也。▲虞不臘矣，在此行也，晉不更舉矣。左傳僖五年　▲秦昭王囚孟嘗君，謀欲殺之。孟嘗君使人抵昭王幸姬求解。幸姬曰：妾願得君狐白裘。此時孟嘗君有一狐白裘，直千金，天下無雙，入秦獻之昭王，更無他裘。史記孟嘗君傳　▲季孟嘗折愧子陽；今更共陸陸，欲往附之，殆難爲懷乎！後漢書馬援傳　▲於邱明之傳有所不通，皆沒而不說，而更膚引公羊穀梁，適足自亂。杜預左傳注序

③表態副詞　互也，遞也，讀平聲。▲太后長公主更賜安國，可直千餘金。史記韓

長孺傳 ▲九卿更△進用事。漢書石奮傳 ▲外國使更△來更△去。又張騫傳 ▲讒臣在其間左右弄口，積使上下不和，更△相眄伺。又文三王傳

④表度副詞　愈也，益也。 ▲又城處水之陽，而以陰爲稱，更△用惑焉。水經注

姑 ㄍㄨ

①副詞　且也。與今語『暫且』同。 ▲我姑△酌彼金罍。詩周南卷耳 ▲多行不義，必自斃。子姑△待之！左傳隱元年 ▲或主彊直，難乃不生？姑△成吾所。又襄三十年 ▲無道立矣，子懼不免。姑△已，若何？又昭二十八年

固 ㄍㄨˋ

①表態副詞　固有堅義，故表堅確之意。古書或訓爲必。 ▲禹拜稽首固△辭。書大禹謨 ▲女能固△納公乎？公羊傳襄二十七年 ▲毋固△獲。禮記曲禮 ▲主人曰：枉矢

哨壺，不足辭也。敢固以請。又投壺 ▲聞始見君子者曰：某固願聞名於將命者。又少儀 ▲朱公乃裝黃金千溢置褐器中，載以一牛車，且遣其少子。朱公長男固請欲行。史記越世家 ▲吾固欲煩公，公彊爲相趙。漢書周昌傳 ▲莽色厲而言方；欲有所爲，微見風采，黨與承其旨意而顯奏之。莽稽首涕泣，固推讓焉。又王莽傳

②表態副詞　本然之詞。本也。按猶今言「原來」，實「故」之借字也。▲愎諫違卜，固敗是求，又何逃焉？左傳僖十五年 ▲季孫謀去中軍，豎牛曰：夫子固欲去之。又昭四年 ▲臣固知王之不忍也。孟子梁惠王 ▲象至不仁，封之有庫，有庫之人奚罪焉？仁人固如是乎？又萬章上 ▲非好學深思，心知其意，固難爲淺見寡聞者道也。史記五帝紀 ▲知己而無禮，固不如在縲紲之中。又晏子傳 ▲丹書帛曰：「陳勝王，」置人所罾魚腹中。卒買魚烹食，得魚腹中書，固以怪之矣！又陳涉世家 ▲今秦與楚接境壤界，固形親之國也。又張儀傳 ▲若斯之爲臣者，罪足以死固久矣！又李斯傳 ▲臨菑之中七萬戶。臣竊度之：不下戶三男子，三七二十一萬，

不待發於遠縣，而臨菑之卒固已二十一萬矣！又蘇秦傳 ▲已倍親而仕，身固當奉職死節官下。又酷吏郅都傳 ▲夫魏齊者，勝之友也。在，固不出也；今又不在臣所。又范雎傳 ▲良曰：沛公自度能卻項羽乎？沛公默然，良久曰：固不能也。又留侯世家 ▲文帝怒曰：此人親驚吾馬，吾馬賴柔和；令他馬，固不敗傷我乎？又張釋之傳 ▲横始與漢王俱南面稱孤。今漢王爲天子，而横迺爲亡虜，而北面事之，其恥固已甚矣！又田儋傳 ▲今日之事，臣固伏誅。又刺客傳 按『固伏誅』本當言『固當伏誅』，省『當』字。▲諺曰：『力田不如逢年，善仕不如遇合』，固無虛言。又佞幸傳 ▲楚兵且破，未有分地，其不至固宜。漢書高帝紀 ▲陳勝敗，固當。又項羽傳

③表態副詞 假借作『姑』字用。且也。▲將欲翕之，必固張之；將欲廢之，必固與之。老子 按韓非子説林篇云：『將欲敗之，必姑負之；將欲取之，必姑與之。』句例正同，字卽作『姑』。▲居一年，牛又復生白犢，其父又復使其子以問先

生。其子曰：前聽先生言而失明，今又復問之，奈何？其父曰：聖人之言先忤而後合。其事未究，固試往復問之！淮南子人閒訓

④應對副詞 與『也』字連用，猶今言『本如此』『原來如此』。義與前第二條同，但用法小異耳。▲新垣衍怏然不悅，曰：噫嘻！亦太甚矣，先生之言也！先生又惡能使秦王烹醢梁王！魯仲連曰：固也！吾將言之。史記魯仲連傳 ▲高聞李斯以爲言，乃見於丞相曰：關東羣盜多；今上急發繇治阿房宮，聚狗馬無用之物。臣欲諫，爲位賤，此真君侯之事！君何不諫？李斯曰：固也！吾欲言之久矣！又李斯傳 ▲錯父聞之，自潁川來，謂錯曰：上初卽位，公爲政用事，侵削諸侯，別疏人骨肉，人口議多怨公者，何也？鼂錯曰：固也！不如此，天子不尊，宗廟不安。又鼂錯傳 按諸例李斯傳鼂錯傳語意較實。魯仲連傳則爲姑應人之辭耳。

故 ㄍㄨˋ

①名詞　事也。　▲故舊無大故，則不棄也。論語微子

②名詞　今言『原由。』　▲秋七月，有神降于莘。惠王問諸內史過曰：是何故也？左傳莊三十二年　▲夏六月，葬莊公。亂故，是以緩。又閔元年　▲不協之故，用昭乞盟於爾大神以誘天衷。又僖二十八年

③形容詞　舊也。淮南子說林訓云：『故』之與『先，』『也』之與『矣，』相去千里。　▲項王身亦被十餘創。顧見漢騎司馬呂馬童曰：若非吾故人乎？史記項羽紀　▲其有故爵者，更益勿因！又吳王濞傳　▲單于復以車師王昆弟兜莫爲車師王，收其餘民東徙，不敢居故地。漢書匈奴傳　▲嘗夜從一騎出從人田間飲，還至亭，霸陵尉醉，呵止廣。廣騎曰：『故李將軍。』尉曰：『今將軍』尚不得夜行，何故也！又李廣傳　▲時連有災異，帝感震之枉，乃下詔策曰：『故太尉震正直是與，俾匡時政，而青蠅點紫，同茲在藩。今使太守丞以中牢具祠。魂而有靈，儻其歆享。後漢書楊震傳　▲永平元年，詔曰：故侍中衛尉關內侯興典領禁兵，從平天下。不幸

早卒，朕甚傷之。又陰興傳 ▲臣湯承制以郊事問故膠東相董仲舒。春秋繁露郊事對 ▲故長陵令張楷行慕原憲，操擬夷齊。後漢書張楷傳 ▲竊見故司空掾桓梁宿儒盛名，冠德州里。又班固傳 ▲臣詩竊見故大司徒陽都侯伏湛自行束修，訖無毀玷。又伏湛傳 ▲故蜀郡太守廉叔度好周人窮急。又廉范傳 ▲應劭因自贊曰：故太山太守應仲遠。又鄭玄傳 按古稱人前官曰「故，」生死皆稱之。如右所舉楊震陰興傳皆稱已死之人，李廣傳及春秋繁露以下諸例，則皆稱生存之人也。

④副詞 舊也。義與前條同，惟前條用於名詞之前，此用於動詞或形容詞之前，爲異耳。▲長史欣者，故爲櫟陽獄掾。史記項羽紀 ▲燕太子丹，故嘗質於趙。又刺客傳 ▲魏豹彭越雖故賤，然已席卷千里，南面稱孤。又魏豹傳 ▲司馬夜引袁盎起曰：君可以去矣！吳王期旦日斬君。盎弗信，曰：公何爲者？司馬曰：臣故爲從史盜君侍兒者。又袁盎傳 ▲程不識故與李廣俱以邊太守將軍屯。又李將軍傳 ▲

豐故△粱徙也。（漢書高帝紀）▲趙廣漢，字子都，涿郡蠡吾人也，故△屬河閒。（又趙廣漢傳）

⑤表態副詞　與口語『原來』同義。王引之云：『本然之詞。』按此義乃『皆』之引伸義。△文之美而以身剝，自謂智者故△不足。（逸周書周祝篇）▲石有玉而傷其山，萬民之患故△在言。又　按此條依王念孫校。▲然，故△不可誣也。（左傳襄九年）▲吳不亡越，越故△亡吳。（秦策）▲臣以王爲已知之矣！王故△尚未之知邪？（呂氏春秋審己篇）▲義帝雖無功，故△當分其地而王之。（史記項羽紀）▲上幸擢爲丞相，封爲通侯，子孫皆至尊位重祿者，故△將以存亡安危屬臣也。（又李斯傳）

⑥表態副詞　與口語『特地』同。今言『故意』即此。△今故△興事動衆以增國城，是重吾罪也。（呂氏春秋制樂）▲今欲使天下寥廓之士攝於威重之權，主於位勢之貴，故△回面汙行以事諂諛之人，而求親近於左右，則士伏死堀穴巖巖之中耳。（史記鄒陽傳）▲他物若買故△賤，賣故△貴，皆坐臧爲盜。（漢書景帝紀）▲向乃集合上古以來歷春秋六國至秦漢符瑞災異之記，推迹行事，連傳禍福，著其占驗，

比類相從，各有條目，凡十一篇，號曰洪範五行傳論，奏之。天子心知向忠精，故為鳳兄弟起此論也，然終不能奪王氏權。又劉向傳　▲涉從建所出，尹公故遮拜涉，謂曰：易世矣，宜勿復相怨。又原涉傳　▲顯內自知擅權，事柄在掌握，恐天子一旦納用左右耳目，有以閒己，迺時歸誠取一言為驗。顯嘗使至諸官有所徵發，顯先自白：『恐後漏盡宮門閉，請使詔吏開門。』上許之。顯故投夜還，稱詔開門入。後果有上書告顯顓命矯詔開宮門。天子聞之，笑以其書示顯。又石顯傳　▲初，丞相孔光為御史大夫，時賢父恭為御史，事光。及賢為大司馬，與光並為三公，上故令賢過光。光雅恭謹，知上欲尊寵賢，及聞賢當來也，光警戒衣冠出門待，送迎甚謹，不敢以賓客均敵之禮。又董賢傳　▲王謂何曰：我今故與林公來相看。世說

⑦表態副詞　反也。按實假作『顧』字用。　▲秦服其勞而趙受其利，雖強大不能得之於小弱，小弱故能得之於強大乎？史記趙世家　按國策文同，字即作『顧』。

⑧提起連詞。　▲故聖人參於天地，並於鬼神，以治政也。禮記禮運　▲故國有患，君

死社稷謂之義，大夫死宗廟謂之變。又 ▲故聖人耐以天下爲一家，以中國爲一人者，非意之也。又 ▲故天秉陽，垂日星。又 按此諸『故』字皆上無所承，故爲提起連詞。

⑨承遞連詞 因果相承時用之。與今語『所以』同。按此用法乃由第二條『緣故』之義引伸而來。 ▲求也退，故進之；由也兼人，故退之。論語先進 ▲夫恃才與衆，亡之道也。商紂由之，故滅。左傳宣十五年 ▲桓公嘗有存亡繼絕之功，故君子爲之諱也。公羊傳僖十二年 ▲有人之形，故羣於人；無人之情，故是非不得於身。莊子德充符 ▲我必有罪，故天以此罰我也。呂氏春秋制樂 ▲始吾聞平原君賢，故負魏王而救趙，以稱平原君。史記信陵君傳 ▲漢王方蒙矢石爭天下，諸生寧能鬭乎？故先言斬將搴旗之士。又叔孫通傳 ▲夫秦滅六國，楚最無罪，自懷王入秦不反，楚人憐之至今。故楚南公曰：楚雖三戶，亡秦必楚也。又項羽紀 ▲自是之後，天下爭於戰國，貴詐力而賤仁義，先富有而後推讓。故庶人之富者或累巨

萬，而貧者或不厭糟糠。又平準書 ▲鄙人有言曰：何知仁義，已嚮其利者爲有德。故伯夷醜周，餓死首陽山，而文武不以其故貶王；跖蹻暴戾，其徒誦義無窮。又游俠傳

⑩承遞連詞　則也。▲今之祭者不首其義，故誣於祭也。禮記 ▲當若子之不事父，弟之不事兄，臣之不事君也，故天下之君子與謂之不祥者。墨子天志　按王引之云：『與』即『舉』字。▲有成與虧，故昭氏之鼓琴也；無成與虧，故昭氏之不鼓琴也。莊子齊物論 ▲君必施於今之窮士不必且爲大人者，故能得欲矣。東周策 ▲力學而誦詩書，凡人所能爲；若欲移江河，動太山，故人所不能也。新語

顧ㄍㄨˋ

①外動詞　視也。▲爲治者不在多言，顧力行何如耳！史記儒林傳 ▲上嘗欲教

以孫吳兵法。去病曰：顧方略何如耳！不至學古兵法。又霍去病傳 ▲楚漢相距，臣進奇謀之士，顧其計誠足以利國家不耳。又陳平世家

②表態副詞 史記絳侯世家索隱引許慎淮南注云：顧，反也。按反首而視謂之顧，故引伸爲反義。

▲子之南面行王事；而噲老，不聽政，顧爲臣。史記燕世家 ▲今三川周室，天下之市朝也，而王不爭焉，顧爭於戎翟，去王業遠矣！又張儀傳 ▲僕游揚足下之名於天下，顧不重邪？又季布傳 ▲功臣皆曰：臣等身被堅執銳，多者百餘戰，少者數十合，攻城略地，大小各有差。今蕭何未嘗有汗馬之勞，徒持文墨議論，不戰，顧反居臣等上，何也？又蕭相國世家 ▲今空秦國甲士而專委於我，我不多請田宅爲子孫業以自堅，顧令秦王坐而疑我邪？又王翦傳 ▲今小吏未嘗從軍者多滿，而有功者顧不得。漢書高帝紀 ▲足反居上，首顧居下。又賈誼傳

③轉捩連詞 禮記祭統注云：顧，但也。王念孫云：特也。

▲是故有大澤，惠必及下；顧上先下後耳。禮記祭統 ▲彼非不愛其弟，顧有所不能忍者也。史記越世家 ▲

吾每念痛於骨髓，顧計不知所出耳！又刺客傳 ▲且天下鋭精持鋒，欲爲陛下所爲者甚衆；顧力不能耳！又淮陰侯傳 ▲相如雖駑，獨畏廉將軍哉！顧我念之，彊秦之所以不敢加兵於趙者，徒以吾兩人在也。漢書藺相如傳 ▲高曰：人情寧不各愛其父母妻子乎？今吾三族皆以論死，豈以王易吾親哉！顧爲王實不反，獨吾等爲之。又張耳傳 ▲二世立，又欲漆其城。優旃曰：漆城雖於百姓愁費，然佳哉！漆城蕩蕩，寇來不能上。卽欲就之，易爲漆耳，顧難爲蔭室。又滑稽傳 ▲上曰：君薄淮陽邪？吾今召君矣。顧淮陽吏民不相得，吾徒得君之重臥而治之。又汲黯傳 ▲吾豈老誖不念子孫哉？顧自有舊田廬，令子孫勤力其中，足以供衣食，與凡人齊。又疏廣傳 ▲我與穉季幸同土壤，素無睚眥，顧受將命，分當相直。又孫寶傳

果 ㄍㄨㄛˇ

①表態副詞　凡事與豫期相合者曰果，不合者曰不果。▲樂正子見孟子曰：克

告於君，君爲來見也。嬖人有臧倉者沮君，君是以不果來也。孟子梁惠王下 ▲武丁夜夢得聖人名曰說。以夢所見視羣臣百吏皆非也。於是迺使百工營求之野，得說於傅險中。——是時，說爲胥靡，築於傅險。——見於武丁。武丁曰：是也。得而與之語，果聖人，舉以爲相，殷國大治。史記殷本紀 ▲竇太后哭極哀，不食，曰：帝果殺吾子！又梁孝王世家 ▲孫子度其行暮當至馬陵。馬陵道陝，而旁多阻隘，可伏兵，乃斫大樹白而書之曰：『龐涓死於此樹之下。』於是令齊軍善射者萬弩夾道而伏，期曰：『暮見火舉而俱發！』龐涓果夜至斫木下，見白書，乃鑽火燭之，讀其書未畢，齊軍萬弩俱發，魏軍大亂相失。龐涓自知智窮兵敗，乃自剄，曰：『遂成豎子之名。』又孫子傳 ▲於是閎籍孺大恐，從其計，言帝，果出辟陽侯。又陸賈傳

▲政姊榮聞人有刺殺韓相者，賊不得，國不知其名姓，暴其尸而縣之千金，乃於邑曰：其是吾弟歟！嗟乎！嚴仲子知吾弟！立起如韓之市，而死者果政也。又刺客傳

▲梁王以此怨盎，曾使人刺盎。刺者至關中，問袁盎，諸君譽之皆不容口。乃見袁

盎曰：臣受梁王金來刺君；君，長者；不忍刺君。然後刺君者十餘曹，備之！盎心不樂，家又多怪，乃之棓生所問占；還，梁刺客後曹輩果遮刺殺盎安陵郭門外。又袁盎傳

②假設連詞 若也。此同前義而用法微變者。 ▲果能此道矣，雖愚必明，雖柔必强。禮記中庸 ▲不行謂之臨。有帥而不從，臨孰甚焉？此之謂矣！果遇，必敗。左傳宣十二年 ▲獻公曰：虢嘗助晉伐我，又匿晉亡公子。果爲亂弗誅，後爲子孫憂。史記晉世家 ▲是以聖人果可以利其國，不一其用；果可以便其事，不同其禮。又趙世家

歸

①副詞 終也。 ▲雖假符僭稱，歸將安所取容哉？後漢書袁術傳

詭

①副詞　▲時帝在濯龍池，管霸奏雲等事，霸詭言曰：李雲野澤愚儒，杜衆郡中小吏，出於狂戇，不足加罪。後漢書李雲傳

公 ㄍㄨㄥ

①表態副詞　卽今語之『公然』　▲詩以言志。志誣其上，而公怨之以爲賓榮，其能久乎？左傳襄二十七年　▲盜賊公行。又襄三十二年　▲明天子在上，匈奴公爲寇。鹽鐵論備胡　▲不改過自新，公卽山鑄錢。漢書吳王濞傳　按師古曰：公，顯然也。▲公擅山川銅鐵魚鹽市井之入。又貨殖傳　▲先帝棄天下，根不悲哀思慕；山陵未成，公聘取故掖庭女樂五官殷嚴王飛君等置酒歌舞；捐忘先帝厚恩，背臣子義。又元后傳　▲今次玉公以淸時釋其私憾，阻兵安忍，僵屍道路。後漢書應劭傳

共 ㄍㄨㄥˋ

①副詞　同也，皆也。▲與絳侯陳平共立代王爲孝文皇帝。史記灌嬰傳　▲皆集會五經家相與共講習讀之。又樂書　▲朕宿昔庶幾，獲承尊位，懼不能寧，惟所與共爲治者，君宜知之。又平津侯傳　▲余悲世俗不察其意，而猥以朱家郭解等令與暴豪之徒同類而共笑之也。又游俠傳　▲最其後，郎中騎楊喜司馬呂馬童郎中呂勝楊武各得其一體，五人共會其體，皆是。又項羽紀　▲父老乃帥子弟共殺沛令。漢書高帝紀

可（ㄎㄜˇ）

①助動詞　▲天下國家可均也，爵祿可辭也，白刃可蹈也，中庸不可能也。禮記中庸　▲天之高也，星辰之遠也，苟求其故，千歲之日至可坐而致也。孟子　▲及平長，可娶妻，富人莫肯與者。史記陳平傳　▲騎士曰：沛公不好儒——與人言，常大罵，未可以儒生說也。又酈食其傳　▲事未可知，何早自殺爲？又陸賈傳　▲使者

十輩來，皆言匈奴可擊。又劉敬傳 ▲冒頓殺父代立，妻羣母，以力爲威，未可以仁義說也。又 ▲呂后與陛下攻苦食啖，其可背哉？又叔孫通傳 ▲君雖恨於臣，亦無可奈何。又范雎傳 ▲詩書雖缺，然虞夏之文可知也。又伯夷傳 ▲求人可使報秦者，未得。又藺相如傳 ▲秦王以十五城請易寡人之璧，可予不？又 ▲諸侯大驕，必生患，可適削地。又袁盎傳 ▲司馬夜引袁盎起，曰：君可以去矣！又

②助動詞　當也。▲但可敕會取艾，不足自往。魏志鍾會傳 ▲軍中士大夫詣原者數百人。太祖怪而問之。時荀文若在坐，對曰：獨可省問邴原耳。又邴原傳

③副詞　加於數詞之上，表『約略』之意。▲遇剛武侯，奪其軍，可四千餘。史記高帝紀 ▲卒可四千人，且盡。又匈奴傳 ▲若朋友交游，久不相見，卒然相覩，歡然道故，私情相語，飲可五六斗，徑醉矣！又滑稽傳 ▲大宛在匈奴西南，在漢正西，去漢可萬里。又大宛傳 ▲其屬邑大小七十餘城，衆可數十萬。又 ▲使陵將其射士步兵五千人出居延北，可千餘里。又李將軍傳 ▲五殘星，其狀類辰，去地可六

丈。漢書天文志 ▲去將軍可千二百里。又趙充國傳 ▲章小女年可十二。又王章傳

克

①助動詞　能也。 ▲先王克謹天戒，臣人克有常憲。夏書 ▲秉文文王，克昌厥後。詩

堪

①外動詞　廣韻云：任也，勝也。按『不堪』猶今云『當不起。』 ▲國不堪貳。左傳隱元年 ▲武陵蠻反叛，屯結連年，詔下公卿議。四府舉奉才堪將帥，拜武陵太守。後漢書應奉傳 ▲問曰：燕王正爾爲放？資對曰：燕王實自知不堪大任故耳。魏志蔣濟傳

肯

①表意志之助動詞　▲惠然肯來。詩邶風終風　▲楚雖大，非吾族也；其肯字我乎？左傳成四年　▲其佐先穀，剛愎不仁，未肯用命。又宣十二年　▲單于終不肯爲寇於漢邊。史記匈奴傳　▲單于死，昆莫乃率其衆遠徙中立，不肯朝會匈奴。又　▲呂后妒，弗肯白。又淮南厲王傳　▲公子聞之，往請，欲厚遺之，不肯受。又信陵君傳　▲公子欲見兩人，兩人自匿，不肯見公子。又　▲宛有善馬在貳師城，匿，不肯與漢使。又大宛傳　▲單于留之，曰：月氏在吾北，漢何以得往使？吾欲使越，漢肯聽我乎？又　▲今諸將皆陛下故等夷，乃令太子將此屬，無異使羊將狼，莫肯爲用。又留侯世家　▲御史大夫張湯智足以拒諫，詐足以飾非，務巧佞之語辯數之辭，非肯正爲天下言。又汲黯傳　▲燕王韓廣亦不肯徙遼東。漢書高帝紀

酷 ㄎㄨˋ

①表態副詞 白虎通云：酷，極也。▲何無忌，劉牢之之外甥，酷似其舅。宋書高帝紀 ▲孫興公道：曹輔佐才如白地明光錦，裁爲負版絝，非無文采，酷無裁製。世說

況 ㄎㄨㄤˋ 兄

①動詞 比也，譬也。▲無置錐之地，而王公不能與之爭名；在一大夫之位，則一君不能獨畜，一國不能獨容，成名況乎諸侯，莫不願以爲臣；是聖人之不得勢者也。荀子非十二子 按此例作內動詞用。▲以往況今，甚可悲傷。漢書高惠高后文功臣表序 按此例作外動詞用。

②表態副詞 滋也，益也。▲每有良朋，況也永歎。詩小雅常棣 ▲僕夫況瘁。又出車 ▲倉兄塡兮。又大雅桑柔 ▲職兄斯引。又召旻 ▲職兄。斯弘。又 ▲衆況

原之。晉語 ▲今子曰中立，況固其謀彼有成矣。又 ▲遝至乎商王紂，天不享其德，祀用失時，十日雨土于薄，九鼎遷止，婦妖宵出，有鬼宵吟，有女爲男，天雨肉，棘生乎國道，王兄自縱也。墨子非攻下

③轉接連詞　矧也。 ▲一夫不可狃，況國乎？左傳僖十五年 ▲困獸猶鬭，況國相乎？又宣十二年 ▲思其人猶愛其樹，況用其道而不恤其人乎？又定九年 ▲雖得天下，吾不生；兄與我齊國之政也！管子 ▲由此觀之，君不行仁政而富之，皆棄於孔子者也；況於爲之强戰？孟子離婁上 ▲吾未聞枉己而正人者也；況辱己以正天下者乎？又萬章上 ▲王者尚不能行之於臣下，況同列乎？史記伍子胥傳 ▲中材已上且羞其行，況王者乎？又彭越傳 ▲必欲致士，先從隗始；況賢於隗者，豈遠千里哉？又燕世家 ▲越王曰：所求於晉者，不至頓刃接兵，而況于攻城圍邑乎？又越世家 ▲且先王崩，尚猶遺德垂法，況奪之善人良臣百姓所哀者乎？又秦世家 ▲蘇秦喟然歎曰：此一人之身，富貴則親戚畏懼之，貧賤則輕之，況衆人

乎？又蘇秦傳

空 ㄎㄨㄥ

①表態副詞　事之無結果無利益者謂之空。▲長男曰：『家有長子曰家督。今弟有罪，大人不遣，乃遣少弟，是吾不肖。』欲自殺。其母爲言曰：今遣少子，未必能生中子也，而先空亡長男，奈何？史記越世家 ▲何空取高皇帝約束紛更之爲？漢書汲黯傳 ▲光誡明友：兵不空出，卽後匈奴，遂擊烏桓。又匈奴傳 ▲時鮮有所獲，徒奮揚威武，明漢兵若雷風耳。雖空行空反，尙誅兩將軍。又

②介詞　表盡舉無所餘之義。▲今空秦國甲士而專委於我，我不多請田宅爲子孫業以自堅，顧令秦王坐而疑我耶？史記王翦傳 ▲十餘日上欲去；沛父兄固請，上曰：『吾人衆多，父兄不能給。』乃去。沛中空縣皆之邑西獻。漢書高帝紀

孔 ㄎㄨㄥ

①表態副詞　爾雅云：孔，甚也　▲六府。孔修。書　按史記『孔』作『甚』。　▲九江孔殷。又禹貢　按史記夏本紀『孔殷』作『甚中』。　▲雖則如燬，父母孔邇。詩周南汝墳　▲豈不日戒，玁狁孔棘。又小雅采薇

俄 ㄜˊ 蛾

①時間副詞　公羊傳注云：俄者，謂須臾之間。　▲至乎地之與人則不然：俄而可以爲其有矣。公羊傳桓二年　▲於是莽遂爲攝皇帝，改元稱制焉。俄而宗室安衆侯劉崇及東郡太守翟義等惡之，更舉兵，欲誅莽。漢書元后傳　▲始爲少使，蛾而大幸。又班婕妤傳　▲進爵義城縣侯，俄拜洛州刺史。北周書庾信傳

偶ㄡˇ

①副詞　劉淇曰：凡云偶者，非常然。▲詔問昆曰：前在河陵，反風滅火；後守弘農，虎北渡河。行何德政而致是事？昆對曰：偶然耳。（後漢書儒林傳）

何ㄏㄜˊ

①外動詞　說文云：何，儋也。按讀去聲。今用荷字。▲何校滅耳。（易噬嗑）▲殷受命咸宜，百祿是何。（詩商頌玄鳥）▲何天之龍，敷奏其勇。（又長發）▲何天之休。（又長發）

②疑問形容詞　▲子貢問曰：賜也何如？子曰：女器也。曰：何器也？曰：瑚璉也。（論語公冶長）▲齊宣王問卿。孟子曰：王何卿之問也？王曰：卿不同乎？曰：不同。（孟子萬章下）▲以何日月於何處所？（魏志毛玠傳）

③疑問代名詞　代事，亦代地方。▲內省不疚，夫何憂何懼？（論語顏淵）▲元年者

何？君之始年也。春者何？歲之始也。公羊傳隱元年 ▲何以不言卽位？成公志也。又 ▲吾所以有天下者何？項氏之所以失天下者何？史記高帝紀 ▲試爲我著秦之所以失天下，吾所以得之者何？又陸賈傳 ▲生揣我何念？又 按『何憂何懼』『何念』之『憂』『懼』『念』三字皆外動詞，與前條『何』在名詞上者不同。宜注意！ ▲諸將云何？漢書陳平傳 ▲武帝問：言何？又酷吏傳 ▲漢中尉至，王視其顏色和，訊王以斥雷被事耳！王自度亡何，不發。又淮南王傳 ▲君侯欲反，何？又周亞夫傳 ▲王曰：左吳趙賢朱驕如皆以爲什八九成，公獨以爲無福，何？又伍被傳 ▲修正尙未蒙福，爲邪欲以何望？又外戚傳 按『欲以何望』謂『欲以望何』也。 按以上諸例何字皆指事言。 ▲軫不之楚，何歸乎？史記陳軫傳 按此例何字指處所。

④虛指指示形容詞 指不知之事，而無詢問之意，故與第二條疑問形容詞不同。

▲廷尉驗治何人，竟得姦詐。漢書雋不疑傳 ▲臣夜人定後，爲何人所賊傷，中

臣要害。後漢書來歙傳　▲熹平元年，竇太后崩，有何人書朱雀闕，言天下大亂，曹節王甫幽殺太后，常侍侯覽多殺黨人；公卿皆尸祿，無有忠言者。於是詔司隸校尉劉猛逐捕。又宦者曹節傳　▲有何人，天未明，乘馬以詔版付玄門吏曰：『有詔。』因便馳走。魏志夏侯玄傳

⑤疑問副詞　爲『爲何』『何故』之義。　▲夫子何哂由也？論語先進　▲子在，回何敢死！又　▲甘羅曰：君侯何不快之甚也？史記甘茂傳

曷 厂ㄜ

①疑問形容詞　何也。　▲懷哉懷哉！曷月予還歸哉？詩王風揚之水　按鄭箋云：曷月我得還歸見之哉？　▲其得意若此，則胡禁不止？曷令不行？漢書王褒傳

②疑問代名詞　說文云：曷，何也。　▲曷之用？二簋可用享。易損　▲曷爲先言王而後言正月？王正月也。公羊傳隱元年　▲夫畚曷爲出乎閨？又宣六年　▲今歲豐

廡未報，鼎曷爲出哉？史記封禪書 ▲曷爲與人俱稱王，卒就脯醢之地？又魯仲連傳 ▲曷爲久居此圍城之中而不去？又

③疑問副詞 爲「爲何」「何故」之義。▲曷虐朕民？書 ▲天曷不降威？又西伯戡黎 ▲俠客之義，又曷可少哉？史記游俠傳

④疑問副詞 爲「何不」之義。爾雅云：曷，盍也。郭注云：盍，何不也。▲時日曷喪？予及汝偕亡！書湯誓 ▲中心好之，曷飲食之？詩小雅有杕之杜

⑤反詰副詞 豈也。▲曷若是而可以持國乎？荀子強國 ▲禮云禮云，曷其然哉？後漢書曹褒傳 ▲言觀殄瘁，曷非云亡？又陳蕃傳 ▲禮有五諫，諷爲上。若夫託物見情，因文載旨，使言之者無罪，聞之者足以自戒，貴在意達言從，理歸乎正。曷其絞訐摩上，以衒沽成名哉！又李雲傳論

害

①疑問代名詞 何也。▲害澣害否？歸寧父母。詩周南葛覃

盍 ㄏㄜˊ 闔

①疑問副詞 用與「何」同。廣雅曰：盇，何也。按實爲「爲何」「何故」之義。▲盍不出從乎？君將有行。管子戒篇 ▲盍不起爲寡人壽乎？又小稱 ▲盍不爲行。莊子盜跖

②反詰副詞 何不也。實爲「何不」二字之合聲。▲其母曰：盍亦求之？以死，誰懟？左傳僖二十四年 ▲哀公問於有若曰：年饑用不足，如之何？有若對曰：盍徹乎？論語顏淵 ▲顏淵季路侍。子曰：盍各言爾志？又公治長 ▲夫子闔行邪？無落吾事！莊子天地 ▲伍奢有二子；不殺者爲楚國患。盍以免其父召之？史記楚世家 ▲盍亦覽東京之事以自寤乎？張衡東京賦

合

①表當然之助動詞　當也。▲然則受命之符，合在於此矣。史記司馬相如傳▲又杜林傳皇后非正嫡，不合稱后。後漢書獻帝紀▲臣愚以爲宜如舊制，不合翻移。又鄭玄傳▲入此歲來，已七十矣。宿素衰落，仍有失誤。案之禮典，便合傳家。又獨行李充傳▲此婦甚無狀，而教充離間母兄，罪合遣斥。

號

①疑問副詞　何也。「號」與「何」一聲之轉。▲魯哀公問於孔子曰：紳委章甫，有益於仁乎？孔子蹴然，曰：君號然也？荀子哀公　按孔子家語好生篇「號」作「胡」。

好ㄏㄠ

①表態副詞　以平和之態度對人時用之，卽今言『好好地。』　▲王變色視尊，意欲格殺之。卽好謂尊曰：『願觀相君佩刀。』漢書王尊傳　▲郭吉卑體好言曰：吾見單于而口言。又匈奴傳　▲韓千秋兵之入也，破數小邑；其後粵直開道給食：未至番禺四十里，粵以兵擊千秋等，滅之。使人函封漢使節置塞上，好爲謾辭謝罪，發兵守要害處。又西南夷傳

侯ㄏㄡ

①疑問形容詞　何也。　▲法無限，則庶人田侯田，處侯宅，食侯食，服侯服？法言先知

②疑問副詞　爲『爲何』『何故』之義。　▲郈成子爲魯聘於晉，過衞，右宰穀臣

止而觴之。顧反，過而弗辭。其僕曰：嚮者右宰穀臣之觴吾子，吾子也甚歡。今俟渫過而不辭？呂氏春秋觀表 ▲君乎！君乎！俟不邁哉？史記司馬相如傳 ▲吁！漢帝之德，俟其褘而！張衡東京賦

③語首助詞　無義。▲俟誰在矣？張仲孝友。詩小雅六月 ▲商之孫子，其麗不億。上帝既命，俟于周服。又大雅文王 ▲俟作俟祝。又蕩 ▲瞻彼中林，俟薪俟蒸。詩 ▲俟主俟伯，俟亞俟旅，俟彊俟以。又周頌載芟

④語中助詞　無義。▲亶俟多藏。詩小雅

候ㄏㄡˋ

①時間介詞　待也，俟也。▲嘗有部刺史奏事過遵，值其方飲，刺史大窮。候遵霑醉時，突入見遵母。漢書陳遵傳 ▲且所給備善則已，不備善而苦惡，則候秋孰，以騎馳蹂而稼穡也。又匈奴傳 ▲日貳亡阻康居，漢徙己校屯姑墨，欲候便討焉。又

西域傳

後ㄏㄡˋ

①時間副詞　與今語『後來』同。▲高祖被酒，夜徑澤中，令一人行前。行前者還報曰：『前有大蛇當徑，願還。』高祖醉，曰：『壯士行，何畏！』乃前拔劍斬蛇，蛇分爲兩道開。行數里，醉，因臥。後人來至蛇所，有一老嫗夜哭。人問嫗：『何哭？』嫗曰：『人殺吾子。』人曰：『嫗子何爲見殺？』嫗曰：『吾子，白帝子也，化爲蛇，當道。今者赤帝子斬之，故哭。』人乃以嫗爲不誠，欲苦之，嫗因忽不見。後人至，高祖覺，告高祖，高祖乃心獨喜，自負。漢書高帝紀　▲遵凡三爲二千石，而張竦亦至丹陽太守，封淑德侯，後俱免官，以列侯歸長安。又陳遵傳　▲涉懼，求爲卿府掾吏，欲以避客；文母太后喪時，守復土校尉，已爲中郎，後免官。又原涉傳　▲鄭令蘇建得顯私書，奏之；後以他事論死。又石顯傳

②時間介詞　▲願長耳目，毋後人有天下。（漢書）

恆ㄏㄥ

①副詞　常也。▲楚國之舉，恆在少者。（左傳文元年）▲是以上下無禮，亂虐竝生，由爭善也；謂之昏德。國家之敝，恆必由之。（又襄十三年）▲其爲君也，淫而不父。僑聞之：如是者恆有子禍。（又襄二十八年）▲生財有大道：生之者衆，食之者寡，爲之者疾，用之者舒，則財恆足矣。（禮記大學）

橫ㄏㄥ

①表態副詞　凡事不當然而爲之爲橫。▲王公束脩厲節，敦樂蓺文；但以堅貞之操，違俗失衆，橫爲讒佞所構毀。（後漢書王龔傳）▲臣之愚冗，職當咎患；但前者所對，質不及聞，而衰老白首，橫見引逮，隨臣摧沒，誠冤誠痛。（又蔡邕傳）▲梁冀兄

弟姦邪，傾動天下；而橫見式序，各受封爵。天下惆悵，人神共憤。（袁宏後漢紀載杜喬疏）

②方所介詞　今言「橫著」。▲遂拔夷道夷陵，據荊門虎牙，橫江水起浮橋鬭樓。（後漢書岑彭傳）

胡ㄏㄨ

①名詞　說文云：胡，牛顄垂也。▲狼跋其胡。（詩豳風狼跋）

②疑問形容詞　與「何」同。▲其得意若此，則胡禁不止？曷令不行？（漢書王褒傳）

③疑問代名詞　與「何」同。此獨立用，故與前條異。▲微君之躬，胡爲乎泥中？（詩邶風式微）▲惠帝讓參曰：與窋胡治乎？（史記曹參世家）

④疑問副詞　爲「爲何」「何故」之義。▲胡能有定。（詩）▲雍姬謂其母曰：父與夫孰親？其母曰：人盡夫也，父一而已；胡可比也？（左傳桓十五年）▲誰爲君夫人？

余胡弗知？又襄二十六年 ▲同始異終，胡可常也？又昭七年 ▲子胡不相與尸而祝之，社而稷之乎？莊子庚桑楚 ▲苟必信，胡不赴秦軍俱死？史記陳餘傳 ▲且軫欲去秦而之楚，王胡不聽乎？又陳軫傳 ▲吾胡愛四千戶封四人以慰趙子弟？又陳豨傳 ▲今君胡不多買田地，賤貰貸以自汙上心乃安！又蕭何世家 ▲楚王叱曰：胡不下？吾乃與而君言汝何爲者也？又平原君傳 ▲胡不用之淮南濟北？勢不可也。漢書賈誼傳 ▲自非拜君國之命，胡嘗扶杖出門乎？後漢書鄭玄傳

乎ㄏㄨ

①介詞　與『於』同。▲是故得乎邱民而爲天子，得乎天子爲諸侯，得乎諸侯爲大夫。孟子 ▲奮乎百世之上，百世之下，聞者莫不興起也。又 ▲擢之乎賓客之中，立之乎羣臣之上。燕策 ▲勃匡國家難，復之乎正，雖伊尹周公，何以加哉？史記周勃世家 ▲然要其歸，必止乎仁義節儉君臣上下六親之施，始也濫耳。

又騶衍傳 ▲孔子曰：魯今且郊。如致膰乎大夫，則吾猶可以止。又孔子世家 ▲然則是所重者在乎色樂珠玉，而所輕者在乎人民也。又李斯傳 ▲禮樂之說，貫乎人情矣。又樂書 ▲德輝動乎內，而民莫不承聽；理發乎外，而民莫不承順。又樂書 ▲休烈顯乎無窮，聲稱浹乎于茲。又司馬相如傳 ▲或曰：禹薦益，已而以啓人爲吏。及老而以啓爲不足任乎天下，傳之於益。又燕世家 ▲自古受命帝王，曷嘗不封禪！蓋有無其應而用事者矣；未有睹符瑞見而不臻乎泰山者也。又封禪書 ▲愼庶孽，施及乎萌隸。又樂毅傳 按介詞『於』諸用法，『乎』字率皆有之。讀者可以『於』字例推，不復詳述。

② 語末助詞　助形容詞或副詞爲其語尾。說文云：乎，語之餘也。 ▲確乎其不可拔！易乾文言 ▲巍巍乎舜禹之有天下也而不與焉！論語泰伯 ▲巍巍乎唯天爲大，唯堯則之，蕩蕩乎民無能名焉；巍巍乎其有成功也，煥乎其有文章！又 ▲周監於二代，郁郁乎文哉！又八佾 ▲文帝曰：惜乎子不遇時！如令子當高帝時，萬

戶侯豈足道哉！史記李將軍傳 ▲惠王既去，而謂左右曰：公叔病甚悲乎！欲令寡人以國聽公孫鞅也。又商君傳 ▲痛乎！道民之道，可不慎哉？漢書地理志

③語末助詞 助句，表有疑而詢問者。 ▲廄焚，子退朝，曰：傷人乎？不問馬。論語鄉黨 ▲管仲儉乎？又八佾 ▲然則管仲知禮乎？又 ▲子常宣言代我相秦，豈有此乎？秦策 ▲王曰：叟不遠千里而來，亦將有以利吾國乎？孟子梁惠王上 ▲齊宣王問曰：交鄰國有道乎？又梁惠王下 ▲少帝曰：欲將我安之乎？滕公曰：出就舍。史記呂后紀

④語末助詞 反詰時用之。此種有問之形，無問之實。 ▲三過其門而不入，雖欲耕，得乎？孟子 ▲如使予欲富，辭十萬而受萬，是爲欲富乎？又 ▲先生得無誕之乎？何以言太子可生也？史記扁鵲傳 ▲謀之二十一年，一旦而棄之，可乎？又越世家 ▲臣主若此，欲毋顯，得乎？又 ▲其妻曰：嘻！子毋讀書游說，安得此辱乎？又張儀傳 ▲九卿碌碌奉其官，救過不贍，何暇論繩墨之外乎？又酷吏傳 ▲上曰：

文成食馬肝死耳！子誠能修其方，我何愛乎？　又武帝紀

⑤語末助詞　助句，表感歎。▲越十年生聚，十年教訓，二十年之外，吳其爲沼乎！　左傳襄九年　▲孔子蚤作，負手曳杖，消搖於門，歌曰：泰山其頽乎！梁木其壞乎！哲人其萎乎！　禮記檀弓上　▲子路曰：衞君待子而爲政，子將奚先？子曰：必也正名乎！　論語子路　▲後三年，吳其墟乎！　史記越世家　▲此其代陳有國乎！不在此而在異國乎！　又田敬仲世家　▲彈其劍而歌曰：長鋏歸來乎！食無魚。　又孟嘗君傳　▲將閭乃仰天大呼天者三，曰：天乎！吾無罪！　又秦始皇紀　▲賢人乎！賢人乎！非質有其內，惡能用之哉？　又楚元王世家　▲絳侯既出，曰：吾嘗將百萬軍，然安知獄吏之貴乎！　又周勃世家

呼 ㄏㄨ

①歎詞　發聲，無義。▲既，又欲立王子職而黜太子商臣。商臣聞之而未察，告其

師潘崇曰：若之何而察之？潘崇曰：享江羋而勿敬也。從之。江羋怒，曰：呼！役夫！宜君王之欲殺女而立職也！（左傳文元年）▲曾子寢疾，病，樂正子春坐於牀下，曾元曾申坐於足，童子隅坐而執燭。童子曰：華而睆，大夫之簀與！子春曰：止！曾子聞之，瞿然曰：呼！曰：華而睆，大夫之簀與！曾子曰：然！斯季孫之賜也。我未之能易也！元起易簀！（禮記檀弓）

互

①代名副詞　今言「互相」。因「互相」又引伸爲「羣」字之義。▲超還至于闐，于闐王侯以下皆號泣曰：「依漢使如父母，誠不可去。」互抱超馬脚，不得行。（後漢書班超傳）▲及瓊卒，歸葬江夏，四方名豪會帳下者六七千人，互相談論，莫有及蟠者。（又申屠蟠傳）▲時所遣八使光祿大夫杜喬周舉等多所糾奏，而大將軍梁冀及諸宦官互爲請救，事皆被侵遏。（又种暠傳）▲比災變互生，未知厥咎，朝廷

焦心，載懷恐懼。又蔡邕傳　▲觀夫仁孝之辯，紛然異端。互引典文，代取事據。又延篤傳

忽ㄏㄨ

①表態副詞　倏也。表動作之疾速時用之。今語作『忽然。』▲後人來至蛇所，有一老嫗夜哭。人問：何哭？嫗曰：人殺吾子，故哭之。人曰：嫗子何爲見殺？嫗曰：吾子，白帝子也，化爲蛇，當道，今爲赤帝子斬之，故哭。人乃以嫗爲不誠，欲苦之，嫗因忽不見。漢書高帝紀　▲又侍郎王盱見人衣白布單衣，赤繢方領，冠小冠，立於王路殿前，謂盱曰：『今日天同色，以天下人民屬皇帝。』盱怪之，行十餘步，人忽不見。又王莽傳中　▲超到鄯善，鄯善王廣奉超禮敬甚備，後忽更疏懈。後漢書班超傳

或ㄏㄨㄛˋ

①外動詞　有也。▲莫益之，或擊之。易益 ▲殷其弗或亂正四方。書 按史記宋世家『或』作『有』。▲時予乃或言。又多士 ▲有一於此，未或不亡。又五子之歌 ▲曹人或夢衆君子立于社宮而謀亡曹。左傳哀七年 按史記曹世家『或作有。』▲自古以來，未之或失也。又昭十三年 ▲毋或若女不寧侯。周禮考工記梓人 ▲庶或饗之。禮記祭義 ▲夫既或治之，予何言哉？孟子公孫丑 ▲開辟以來，莫或茲酷。後漢書應劭傳

②虛指指示代名詞 ▲或燕燕居息，或盡瘁事國，或息偃在牀，或不已於行。詩小雅北山 ▲或謂孔子曰：子奚不爲政？論語爲政 ▲萬章問曰：或曰：百里奚自鬻於秦養牲者五羊之皮，食牛，以要秦穆公，信乎？孟子萬章上 ▲魯欲背晉合於楚。或諫，乃否。史記魯世家 ▲楚欲殺之。或諫，乃歸解揚。又晉世家 ▲趙高持鹿獻於二世曰：馬也。二世笑曰：丞相誤耶？謂鹿爲馬。問左右，左右或默，或言馬以阿順趙高。又秦始皇紀 ▲凡六出奇計，輒益邑，凡六益封。奇計或頗祕，世莫能聞也。又陳平

世家 ▲客有說公子曰：物有不可忘，或有不可不忘。又信陵君傳 ▲天地曠曠，物之熙熙，或安或危。又日者傳

③表態副詞　墨子小取篇云：或也者，不盡然也。廣韻云：或，不定也。 ▲不恆其德，或承之羞。易恆九三 ▲天或啓之，必將爲君。左傳宣三年 ▲以義置數十百錢，病者或以愈，且死或以生，患或以免。史記日者傳 ▲其神或歲不至，或歲數來。又封禪書 ▲傳相連奏，坐削或千戶或五百戶，如是者數焉。漢書文三王傳

④語中助詞　無義。外動詞賓語倒裝時用之。 ▲如松柏之茂，無不爾或承。詩

⑤副詞　又也。 ▲旣立之監，或佐之史。詩小雅賓之初筵 ▲今吳不如過，而越大於小康。或將豐之，不亦難乎？左傳哀元年　按史記吳世家作『又將寬之。』 ▲父死之謂何，或敢有他志以辱君義？禮記檀弓

會

①時間介詞　値也　▲齊初圍急陰與三國通謀約未定會聞路中大夫從漢來喜。及其大臣乃復勸王毋下三國。史記齊悼惠王世家　▲外戚多毁成之短，抵罪髡鉗。數年，會赦，致產數千金。又酷吏傳　▲是時，趙禹張湯以深刻爲九卿矣；然其治尚寬，輔法而行；而縱以鷹擊毛摯爲治。後會五銖錢白金起，民爲姦，京師尤甚；乃以縱爲右內史。又　▲與漢大將軍接戰一日。會暮，大風起，漢兵縱左右翼圍單于。又匈奴傳　▲於是平原君從之，得敢死之士三千人；李同遂與三千人赴秦軍，秦軍爲之卻三十里。亦會楚魏救至，秦兵遂罷，邯鄲復存。又平原君傳　▲更始至長安，大臣薦遵爲大司馬護軍，與歸德侯劉颯俱使匈奴；單于欲脅詘遵，遵陳利害，爲言曲直，單于大奇之，遣還。會更始敗，遵留朔方，爲賊所敗。漢書陳遵傳

惠 ㄏㄨㄟ

①表敬副詞　▲公子重耳出見使者曰：子惠顧亡人重耳；父生，不得供備灑掃之

臣；死，又不敢菹喪；以重其罪。且辱大夫。敢辭。（晉語二）▲君惠弔亡臣，又重有命。

又

還 ㄏㄨㄢˊ

①副詞　反也。▲以孔璋之才不閑辭賦，而多自謂與司馬長卿同風，譬畫虎不成還為狗者也。（魏志曹植傳注）

②時間副詞　表疾速。讀與旋同。今言『隨即』。▲如是則舜禹還至，王業還起。（荀子王霸）▲居之，殃還至。（史記天官書）▲今上封禪，其後十二歲而還徧於五嶽四瀆矣。（又孝武紀）▲此皆可使還至而立有效者也。（漢書董仲舒傳）

遑 ㄏㄨㄤˊ

①助動詞　暇也。▲我躬不閱，遑恤我後？（詩邶風谷風）▲不遑啓居，玁狁之故。又

〈小雅采薇〉 ▲心之憂矣，不遑假寐。〈又小弁〉 ▲爾之安行，亦不遑舍。〈又何人斯〉

皇 ㄏㄨㄤˊ

①助動詞 與遑同。 ▲我今不閱，皇恤我後？〈禮記表記引詩〉 ▲朕獲承至尊休德，傳之亡窮而施之罔極，任大而守重，是以夙夜不皇康寧。〈漢書董仲舒傳〉

②轉接連詞 與『況』同。 ▲我皇多有之。〈書秦誓〉 按公羊文十二年傳作『而況乎我多有之。』 ▲君子之於人也，有其語也，無不聽者；皇於聽獄乎？〈尚書大傳〉

洪 ㄏㄨㄥˊ

①語首助詞 無義。 ▲洪惟我幼人。〈書大誥〉 ▲洪惟圖天之命。〈又多方〉

詞詮卷四

幾ㄐㄧ

①外動詞　幸也，冀也。與口語希望同。讀去聲。▲更生見堪猛在位，幾己得復進。漢書劉向傳　▲人有短惡噲者。高帝怒曰：噲見吾病，迺幾我死也。又陳平傳　▲朕疾夫比周之徒虛僞壞化，浸以成俗，故屢以書飭君，幾君省過求己。又師丹傳　▲孔子作春秋，幾君子之前睹也。又揚雄傳　▲距逐鹿之瞽說，審神器之有授；毋貪不可幾爲二母之所笑。又敘傳　▲長安中小民讙譁，鄉其弟哭，幾獲盜之。又蓋賢傳

②形容詞　近也。▲如知爲君之難也，不幾乎一言而興邦乎？論語子路　▲說之

者能無嬰人主之逆鱗，則幾矣。韓非子說難

③數量形容詞　讀上聲。▲夫有大功而無貴仕，其人能靖者，與有幾？左傳 ▲韓子亦無幾求。又昭十六年 ▲子來幾日矣？孟子離婁上 ▲數問其家金餘尚有幾所？漢書疏廣傳 ▲然其儁桀指世陳政，言成文章，質之先聖而不繆，施之當世合時務，若此者亦亡幾人？又梅福傳 ▲將軍度羌虜何如？當用幾人？又趙充國傳

④副詞　殆也，近也，讀平音。此與第二條義同，惟用法異耳。吳楚時，孝王幾爲亂。史記齊悼惠王世家 ▲崎嶇彊國之間，最爲弱小，幾滅者數矣。又燕世家 ▲漢王輟食吐哺，罵曰：豎儒！幾敗而公事！又留侯世家 ▲匈奴大圍貳師將軍，幾不脫。又匈奴傳 ▲我幾不脫於虎口。又叔孫通傳 ▲鄧通既至，爲文帝泣曰：丞相幾殺臣。又申屠嘉傳 ▲是日，微樊噲犇入營誚讓項羽，沛公事幾殆。又樊噲傳

⑤反詰副詞　與豈同。▲夫大國之人，不可不慎也，幾爲之笑而不陵我？左傳昭十六年 ▲王壹動而亡二姓之師，幾如是而不及郢？又昭二十四年 ▲是其爲

相縣也，幾直夫芻豢稻粱之縣糟糠爾哉！荀子榮辱 ▲是於己長慮顧後，幾不甚善矣哉？又 ▲利夫秋豪，害靡國家，然且爲之，幾爲知計哉？又大略 ▲處非道之位，被衆口之譖，溺於當世之言，而欲當嚴天子而求安，幾不亦難哉！韓非子姦劫弒臣 ▲黥布秦時爲布衣，少年，有客相之，曰：『當刑而王。』及壯，坐法黥。布欣然笑曰：人相我當刑而王，幾是乎？史記黥布傳

既ㄐㄧ

①動詞　盡也。公羊桓三年傳云：既者何？盡也。▲日有食之，既。春秋桓三年 ▲富澹天下而不既。淮南子原道訓 ▲布施而不既。又 ▲精神何能久馳騁而不既乎！又精神訓　按以上例爲內動詞用法。▲董澤之蒲，可勝既乎？左傳宣十二年 ▲既其文，未既其實。莊子應帝王　按以上例爲外動詞用法。

②時間副詞　表過去，已也。▲以親九族，九族既睦。書堯典 ▲朕既不敏，常畏過

行以羞先王之遺德。史記文帝紀　▲張儀既相秦，爲文檄以告楚相。又張儀傳　▲單于既立，盡歸漢使之不降者。又匈奴傳　▲絳侯等既誅諸呂，齊王罷兵歸。又灌嬰傳　▲功用既興，然後授政。又伯夷傳　▲王翦既至關，使使還請善田者五輩。又王翦傳　▲項王曰：壯士！賜之卮酒彘肩！噲既飲酒，拔劍切肉食，盡之。又樊噲傳　▲發卒二千人，以王者禮葬田橫。既葬，二客穿其冢旁孔，皆自剄，下從之。又田儋傳　▲後歲餘，賈生徵見。孝文帝方受釐，坐宣室。上因感鬼神事而問鬼神之本。賈生因具道所以然之狀。至夜半，文帝前席。既罷，曰：吾久不見賈生，自以爲過之，今不及也。又賈誼傳

③時間副詞　表旋嗣。一事過去未久復有一事時用之。▲遂置姜氏於城潁，而誓之曰：『不及黃泉，無相見也！』既而悔之。左傳隱元年　▲陳亂，民莫有鬬心；若先犯之，必奔。王卒顧之，必亂。蔡衞不支，固將先奔；既而萃於王卒，可以集事。又桓五年　▲大夫請以入。公曰：獲晉侯，以厚歸也；既而喪歸，焉用之？又僖十五年　▲

秦伯納女五人，懷嬴與焉，奉匜沃盥；既而揮之。又僖二十三年 ▲初，楚子將以商臣爲太子，訪諸令尹子上。子上曰：『君之齒未也；而又多愛。黜，乃亂也。楚國之舉，恆在少者。且是人也，蠭目而豺聲，忍人也；不可立也。』弗聽。既又欲立王子職而黜太子商臣。又文元年 ▲斂而殯諸伯有之臣在市側者；既而葬諸斗城。又襄三十年

④表數副詞　盡也。▲宋人既成列，楚人未既濟。左傳僖二十二年 ▲匠人有以感斤欘，故繩可得料也；羿有以感弓矢，故轂可得中也；造父有以感轡策，故遬獸可及，遠道可致。天下无常亂，无常治。不善人在則亂，善人在則治；在於既善所以感之也。管子小稱 ▲既臣大夏而居，地肥饒而少寇，志安樂。史記大宛傳

暨ㄐㄧ

①等立連詞　與也，及也。公羊隱元年傳云：會及暨皆與也。▲帝曰：咨！汝羲暨和！

朞三百有六旬有六日，以閏月定四時成歲。書堯典　▲禹拜稽首，讓於稷契暨皋陶。又

②介詞　及也。　▲性多嫌忌，果於殺戮。暨臻末年，彌以滋甚。吳志大帝傳

繼

①時間副詞　旋也，旣也。與旣第三條同。　▲於崇吾得見王，退而有去志，不欲變，故不受也。繼而有師命，不可以請。久於齊，非我志也。孟子公孫丑

計

①外動詞　計算也。　▲魏王畏秦，終不聽公子。公子自度終不能得之於王，計不獨生而令趙亡。乃請賓客，約車騎百餘乘，欲以客往赴秦軍，與趙俱死。史記信陵君傳

②表態副詞　大概也。▲余以爲其人計魁梧奇偉；至見其圖，狀貌如婦人好女。史記留侯世家

忌ㄐㄧˋ

①語末助詞　▲叔善射忌；又良御忌；抑磬控忌；抑縱送忌。詩鄭風大叔于田

及ㄐㄧˊ

①外動詞　廣韻云：及，至也。▲紇之罪不及不祀。左傳襄二十三年　▲夫抱火厝之積薪之下而寢其上，火未及然，因謂之安。方今之勢，何以異此？漢書賈誼傳

②時間介詞　表追及在前者。▲張耳者，大梁人也。其少時，及魏公子無忌爲客。史記張耳傳　▲長子宣及方進在爲關都尉南郡太守。漢書翟方進傳

③時間介詞　猶今口語之『趁』。於一事未起之先豫爲一事時用之。▲國家

閒暇，及是時，明其政刑，雖大國必畏之矣，孟子公孫丑上　▲高昭子可畏，及其未發先之！史記齊世家　▲彼衆我寡，及其未濟，擊之！又宋世家　▲士卒皆山東人，跂而望歸。及其鋒東鄉，可以爭天下。又韓王信傳　▲王翦曰：爲大王將，有功終不得封侯；故及大王之嚮臣，臣亦及時以請園池爲子孫業耳。又王翦傳　▲且賢君者，各及其身顯名天下。又商君傳　▲不亟治，病即入濡腎。及其未舍五藏，急治之！又　▲不早及秋共水草之利，爭其畜食，寧有利哉？漢書趙充國傳　▲謹遣子勇隨獻物入塞。及臣生在，令勇目見中土。後漢書班超傳

④時間介詞　至也，比也。▲臣聞齊君惕而亟驕，雖得賢，庸必能用之乎？及齊君之能用之也，管子之事濟也。管子大匡　▲吾所以有大患者，爲吾有身。及吾無身，吾有何患？老子　▲取天下常以無事。及其有事，不足以取天下。又　▲帝屬我一翟犬曰：及而子之壯也，以賜之！史記扁鵲傳　▲及徙豪富茂陵也，解家貧，不中訾。又游俠傳　▲及至秦之季世，焚詩書，坑術士。又儒林傳　▲及其女弟李夫人卒

後，愛弛，則禽誅延年昆弟也。又佞幸傳 ▲信之入匈奴，與太子俱。及至頹當城生子，因名曰頹當。又韓王信傳

⑤等立連詞 與也。▲時日曷喪？予及汝偕亡。書湯誓 ▲每吳中有大繇役及喪，項梁爲主辦，陰以兵法部勒賓客及子弟。史記項羽紀 ▲呂后婦人，專欲以事誅異姓王者及大功臣。又盧綰傳 ▲太史公曰：吾適豐沛，問其遺老，觀故蕭曹樊噲滕公之家及其素。又樊噲傳 ▲李延年，中山人也，父母及身兄弟及女皆故倡也。又佞幸傳 ▲匈奴右賢王怨漢奪之河南地而築朔方，數爲寇盜邊，及入河南，侵擾朔方，殺略吏民甚衆。又匈奴傳 ▲三年冬，楚王朝，鼂錯因言：楚王戊往年爲薄太后服，私姦服舍，請誅之。詔赦，罰削東海郡。因削之吳之豫章郡，會稽郡。及前二年趙王有罪，削其河間郡；膠西王卬以賣爵有姦，削其六縣。又吳王濞傳 ▲將軍曰：王苟以錯爲不善，何不以聞？及未有詔虎符，擅發兵擊義國。以此觀之，意非欲誅錯也。又 ▲滇王與漢使者言曰：漢孰與我大？及夜郎侯亦然。又西南夷傳

極 ㄐㄧˊ

①表態副詞　甚也。按說文六篇上木部云：極，棟也。徐鍇曰：極，屋脊之棟也。今人謂高及甚爲極，義出於此。　▲夫子之極言禮也，可得而聞與？禮記禮運　▲李廣軍極簡易。史記李將軍傳　▲且吾所爲者極難耳。又刺客傳　▲極知禹無害，然文深，不可以居大府。又酷吏傳　▲自是之後，爲俠者極衆。又游俠傳　▲豈吾所生長，極不忘耳。又高祖紀　▲孤極知燕小力少，不足以報。又燕世家　▲建爲郎中令，事有可言，屏人恣言極切。又萬石君傳

急 ㄐㄧˊ

①副詞　時間之急與態度之急皆用之。　▲范增說項羽曰：沛公居山東時，貪於財貨，好美姬。今入關，財物無所取，婦女無所幸；此其志不在小。吾令人望其氣，皆

爲龍虎，成五采；此天子氣也。急擊勿失！史記項羽紀 ▲頭曼欲廢冒頓而立少子，乃使冒頓質於月氏。冒頓既質，而頭曼急擊月氏，月氏欲殺冒頓。漢書匈奴傳 ▲巫言：神怒，何故欲向漢？漢使有騧馬，急求取以祠我！後漢書班超傳 ▲昔周公葬不如禮，天乃動威。今武蕃忠貞，未被明宥，妖眚之來，皆爲此也。宜急爲改葬，徙還家屬。又張奐傳

亟 ㄐ一ˊ

①時間副詞　急也，疾也。▲我死，乃亟去之！左傳隱十一年 ▲秦之所以亟絕者，其轍跡可見也。漢書賈誼傳 ▲今單于卽能，前與漢戰，天子自將待邊；卽不能，亟南面而臣於漢！又匈奴傳 ▲將率曰：前封四條，不得受烏桓降者；亟還之！又　按師古注：亟，急也。

②表數副詞　表數之頻，屢也，數也。此讀『欺冀反。』（ㄑ一ˋ）▲愛共叔段，欲立

之。亟請於武公。公弗許。左傳隱元年 ▲亂政亟行，所以敗也。又隱五年 ▲梁伯好土功，亟城而弗處。又僖十九年 ▲於是乎蒐于被廬，作三軍，謀元帥。趙衰曰：郤穀可。臣亟聞其言矣。又僖二十七年 ▲吾先君之亟戰也有故。又成十六年 ▲繆公亟見於子思。孟子萬章下 ▲繆公之於子思也，亟問，亟餽鼎肉。又

加 ㄐㄧㄚ

①表度副詞　劉淇云：增多之辭。▲察鄰國之政，無如寡人之用心者。鄰國之民不加少，寡人之民不加多，何也？孟子梁惠王 ▲及禹爲少府，比九卿，禹酷急。至晚節，事益多，吏務爲嚴峻；而禹治加緩，而名爲平。史記酷吏傳 ▲易王母，文侯夫人也；與蘇秦私通。燕王知之，而事之加厚。又蘇秦傳 ▲朕親率天下農，十年於今，而野不加辟。漢書文帝紀

②連詞　今言『加以』　▲方今內多嬖倖，外任小臣；是以災異屢見，前後丁寧；今復投蜺，可謂孰矣。加四百之期，亦復垂及。後漢書楊賜傳　▲自數年以來，災怪屢見，比無雨潤，而沈陰鬱泱；加近者月食既於端門之側。又李固傳　▲田野空，朝廷空，倉庫空，是謂三空。加兵戎未戢，四方離散，又陳蕃傳　▲吾自發寒雨，全行日少。加秋潦浩汗，山溪猥至。鮑昭寄妹書

假 ㄐㄧㄚˇ

①外動詞　借以爲喻之辭。與『譬』同。　▲夫好利而欲得者，此人之情性也，假之有弟兄資財而分者，且順情性，好利而欲得，若是則兄弟相拂奪矣。荀子性惡

②副詞　但也。　▲仲尼曰：夫子，聖人也；丘也直後而未往耳！丘將以爲師，而況不如丘者乎？奚假魯國，丘將引天下而與從之。莊子德充符

③假設連詞　▲假令之世，飾邪說，文姦言，以梟亂天下，欺惑愚衆，矞宇嵬瑣，使天

下混然不知是非治亂之所存者，有人矣。荀子非十二子　▲俗說以唐城爲望都城者，自北無城以擬之。假復有之，途程紆遠；山河之狀，全乖古證。水經注

交ㄐㄧㄠ

①代名副詞　更互也。▲不令兄弟，交相爲瘉。詩小雅　按此交相連用，重言也。孔疏訓作交更相詬病。▲鄭伯怨王，王曰：無之。故周鄭交質。左傳隱三年　▲王午，武濟自輔氏，與鮑交伐晉師。又襄十一年　▲晉楚之從，交相見也。又昭四年

久ㄐㄧㄡˇ

①時間副詞　今言「長久」。▲壹動而五美附，陛下誰憚而久不爲此？漢書賈誼傳　▲閎妻父蕭咸，前將軍望之子也；久爲郡守；病免，爲中郎將。又董賢傳　▲吾亦欲東耳。安能鬱鬱久居此乎！又韓信傳　▲超家貧，常爲官傭書以供養，久勞

苦。嘗輟業投筆歎曰：大丈夫無他志略，猶當效傅介子張騫立功異域以取封侯，安能久事筆硯間乎！後漢書班超傳 ▲蠻夷之性，悖逆侮老；而超旦暮入地，久不見代，恐開姦宄之源，生逆亂之心。又

皆 ㄐㄧㄝ

①代名副詞 詩大雅緜傳云：皆，俱也。說文四篇上白部云：皆，俱詞也。▲故春蒐夏苗秋獮冬狩，皆於農隙以講事也。左傳隱五年 ▲故言富者皆稱陶朱公。史記貨殖傳 ▲盎調爲隴西都尉，仁愛士卒，士卒皆爭爲死。又袁盎傳 ▲臣聞天子所與共六尺輿者，皆天下豪英。又 ▲山海，天地之藏也；皆宜屬少府。又平準書 ▲桑弘羊以計算用事侍中；咸陽齊之大煮鹽，孔僅南陽大冶；皆致生累千金。又 ▲素居廣平時，皆知河內豪姦之家。又酷吏傳 ▲及治淮南衡山江都反獄，皆窮根本。又 ▲會渾邪等降漢，大興兵伐匈奴；山東水旱，貧民流徙，皆仰給縣官。又

酷吏傳　▲呂太后崩，大臣誅諸呂。辟陽侯於諸呂至深而卒不誅，計畫所以全者，皆陸生平原君之力也。又陸賈傳　▲天下熙熙，皆爲利來；天下穰穰，皆爲利往。又貨殖傳　▲上因廢明堂事，盡下趙綰王臧吏；後皆自殺。又儒林傳

偕 ㄐㄧㄝ

①內動詞　俱也。　▲秦之圍邯鄲，趙使平原君求救合從於楚，約與食客門下有勇力文武備具者二十人偕。史記平原君傳　▲禮樂之情同，故明王以相沿也。故事與時並，名與功偕。又樂書

②副詞　俱也。　▲其母曰：能如是乎！與女偕隱。左傳僖二十四年　▲且合諸侯而滅兄弟，非禮也；與衛偕命而不與偕復，非信也。又僖二十八年　▲今單于反古之道，計社稷之安，便萬民之利，親與朕俱棄細過，偕之大道。史記文帝紀

介

①介詞　恃也。▲王王太后亦恐嘉等先事發，乃置酒，介漢使者權謀誅嘉等。史記南越傳 ▲太后怒，欲鏦嘉以矛，王止太后。嘉遂出介其弟兵就舍。又

兼

①副詞　廣韻云：幷也。▲窮則獨善其身，達則兼善天下。孟子 ▲五疾，上收而養之，材而事之，官施而衣食之，兼覆無遺。荀子王制 ▲亂吾治者，常二輔也。誠令廣漢得兼治之，直差易耳！漢書趙廣漢傳 ▲寵雖傳法律而兼通經書。後漢書陳寵傳

謇　蹇

①語首助詞　無義。▲謇吾法夫前修兮。（離騷）　按王逸注云：謇，辭也。▲謇朝誶而夕替。（又）　▲時亹亹而過中兮，蹇淹留而無成。（宋玉九辯）

見

①助動詞　毛詩蹇裳序疏云：見者，自彼加己之詞。按可釋爲『被』。▲盆成括見殺。（孟子）　▲然而厚者爲戮，薄者見疑。（韓非子說難）　▲代君死而見戮，後人臣無復忠其君者矣！（史記齊世家）　▲使問曰：家豈有寃欲言事乎？式曰：臣生與人無分爭，式邑人貧者貸之，不善者教順之，所居人皆從式，式何故見寃於人？（又平準書）　▲若反言『漢已破矣，趣下三國，不且見屠。』（又齊悼惠世家）　▲廷尉府盡用文史法律之吏，而寬以儒生在其間，見謂不習事。（漢書兒寬傳）　▲武帝使中郎將蘇武使匈奴，見留二十年。（又燕王旦傳）　▲召丞相御史問虜所入郡吏，吉具對；御史大夫卒遽不能詳知，以得譴讓；而吉見謂憂邊思職。（又丙吉傳）　▲乃今日見

教。又司馬相如傳

②助動詞　此前條之變法。詩疏『自彼加己』之釋，於此法尤爲貼切。▲莽長子宇非莽鬲絶衞氏，恐帝長大後見怨；宇與吳章謀，夜以血塗莽門。漢書云敞傳　按『恐帝長大後見怨』謂帝長大後怨王氏也。或云：『見』上省去『王氏』或『己』字，『見』仍可釋爲『被』。▲先生又見客。又司馬相如傳　按『先生又見客，』謂『先生又來此爲客也。』此及前例雖亦可如前條釋爲『被』但實與下條例近。此一字用法遂漸變遷痕跡之可尋者。▲卓又使布守中閤而私與傳婢情通，益不自安因往見司徒王允，自陳卓幾見殺之狀。後漢書呂布傳

按此例當云『幾見殺於卓，』而云『卓幾見殺』者，蓋謂『卓幾殺己』耳。故此見字不復能如前條以『被』字釋之。以釋爲『被』則與事實舛，不可通也。此所以爲前條之變用法也。

③形容詞　與今『現』字同，音現。ㄒㄧㄢ。▲今歲饑民貧，士卒食芋菽，軍無見糧。史記

項羽紀　▲倉無見穀。漢書王莽傳　按上二例見字狀物。▲代王，方今高帝見子，最長，仁孝寬厚。史記呂后紀　按：高帝子現在者稱『見子。』　▲發近縣見卒萬六千人。又文帝紀　▲時見大夫無可使者。漢書王嘉傳　按：現在爲大夫者稱『見大夫。』　▲朝廷見人或毁不疑曰：不疑狀貌甚美，然特毋奈其善盜嫂何也。又直不疑傳　按現在在朝廷之人稱『見人。』劉敞謂朝廷見人爲達官，非也。　▲掖廷見親有加賞賜，屬其人勿罪謝。又王嘉傳　▲時元帝世絕而宣帝曾孫有見王五人，列侯廣戚侯顯等四十八人。又王莽傳上　按師古云：王之見在者。以上諸例『見』字皆狀人。

④時間副詞　亦與『現』同。　▲許商以爲古說九河之名，有徒駭胡蘇鬲津，今見在成平東光鬲界中。漢書溝洫志　▲後三日，客持詔記與武，問：『兒死未？』手書對牘背，武即書對：兒見在，未死。又外戚傳

間ㄐㄧㄢˋ

①形容詞　隔也。▲後間歲，武都氐人反。漢書西南夷傳　▲天子聞而憐之，間歲，遣使者持帷帳錦繡遺焉。又西域烏孫傳

②時間副詞　近也。▲間歲或不登。漢書景帝紀　▲充國以爲烏桓間數犯塞，今匈奴擊之，於漢便。又匈奴傳　▲間聞賊衆蟻聚向西境。吳志華覈傳

③表態副詞　私也。▲太公呂后間求漢王，反遇楚軍。漢書項籍傳　▲冒頓縱精兵三十餘萬騎圍高帝於白登七日，漢兵中外不得相救餉，高帝乃使使間厚遺閼氏。又匈奴傳　▲左大都尉欲殺單于，使人間告漢。又　按顏注云：「私來報。」是間訓私也。▲於是天子乃令王然于伯始昌呂越人等十餘輩間出西南夷，指求身毒國。又西南夷傳

今ㄐㄧㄣ

①指示代名詞　是也。▲惠王十五年，有神降於莘。王問於內史過，曰：今是何神也。周語　▲崔杼不悅，直兵造胷，句兵鉤頸，謂晏子曰：子變子言，則齊國吾與子共之；子不變子言，則今是矣？呂氏春秋恃君覽知分　▲吾聞圍者之國，箝馬秣之，使肥者應客，今何子之情也？韓詩外傳二　按公羊宣十五年『今』作『是』。

②時間副詞　說文云：今，是時也。按猶今言『現在』。▲淳于髡曰：男女授受不親，禮與？孟子曰：禮也。曰：嫂溺則援之以手乎？曰：嫂溺不援，是豺狼也。男女授受不親，禮也；嫂溺援之以手者，權也。曰：今天下溺矣，夫子之不援，何也？曰：天下溺，援之以道；嫂溺，援之以手。子欲手援天下乎？孟子離婁上　▲足下爲令十餘年矣，殺人之父，孤人之子，斷人之足，黥人之首，甚衆。慈父孝子所以不敢事刃於公之腹者，畏秦法也。今天下大亂，秦政不施，然則慈父孝子將爭接刃於公之腹以復其怨而成其功名，此通之所以弔者也。漢書叔孫通傳

③時間副詞　今爲『現在』之義，前條已言之。『現在如何如何，』便是『卽』

字之義。故王引之訓「今」爲「卽,」由本義所引伸也。▲其丕能諴于小民,今休。書召誥 按王引之云:謂卽致太平之美也。▲若不我納,今將馳矣。左傳成十五年 ▲齊宣王爲大室,三年而未能成。春居諫王,王曰:寡人請今止之。呂氏春秋驕恣 ▲臣今見王獨立於朝前矣!秦策 ▲君因王言而重責之,蒼之軸今折矣。趙策 ▲十日之內,數萬之衆今涉魏境。韓策 ▲天下必以王爲能市馬,馬今至矣。燕策 ▲吾屬今爲之虜矣!史記項羽紀 ▲晉兵今至矣。又鄭世家 ▲不來,今殺奢也。又伍子胥傳 ▲吾數諫王,王不用,吾今見吳之亡矣!又 ▲君王能出捐此地許二人,二人今可致。又彭越傳 ▲女安行!我今令而家追女。漢書蒯通傳 ▲君薄淮陽邪?吾今召君矣!又汲黯傳

④假設連詞 王念孫曰:今猶若也。樹達按此乃說一事竟,改說他端時用之。王氏訓爲若,乃從上下文之關係得之,疑今字仍是本義,非其本身有若字之義也。

▲此無他,與民同樂也。今王與百姓同樂,則王矣。孟子梁惠王 ▲下殤土周葬于

園，遂與機而往；塗邇故也。今墓遠，則其葬也如之何？（禮記曾子問）　▲天子不仁，不保四海；諸侯不仁，不保社稷，卿大夫不仁，不保宗廟；士庶人不仁，不保四體。今惡死亡而樂不仁，是由惡醉而强酒。（孟子離婁上）　▲君不私國，臣不誣能，正民之經也。今以誣能之臣事私國之君，而能濟功名者，古今無之。（管子法法）　▲今不急下，吾烹太公。（史記項羽紀）　▲章將軍詐吾屬降諸侯，今能入關破秦，大善。即不能，諸侯虜吾屬而東，秦又盡誅吾父母妻子。（漢書項籍傳）

謹：

①表態副詞　敬也。　▲扁鵲者，姓秦氏，名越人，少時，爲人舍長。舍客長桑君過，扁鵲獨奇之，常謹遇之。（史記扁鵲傳）

②表敬副詞　前條實有謹字之義，此條則但爲語言中表敬之形式，無實義也。

▲彭王爲呂后泣涕，自言無罪，願處故昌邑。呂后許諾，與俱東至雒陽。呂后白上

曰：彭王，壯士。今徙之蜀，此自遺患，不如遂誅之。妾謹與俱來。史記彭越傳 ▲臣老病衰困，冒死瞽言，謹遣子勇隨獻物入塞，及臣生在，令勇目見中土。後漢書班超傳

僅 勵 廑 堇

①表態副詞　纔也。▲又揚觶而語曰：好學不倦，好禮不變，旄期稱道不亂者，不在此位也。蓋勵有存者。禮記射義 ▲夫上聖黃帝作爲禮樂法度，身以先之，僅以小治。史記秦本紀 ▲藉使子嬰有庸主之材，僅得中佐，山東雖亂，秦之地可全而有。又始皇紀 ▲輕卒銳兵，長驅至國，齊王遁而走莒，僅以身免。又樂毅傳 ▲豫章出黃金，然堇堇物之所有，取之不足以更費。漢書地理志 ▲諸公幸者乃爲中涓，其次廑得舍人。又賈誼傳

近

①形容詞　將也，幾也。▲適見其鑄此，而已近五百歲矣。後漢書方術傳　▲王大爲吏部郎，嘗作選草臨當奏，王僧彌來，聊出示之。僧彌得，便以己意改易所選者近半。世說

②副詞　殆也。▲後太祖親理，得病篤重，使佗專視。佗曰：此近難濟，恆事攻治，可延歲月。魏志華佗傳　▲然預之此答，觸人所忌，載之紀牒，近爲煩文。蜀志宗預傳　▲謝萬才流精通，處廊廟，參諷議，故是後來一器。而今屈其邁往之氣，以撫順荒餘，近是違才易務矣。晉書謝萬傳王羲之與桓溫牋

敬

①表敬副詞　▲長桑君亦知扁鵲非常人也，出入十餘年，乃呼扁鵲私坐，間與語曰：我有禁方，年老，欲傳於公。公毋泄！扁鵲曰：敬諾。史記扁鵲傳

競（ㄐㄧㄥˋ）

①表態副詞　爭也。▲三年春，東巡岱宗，樊豐等因乘輿在外，競修第宅。後漢書楊震傳　▲天降衆異以戒陛下，陛下不悟，而競令虎豹窟於麑場，豺狼乳於春囿，斯豈唐咨禹稷，益典朕虞，議物賦土蒸民之意哉！又劉陶傳　▲羣小競進，秉國之位。又　▲且律曆卦候，九宮風角，數有徵效，世莫肯學；而競稱不占之書。又張衡傳　▲虛誕者獲譽，拘檢者離毀；或因罪而引高，或色斯以求名。州宰不覆，競共辟召。又左雄傳

徑（ㄐㄧㄥˋ）

①表態副詞　說文云：徑，步道也。按論語：行不由徑。徑爲小道，故直捷，故引申爲直捷之義。▲賜酒大王之前，執法在旁，御史在後，髡恐懼俯伏而食，不過一斗徑

醉矣。史記滑稽傳 ▲今陛下起豐擊沛，收三千人，以之徑往而卷蜀漢，定三秦。又劉敬傳 ▲酈生曰：足下起糾合之衆，收散亂之兵，不滿萬人，欲以徑入强秦，此所謂投虎口者也。又酈生傳 ▲王朝張弓而射魏之大梁之南，加其右臂而徑屬之於韓，則中國之路絕，而上蔡之郡壞矣。又楚世家 ▲玄商留南將軍所，良帶徑至單于庭，單于號良帶曰烏桓都將軍。漢書匈奴傳下 ▲王興者，故城門令史；王盛者，賣餅。莽按符命求得此姓名十餘人，兩人容貌應卜相，徑從布衣登用以視神焉。又王莽傳中 ▲王往斐許，不通；徑前。世說

竟 ㄐㄧㄥ

①內動詞　終也。　▲歲竟，此兩家常折券棄責。史記高祖紀

②表態副詞　終也。　元狩二年，弘病，竟以丞相終。史記公孫弘傳 ▲竟不易太子者，留侯本招此四人之力也。又留侯世家 ▲遂北至藍田，再戰，秦兵竟敗。又 ▲

淮南王爲人剛，如有遇霧露行道死，陛下竟爲以天下之大弗能容，有殺弟之名，奈何？又袁盎傳 ▲陳涉雖已死，其所置遣侯王將相竟亡秦。又陳涉世家 ▲於是胡稱病，竟不入見。又南越傳 ▲武安侯病，使巫視鬼者視之，見魏其灌夫共守，欲殺之，竟死。又武安侯傳 ▲呂后日夜泣曰：妾唯太子一女，奈何棄之匈奴？上竟不能遣長公主。又婁敬傳 ▲莽疑建藏匿，泛以問建。建曰：『臣名善之，誅臣足以塞責。』莽性果賊，無所容忍，然重建，不竟問，遂不得也。漢書游俠傳 ▲子陵！我竟不能下女邪？後漢書逸民傳 按以上諸例，竟字義與上文相承者也。 ▲昔夫子當行，使弟子持雨具，已而果雨。弟子問曰：夫子何以知之？夫子曰：詩不云乎！『月離於畢，俾滂沱矣。』時暮月不宿畢乎？他日，月宿畢，竟不雨。史記仲尼弟子傳 ▲及呂后時，事多故矣；然平竟自脫，定宗廟，以榮名終，稱賢相。又陳丞相世家 ▲屠岸賈聞之，索於宮中，夫人置兒袴中，祝曰：『趙宗滅乎，若號；卽不滅，若無聲。』及索兒，竟無聲。又趙世家 ▲盜跖日殺不辜，肝人之肉，暴戾聚黨數千人，橫行天下，竟以壽終。又伯夷傳　▲白起爲秦將，南征鄢郢，北坑馬服，攻城略地，不可勝計，而竟賜死。又項羽傳　按以上諸例，竟字亦訓「終。」然結果爲出乎意外者，故意義似較强。

③時間介詞　終也，▲竟頃公卒，百姓附，諸侯不犯。史記齊世家　▲嬰自上初起沛，常爲太僕，竟高祖崩，以太僕事孝惠。又夏侯嬰傳　▲竟朝置酒，無敢讙譁失禮者。又叔孫通傳　▲匈奴竟郅都死，不敢近雁門。又酷吏傳　▲吳楚已破，竟景帝不言兵，天下富實。又　▲竟死不敢爲非。又滑稽傳

俱

①內動詞　偕也。▲曹相國參攻城野戰之功所以能多若此者，以與淮陰侯俱。史記曹相國史家　▲趙人聞孟嘗君賢，出觀之，皆笑曰：始以薛公爲魁然也。今視之，乃眇小丈夫耳！孟嘗君聞之，怒。客與俱者下斫，擊殺數百人。又孟嘗君傳　▲晉鄙不授公子兵而復請之，事必危矣！臣客屠者，可與俱。又平原君傳

②副詞　偕也，同也。▲籍丘子鉏擊之，與一人俱斃。左傳定八年 ▲蜚廉善走，父子俱以才力事殷紂。史記秦本紀 ▲秦嘉等聞陳王軍破出走，乃立景駒爲楚王，引兵之方與，欲擊秦軍定陶下；使公孫慶使齊王，欲與併力俱進。又陳涉世家 ▲田忌與孫臏田嬰俱伐魏，敗之馬陵。又孟嘗君傳 ▲横始與漢王俱南面稱孤。又田儋傳 ▲平原君以趙孝成王十五年卒，子孫代，後竟與趙俱亡。又平原君傳 ▲及高祖盧綰壯，俱學書，又相愛也。又盧綰傳 ▲項王瞋目而叱之，赤泉侯人馬俱驚，辟易數里。又項羽紀 ▲遵少孤，與張竦伯松俱爲京兆史。操行雖異，然相親友；哀帝之末俱著名字，爲後進冠。漢書陳遵傳 ▲及王莽敗，二人俱客於池陽。又 ▲朕與單于皆捐細故，俱蹈大道也。又匈奴傳

居ㄐㄩ

①不完全內動詞　爲也。▲二者，居天下之大端矣。禮記 ▲旦嘗輔翼武王，用

事居多。史記魯世家

②句中助詞 無義。 ▲噫！亦要存亡吉凶，則居可知矣！易繫辭 ▲爾居徒幾何？詩 ▲擇有車馬，以居徂向。又小雅十月之交 ▲其香始升，上帝居歆。又大雅生民 ▲以鐘次之，以和居參之也。禮記郊特牲

③語末助詞 表疑問。讀如『姬』 ▲何居；我未之前聞也！禮記檀弓 ▲吾許其大而不許其細，何居？又 ▲一日伐鼓，何居？又郊特牲 ▲誰居後之人必有任是夫！左傳成二年 ▲誰居其孟椒乎！又襄二十三年 ▲何居乎形固可使如槁木，而心固可使如死灰乎！莊子齊物論

④語末助詞 與『乎』同。 ▲日居月諸，胡迭而微？詩邶風日月

舉

①總指指示形容詞 凡也，全也。 ▲舉大將軍門下多去事驃騎，輒得官爵。史記

衞將軍傳 ▲內史慶醉歸，入外門，不下車。萬石君聞之，不食。慶恐，肉袒謝罪，不許。舉宗及兄建肉袒，萬石君讓曰：內史貴人，入閭里，里中長老皆走匿，而內史坐車中自如，固當。乃謝罷慶。又石奮傳 ▲孔君清廉仁賢，舉縣蒙恩。後漢書孔奮傳 ▲奮自爲府丞，已見敬重；及爲太守，舉郡莫不改操。又 ▲舉家無食，汝何處來？顏氏家訓

②表數副詞 皆也。▲昔者諸侯事吾先君，皆如不逮。舉言羣臣不信，諸侯皆有貳志，齊君恐不得禮，故不出而使四子來。左傳宣十七年 ▲今王鼓樂於此，百姓聞王鐘鼓之聲管籥之音，舉欣欣然有喜色而相告曰：吾王庶幾無疾病與！何以能鼓樂也？孟子梁惠王下

詎ㄐㄩ 鉅 距 渠 巨

①反詰副詞 廣韻云：詎，豈也。▲庸詎知吾所謂知之非不知邪？庸詎知吾所謂

不知之非知邪?莊子齊物論 ▲庸詎知吾所謂天之非人乎,所謂人之非天乎?又 ▲庸詎知其吉凶?楚辭哀時命 ▲今王已用之於越矣,而忘之於秦,臣以爲王鉅速忘矣。楚策 ▲夫威彊未足以殆鄰敵也,名聲未足以縣天下也;則是國未能獨立也,豈渠得免夫累乎?荀子王制 ▲今俳優侏儒狎徒詈侮而不鬭者,是豈鉅知見侮之不辱哉?又正論 ▲衛奚距然哉?韓子難四 ▲且蘇君在,儀寧渠能乎?史記張儀傳 ▲沛公不先破關中,公巨能入乎?漢書高祖紀 ▲掾部渠有其人乎?又孫寶傳。

②假設連詞 苟也。▲且唯聖人能無外患,又無內憂。詎非聖人,必偏而後可。晉語 ▲詎非聖人,不有外患,必有內憂。又

遽ㄐㄩ

①表態副詞 玉篇云:遽,急也,卒也。▲晉侯之豎頭須,守藏者也。其出也,竊藏以

逃，盡用以求納之。及入，求見；公辭焉以沐。謂僕人曰：沐則心覆，心覆則圖反，宜吾不得見也。居者爲社稷之守，行者爲羈紲之僕，其亦可也，何必罪居者？國君而讎匹夫，懼者甚衆矣。僕人以告，公遽見之。左傳僖二十四年 ▲我聞忠善以損怨，不聞作威以防怨。豈不遽止？然猶防川。又襄三十一年 ▲此志也，豈遽忘於諸侯之耳乎？吳語 ▲遽數之，不能終其物。禮記

②副詞　劉淇云：遂也。王引之訓爲「豈」。按之「何遽」「奚遽」之文，「豈」義頗不可通，故今從劉說。 ▲雖子不得福，吾言何遽不善，而鬼神何遽不明？墨子公孟 ▲君其試焉，奚遽叱也？秦策 ▲豈遽必哉？呂氏春秋具備 ▲雖厚愛之，奚遽不亂？文選注引韓非子 ▲此何遽不能爲福乎？淮南子人間訓 ▲唐有萬穴，塞其一，魚何遽無由出？室有百戶，閉其一，盜何遽無從入？又 ▲句踐之困會稽也，喟然歎曰：吾終於此乎！種曰：湯繫夏臺，文王囚羑里，晉重耳奔翟，齊小白奔莒，其卒王霸。自是觀之，何遽不爲福乎？史記越世家 ▲往何遽必辱？又鄭世家 ▲翟

黃不說，曰：觸何遽不爲相乎？說苑臣術　▲佗大笑曰：吾不起中國，故王此。使我居中國，何遽不若漢？漢書陸賈傳　▲奚遽不能與之踵武而齊風？左太沖魏都賦

具 ㄐㄩˋ

①副詞　俱也，備也。▲謀之其臧，則具是違；謀之不臧，則具是依。詩小雅小旻　▲漢王所以具知天下阨塞，戶口多少，強弱之處，民所疾苦者，以何具得秦圖書也。史記蕭何世家　▲解使人微知賊處，賊窘，自歸，具以實告解。漢書郭解傳　▲允於賊中得中常侍張讓賓客書疏，與黃巾交通，允具發其姦，以狀聞。後漢書王允傳

劇 ㄐㄩˋ

①表態副詞　說文云：劇，尤甚也。▲今日與謝孝劇談一出來。世說　按劉淇云：一出猶云一番。

厥ㄐㄩㄝ。

①指示代名詞　其也。　▲今時旣墜厥命。書　▲厥土黑墳，厥草惟繇，厥木惟條，厥田惟中下，厥賦貞。又禹貢

②語首助詞　無義。　▲左邱失明，厥有國語。史記自序　▲成一家之言，厥協六經異傳。又

③語中助詞　外動詞居賓語之上時用之。　▲此厥不聽，人乃訓之。書無逸　▲此厥不聽，人乃或譸張爲幻。又

④語中助詞　無義，　▲誕淫厥佚。書多士　▲文王惟克厥宅心，乃克立茲常事司牧人。又立政

⑤連詞　與『之』同。　▲自時厥後，立王生則逸，生則逸。書無逸　▲自時厥後，亦罔或克壽。又

鈞　均

①副詞　同也。▲祁盈之臣曰：鈞將皆死，憖使吾君聞勝與臧之死也以爲快。（左傳昭二十八年）▲然款也不敢愛死，唯與讒人均是惡也。（晉語）▲公都子問曰：鈞是人也，或爲大人，或爲小人，何也？孟子曰：從其大體爲大人，從其小體爲小人。曰：鈞是人也，或從其大體，或從其小體，何也？（孟子告子上）▲秦以城求璧而趙不許，曲在趙。趙予璧而秦不予趙城，曲在秦。均之二策，寧許以負秦曲。（史記藺相如傳）

其

①代名詞　彼也。兼人稱指示二種。用於主位與領位。▲民之窮困而受盟于楚，孤也與其二三臣不能禁止。（左傳襄八年）▲君欲楚也夫！故作其宮。（又襄三十一年）▲元尙享衞國，主其社稷！（又昭七年）▲君子賢其賢而親其親，小人樂其樂而

利其利。禮記大學 ▲親之欲其貴也，愛之欲其富也。孟子 ▲學問之道無他，求其放心而已矣！又

②指示代名詞 用同『之』用於賓位。 ▲不其或稽，自怒曷瘳？書盤庚 ▲故欲以刑罰慈民，辟其猶以鞭狎狗也；雖久弗親矣。欲以簡泄得士，辟其猶以弧怵鳥也；雖久弗得矣。賈子大政

③人稱代名詞 實爲『其爲』二字之義。『爲』字往往省去。 ▲我先王賴其利器用也，與其神明之後也，庸以元女大姬配胡公而封之陳。以備三恪。左傳襄二十五年 ▲平身間行杖劍亡。渡河，船人見其美丈夫獨行，疑其亡將，要中當有金玉寶器，目之。史記陳平世家 ▲太后斷戚夫人手足，去眼，煇耳，飲瘖藥，使居廁中，命曰人彘。居數日，乃召孝惠帝觀人彘。孝惠見，問，乃知其戚夫人。迺大哭。又呂后紀 ▲天子召諸生示其書，有刺譏，董仲舒弟子呂步舒不知其師書，以爲下愚，於是下董仲舒吏。又儒林傳 ▲書奏，恭顯疑其更生所爲。漢書劉向傳 ▲有老

父來弔，哭甚哀。既而曰：『嗟乎！薰以香自燒，膏以明自銷。龔生竟夭天年，非吾徒也！』遂趨而出。莫知其誰者。又龔勝傳　▲始吾謂二子丈夫爾；今乃知其婦人也。孔叢子儒服

④指示形容詞　與今語『那』相當。　▲晏子立於崔氏之門外。其人曰：死乎？左傳襄二十五年　▲今欲舉大事，將非其人不可。史記項羽紀　▲其歲，新垣平事覺。又文帝紀　▲藏之名山，傳之其人。又自序　▲其日，乘輿先到辟雍禮殿。後漢書禮儀志

⑤副詞　殆也。於擬議不定時用之。王氏訓首二例爲擬議之詞。餘例則別訓爲『殆』，今一之。　▲困而不失其所亨，其唯君子乎！易困彖傳　▲知進退存亡而不失其正者，其唯聖人乎！又乾文言　▲復其見天地之心乎！又復彖傳　▲知變化之道者，其知神之所爲乎！又繫辭　▲易之興也，其於中古乎！又　▲吾今日其庶幾乎！禮記檀弓　▲將軍文氏之子，其庶幾乎！又　▲君子曰：善不可失，惡不可長，

其陳桓公之謂乎！左傳隱六年 ▲王室其將卑乎！周語 ▲才難，不其然乎？論語泰伯 ▲脩己以安百姓，舜堯其猶病諸！又憲問

⑥時間副詞　將也。▲其亡其亡，繫于苞桑。易否九五 ▲無曠庶官，天工人其代之。書皋陶謨 ▲予其大賚女。又湯誓 ▲天其永我命于茲新邑。又盤庚 ▲今殷其淪喪。又微子 ▲稱爾戈，比爾干，立爾矛，予其誓。又牧誓 ▲惟朕小子其新逆。又金縢 ▲爾之許我，我其以璧與珪歸俟爾命。又 ▲爽惟天其罰殛我。又康誥 ▲盡執拘以歸于周，予其殺。又酒誥 ▲今我不樂，日月其除。詩唐風蟋蟀 ▲亟其乘屋，其始播百穀。又豳風七月 ▲吾子孫其覆亡之不暇，而況能禋祀許乎？左傳隱十一年 ▲楚之羸，其誘我也。又桓六年 ▲五世其昌，竝于正卿。又莊二十二年 ▲火中成軍，虢公其奔。又僖五年 ▲喪田不懲，禍亂其興。晉語 ▲宰我問曰：仁者雖告之曰：『井有仁焉，』其從之也？子曰：何爲其然也！論語雍也 ▲天生德于予，桓魋其如予何？又述而 ▲

⑦反詰副詞　豈也。『其』『豈』音近，故二字互通。參閱『豈』第三條。▲旣辱且危，死期將至，妻其可得見邪？易繫辭下　▲若火之燎于原，不可鄉邇，其猶可撲滅？書盤庚　▲厥考翼，其肯曰予有後，弗棄基？又大誥　▲我其可不大監撫于時？又酒誥　▲我其敢求位？又多士　▲一之謂甚，其可再乎？左傳僖五年　▲欲加之罪，其無辭乎？又僖十年　▲犁牛之子，騂且角，雖欲弗用，山川其舍諸？論語雍也　▲其無正？正復爲奇，善復爲妖。老子　▲是以聖人爲而不恃，功成而不處，其不欲見賢？又　▲人之生也，固若是芒乎？其我獨芒而人亦有不芒者乎？莊子齊物論

⑧命令副詞　王氏云：其猶當也，庶幾也。▲帝其念哉！書皋陶謨　▲其克從先王之烈！又盤庚　▲女其敬識百辟享。又洛誥　▲嗣王其監于茲！又無逸　▲君肆其監于茲！又君奭　▲其雨其雨，杲杲出日。詩衛風伯兮　▲吾子其無廢先君之功！左傳隱三年　▲王其祗祓，監農不易！周語

⑨轉接連詞　將也，抑也。▲楚王方侈，天或者欲逞其心以厚其毒而降之罰，未可知也；其使能終，亦未可知也。左傳昭四年 ▲今斯師也，殺厲與？其不謂之殺厲之師與？禮記檀弓 ▲子以秦爲將救韓乎？其不乎？韓策 ▲子以爲有王者作，將比今之諸侯而誅之乎？其教之不改而後誅之乎？孟子 ▲誠愛趙乎？其實憎齊乎？史記趙世家

⑩陪從連詞　用同『之』第八條。▲朕其弟小子封。書康誥 ▲物其多矣。詩小雅魚麗 ▲非此其身，其在異國乎！左傳莊十三年 ▲凡是其屬，太師之任也。大戴禮保傅

⑪假設連詞　若也，如也。▲謀之其臧，則具是違；謀之不臧，則具是依。詩小雅小旻 ▲公族其有死罪，則磬于甸人；其刑罪，則纖剸亦告于甸人。禮記文王世子 ▲其濟，君之靈也，不濟，則以死繼之。左傳僖九年 ▲其然，將具敝車而行。又襄二十三年 ▲其輸之，則君之府實也；非薦陳之，不敢輸也。其暴露之，則恐燥濕之不時，

而朽蠹以重敝邑之罪。又襄三十一年　▲周公思兼三王以施四事。其有不合者，仰而思之夜以繼日。孟子　▲湯其無郼，武其無岐，賢雖十全，不能成功。呂氏春秋慎勢　▲關東比歲不登，吏民以義收食貧民入穀物助縣官振贍者，已賜直，其百萬以上，加賜爵右更。其吏也遷二等。漢書成帝紀　▲丞相劉舍御史大夫衞綰請：笞者箠長五尺，其本大一寸，其竹也，末薄半寸，皆平其節。又刑法志　▲匈奴俗見漢使非中貴人，其儒生，以爲欲說，折其辭辯；少年，以爲欲刺，折其氣。又匈奴傳

⑫句中助詞　無義。　▲復自道，何其咎？易小畜　▲予曷其不于前寧人圖功攸終？書大誥　▲未其有若女封之心。又康誥　▲不其延。又召誥　▲敍功其絕。又洛誥　▲曷其有佸？雞棲于桀。詩王風君子于役　▲悠悠蒼天，曷其有所？又唐風鴇羽　▲既見君子，云何其憂？又揚之水　▲終其永懷，又窘陰雨。又小雅正月　▲有鳥高飛，亦傅于天。彼人之心，于何其臻？又菀柳　▲擊鼓其鏜，踊躍用兵。又邶

風擊鼓　▲北風其涼，雨雪其雱。又北風　▲以德爲怨，秦不其然。左傳僖十五年

▲多而驟立，不其集亡。晉語　▲彼

⑬句中助詞　讀去聲，音忌。無義。▲彼其之子，不與我戍申。詩王風揚之水

其之子，舍命不渝。又鄭風羔裘　▲彼其之子，不稱其服。又曹風候人

⑭語末助詞　表疑問，音姬。字或作居。參閱『居』第三條。▲今爾無指，告予顛躋若之何其？書微子　▲彼人是哉！子曰：何其？詩魏風園有桃　▲夜如何其？夜未央。又小雅庭燎

期ㄑㄧ

①內動詞　務也。▲先王昔言事天子期無失禮。史記尉佗傳　▲其要，期使天下無土崩之勢而已矣。又平津侯傳　▲仁爲人陰重不泄，常衣敝補衣溺袴，期不絜清。又周文傳　▲且濟時拯世之術，豈必體堯蹈舜然後理哉！期於補袒決壞，枝柱

邪傾，隨形裁割；要措斯世於安寧之域而已。後漢書仲長統傳

②語末助詞 與「其」「居」同。表疑問。▲實爲何期？詩小雅頍弁 按鄭箋云：期，辭也。

奇

①表態副詞 極也，甚也。▲沿上下步逕裁通，小竹細筍，被於山渚，蒙龍拔密，奇爲翳薈也。水經注 ▲廟前有攢柏數百根，對郭臨川，負岡蔭渚，青青彌望，奇可玩也。又

豈

①推度副詞 寧也。▲君豈有斗升之水而活我哉？莊子外物 ▲子常宣言代我相秦，豈有此乎？秦策 ▲君豈受楚象牀哉？齊策 ▲將軍豈有意乎？燕策

▲舜目蓋重瞳子，又聞項羽亦重瞳子，羽豈其苗裔邪？史記項羽紀　▲吾所以待侯生者備矣，天下莫不聞；今吾且死，而侯生曾無一言半辭送我，我豈有所失哉？又信陵君傳　▲今吾事之去留在張君；孺子豈有客習於相君者哉？又范雎傳　▲吾方燕私，丞相輒來請事，丞相豈少我哉？且固我哉？又李斯傳　▲家豈有寃，欲言事乎？漢書卜式傳

②反詰副詞　寧也。無疑而反詰用之。▲其然，豈其然乎？論語憲問　▲金重于羽者，豈謂一鉤金與一輿羽之謂哉？孟子　▲民欲與之偕亡，雖有臺池鳥獸，豈能獨樂哉？又　▲而布衣之徒，設取予然諾，千里誦義，爲死不顧世，此亦有所長，非苟而已也；故士窮窘而得委命。此豈非人之所謂賢豪閒者邪？史記游俠傳　▲斯，上蔡閭巷布衣也。上幸擢爲丞相，封爲通侯，子孫皆至尊位重祿者，將以存亡安危屬臣也，豈可負哉？又李斯傳　▲斯出獄，與其中子俱執，顧謂其中子曰：『吾欲與若復牽黃犬俱出上蔡東門逐狡兔，豈可得乎？』又　▲身死東城，尚不覺悟，

而不自責過失，乃引天亡我，非用兵之罪也，豈不謬哉？又項羽紀 ▲語曰：『變古亂常，不死則亡。』豈錯等謂邪？又鼂錯傳 ▲老臣妄竊帝號，聊以自娛，豈敢以聞天王哉？又南越傳 ▲使楚王戊毋刑申公，遵其言，趙任防與先生，豈有篡殺之謀，爲天下僇哉？又楚元王世家 ▲今拘學或抱咫尺之義，久孤於世，豈若卑論儕俗，與世沈浮而取榮名哉？又游俠傳 ▲桃侯免相，竇太后數言魏其侯。孝景帝曰：太后豈以爲臣有愛不相魏其？魏其者，沾沾自喜耳！多易，難以爲相。又魏其侯傳

③命令副詞 ▲與『其』第八條用法同。 ▲大王豈辱裁之！吳語

訖ㄑㄧˋ　迄

①副詞　終也，竟也。 ▲康居驕黠，訖不肯拜使者。漢書西域傳 ▲自行束脩，訖無毀玷。東觀漢記杜詩薦伏湛表 ▲司隸刺史訖無糾察。後漢書和帝紀 ▲融負其高氣，志在靖難；而才疏意廣，迄無成功。又孔融傳 ▲成都迄已傾覆。左太沖魏都賦

▲以此而求，迄無了者。顏氏家訓

②時間介詞　至也。▲后稷肇祀，庶無罪悔，以迄于今。詩大雅生民 ▲昭帝既冠，遂委任光，訖十三年，百姓充實，四夷賓服。漢書霍光傳 ▲自『風風也』訖末名爲大序。詩周南關雎序箋

汔

①副詞　幾也，將也，近也。▲汔至亦未繘井。易井 ▲小狐汔濟，濡其尾。又未濟 ▲民亦勞止，汔可小康。詩大雅民勞

朅

①疑問代名詞　何也。▲膠鬲見武王於鮪水，曰：西伯朅來？無欺我也！武王曰：不子欺，將伐殷也。膠鬲曰：朅至？武王曰：將以甲子日至。呂氏春秋

羌 慶 く一尢

①語首助詞 無義。廣雅云：羌，乃也。▲衆皆競進以貪婪兮，憑不厭乎求索；羌內恕己以量人兮，各與心而嫉妬。楚詞離騷 ▲懿神龍之淵潛兮，慶竢雲而將舉。漢書楊雄傳 ▲慶夭顇而喪榮。又 ▲恐罔蜽之責影兮，慶未得其云已。又敍傳

強 彊 く一尢

①表態副詞 卽今語之「勉強著。」▲鄭徐吾犯之妹美，公孫楚聘之矣；公孫黑又使强委禽焉。左傳昭元年 ▲余又欲殺甲而以其子爲後，因自裂其親身衣之裏以示君而泣曰：余之得幸君之日久矣，甲非弗知也。今乃欲强戲余，余與爭之，至裂余之衣；而此子之不孝莫大於此矣！韓非子姦劫弑臣 ▲吾固欲煩公，公彊爲傅趙。漢書周昌傳 ▲上雖疾，彊載輜車，臥而護之，諸將不敢不盡力。上雖苦，

彊爲妻子計！又張良傳　▲呂澤彊要曰：爲我畫計！又

輕 ㄑㄧㄥ

①表態副詞　▲當此之時，秦民習故俗之有罪可以得免，無功可以得尊顯也，故輕犯新法。韓非子姦劫弑臣　▲今西邊北邊之郡，雖有長爵，不輕得復；五尺以上，不輕得息。漢書賈誼傳

羣 ㄑㄩㄣˊ

①表數形容詞　表不定之多數。　▲羣后以師畢會。書泰誓　▲羣黎百姓，徧爲爾德。詩小雅　▲羣公子奔蕭。左傳莊十二年　▲冒頓殺父代立，妻羣母。史記劉敬傳　▲宣教授諸生滿室，有狗從外入，齧其中庭羣雁數十。漢書翟義傳　▲帝曰：善。恨相見晚，羣臣初無是言也。後漢書蓋勳傳　▲及義兵起，卓乃會公卿議大

發卒討之，羣僚莫敢侮旨。又鄭泰傳

憖 ㄧㄣˋ

①副詞　且也。應劭注漢書五行志云：憖，且辭也。▲不憖遺一老，俾守我王。詩小雅　▲鈞將皆死，憖使吾君聞勝與臧之死也以為快。左傳昭二十八年　▲旻天不弔，不憖遺一老，俾屏予一人以在位。又哀十六年　▲難必及子，子盍亟索士，憖庇州犂焉。晉語

寧 ㄋㄧㄥˊ

①助動詞　說文云：寧，願詞也。徐鍇曰：今人言寧可如此，是願如此也。▲與其殺不辜，寧失不經。左傳襄二十六年引夏書　▲與其媚於奧，寧媚於竈。論語八佾　▲禮，與其奢也，寧儉。又　▲且予與其死於臣之手也，無寧死於二三子之手乎？又子

翠 ▲寧其死爲留骨而貴乎？寧其生而曳尾於塗中乎？莊子秋水 ▲君寧死而又死乎？其寧生而又生乎？呂氏春秋貴信 ▲人之情，寧朝人乎？寧朝於人也？趙策 ▲吾寧悃悃款款朴以忠乎？將送往勞來斯無窮乎？楚辭卜居 ▲項王謂漢王曰：天下匈匈數歲者，徒以吾兩人耳！願與漢王挑戰決雌雄，毋徒苦天下之民父子爲也！漢王笑謝曰：吾寧鬭智，不能鬭力。史記項羽紀 ▲與人刃我，寧自刃！又魯仲連傳 ▲臣聞鄙諺曰：寧爲雞口，無爲牛後。又蘇秦傳 ▲趙予璧而秦不予趙城，曲在秦。均之二策，寧許以負秦曲。又藺相如傳

②反詰副詞　豈也。 ▲寧不亦淫從其欲以怒叔父？左傳成二年 ▲且帝寧能爲石人邪？史記魏其侯傳 ▲陸生曰：居馬上得之，寧可以馬上治之乎？又陸賈傳 ▲且蘇君在，儀寧渠能乎？又張儀傳 ▲亡一姬復一姬進，天下所少，寧賈姬等乎？又酷吏傳 ▲今大臣雖欲爲變，百姓弗爲使，其黨寧能專一邪？又孝文紀 ▲應侯因讓之曰：子常宣言欲代我相秦，寧有之乎？又蔡澤傳 ▲叔孫通之降漢，從儒生

弟子百餘人；然通無所言進，專言諸故羣盜進之。弟子皆竊罵曰：事先生數歲，幸得從降漢。今不能進臣等，專言大猾，何也？叔孫通聞之，迺謂曰：漢王方蒙矢石爭天下，諸生寧能鬬乎？又叔孫通傳 ▲新垣衍曰：先生獨不見夫僕乎？十人而從一人者，寧力不勝而智不若邪？畏之也。又魯仲連傳 ▲且吾高帝孫，親行仁義；陛下遇我厚，吾能忍之。萬世後，吾寧能北面臣事豎子乎？又淮南王傳 ▲今日罷倦甚，卿寧憊邪？後漢書傅俊傳

③副詞 乃也。 ▲胡能有定，寧不我顧？詩邶風日月 ▲心之憂矣，寧莫之知。又小雅小弁 ▲民之訛言，寧莫之懲。又正月 ▲燎之方揚，寧或滅之。又 ▲先祖匪人，胡寧忍予？又四月 ▲盡瘁以仕，寧莫我有。又 ▲圭璧既卒，寧莫我聽。又大雅雲漢 ▲耗斁下土，寧丁我躬。又 ▲父母先祖，胡寧忍予？又 ▲昊天上帝，寧俾我遯。又 ▲胡寧瘨我以旱，憯不知其故？又 ▲倬彼昊天，寧不我矜。又桑柔 ▲民之貪亂，寧爲荼毒。又 ▲心之憂矣，寧自今矣；不自我先，不自我後。又

瞻卬 ▲子婦有勤勞之事，雖甚愛之，姑縱之，而寧數休之。禮記內則 ▲寡君聞君有不令之臣爲君憂，無寧以爲宗羞？寡君請受而戮之。左傳昭二十二年 ▲不用命者，寧丁我網。賈子禮篇

④語中助詞　無義。▲賓至如歸，無寧菑害。左傳襄三十一年 ▲若野賜之，是委君貺於草莽也，是寡大夫不得列於諸卿也。不寧惟是，又使圍蒙其先君。又昭元年

奚ㄒㄧ

①疑問代名詞　何事也。▲衛君待子而爲政，子將奚先？論語子路 ▲問臧奚事，則挾筴讀書；問穀奚事，則博塞以遊。莊子駢拇 ▲奚以知其然也？又逍遙遊

②疑問代名詞　何處也。▲子路宿於石門。晨門曰：奚自？論語憲問 ▲水奚自至？呂氏春秋貴直

③疑問形容詞　何也。用於名詞之前。　▲若知其不義也，夫奚說書其不義以遺後世哉？墨子非攻上　▲故智者決策於愚人，賢士程行於不肖，則賢智之士奚時得用？而人主之明塞矣！韓非子人主　▲左右近習朋黨比周以制疏遠，則法術之士奚時得進用？人主奚時得論哉？又　▲楚三圍宋矣，而不能亡，非不可亡也。以宋攻楚，奚時止矣？呂氏春秋愼勢　▲蝗螟，農夫得而殺之，奚故？爲其害稼也。又不屈　▲有道之士固驕人主，人主之不肖者亦驕有道之士。日以相驕，奚時相得？又下賢　▲凡此衆疾，爵賞不能勸，刑罰不能威，盛衰利害不能易，哀樂不能移，固不可事國君，交親友，御妻子，制僕隸。此奚疾哉？奚方能已之乎？列子仲尼　▲僑爲國則治矣，而家則亂矣！其道逆也。將奚方以救二子？又楊朱

④疑問副詞　『爲何』也。　▲東面而征西夷怨，南面而征北狄怨，曰：奚獨後予？書　▲或謂孔子曰：子奚不爲政？論語爲政　▲余髮如此種種，余奚能爲？左傳昭三年　▲王聞之，使人問其故，曰：天下之刖者多矣，子奚哭之悲也？韓非子和氏　▲

蓋天下萬物之萌生，靡不有死。死者天地之理。物之自然者也。奚可甚哀？史記文帝紀 ▲公奚不以秦爲韓求潁川於楚？又樗里疾傳 ▲秦奚貪夫孤國而與之商于之地？又張儀傳

希ㄒㄧ 稀

①表數副詞 少也。▲天下無道，則禮樂征伐自諸侯出。自諸侯出，蓋十世希不失矣；自大夫出，五世希不失矣；陪臣執國命，三世希不失矣。論語季氏 ▲是時，漢邊郡烽火候望精明，匈奴爲邊寇者少利，希復犯塞。漢書匈奴傳 ▲又匈奴希寇盜，北邊幸無事。又 ▲尊撥劇整規，誅暴禁邪，皆前所稀有，名將所不及。漢書王尊傳 ▲時俗爲忠者少而習諛者多，故令人主數聞其美，稀知其過。後漢書左雄傳

兮ㄒㄧ

①語末助詞　無義。▲葛之覃兮，施于中谷。詩周南葛覃 ▲螽斯羽，詵詵兮；宜爾子孫，振振兮。又螽斯

嘻ㄒㄧ 譆 熙 僖 誒

①歎詞　說文三篇上言部云：譆，痛聲也。▲從者曰：嘻！速駕！左傳定八年 ▲慶父聞之，曰：嘻！此奚斯之聲也！公羊傳僖元年 ▲夫子曰：嘻！其甚也！禮記檀弓 ▲公曰：嘻！善之不同也！大戴禮少閒 ▲文惠君曰：譆！善哉！技蓋至此乎！莊子養生主 ▲堯觀乎華，華封人曰：嘻！聖人！請祝聖人。又天地 ▲魏王曰：誒！魏策 ▲子反叱曰：嘻！退！酒也！韓非子十過 ▲湯見祝網者，曰：譆！盡之矣！賈子新書諭誠 ▲簡子召曰：嘻！吾有所見子晰也。史記趙世家 ▲蘇代自燕來入齊，見於章華東門。齊王曰：嘻！善！子來。又田敬仲世家 ▲其妻曰：嘻！子毋讀書游說，安得此辱乎？又張儀傳 ▲熙我念孺子。若涉淵水。漢書翟義傳 ▲熙！爲我孺子之故！又 ▲邑在陳留也，其

鄰人有以酒食召邕者，比往，客有彈琴於屏。邕至門，試潛聽之，曰：『憘以樂召我，而有殺心，何也？』遂反。後漢書蔡邕傳

遐 ㄒㄧㄚˊ

①疑問副詞　何也。　▲樂只君子，遐不眉壽？詩小雅南山有臺　▲心乎愛矣，遐不謂矣？又隰桑　按禮記表記引此『遐』作『瑕』，鄭注云：『瑕』之言『胡』也。　▲周王壽考，遐不作人？又大雅棫樸

暇 ㄒㄧㄚˊ

①助動詞　暇日之義，本爲名詞，流變成助動詞用法。　▲今也制民之產，仰不足以事父母，俯不足以畜妻子；樂歲終身苦，凶年不免於死亡。此惟救死而恐不贍，奚暇治禮義哉！孟子梁惠王上　▲聖人之憂民如此，而暇耕乎？又滕文公上　▲周

文王至於日昃不暇食。漢書董仲舒傳

咸ㄒㄧㄢ

①副詞 爾雅云:咸,皆也。▲俾萬姓咸曰:大哉王言!書咸有一德 ▲外內咸服。左傳襄四年 ▲又興十萬餘人築衛朔方,轉漕甚遼遠,自山東咸被其勞。史記平準書 ▲諸侯咸率其衆西鄉。又始皇紀 ▲自公卿以下至於庶人咸指湯。又酷吏傳 ▲李將軍極簡易,然虜卒犯之,無以禁也;而其士卒亦佚樂,咸樂爲之死。又李將軍傳 ▲舜禹之間,岳牧咸薦,乃試之於位。又伯夷傳 ▲世世相傳,施之無窮,天下莫不咸便。又匈奴傳 ▲諸子孫咸孝,然建最甚,甚於萬石君。又萬石君傳 ▲於威宣之際,孟子荀卿之列咸遵夫子之業。又儒林傳 ▲細民鄉善,大臣致順,故天下咸知陛下之義。漢書賈誼傳 ▲護誦醫經本草方術數十萬言,長者咸愛重之。又樓護傳

向 ㄒ·ㄧㄤ

①動詞　近也。　▲餘寇殘盡，將向殄滅。後漢書段熲傳　▲軍興已來，已向百載。吳志華覈傳　▲池水始泮，庭雪向飛。梁簡文帝謝竹火籠啓

②時間副詞　曩也，先時也。　▲由嘗從人飲，敕御者曰：『酒若三行，便宜嚴駕。』旣而趣去。後主人舍有鬭相殺者，人請問何以知之？由曰：向社中木上有鳩鬭，此兵賊之象也。後漢書方術楊由傳　▲南問其遲留之狀。使者曰：向度宛陵浦里斻，馬踠足，是以不得速。又李南傳

③方所介詞　▲餘虜走向落川，復相屯結。後漢書段熲傳

④假設連詞　與『假若』同。　▲向使能瞻前顧後，援鏡自誡，則何陷於凶患乎？後漢書張衡傳

鄉 ㄒㄧㄤ 嚮

①時間副詞　曩也，先時也。多與助詞『也』『者』連用。▲樊遲退，見子夏曰：鄉也吾見於夫子而問知。子曰：舉直措諸枉，能使枉者直。何謂也？論語子路 ▲予鄉者入而哭之哀。禮記 ▲鄉爲身死而不受，今爲宮室之美爲之；鄉爲身死而不受，今爲妻妾之奉爲之；鄉爲身死而不受，今爲所識窮乏者得我而爲之。孟子告子上 ▲須賈待門下，持車良久，問門下曰：范叔不出，何也？門下曰：無范叔。須賈曰：鄉者與我載而入者。史記范雎傳 ▲吾嚮者望子，疑以爲人君也；子至而人臣也。說苑臣術

②方所介詞　對也。▲秦伯素服郊次，鄉師而哭曰：孤違蹇叔以辱二三子，孤之罪也。左傳僖三十二年 ▲西門豹簪筆磬折，嚮河立。史記滑稽傳 ▲日磾每見畫，常拜，鄉之涕泣然後去。漢書金日磾傳 ▲長安中小民讙譁鄉其第哭。又董賢傳

③時間介詞　將也。王引之云：方也。▲君子以嚮晦入宴息。易隨　▲夫水，嚮冬則凝而爲冰。淮南子俶眞訓　▲鄉晨，傅綺襪，欲起，因失衣，不能言。漢書外戚傳

④假設連詞　與『設若』義同。▲鄉亡桓公星遂至地，中國其良絶矣。漢書五行志

行ㄒㄧㄥ

①副詞　且也。▲十畝之間兮，桑者閑閑兮，行與子還兮。詩魏風十畝之間　▲漢興兵誅郢，亦行以驚動南越。史記南越傳　▲且高帝身被堅執銳，蒙霧露，沐霜雪，行幾十年。漢書韓安國傳　▲聞者歷覽諸子之文，對之抆淚。既痛逝者，行自念也。魏文帝與吳質書　▲日月易得，別來行復四年。又

幸ㄒㄧㄥ

①表態副詞　▲諸侯王幸以爲便於天下之民，則可矣。漢書高帝紀　▲願大王幸聽臣等！又文帝紀　▲比比蒙恩，不伏重誅，不思改過，復賊殺人，幸得蒙恩，丞相長史大鴻臚丞郎問，王陽病抵讕，置辭驕嫚，不首主令，與背畔亡異。又文三王傳　▲遵兄弟幸得蒙恩，超等歷位。又陳遵傳　▲恭等幸得免於誅，不宜在中土。又董賢傳　▲單于謝曰：愚不知大計；天子幸使大臣告語，甚厚。又匈奴傳

虛ㄒㄩ

①表態副詞　空也。凡與事實不合之事用之。　▲相如以子虛虛言也，爲楚稱；烏有先生者，烏有此事也，爲齊難；亡是公者，亡是人也。欲明天子之義，故虛藉此三人爲辭。漢書司馬相如傳　▲大行皇帝晏駕有日，卜擇陵園，務從省約，塋域所極，裁二十頃。而巴虛言主者壞人冢墓，事既非實，寢不報下。後漢書欒巴傳　▲臣惟膺等建忠抗節，志經王室，此誠陛下稷卨伊呂之佐，而虛爲姦臣賊子之所誣

枉；天下寒心，海內失望。又竇武傳

②表態副詞　空也，徒也。此就其無益之點爲言，故與前條異。▲臣竊恨國家釋樂成之業，而虛爲此紛紛也。漢書匡衡傳

吁 ㄒㄩ

①歎詞　無義。▲帝曰：疇咨若時登庸？放齊曰：胤子朱啓明。帝曰：吁！嚚訟，可乎？書堯典　▲禹曰：吁！咸若時，惟帝其難之。又皋陶謨　▲皋陶曰：吁！如何？又　▲雲將曰：朕願有問也。鴻蒙仰而視雲將曰：吁！莊子在宥　▲蔡澤曰：吁！君何見之晚也！史記蔡澤傳

許 ㄒㄩ

①名詞　所也。今言「處」。▲舟車既以成矣，吾將惡許用之？墨子非樂　按「惡

許』者，『何處』也。

②數量形容詞　附于整數數詞之後，表『光景』『之譜』之意。▲百姓化其恩禮；其出居者，皆歸養其父母，追行喪服，推財相讓者二百許人。後漢書何敞傳　按李注云：東觀記曰：高譚等百八十五人推財相讓。樹達按『二百許人』猶今言『二百來人』。以下倣此。▲赴河死者五萬許人。又皇甫嵩傳　▲詔書未到，述果使其將謝豐袁吉將衆十許萬，分爲二十餘營，並出攻漢。又吳漢傳　▲魴率吏士七十許人力戰連日。又馮魴傳　▲帝嘗幸其府，留飲十許日。又　▲轉入巴蜀，往來二十許年。又申屠剛傳　▲隴西人宗建在枹罕自稱河首平漢王，署置百官，三十許年。又董卓傳　▲堂閣周回，可容三千許人。又陶謙傳　▲河決積久，日月侵毁，濟渠所漂數十許縣。又王景傳　▲文姬曰：昔亡父賜書四千許卷，流離塗炭，罔有存者。又列女傳　▲堅又募諸商旅，及淮泗精兵，合千許人，與儁并力奮擊。吳志孫堅傳　▲初，張彌許晏等俱到襄平，官屬從者四百許人。又孫權傳注引吳書　▲

且等皆舍於民家，仰其飲食，積四十許日。又　▲出適劉氏，二十許年。任昉奏彈劉整

③語末助詞　無義。▲奈何許？石闕生口中，銜碑不得語。古樂府　▲直以真率少許，便足對人多多許。世說

欻（ㄒㄩ）

①時間副詞　忽也。▲諸宦官相謂曰：大將軍稱疾，不臨喪，不送葬。今欻入省，此意何為？竇氏事竟復起邪？後漢書何進傳

詞詮卷五

之ㄓ

①關係內動詞　往也。▲滕文公爲世子，將之楚，過宋而見孟子。孟子滕文公上　▲先生將何之？又告子下

②代名詞　彼也。▲虞舜側微，堯聞之聰明，歷試諸艱。書序　▲有臣柳莊也者，非寡人之臣，社稷之臣也。聞之死，請往。禮記檀弓　▲立身則輕楛，事行則蠲疑，進退貴賤則舉佞侻，之所以接下之人百姓者，則好取侵奪；如是者危殆。荀子王制　▲卿大夫以下吏及賓客見參不事事，來者皆欲有言。至者，參輒飲以醇酒；度之欲有言，復飲以酒。漢書曹參傳　按以上諸例『之』字用與『其』字同，用於主位。

▲子曰：學而時習之，不亦悅乎？論語學而　▲與人飲，使之嚼，非其任，彊必灌之。

史記游俠傳　▲易王母，文侯夫人也；與蘇秦私通。燕王知之，而事之加厚。又蘇秦傳　▲及帝欲廢太子而立戚姬子如意，大臣固爭之，莫能得。又周昌傳　▲高祖持御史大夫印弄之。又漢書高帝紀　▲賢士大夫有肯從我遊者，吾能尊顯之。漢書高帝紀

按以上諸例『之』字用於賓位。　▲天子樹瓜華，不斂藏之稱也。禮記郊特牲　▲子文以爲之功，使爲令尹。左傳僖二十二年　▲牽牛以蹊人之田而奪之牛。又宣十二年　▲昔我先君桓公與商人皆出自周，庸次比耦以艾殺此地，斬之蓬蒿藜藋而共處之。又昭十六年　▲邾莊公與夷射姑飲酒，私出，闇乞肉焉，奪之杖以敲之。又定二年　▲千室之邑，百乘之家，可使爲之宰也。論語公冶長　▲赤也爲之小，孰能爲之大？又先進　▲猶欲其入而閉之門也。孟子萬章下　▲紾兄之臂而奪之食。又告子下　▲夫薄願厚，惡願美，狹願廣，貧願富，賤願貴，苟無之中者，必求於外。故富而不願財，貴而不願勢：苟有之中者，必不及於外。荀子性惡　▲是乃冥之昭，亂之定，毀之成，危之寧，故殷周以亡，比干以死。呂氏春秋謹聽　▲惠子曰：有人

於此，必擊其愛子之頭，石可以代之。匡章曰：公取之代乎？其不歟？（又愛類）▲吳之無道也愈甚，請與王子往奪之國。（又忠廉）▲傳曰：河海潤千里，盛德及四海，況之妻子乎！（鹽鐵論）▲故衡山王吳芮有大功，諸侯立以爲王。項羽侵奪之地，謂之番君。（漢書高帝紀）　按以上諸例『之』字用於領位，亦與『其』字同。

③指示代名詞　作『焉』字用。於是也。▲淵深而魚生之，山深而獸往之，人富而仁義附焉。（史記貨殖傳）　按『生之』『往之』者，謂『生於是』『往於是』也。故『之』爲『焉』義。▲初，單于好漢繒絮食物。中行說曰：匈奴人衆不能當漢之一郡；然彼所以强之者，以衣食異，無卬於漢。今單于變俗好漢物；漢物不過什二，則匈奴盡歸漢矣。（漢書匈奴傳）　按『强之』猶言『强於彼』，『之』與『焉』同。

④指示形容詞　此也。▲乃如之人兮，逝不古處。（詩邶風日月）▲之子于歸，遠送于野。（又燕燕）▲之人也，之德也，將旁薄萬物以爲一世蘄乎亂。（莊子逍遙遊）▲

之二蟲又何知！又 ▲韓與天下朝秦，而獨厚取德焉；公行之計，是其於主也至忠矣。韓策 ▲異哉！之歌者非常人也！呂氏春秋舉難

⑤介詞　於也。▲人，之其所親愛而辟焉。禮記大學 ▲之死而致死之，不仁；之死而致生之，不知。又檀弓 ▲使三軍饑而居鼎旁，適爲之甑，則莫宜之此鼎矣。呂氏春秋應言

⑥介詞　至也。▲之死矢靡它。詩鄘風柏舟 ▲河神授圖，據狼狐，蹈參伐，佐攻驅除，距之稱始皇。班固論秦始皇

⑦連詞　與也。▲文王罔攸兼于庶言，庶獄庶愼，惟有司之牧夫。書立政 ▲其勿誤于庶獄，惟有司之牧夫。又 ▲必深其爪，出其目，作其鱗之而。周禮考工記 ▲天子親載耒耜，措之于參保介之御間。禮記月令 ▲皇父之二子死焉。左傳文十一年　按杜注云：『皇父與穀甥及牛父皆死。』故『之』字爲『與』字之義。▲得之不得，曰有命。孟子萬章上 ▲諸侯又以其知力爲未足獨治其四境之內

也是以選擇其次立爲卿之宰。墨子尙同下 ▲則惟上帝鬼神降之罪戾之禍罰而棄之。又節葬下

⑧連詞 與口語『的』字相當。按馬氏文通以下文法諸書均謂此『之』字爲介詞，今定爲連詞。說詳附錄『論之的二字之詞性。』 ▲關關雎鳩，在河之洲。詩周南關雎 ▲夫子之文章，可得而聞也。論語公治長 ▲民之望之，若大旱之望雲霓也。孟子梁惠王下 ▲問曰：子之居楚何官？曰：爲都尉。史記陳平世家 ▲平畏誅之就，因固請得宿衞中。又 ▲絳侯既出，曰：吾嘗將百萬軍，然安知獄吏之貴乎？又周勃世家 ▲廣之百騎皆大恐。又李廣傳 ▲方其鼓刀屠狗賣繒之時，豈自知附驥之尾垂名漢庭德流子孫哉！又樊噲傳 ▲胡衍入，蒲謂其守曰：樗里子知蒲之病矣。又樗里疾傳 ▲功用既興，然後授政，示天下重器，王者大統，傳天下若斯之難也。又伯夷傳 ▲法令者，治之具，而非制治清濁之源也。昔天下之網常密矣；然姦僞萌起。又酷吏傳 ▲夫以一詐僞之蘇秦，而欲經營天下，混一諸侯，其不

可成亦明矣。又張儀傳　▲夫秦卒與山東之卒，猶孟賁之與怯夫。又　▲帝屬我一翟犬曰：及而子之壯也，以賜之！又扁鵲傳　▲律曆，天所以通五行八政之氣，天所以成熟萬物也。又律書　▲應侯之用於秦也，孰與文信侯專？又甘茂傳

⑨語首助詞　無義。　▲之屏之翰，百辟爲憲。詩小雅桑扈　▲之綱之紀，詩大雅假樂

⑩句中助詞　無義。賓語倒置於外動詞之前時用之。與『是』第五條同。　▲孟武伯問孝，子曰：父母唯其疾之憂。論語爲政　▲吾以子爲異之問，曾由與求之問！又先進　▲東略之不知，西則否矣。左傳僖九年　▲僑聞君子非無賄之難，立而無令名之患。又昭十六年　▲僑聞爲國非不能事大字小之難，無禮以定其位之患。又　▲華則榮矣，實之不知。晉語

⑪語中助詞　無義。　▲玼兮玼兮，其之翟也。詩鄘風君子偕老　▲又使公罔之裘序點揚觶而語。禮記射義　▲晉侯賞從亡者，介之推不言祿，祿亦弗及。左傳僖二十四年

⑿語末助詞　無義。▲鸜之鵒之，公出辱之。（左傳昭二十五年）▲七八月之間旱，則苗槁矣。天油然作雲，沛然下雨，則苗沛然興之矣。（孟子梁惠王上）

衹ㄓ

①副詞　詩我行其野毛傳云：衹，適也。▲晉未可滅而殺其君，衹以成惡。（左傳僖二十五年）▲欲之而言叛，衹見疏也。（又襄二十九年）▲無損於魯而衹爲名，不如歸之。（又哀十三年）▲臣以三萬人衆不敵，衹取辱耳。（史記韓長孺傳）▲王曰：大福不再，衹取辱耳。（又楚世家）▲且爲天下者不顧家，雖殺之無益，衹益禍耳。（又項羽紀）▲箕子不用，犯諫不怠以冀其聽；商容不達，身衹辱焉以冀其變。及民志不入，獄囚自出，然後二子退隱。（又樂毅傳）▲今將軍傅太子，太子廢爭不能拔，又不能死，自引謝病，擁趙女，屏閒處而不朝，衹加懟，自明揚主之過。（漢書竇嬰傳）▲故無因而至前，雖出隨珠和璧，衹結怨而不見德。（又鄒陽傳）

止ㄓ

①副詞　僅也。▲今謂此序止是關雎之序。詩周南關雎序箋 ▲止立行宮，裁舒帳殿。庾信華林園馬射賦

②語末助詞　表決定。▲亦既見止，亦既覯止。詩召南草蟲 ▲既曰歸止，曷又懷止？又齊風南山　按此例第二句「止」表疑問。▲高山仰止，景行行止。又小雅車舝

只ㄓ　軹

①語中助詞　無義。▲樂只君子，福履綏之。詩周南樛木 ▲其虛其邪，既亟只且。又邶風北風 ▲君子陽陽，左執簧，右招我由房，其樂只且。又王風君子陽陽 ▲樂只君子，邦家之基。又小雅南山有臺 ▲樂只君子，天子命之。又采菽

②語末助詞　說文云：只，語已辭。按表決定或感歎。▲仲氏任只，其心塞淵。詩邶風燕燕　▲毋也天只，不諒人只！又鄘風柏舟　按楚詞大招末句皆用只字。

③語末助詞　表疑問。▲許由曰：而奚爲來軹？莊子大宗師

④語末助詞　表限止，義同「耳」。字又作咫，見下。▲諸侯歸晉之德只，非歸其尸盟也。左傳襄廿七年

枳 ㄓ　咫

①連詞　則也。▲德枳維大人，大人枳維公，公枳維卿，卿枳維大夫，大夫枳維士。君枳維國，國枳維都，都枳維邑，邑枳維家，家枳維欲無疆。逸周書小開解　▲陛下於淮南王，不可謂薄矣！然而淮南王，天子之法咫蹂促而弗用也；皇帝之令，咫批傾而不行也。賈子淮難　▲陛下無負也如是，咫淮南王，罪人之身也。又　▲是立咫泣沾襟，臥咫泣交項。又　▲牆薄咫亟壞，繒薄咫亟裂，器薄咫亟毀，酒薄咫亟

酸。又連語　按新序雜事篇四『咫』字皆作『則。』

②語末助詞　與『耳』同。▲文公學讀書於臼季，三日，曰：吾不能行咫，聞則多矣。晉語　▲是知天咫安知民！楚語

至 出

①助動詞　恆與副詞『不』『何』連用。『不至』猶今言『不必，』『何至』猶今言『何必。』　▲使茲鄭無術以致人，則身雖絕力至死，輦猶不上也。今身不至勞苦而輦以上者，有術以致人之故也。韓非子外儲說右下　▲春秋紀纖芥之失，反之王道，追古貴信結言而已，不至用牲盟而後成約。春秋繁露王道　▲天子嘗欲教之孫吳兵法。對曰：顧方略如何耳！不至學古兵法。史記霍去病傳　▲從昆弟假貸，猶足爲生，何至自苦如此！又司馬相如傳　▲王曰：此可也。雖然，吾以爲不至若此。又淮南王安傳　▲且匈奴畔其主而降漢，漢徐以縣次傳之，何至令

天下騷動，罷弊中國，而以事夷狄之人乎？又汲黯傳 ▲爲治者不至多言，顧力行何如耳！又儒林傳 ▲議者貴其辭約而指明，可於衆人之聽，不至繁文稠辭。鹽鐵論水旱 ▲夫治辭之端，在於本末而已，不至勞其心而道可得也。又憂邊 ▲衡曰：顧當得不耳！何至上書！漢書匡衡傳

②表態副詞　極也。▲湯武者，至天下之善禁令者也。荀子正論 ▲卓王孫怒曰：女至不材！我不忍殺。不與一錢也！史記司馬相如傳 ▲余以所聞，由光義至高。又伯夷傳 ▲高祖至暴抗也，然籍孺以佞幸。又佞幸傳 ▲丞相條侯至貴倨也，而都揖丞相。又酷吏傳 ▲陳涉起匹夫，驅瓦合適戍，旬月以王楚，不滿半載，竟滅亡。其事至微淺。又儒林傳 ▲陛下承宗廟，當傳子孫於無窮，統業至重。漢書董賢傳

③時間副詞　到也。▲參始微時，與蕭何善；及爲將相，有郤；至何且死，所推賢唯參。史記曹參世家 ▲至其時，西門豹往會之河上。又滑稽傳 ▲至春，果病；四月，泄血死。又倉公傳 ▲嬰與夫人益市牛酒，灑掃張具至旦。平明，令門下候伺；至日中，

蚡不來。漢書竇嬰傳　▲莽於是自謂大得天人之助，至其年十二月，遂卽眞矣。又翟義傳

④介詞　今亦言『到。』　▲近幸臣妾從死者多至數十百人。漢書匈奴傳　▲太傅輔奏：立一日至十一犯法，臣下愁苦，莫敢親近，不可諫止。又文三王傳　按『一日至十一犯法』猶言『一日犯法至十一』次；故『至十一』爲脩飾『犯法』之副詞短語，而『至』則介詞也。

⑤轉接連詞　於說了一事別提一事時用之。　▲何曰：諸將易得耳！至如信，國士無雙。史記淮陰侯傳　▲項王見人恭敬慈愛，言語嘔嘔；人有疾病，涕泣分食飲。至使人有功當封爵者，印刓弊，忍不能予。又

致

①表態副詞　用與『至』第二條同。　▲故君子隆師而親友以致惡其賊。荀子

勸學 ▲西山朝來致有爽氣。世說

遲

① 時間介詞 及也，比也。▲漢軍在校捕虜言：『單于未昏而去。』漢軍因發輕騎夜追之，大將軍軍因隨其後；匈奴兵亦散走。遲明，行二百餘里，不得單于。史記衞青傳 ▲太后伺其獨居，使人持鴆飲之。遲明還，趙王死。漢書外戚傳 ▲遲旦，城中皆降伏波。又南粵傳

直

① 外動詞 當也。▲魏之武卒，不可以直秦之銳士。漢書刑法志 ▲諸左王將居東方，直上谷以東，接穢貉朝鮮；右王將居西方，直上郡以西，接氐羌；而單于庭直代雲中。又匈奴傳 ▲匈奴有斗入漢地，直張掖郡。又

②表態副詞　特也。與口語『特地』同。史記索隱引崔浩云：『直猶故也。』王念孫云：『直之言特也。崔浩訓直爲故，望文生義，於古無據。』今案崔言故者，卽今言『故意』之故，與王訓『特』義同。王氏非之，偶未審耳。▲客謂賈生曰：臣里母相善婦見疑盜肉，其姑去之，恨而告於里母。里母曰：『安行！今令姑呼女』。卽束緼請火去婦之家，曰：『吾犬爭肉相殺，請火治之。』姑乃直始人追去婦還之。韓詩外傳 ▲良嘗閒從容步游下邳圯上，有一老父衣褐至良所，直墮其履圯下，顧謂良曰：孺子下取履！漢書張良傳

③表態副詞　亦與特同。爲『但』『僅』之義。與今語『不過』同。▲參直養者也，安能爲孝乎？禮記祭義 ▲不言帥師而言敗，何也？直敗一人之辭也。穀梁傳文十一年 ▲寡人非能好先王之樂也，直好世俗之樂耳！孟子梁惠王 ▲塡然鼓之，兵刃既接，棄甲曳兵而走，或百步而後止，或五十步而後止。以五十步笑百步，則何如？曰：不可！直不百步耳！是亦走也。又 ▲非直爲觀美也，然後快於人心。又

公孫丑下 ▲某也直後而未往耳。莊子德充符 ▲是其爲相縣也，幾直夫芻豢之縣糟糠爾哉！荀子榮辱 ▲衍非有怨於儀，直所以爲國者不同耳！齊策 ▲高帝曰：公罷！吾直戲耳。史記叔孫通傳 ▲此之爲德，豈直數十百錢哉！又日者傳 ▲德可遠施，威可遠加，而直數百里外威令不信，可爲流涕者，此也。漢書賈誼傳

④表態副詞 徑也。今語言『徑直』 ▲平王大母李太后曰：先王有命：『無得以罍樽與人。』他物雖百巨萬，猶自恣也。任王后絕欲得之。平王襄直使人開府取罍樽賜任王后。李太后大怒。史記梁孝王世家 按此『直』字謂不顧李太后之意如何而徑使人取之。王氏讀史記雜誌及經傳釋詞訓爲『特』，非是。▲及成往，直陵都，出其上。又酷吏傳 ▲侯生攝弊衣冠，直上載公子上座，不讓。又信陵君傳 ▲韓千秋兵入，破數小邑。其後，越直開道給食。又南越傳 ▲平嘗燕居深念，賈往，不請，直入坐。漢書陸賈傳 ▲王根爲上言其利，上直欲從單于求之，爲有不得，傷命損威，根即但以上指曉藩，令從藩所說而求之。又匈奴傳 ▲冒頓乃

開圍一角，於是高皇帝令士皆持滿傅矢外鄉，從解角直出。又

職 ㄓ

①助動詞 當也。▲人之彥聖，其心好之，不啻若自其口出；是能容之，以保我子孫黎民，亦職有利哉！書秦誓 ▲無已太康，職思其居。詩唐風蟋蟀

②副詞 主也。▲蓋言語漏泄，則職女之由。左傳襄十四年

乍 ㄓㄚ

①時間副詞 始也。▲今人乍見孺子將入於井，則必有怵惕惻隱之心。孟子公孫丑上

②表態副詞 忽也。按一切經音義引倉頡篇云：『乍，兩詞也。』兩詞，疑卽指下例用法言。▲黑鳥浴。傳曰：浴也者，飛乍高乍下也。大戴禮夏小正 ▲單乍利乍不

利，終無離上心。史記蒯成侯傳 ▲乍躁乍大。又倉公傳 ▲一尊之身，三期之間，乍賢乍佞，豈不甚哉！漢書王尊傳 ▲天大風，建使郎二人乘小船入波中。船覆，兩郎溺，攀船，乍見乍沒。建臨觀，大笑，令皆死。又景十三王傳

者ㄓㄜ

①指示代名詞　兼代人物。代人可譯爲『人』；代事物可譯爲『的』。▲仁者安人，智者利人。論語里仁 ▲事其大夫之賢者，友其士之仁者。又衞靈公 ▲若至力農畜工虞商賈爲權利以成富，大者傾都，中者傾縣，下者傾鄉里者，不可勝數。史記貨殖傳　橫！來大者王，小者侯。漢書高帝紀　按右例『者』字皆附於形容詞。▲不有居者，誰守社稷？不有行者，誰扞牧圉？左傳僖二十八年　按右例附於內動詞。▲樂天者保天下，畏天者保其國。孟子梁惠王下 ▲爲此詩者，其知道乎！又告子上 ▲是故知命者不立乎巖牆之下。又盡心上 ▲爲機變之巧者無所用

恥焉。又 ▲以力假仁者，霸；霸必有大國；以德行仁者，王；王不待大。又公孫丑上 ▲彼竊鉤者誅，竊國者爲諸侯。莊子胠篋 ▲夫爲天下者，亦奚以異乎牧馬者哉？亦去其害馬者而已矣。又徐無鬼 ▲奪項王天下者，必沛公也。史記項羽紀 ▲故善治生者，能擇人而任時。又貨殖傳 按以上各例「者」字皆附於外動詞。

②複牒代名詞 ▲於是盡滅春申君之家，而李園女弟初幸春申君有身而入之王所生子者，遂立爲楚幽王也。楚策 按「所生子者」「者」字亦指「子」言，於文似屬冗複。但原文之意以「子」爲上文動詞「生」之賓語，不能用之兼作下文動詞「立」之主語，故複牒一「者」字耳。此可見古人屬辭之精密。

▲他小渠披山通道者，不可勝言。史記河渠書 按「他小渠披山通道者，」猶言「他披山通道之小渠。」原文「小渠」先置，則形容語之「披山通道」無所附麗，故非複牒一「者」字不可也。 ▲請益其車騎壯士可爲足下輔翼者。又刺客傳 按「可爲足下輔翼，」所以形容「車騎壯士」也。以「車騎壯士」

在上文，故『可爲足下輔翼』六字下不複牒一『者』字，則意不明。▲呼韓邪單于歸庭數月，罷兵使各歸故地，乃收其兄呼屠吾斯在民間者立爲左谷蠡王。漢書匈奴傳下　按『呼屠吾斯在民間者』猶言『在民間之呼屠吾斯』。原文『呼屠吾斯』先置，形容語『在民間』後置，故不得不複牒一『者』字；否則文義不明。▲單于以徑路刀金留犁撓酒，以老上單于所破月氏王頭爲飲器者共飲血盟。又　按此文『者』字意指『飲器』。原文『飲器』乃動詞『爲』之賓語；不能兼作介詞『以』之賓語。故非複牒『者』字不可。

③語末助詞　助詞或句表提示。▲仁者人也；義者宜也。禮記中庸　▲所謂誠其意者；毋自欺也。又大學　▲所謂修身在正其心者；身有所忿懥，則不得其正。又　▲然則爲取可以爲其有乎？曰：否。何者？若楚王之妻媦，無時焉可也。公羊傳桓二年　▲楚之南有冥靈者，以五百歲爲春，五百歲爲秋。上古有大椿者，以八千歲爲春，八千歲爲秋。莊子逍遙遊　▲庠者養也；校者教也；序者射也。孟子滕文公上

▲聞陳嬰已下東陽，使使欲與連和俱西。陳嬰者，故東陽令史。史記項羽紀 ▲蒙恬爲秦將，北逐戎人，開榆中地數千里，竟斬陽周。何者？功多，秦不能盡封，因以法誅之。又 ▲今棄擊甕而就鄭衛，退彈箏而取韶虞。若是者，何也？快意當前，適觀而已矣。又李斯傳 ▲漢王所以具知天下阨塞，戶口多少，强弱之處，民所疾苦者、以何具得秦圖書也。又蕭何世家 ▲所貴於天下士者，爲人排患釋難，解紛亂而無所取也。又魯仲連傳 ▲人君無智愚賢不肖，莫不欲求忠以自爲，舉賢以自佐。然亡國破家相隨屬，而聖君治國累世而不見者，其所謂忠者不忠，而所謂賢者不賢也。又屈原傳 ▲太后豈以爲有愛不相魏其？魏其者，沾沾自喜耳！又魏其侯傳

④語末助詞　表疑問。 ▲安見方六七十如五六十而非邦也者？論語先進 ▲君言太謙！君而不可，尙誰可者？漢書 ▲仲卿！京師尊貴在朝廷人，誰踰仲卿者？又王章傳

⑤語末助詞　表飾設。 ▲公孫申謀之曰：我出師以圍許，爲將改立君者而紓晉，

使晉必歸君。左傳成九年 ▲陽虎僞不見冉猛者。又定八年 ▲田乞僞事高國者。史記齊太公世家 ▲大夫人可歸，爲棄去宦家者以避害。漢書翟義傳 ▲更以禹爲大司馬，小冠，亡印綬，罷其右將軍屯兵官屬，特使禹官名與光俱大司馬者。又霍光傳 ▲虎圈嗇夫從旁代尉對上所問禽獸簿甚悉，欲以觀其能口對響應無窮者。又張釋之傳 ▲會當病死，葬以其庶女陸遂任妻後安公奢所以尊寵之甚厚，終爲欲出兵立之者。又匈奴傳 ▲上於是令躬寵爲因賢告東平事者，乃以其功下詔封賢爲高安侯。又董賢傳

⑥語末助詞　表擬度。　▲孔子於鄉黨，恂恂如也，似不能言者。論語鄉黨 ▲吾視郭解狀貌不及中人，言語不足採者。史記游俠傳贊 ▲於是公子立自責，似若無所容者。又信陵君傳 ▲建爲郎中令事有可言屏人恣言極切至廷見，如不能言者。漢書石奮傳 ▲玄成素有名聲，士大夫多疑其欲讓爵辟兄者。又韋玄成傳

⑦語末助詞　表商榷。　▲公曰：周其弊乎？對曰：殆於必弊者。鄭語 ▲今漢繼大

亂之後，若宜少損周之文，致用夏之忠者。漢書董仲舒傳

⑧語末助詞　表假設。▲傳無君子者，斯焉取斯？論語公冶長 ▲若入，前爲壽；壽畢，請以劍舞，因擊沛公於坐，殺之。不者，若屬皆且爲所虜！史記項羽紀 ▲伍奢有二子，不殺者爲楚國患。又楚世家 ▲郎以二千石守千里之地，任兵馬之重，不宜去郡，將以制刑爲後法者，則野王之罪在未制令前也。漢書馮野王傳 ▲上使御史收永，敕：過交道廐者，勿追。又谷永傳

驟 鉏又

①表數副詞　國語晉語注云：驟，數也。▲公子商人驟施於國。左傳文十四年 ▲趙宣子爲政，驟諫而不入。又宣元年 ▲楚師驟勝而驕，其師老矣。又宣十二年 ▲善人，天地之紀也；而驟絕之，不亡何待？又成十五年 ▲晉能驟來，楚將不能。又襄十一年 ▲召公曰：昔吾驟諫王，王不從，以及此難也。史記周本紀

旃（ㄓㄢ）

①指示代名詞　廣韻云：旃，之也。▲舍旃舍旃，詩唐風采苓 ▲上慎旃哉！又魏風陟岵 ▲初，虞叔有玉，虞公求旃，弗獻。左傳桓十年 ▲天其殃之也，其將聚而殲旃。又襄二十八年 ▲高豎致盧而出奔晉，晉人城緜而寘旃。又襄廿九年 ▲舉茲以旃，不亦寶乎？漢書王貢兩龔傳 ▲願勉旃，毋多談！楊惲報孫會宗書

眞（ㄓㄣ）

①形容詞　與今語同。▲始皇崩，李斯以爲上在外崩，無真太子，故祕之。史記李斯傳 ▲大丈夫定諸侯，卽爲真王耳！何以假爲？又淮陰侯傳 ▲右谷蠡王以爲單于死，迺自立爲單于。真單于復得其衆，右谷蠡迺去號，復其故位。漢書匈奴傳上

②表態副詞　誠也，信也。▲呂后真而主矣！史記留侯世家 ▲夫職事苟有便於

民而請之，真宰相事。又蕭何世家 ▲要之，此兩人真傾危之士哉！又張儀傳 ▲闕東羣盜多，今上急發繇治阿房宮，聚狗馬無用之物。臣欲諫，爲位賤；此真君侯之事，君何不諫？又李斯傳 ▲吾聞沛公慢而易人，多大略，此真吾所願從游。又酈生傳 ▲唯北狄爲不然，真中國之堅敵也。漢書匈奴傳

爭ㄓㄥ

①表態副詞　卽今語之『爭着。』 ▲今君起江東，楚蠭起之將皆爭附君者，以君世世楚將，爲能復立楚之後也。漢書項籍傳 ▲今天下大亂，秦政不施，然則慈父孝子將爭接刃於公之腹以復其怨而成其功名：此通之所以弔者也。又蒯通傳 ▲爲京兆尹門下督，從至殿中，侍中諸侯貴人爭欲揖章，莫與京兆尹言者。又游俠萬章傳 ▲涉還至主人，對賓客歎息曰：『人親臥地不收，涉何心鄉此！願徹去酒食。』賓客爭問所當得，涉乃側席而坐，削牘爲疏，具記衣被棺木，下至飲食

之物，分付諸客。又原涉傳 ▲諸假號素開涉名，爭問『原尹何在？』拜謁之。又

烝 ㄓㄥ

①語首助詞　無義。 ▲涓涓者蠋，烝在桑野。詩豳風東山 ▲南有嘉魚，烝然罩罩。又小雅南有嘉魚

正 ㄓㄥˋ

①表態副詞　▲秦取天下，非行義也；暴也。秦之行暴，正告天下。史記蘇秦傳　按此正字『公然』『堂堂正正』之義。 ▲御史大夫張湯非肯正爲天下言。專阿主意：主意所不欲，因而毀之；主意所欲，因而譽之。又汲黯傳　按此『正』字爲今語『正直地』之意。 ▲時請召賓客，邑居樽下，稱賤子上壽。坐者百數，皆離席伏。護獨東鄉正坐，字謂邑曰：「公子貴，如何？」漢書樓護傳　按此『正』字爲不偏邪

之意。

②表態副詞　與今語『恰』同。▲子曰：若聖與仁，則吾豈敢！抑爲之不厭，誨人不倦，則可謂云爾已矣。公西華曰：正唯弟子不能學也。論語述而 ▲夫虞之有虢也，如車之有輔。輔依車，車亦依輔，虞虢之勢正是也。韓非子十過 ▲至漢興，長樂宮在其東，未央宮在其西，武庫正直其墓。史記樗里疾傳 ▲正賴絲竹陶寫。世說 ▲令史受杖，正從朱衣上過。又 ▲莫作孔明擇婦，正得阿承醜女。襄陽耆舊傳

③表態副詞　純也。多用于表顏色之形容詞上。▲胥宮園中棗樹生十餘莖，莖正赤。漢書廣陵厲王胥傳 ▲擇米使正白爲白粲。又惠帝紀注

④時間副詞　方也。▲象鄂不懌，曰：我思舜正鬱陶。史記五帝紀 ▲前日一男子詣闕，自謂故太子，長安中民趣鄉之，正讙不可止。大將軍恐，出兵陳之以自備耳！漢書燕刺王旦傳 ▲韓夫人尤嗜酒。每侍飲，見常侍奏事，輒怒曰：帝方對我飲，正用此時持事來乎？後漢書更始傳 ▲丞相嘗夏月至石頭看庾公，庾公正料事。世

說

⑤副詞　常也，端也。似與今言『總』同。　▲謝太傅問諸子姪：子弟亦何預人事，而正欲使其佳？世說　▲自然無心於稟受，何以正善人少而惡人多？又

⑥疑問副詞　何也。按卽今言『怎』字。　▲問曰：燕王正爾爲放？資對曰：燕王實自知不堪大任故耳！魏志蔣濟傳

⑦推拓連詞　縱也，卽也。　▲且鹽鐵郡有餘藏，正二國廢，國家不足以爲利害。漢書終軍傳　▲許丞廉吏，雖老，尚能拜起迎送，正頗重聽，何傷？又黃霸傳　▲丈夫爲吏，正坐殘賤免，追思其功效，則復進用矣。一坐軟弱不勝任免，終身廢棄，無有赦時。又尹賞傳　▲正復讎取仇，猶不失仁義，何故遂爾放縱爲輕俠之徒乎？又游俠原涉傳　▲嚴尤奏言：貉人犯法，不從騶起；正有它心，宜令州郡且尉安之。又王莽傳　▲又計：小兒正得此財，不能自全護，故且俾與女內實寄之耳。太平御覽六百三十九引風俗通　▲善屬文，舉筆便成，無以改定；時人常以爲宿構。然正復精意

罝思，亦不能加也。魏志王粲傳 ▲正使禍至，共死何若。又武宣卞后傳 ▲正使死，何所懼？況不必死耶？又高貴鄉公紀注引漢晉春秋 ▲又中書楊融親受詔敕，所當恭肅，云：正自不聽禁，當如我何？吳志孫奮傳 ▲御冬足大布，麤絺亦應陽，正爾不能得，哀哉亦可傷。陶詩 按爾，此也。謂縱此亦不能得也。劉淇謂『正爾』猶『正唯，』非。

諸 ㄓㄨ

①數量形容詞　表不定之多數。▲諸大夫皆曰賢，未可也。孟子梁惠王 ▲涇渭皆非大川，以近咸陽，盡得比山川祠，而無諸加。史記封禪書 ▲諸陳王故人皆自引去。又陳涉世家 ▲十餘年而蒙恬死，諸侯畔秦，中國擾亂，諸秦所徙適戍邊者皆復去。又匈奴傳 ▲冒頓大怒，曰：地者國之本也，奈何予之？諸言予之者，皆斬之。又 ▲諸引弓之民，並爲一家。又 ▲諸言盜者皆罷之。又叔孫通傳 ▲貴戚諸

有勢在己之右，不欲加禮，必陵之。又魏其侯傳 ▲諸所與交通，無非豪傑大猾。又公孫弘傳 ▲諸嘗與弘有郤者，雖詳與善，陰報其禍。又公孫弘傳 ▲諸嘗使宛姚定漢等言：宛兵弱，誠以漢兵，不過三千人，彊弩射之，即盡虜破宛矣。又大宛傳 ▲上乃令人覆案豨客居代者財物諸不法事。又陳豨傳 ▲諸所言者，單于特空紿王烏。又匈奴傳 ▲王后荼公子遷諸所與謀反者皆族。又淮南王傳 ▲自今諸有大父母父母喪者，勿繇事！漢書宣帝紀 ▲會稽東接于海，南近諸越。又嚴助傳

②指示代名詞　儀禮士昏禮注云：諸，之也。▲冬，晉薦饑，使乞糴于秦。秦伯謂子桑：與諸乎？左傳僖十三年 ▲能事諸乎？曰：不能。又文元年　按楚世家『諸』作『之』。▲羿猶不悛，將歸自田，家衆殺而亨之，以食其子；其子不忍食諸，死于窮門。又襄四年 ▲孔子曰：吾聞諸，惜其腐餘而欲以務施者，仁人之偶也。說苑貴德 ▲夫有刀者礱諸，有玉者錯諸，不礱不錯，焉攸用？礱而錯諸，質在其中矣。法言學行 ▲聖人之治天下也，礙諸以禮樂。又問道

③介詞　於也。▲孝弟發諸朝廷，行乎道路，至乎州巷，放乎搜狩，脩乎軍旅。禮記祭義

④代名詞兼介詞　『之於』二字之合聲。▲子張問行，子曰：言忠信，行篤敬，雖蠻貊之邦行矣；言不忠信，行不篤敬，雖州里，行乎哉？立，則見其參於前也；在輿，則見其倚於衡也，夫然後行。子張書諸紳。論語衛靈公 ▲宋芮司徒生女子，赤而毛，棄諸堤下。左傳襄廿六年 ▲使有司求諸故府。魯語 ▲人皆曰：予知。驅而納諸罟擭陷阱之中而莫之知避也。禮記中庸 ▲禹疏九河，瀹濟漯而注諸海。孟子滕文公

⑤代名詞兼助詞　『之乎』二字之合聲。小爾雅云：『諸，之乎也。』王引之云：急言之曰『諸』，徐言之曰『之乎』。按或表疑問，或表感歎。▲伯高死於衛，赴於孔子，子曰：吾惡乎哭諸？禮記檀弓 ▲有美玉於斯，韞匵而藏諸？求善價而沽諸？論語子罕 ▲文王之囿，方七十里，有諸？孟子梁惠王下　按上例『諸』字表疑問。

▲君王其終撫諸！（禮記文王世子）▲天其或者將建諸！（左傳僖廿三年）▲犁牛之子，騂且角，雖欲勿用，山川其舍諸！（論語雍也）▲雖有粟，吾得而食諸！（又顏淵）

按以上諸例表感歎

⑥語中助詞　無義。▲夫子之求之也，其諸異乎人之求之與！（論語學而）▲子公羊子曰：其諸以病桓與？（公羊傳桓六年）▲其諸君子樂道堯舜之道與？（又哀十四年）

⑦語末助詞　無義。▲日居月諸，照臨下土。（詩邶風日月）▲皐陶庭堅不祀，忽諸！（左傳文五年）▲齊齊乎其敬也！愉愉乎其忠也！勿勿諸其饗之也！（禮記祭義）

屬 ㄓㄨˋ

①時間副詞　左傳杜注及魯語韋注幷云：屬，適也。按此是會適之適。▲下臣不幸，屬當戎行。（左傳成二年）▲屬有宗祧之事於武城。（又昭四年）▲吾屬欲美之。

魯語

②時間副詞　晉語韋注云：屬，適也。按此是適纔之適。今言剛纔。▲屬見不穀而下，無乃傷乎？晉語　▲天下屬安定，何故反乎？史記留侯世家　▲徐偃又曰：太常諸生行禮，不如魯善。周霸屬圖封禪事，於是上絀偃霸而盡罷諸儒不用。又封禪書　▲段熲迎乘輿，不敢下馬，揖馬上。种輯曰：段熲欲反。上曰：熲屬來迎，何謂反？袁宏後漢紀

逐 ㄓㄨˊ

①介詞　隨也。▲逐水草遷徙。漢書匈奴傳　▲先零豪言：願時渡湟水北，逐民所不田處畜牧。又趙充國傳

咄 ㄉㄨㄛ

①歎詞　無義。▲上令倡監榜舍人；舍人不勝痛，呼謈。朔笑之曰：咄！口無毛！聲謷謷，尻益高。漢書東方朔傳　▲立政曰：咄！少卿良苦。又李陵傳　▲譚被髮驅馳，追者意非恒人，趨奔之。譚墮馬，顧曰：咄！兒過我！我能富貴汝。後漢書袁譚傳

專（ㄓㄨㄢ）顓剸

①表態副詞　劉淇云：專者，言一意如此也。▲參見人之有細過，專掩匿覆蓋之。史記曹相國世家　▲雒陽之人年少初學，專欲擅權，紛亂諸事。漢書賈誼傳　▲專趨人之急，甚於己私。又游俠朱家傳　▲客譽郭解。生曰：解專以姦犯公法，何謂賢？又郭解傳　▲費用皆卬富人長者；然身衣服車馬纔具，妻子內困，專以振施貧窮赴人之急爲務。又原涉傳　▲太后，中國人，又與使者亂，專欲內屬。又南粵傳　▲客愚無知，顓妄言輕威。史記陳涉世家　▲歐爲吏，未嘗言按人，剸以誠長者處官。漢書張叔傳

②表態副詞 廣韻云：專，單也，獨也。▲體道不專在於我，亦有繫於世矣。淮南子

③代名副詞 全也，皆也。▲朔上書陳農戰强國之計，因自訟獨不得大官，欲求試用，其言專商鞅韓非子之語也。漢書東方朔傳

轉

①表態副詞 今言「展轉著」。▲或有跼蹐比伍，轉相賦斂。後漢書陳忠傳 ▲自永平以來，仍連大獄，有司窮考，轉相牽引，掠拷寃濫，家屬徙邊。又楊終傳

②表態副詞 劉淇云：轉猶浸也。▲但恐前路轉欲逼耳。王右軍帖 ▲吾踰忝轉深，足以致謗。宋書王景文傳 ▲詔書以民食轉廣，陸費不贍。水經注

終

①形容詞 ▲靖爲政類如此。初雖如碎密，終於百姓便之。魏志劉馥傳

②時間副詞　表過去，既也。▲終風且暴。詩邶風終風 ▲終溫且惠，淑愼其身。又燕燕 ▲終窶且貧，莫知我艱。又北門 ▲終遠兄弟，謂他人父。又王風葛藟 ▲終鮮兄弟，維予與女。又鄭風揚之水 ▲神之聽之，終和且平。又小雅伐木 ▲禾易長畝，終善且有。又甫田 ▲終其永懷，又窘陰雨。又正月

③時間副詞　卒也。▲其終出不於祥。書君奭 ▲齊公子元不順懿公之爲政也，終不曰公，曰夫己氏。左傳文十四年 ▲姑盟而退，修德息師而來，終必獲鄭，何必今日！又襄九年 ▲上曰：終不使不肖之子居愛子之上。史記留侯世家 ▲欲有所言，復飲之，醉而後去；終莫得開說。又曹相國世家 ▲君侯終不懷通侯之印歸於鄉里明矣！又李斯傳 ▲陳餘曰：吾度前終不能救趙。又陳餘傳 ▲今足下雖自以與漢王爲厚交，爲之盡力用兵，終爲之所禽矣！又淮陰侯傳 ▲韓信猶豫不忍背漢，又自以爲功多，終不奪我齊，遂謝蒯通。又 ▲王生曰：吾老且賤，自度終無益於張廷尉。又張釋之傳 ▲府庫壞漏，盡腐敗物以巨萬計，終不得收徙。又五

宗世家　▲黯多病，病且滿三月，上常賜告者數；終不愈。又汲黯傳　▲然韓非知說之難，爲說難書甚具，終死於秦，不能自脫。又韓非傳　▲夜，軍中驚，內相攻擊擾亂，至於太尉帳下；太尉終臥不起。又周勃世家　▲婁敬曰：臣衣帛，衣帛見；衣褐，衣褐見。終不敢易衣。又婁敬傳　▲是故其智不足與權變，勇不足以決斷，仁不足以取予，彊不能有所守，雖欲學吾術，終不告之矣。又貨殖傳　▲桀黠奴人之所患，唯刁間收取之。逐漁鹽商賈之利，或連車騎，交守相，然愈益任之，終得其力。又

▲上於是以式終長者。漢書卜式傳

④時間介詞　竟也。　▲終孝景時，時小寇入邊，無大寇。史記匈奴傳　▲此兩昆弟深自悔，皆自髡肉袒謝，願以田相移；終死不敢復爭。漢書韓延壽傳　▲往來上谷以東，終高祖世。又匈奴傳　▲兄隲，終帝世不過虎賁中郎。後漢書和熹鄧后紀

中 ㄓㄨㄥ

①形容詞　合也。▲武帝擇宮人不中用者，斥出歸之。史記外戚世家　▲及徙豪茂陵也，解貧不中貲，吏恐，不敢不徙。衞將軍爲言：『郭解家貧，不中徙。』漢書郭解傳

②外動詞　傷也。▲烏桓時新中匈奴兵，明友既後匈奴，因乘烏桓敝擊之。漢書匈奴傳　按顏注云：『爲匈奴所中傷。』此被動式也。▲鈞性陰賊，喜文法；國相二千石不與相得者，輒陰中之。後漢書孝明八王傳　▲讓懷挾忿怨，以事中允。又王允傳

③方所介詞　讀平聲。▲中楚國而朝宋與魯。墨子非攻中　▲我欲中國而授孟子室。孟子公孫丑下　▲中天下而立。又盡心上　▲公侯地百里，中之而爲都。新書屬遠　▲吉於是中西域而立莫府。漢書鄭吉傳　▲遼將親兵數十人，中陣而立。魏志張遼傳

重ㄓㄨㄥˋ

①外動詞　劉淇云：重，加也，益也。▲紛吾既有此內美兮，又重之以修能，離騷　▲今縱不能博求天下賢聖有德之人而嬗天下焉，而曰豫建太子，是重吾不德也。漢書文帝紀　▲於是丁令乘弱攻其北，烏桓入其東，烏孫擊其西，凡三國所殺數萬級，馬數萬匹，牛羊甚衆；又重以餓死，人民死者什三，畜產什五，匈奴大虛弱。又匈奴傳　▲單于始用夏侯藩求地有距漢語；後以求稅烏桓不得，因寇略其人民，釁由是生；重以印文改易，故怨恨。又

②形容詞　難也。▲羣臣必多以臣爲不能者，故王重見臣也。國策　▲上重違大臣正議，又內迫傅太后，猗違者連歲。漢書孔光傳

③表態副詞　厚也，多也。▲超重賜其王以下，因鎮撫焉。後漢書班超傳

④表態副詞　甚也。見國策注。▲子之哭也，壹似重有憂者。禮記檀弓　▲今宮摯能，而公重不相善也，是兩盡也。國策　▲李陵既生降，隤其家聲，而僕又茸以蠶室，重爲天下觀笑。太史公報任少卿書

⑤表態副詞　更也。▲見犯乃死，重負國。漢書蘇武傳

啻　翅

①副詞　劉淇云：啻，僅也，止也，第也，但也。樹達按「啻」多與「不」「奚」連用。一切經音義卷三引倉頡篇云：「不啻，多也。」按「不但」「不僅」，正爲多字之義。▲爾不啻不有爾土。書多士　▲厥或告之曰：小人怨汝詈汝，則皇自敬德。厥愆曰：「朕之愆，允若時。」不啻不敢含怒。又無逸　▲人之彥聖，其心好之，不啻若自其口出。又秦誓　▲取食之重者與禮之輕者而比之，奚翅食重！孟子告子　▲陰陽於人，不翅於父母。莊子大宗師

輒

①副詞　每也。▲始皇崩，李斯以爲上在外崩，無真太子，故祕之，置始皇居轀輬

車中，百官奏事，上食如故。宦者輒從輼輬車中可諸奏事。史記李斯傳 ▲復曰：『能從者，予五十金。』有一人徙之，輒予五十金，以明不欺。又商君傳 ▲張負女五嫁而夫輒死，人莫敢娶。又陳平世家 ▲及到，三神山反居水下。臨之，風輒引去。又封禪書 ▲二千石往者，奉漢法以治，端輒求其罪告之。又五宗世家 ▲得二千石失言中忌諱，輒言之。又 ▲見文法輒取，亦不覆案求官屬陰罪。又酷吏傳 ▲諸吳使來，輒繫責治之。又吳王濞傳 ▲百姓無賦，卒踐更，輒與平賈。又 ▲以時起居，惡者輒斥去。又平準書 ▲長公主賜鄧通，吏輒隨沒入之。又佞幸傳 ▲少年慕其行，亦輒爲報仇，不使知也。又游俠傳 ▲趙高治斯，榜掠千餘，不勝痛，自誣服。高使其客十餘輩詐爲御史謁者侍中更往覆訊斯，斯更以其實對，輒使人復榜之。又李斯傳 ▲舍中皆笑曰：使者往十餘輩輒死，若何以能得王？又張耳陳餘傳 ▲騎士曰：沛公不好儒，諸客冠儒冠來者，沛公輒解其冠，溲溺其中。又酈生傳 ▲其吏卒亦輒復盛推外國所有。又大宛傳 ▲以銀爲錢，銀如其王面，王死輒更錢，效王面焉。又 ▲故每攘臂忍辱，輒復苟活。李陵報蘇武書 ▲凡相兩國，輒事驕王。漢書董仲舒傳 ▲遵耆酒，每大飲，賓客滿堂，輒關門，取客中車轄投井中；雖有急，終不得去。又陳遵傳

②時間副詞 卽也。▲十賊彍弩，百吏不敢前。盜賊不輒伏辜，免脫者衆。漢書吾邱壽王傳

差

①表度副詞 僅也，略也，較也。▲亂吾治者，常二輔也。誠令廣漢得兼治之，直差易耳。漢書趙廣漢傳 ▲官爵功名，不減於子，而差獨樂，顧不優耶？又陳遵傳 ▲從塞以南，徑深山谷，往來差難。又匈奴傳 ▲元始中，車師後王國有新道，出五船北通玉門關，往來差近。又西域傳 ▲令軍士屯田，糧儲差積。後漢書光武紀 ▲人問撫軍：殷浩談竟何如？答曰：不能勝人，差可獻酬羣心。世說

疇

①疑問代名詞　爾雅云：疇，誰也。▲帝曰：疇咨若時登庸？書堯典　按史記五帝紀作「誰可順此事。」▲疇逆失而能存？漢書司馬相如傳

②語首助詞　發聲，無義。▲予疇昔之夜，夢坐奠於兩楹之間。禮記檀弓上　▲疇昔之羊子爲政，今日之事我爲政。左傳宣二年

常

①時間副詞　恆也。偶之反。▲常從王媼武負貰酒。漢書高帝紀　▲尤樂杜鄠之間，率常在下杜。又宣帝紀　▲亂吾治者，常二輔也。又趙廣漢傳　▲論議常依名節，聽之者皆竦。又樓護傳　▲此業一定，世世常安而後有所持循矣。又賈誼傳

嘗

①外動詞　說文云：嘗，口味之也。▲君子有酒，酌言嘗之。詩小雅瓠葉　▲田畯至喜，攘其左右，嘗其旨否。又甫田　▲季康子饋藥，拜而受之，曰：丘未達，不敢嘗。論語鄉黨　▲染指於鼎，嘗之而出。左傳宣四年　▲五味之變，不可勝嘗也。孫子兵勢篇　▲佐祭者得嘗。淮南子說林訓

②外動詞　前義引伸之，則凡試於事亦曰嘗。▲諸侯方睦於晉，臣請嘗之！若可，君而繼之；不可，收師而退，可以無害。左傳襄十八年　▲雖然，若必有以也，嘗以語我來！又人間世

③副詞　試也。▲雖然，請嘗言之！莊子齊物論

④時間副詞　廣韻云：嘗，曾也。說文段注云：說文本義之引伸，凡經過者爲嘗，未經過者爲未嘗。▲衛靈公問陳於孔子，孔子對曰：俎豆之事，則嘗聞之矣；軍旅之事，未之學也。論語衛靈公　▲孔子嘗爲委吏矣，曰：會計當而已矣！嘗爲乘田矣，曰：牛羊茁壯長而已矣！孟子萬章下　▲王使子誦。子曰：少棄捐在外，嘗無師傅教學，

不習於誦。秦策　▲昔天下之網嘗密矣。史記酷吏傳　▲買臣，楚士，深怨，嘗欲死之。又　▲且王前嘗用召滑於越。又甘茂傳　▲古命受命帝王，曷嘗不封禪？又封禪書　▲王者之興，何嘗不以卜筮決於天命哉？又日者傳　▲范睢於是散家財物，盡以報所嘗困戹者。又范睢傳　▲布曰：窮困不能辱身下志，非人也；富貴不能快意，非賢也。於是嘗有德者，厚報之；有怨者，必以法滅之。又欒布傳　▲張儀已卒之後，犀首入秦，嘗佩五國之相印，爲約長。又張儀傳　▲廣嘗與望氣王朔燕語曰：自漢擊匈奴，而廣未嘗不在其中。然無尺寸之功以得封邑者，何也？豈吾相不當侯耶？且固命也？朔曰：將軍自念，豈嘗有所恨乎？廣曰：吾嘗爲隴西守，羌嘗反，吾誘而降，降者八百餘人，吾詐而同日殺之，至今大恨獨此耳。朔曰：禍莫大於殺已降，此乃將軍所以不得侯者也。又李將軍傳　▲袁盎自其爲吳相時，嘗有從史，嘗盜愛盎侍兒。盎知之，弗泄。又袁盎傳

長

①時間副詞　與今語義同。▲君長有齊，奚以薛爲？失齊，雖隆薛之城到於天，猶之無益也。齊策　▲今郅支單于困阨在外，可迎置東邊，使合兵取烏孫以立之，長無匈奴憂矣。又匈奴傳

誠

①表態副詞　廣韻云：誠，審也，信也。按與今語『眞』同。▲是誠何心哉？孟子梁惠王上　▲良曰：沛公誠欲倍項羽邪？史記留侯世家　▲嗟乎！利誠亂之始也。又孟子傳　▲賢者誠重其死。又季布傳　▲上嘿然良久，曰：顧誠何如？吾不愛一人以謝天下。又吳王濞傳　▲欒布哭彭越，趣湯如歸者，彼誠知所處。又欒布傳　▲一寸之地，一人之衆，天子無所利焉，誠以定治而已。漢書賈誼傳　▲非得漢貴人使，吾

不與誠語。又匈奴傳　▲天下歌之曰：平城之下亦誠苦，七日不食，不能彀弩。又

②副詞　由前義引伸，於假設時用之。▲夷吾曰：誠得立，請割晉之河西八城與秦。史記秦本紀　▲王誠以一郡上太后爲公主湯沐邑，太后必喜。又呂后紀　▲誠如父言，不敢忘德。又高祖紀　▲丹之私願，以誠得天下勇士使於秦，闚以重利，秦王貪其勢，必得所願矣。誠得刼秦王使悉反諸侯侵地，若曹沫之於齊桓公，則大善矣！又刺客傳　▲誠聽臣之計，可不攻而降城。又張耳傳　▲然誠得賢士以共國以雪先王之恥，孤之願也。又燕世家　▲上曰：文成食馬肝死耳。子誠能修其方，我何愛乎？又武帝紀　▲臣意家貧，欲爲人治病，誠恐吏以除拘臣意也，故移名數。又倉公傳　▲大王誠幸而許之一言，則吳王率楚王略函谷關，守滎陽敖倉之粟，距漢兵，治次舍須大王。又吳王濞傳　▲誠令吳得豪傑，亦且輔王爲義，不反矣。又　▲僕誠已著此書，藏之名山，傳之其人通邑大都，則僕償前辱之責，雖萬被戮，豈有悔哉！漢書司馬遷傳

乘

①介詞　因也，即今語之『趁』字。▲夫以天子之位，乘今之時，因天之助，尙憚以危爲安，以亂爲治。假設陛下居齊桓之處，將不合諸侯而匡天下乎？漢書賈誼傳　▲郅支單于自以大國威名尊重，又乘勝驕，不爲康居王禮。又陳湯傳　▲烏桓時新中匈奴兵，明友旣後匈奴，因乘烏桓敝擊之。又匈奴傳　▲太后怒罵曰：而屬父子宗族蒙漢家力，富貴累世，旣無以報，受人孤寄，乘便利時，奪取其國，不復顧恩義。人如此者，狗豬不食其餘！又元后傳　▲援陳軍向山，而分遣數百騎繞襲其後，乘夜放火，擊鼓叫噪，虜遂大潰。後漢書馬援傳

②介詞　恃也。▲充宗乘貴辨口，諸儒莫能與抗。漢書朱雲傳　▲涉遣奴至市買肉，奴乘涉氣，與屠爭言，斫傷屠者，亡。又原涉傳　▲今鄰里長老尙致饋遺，此乃人道所以相親，況吏與民乎！吏顧不當乘威力強請求耳。後漢書卓茂傳

初 ㄔㄨ

①時間副詞　始也。此記一事之始；「初」字當重讀。▲於是初獻六羽。左傳隱五年　按此言以前無獻六羽之事，而此時始爲之。▲初置張掖酒泉郡。史記平準書

②時間副詞　謂「初時」也。欲說明後事，必追溯前事，追溯時則用初字。往往居一節之首，以一字爲讀。▲初，鄭武公娶於申，曰武姜，生莊公及公叔段。左傳隱元年　▲初，內蛇與外蛇鬭於鄭南門中，內蛇死。六年而厲公入。又莊十四年　▲初，公築臺臨黨氏。又莊三十二年　▲初，申侯，申出也，有寵於楚文王。又僖七年　▲初，吏捕條侯，條侯欲自殺，夫人止之。史記周勃世家　▲初，護有故人呂公，無子，歸護，護身與呂公妻與呂嫗同食。及護家居，妻子頗厭呂公。漢書樓護傳　按欲敘護家居後妻子厭呂公事，則必追敘呂公歸護之前事，而讀者始明，敘前事，往往用

『初』字引其端。諸例皆仿此。▲初遵爲河南太守，而弟級爲荊州牧，當之官俱過長安富家故淮陽王外家左氏飲酒作樂。後司直陳崇聞之，劾奏遵。又陳遵傳

③時間副詞　始也。按與前二條異者列於此條。▲丞相綰等言：諸侯初破，燕齊荊地遠，不爲置王，毋以塡之。史記秦始皇紀　▲天下初定未久。又外戚世家　▲及高祖初起沛，盧綰以客從。又盧綰傳　▲自尉佗初王後，五世九十三歲而國亡焉。又南越傳　▲伍子胥初所與俱亡故楚太子建之子勝在於吳。又伍子胥傳　▲初好音輿馬，晚節嗇惟恐不足於財。又五宗世家　▲楚漢初起，武臣略定趙地。漢書蒯通傳

④副詞　本也。劉淇云：初猶言『自來』『從來』也。▲受教三日，初不奉行。後漢書獨行彭修傳　▲帝曰：善。恨見君晚，羣臣初無是言也。又蓋勳傳　▲初不中風，但失愛於叔父，故見罔耳。魏志太祖紀注　▲謝夫人問太傅：那得初不見君教兒？

世說　▲謝遏諸人共道竹林優劣。謝公云：先輩初不臧貶七賢。又

垂 ㄔㄨㄟˊ

①副詞　幾也，將也。　▲進謂宦官曰：天下匈匈，正患諸君耳。今董卓垂至，諸君何不早各就國？後漢書何進傳　▲今大事垂可立，如何釋此去乎？蜀志先主傳　▲今城居海濱，海水北侵，城垂淪半。水經注　▲吾年垂耳順。王右軍帖

純 ㄔㄨㄣˊ

①表態副詞　專也，全也。今語言『純粹』。　▲漢家自有制度，本以霸王道雜之，奈何純用德教，用周政乎？漢書元帝紀　▲加以質性下愚，有不可移之姿，往者傳相亦不純以仁誼輔翼立。又文三王傳　▲是故俗論皆言處士純盜虛聲。後漢書黃瓊傳

時ㄕ

①指示代名詞　是也。▲帝曰：我其試哉！女于時，觀厥刑于二女。書堯典　▲惟時懋哉！又　按史記五帝作『是勉哉。』　▲禹曰：惟德動天。滿招損，謙受益，時乃天道。又大禹謨　▲禹曰：吁！咸若時，惟帝其難之。又皋陶謨　按史記夏本紀作『皆若是。』

②指示形容詞　是也。按此用於名詞之前，故與前條異。　▲帝曰：棄！黎民阻飢。汝后稷播時百穀！書堯典　▲帝曰：咨！禹！惟時有苗弗率，汝徂征！又大禹謨　▲奉時辰牡。詩國風

③時間副詞　其時也。　▲時城都侯商爲大司馬衞將軍。罷朝，欲候護。其主簿諫，商不聽。漢書樓護傳　▲既退居里巷，時五侯皆已死，年老，失埶，賓客益衰。又　▲制詔太原太守：官尊祿厚，可以償博進矣。妻君寧時在旁，知狀。又陳遵傳　▲時

列侯有與遵同姓字者，每至人門，曰：陳孟公，坐中莫不震動；既至而非，因號其人曰陳驚坐云。又 ▲畢能治劇，爲谷口令，時年二十餘。谷口聞其名，不言而治。又原涉傳 ▲諸假號素聞涉名，爭問『原尹何在？』拜謁之。時莽州牧使者依附涉者皆得活。又

④時間副詞　時時也。劉淇云：時猶『閒』也，非常如此。 ▲先零豪言：『願時渡湟水北，逐民所不田處畜牧。』漢書趙充國傳 ▲使君顓殺生之柄，威震郡國；今復斬一訢，不足以增威；不如時有所寬以明恩貸。又王訢傳

⑤時間副詞　有時也。 ▲自淳維以至頭曼千有餘歲，時大時小。漢書匈奴傳

⑥時間副詞　『及時』『以時』之省，劉淇訓爲『即』。 ▲鄭人有一子將宦，謂其家曰：『必築壞牆！是不善人將竊。』其巷人亦云。不時築，而人果竊之。以其子爲智，以巷人告者爲盜。韓非子說林下 ▲河南尹何進當遷爲大將軍，楊賜遣融奉謁賀，進不時通，融即奪謁還府，投劾而去。後漢書孔融傳 ▲妾肥，不得時出。

魏志太祖紀 ▲及宣王至遼東，霖雨，不得時攻。又明帝紀 ▲太祖不時立太子。又文帝紀注

⑦介詞 候也伺也。 ▲陽貨欲見孔子，孔子不見；歸孔子豚。孔子時其亡也而往拜之。論語陽貨 ▲窋既洗沐歸，時間自從其所諫參。參怒而笞之二百。漢書曹參傳

使ㄕ

①外動詞 令也。 ▲上使御史簿責魏其。史記魏其侯傳 ▲其春，武安侯病，專呼服謝罪。使巫視鬼者視之，見魏其灌夫共守笞，欲殺之。竟死。又 ▲大將軍亦欲使敖與俱當單于。又李將軍傳 ▲天子以爲李氏世將，而使將八百騎。又 ▲布告天下，使明知朕意。又孝文紀 ▲以秦攻之，譬如使豺狼逐羣羊。又張儀傳 ▲惠王用張儀之計，遂散六國之從，使之西面事秦。又李斯傳 ▲向使四君卻客而不內，疏士而不用，是使國無富利之實而秦無彊大之名也。又

②假設連詞　設也，若也。今言『假使。』　▲如有周公之才之美，使驕且吝，其餘不足觀也已。論語泰伯　▲使智者而必行，安有王子比干？史記孔子世家　▲遂乃今日請處囊中耳！使遂蚤得處囊中，乃穎脫而出，非特末見而已。又平原君傳　▲及聞淮南王金事，上曰：使武安侯在者，族矣！又竇嬰田蚡傳　▲使爲治勞智慮苦身體乏鐘鼓之樂，勿爲可也。漢書賈誼傳

始

①副詞　初也。記一事之初起時用之。　▲於是初獻六羽，始用六佾也。左傳隱五年　▲桃始華。禮記月令　▲於是天子始種苜蓿蒲陶肥饒地。史記大宛傳　▲今始入秦，卽安其樂，此所謂助桀爲虐。又留侯世家　▲自天地剖判，未始有也。又陸賈傳

②時間副詞　初時也。　▲始吾於人也，聽其言而信其行；今吾於人也，聽其言而

觀其行。論語公冶長　▲始懷王遣我，固以能寬容。史記高帝紀　▲參始微時，與蕭何善；及爲將相，有郤。又曹相國世家　▲始翟公爲廷尉，賓客闐門；及廢，門外可設雀羅。又汲鄭傳　▲蘇秦乃使人微感張儀曰：子始與蘇秦善，今秦已當路，子何不往游以求通子之願？又張儀傳　▲良曰：始臣起下邳，與上會留，此天以臣授陛下。陛下用臣計，幸而時中，臣願封留足矣。又留侯世家　▲王陵者，故沛人，始爲縣豪。又陳平世家　▲自始全燕時，嘗略屬真番朝鮮，爲置吏築鄣塞。又朝鮮傳

③副詞　乃也，然後也。　▲子曰：賜也始可與言詩已矣。論語學而

是ㄕ

①不完全內動詞　爲也。　▲知之爲知之，不知爲不知，是知也。論語爲政　▲長沮曰：夫執輿者爲誰？子路曰：爲孔丘。曰：是魯孔丘歟？曰：是也。又微子　▲桀溺曰：子爲誰？曰：爲仲由。曰：是魯孔丘之徒與？對曰：然。又　▲若又勿壞，是無所藏幣以重

罪也。左傳襄三十一年 ▲蓋己卑，是蔽目也。周禮考工記 ▲王之不王，是折枝之類也。孟子梁惠王 ▲我今破齊還報，是益呂氏資也。史記齊悼惠王世家 ▲今又立齊王，是欲復爲呂氏也。又 ▲陳平曰：我多陰謀，是道家之所禁。又陳平世家

②指示形容詞　此也。▲是心足以王矣。孟子梁惠王 ▲予豈若是小丈夫然哉！又公孫丑 ▲甚矣安危在出令，存亡在所任，誠哉是言也！史記楚元王世家 ▲是日，微樊噲犇入營誚讓項羽，沛公事幾殆。又樊噲傳 上曰：吾弟老，有是一子，死以屬我。漢書東方朔傳

③指示代名詞　此也。▲反是不思，亦已焉哉！詩氓 ▲女既勤君而興諸侯，牽帥老夫以至於此。既無武守，而又欲易余罪，曰：是實班師。不然，克矣！余羸老也，可重任乎！左傳襄十年 ▲晉國之命，未是有也。又襄十四年 ▲齊侯圍郕，孟孺子速徼之。齊侯曰：是好勇，姑去之以爲之名。又襄十六年 ▲雍子之父兄譖雍子，君與大夫不善是。又襄二十六年 ▲是食言多矣，能無肥乎！又哀十五年 ▲長沮桀溺

耦而耕，孔子過之，使子路問津焉。長沮曰：夫執輿者爲誰？子路曰：爲孔丘。曰：是魯孔丘與？曰：是也。曰：是知津矣。論語微子　▲今之孝者，是謂能養。又爲政　▲五官之長曰伯，是職方。禮記曲禮　▲平人而有慮者，使是治國家而長百姓。大戴禮文王官人　▲非是之謂也。孟子　▲王旣罷兵歸而代王來立，是爲孝文帝。史記齊悼惠王世家　▲或說陳王曰：客愚無知，顓妄言輕威，陳王斬之，諸陳王故人皆自引去，由是無親陳王者。又陳涉世家　▲今足下戴震主之威，挾不賞之功，歸楚，楚人不信；歸漢，漢人震恐。足下欲持是安歸乎？又淮陰侯傳　▲齊强而厲公居櫟，卽不從，是率諸侯伐我，內厲公。我不如往。又鄭世家　▲內見疑彊大，外依蠻貊以爲援，是以日疏。又韓王信傳　▲人或謂陳平曰：平何食而肥若是？又陳平世家　▲至於閭巷之俠，修行砥名，聲施於天下，莫不稱賢，是爲難耳！又游俠傳

④連詞　於是也。▲是以明於天之道而察於民之故，是興神物以前民用。易繫辭上　▲桑土旣蠶，是降丘宅土。書禹貢　▲是察阿黨。禮記月令

⑤語中助詞　外動詞之賓語倒置於外動詞之前時，以是字居二者之中助之。▲皇天無親，惟德是輔。書蔡仲之命 ▲惟余馬首是瞻。左傳 ▲鬼神非人實親，惟德是依。又僖五年 ▲除君之惡，惟力是視。又僖二十四年 ▲余雖與晉出入，余唯利是視。又成十三年 ▲公曰：何謂六物？對曰：歲時日月星辰是謂也。又昭七年 ▲周有大賚，善人是富。論語堯曰

試

①表態副詞　與今語同。▲梁非戌周也，將伐周也。王試出兵境外以觀之！史記周本紀 ▲太后曰：試爲我言田！又荊燕世家 ▲若歸，試私從容問而父！又曹相國世家 ▲王曰：雖然，試言公之私！又平原君傳 ▲試復見我！我知之矣！又商君傳 ▲王試下觀之！唯王所欲。又孫子傳 ▲試延以公主！起有留心，則必受之，無留心，則必辭矣。又吳起傳

式

①語首助詞　詩式微箋云：式，發聲也。▲式敷民德。書盤庚　▲式微式微，胡不歸？又邶風式微　▲式相好矣，無相尤矣！又小雅斯干

逝　噬

①語首助詞　無義。▲乃如之人兮，逝不古處。詩邶風日月　▲逝將去女，適彼樂土。魏風碩鼠　▲彼君子兮，噬肯適我。又小雅有杕之杜　▲誰能執熱，逝不以濯，又大雅桑柔　▲天下之事，逝其去矣！後漢書岑彭傳

實

①不完全內動詞　是也。▲聰明其至矣乎！不聰，實無耳也；不明，實無目也。法言

問明

②表態副詞　▲此二人者，實弒寡君，敢卽圖之！左傳隱四年　▲仲慶父請伐齊師，公曰：不可。我實不德，齊師何罪？又莊八年　▲虢公晉侯鄭伯使原莊公逆王后於陳，陳嬀歸于京師，實惠后。又莊十八年　▲小人實不才。又襄三十一年　▲斯所以不死者，自負其辨有功，實無反心。史記李斯傳　▲軹有儒生侍使者坐；客譽郭解，生曰：郭解專以姦犯公法，何謂賢？解客聞，殺此生，斷其舌。吏以責解，解實不知殺者。又游俠傳　▲禹名傳天下於益，已而實令啟自取之。又燕世家　▲上使人微隨驗，實無所見。又孝武紀　▲高祖爲亭長，素易諸吏，乃紿爲謁曰：賀錢萬，實不持一錢。漢書高帝紀　▲買臣入室中，少見其綬。守邸怪之，前引其綬，視其印，會稽太守章也。守邸驚，出語上計掾吏，皆醉，大呼曰：妄誕耳！守邸曰：試來視之！其故人素輕買臣者入視之；還走，疾呼曰：實然。又朱買臣傳

③語中助詞　外動詞之賓語倒裝時用之，與『是』第五條同。　▲宋衞實難，鄭

何能爲？左傳隱六年 ▲鬼神非人實親，惟德是依。又僖五年 按此例以『實』『是』爲互文，實亦是也。▲求而無之實難，過求何害？又文六年 ▲人生實難，其有不獲死乎？又成二年 ▲人犧實難，己犧何害？又昭二十二年 ▲夫戮出於身實難；自他及之，何害？晉語 按『難』訓『患』，已詳第二卷『難』下。

適ㄕ

①副詞 適，然也。於一事實與別一事實巧相會合時用之。今言『恰好』『恰巧』。▲我高祖少皞摯之立也，鳳鳥適至。左傳昭十七年 ▲王子光見伍子胥而惡其貌，不聽其說而辭之。曰：其貌適吾所甚惡也。呂氏春秋胥時 ▲吾所以久者，適有所學也。史記扁鵲傳 ▲此時魯仲連適遊趙。又魯仲連傳 ▲袁盎自其爲吳相時，嘗有從史盜愛盎侍兒。盎知之，弗泄，遇之如故。及袁盎使吳見守，從史適爲守盎校尉司馬。又袁盎傳 ▲夫身中大創十餘；適有萬金良藥，故得無死。又灌夫傳

▲後聞沛公將兵略地陳留郊。沛公麾下騎士，適酈生里中子也。又酈生傳 ▲適有天幸，窘急常得脫。又游俠傳 ▲上於子孫至嚴。前長孫中孫年俱三十而死，今臣臨復適三十歲。誠恐一旦不保中室，則不知死命所在。漢書王莽傳下

②時間副詞　與『屬』同。今言『剛纔』 ▲王適有言，必亟聽從王言！韓非子內儲說 ▲秦侏儒善於荊王左右；荊適有謀，侏儒常先聞之。又 ▲臣意所受師方適成，師死。史記倉公傳 ▲陛下之臣雖有悍如馮敬者，適啟其口，匕首已陷其胸矣。漢書賈誼傳

③表態副詞　劉淇云：正也。按此但用於理論，與事實無關，故與第一條微異。▲其知適足以知人過，而不知其所以過。莊子人間世 ▲審吾所以適人，適人之所以來我也。荀子王霸 ▲雖有覆軍殺將係虜單于之功，亦適足以結怨深讎。史記平津侯傳 ▲陛下所以為慎夫人，適所以禍之。又袁盎傳 ▲此適足以明其不知權變而終惑於大道也。漢書東方朔傳 ▲今聖朝留心典誥，發精於殊語，欲以

驗考四方之事，適子雲攘意之秋也。劉歆與揚雄書

④副詞 作「啻」字用，僅也。王念孫云：說文適從啻聲。適啻聲相近，故古以適爲啻。▲飲食之人無有失也，則口腹豈適爲尺寸之膚哉！孟子告子 ▲疑臣者不適三人，臣恐君之投杼也。國策

⑤副詞 專也。劉淇云：專主之辭。按讀如的ㄉㄧ。▲一國三公，吾誰適從？左傳僖五年 ▲楚執政衆而乖，莫適任患。又昭三十年 ▲一家二貴，事乃無功。夫妻持政，子無適從。韓非子揚權

識ㄕ。

①副詞 適也。今言「剛纔」。▲識見不穀而趨，無乃傷乎？左傳成十六年 按晉語作「屬見不穀而下」，屬亦適也。

舍 ㄕㄜ

①疑問代名詞　何也。章太炎先生云：今語『甚麼』之切音爲舍。▲且許子何不爲陶冶，舍皆取諸其宮中而用之？何爲紛紛然與百工交易？何許子之不憚煩？孟子滕文公上　▲帝既至河陽，爲津吏所止。從者宋典後來，以策鞭帝馬而笑曰：舍！長官禁貴人，女亦被拘耶？晉書元帝紀

②介詞　釋也。今言『除卻』。▲夫不能行聖人之術，則舍爲天下役何事哉？史記李斯傳

設 ㄕㄜ

①假設連詞　假也，若也。▲太后怒不食，曰：令我在也，而人皆藉吾弟。令我百歲後，皆魚肉之矣！且帝寧能爲石人耶？此特帝在，卽錄錄。設百歲後，是屬寧有可信

者乎？史記魏其武安侯傳

涉ㄕㄜˋ

①時間介詞　▲涉正月擊之，得計之理。漢書趙充國傳

少ㄕㄠˋ

①形容詞　▲時又少行三年喪者。漢書原涉傳　言行三年喪者少也，故爲形容詞：與第三條異。　▲我，神仙之人，以過見責。今事畢當去，子寧能相隨乎？樓下有少酒，與卿爲別。長房使人取之，不能勝。又令十人扛之，猶不舉。翁聞，笑而下樓，以一指提之而上。視器如一升許，而二人飲之終日不盡。後漢書方術費長房傳

②時間副詞　年少時也。讀去聲。此本爲形容詞，轉爲副詞用。　▲石顯，字君房，濟南人；弘恭，沛人也；皆少坐法腐刑，爲中黃門。漢書石顯傳　▲淳于長字子孺，魏郡

元城人也；少以太后姊子爲黃門郎。又淳于長傳

③表態副詞　略也，稍也。▲輔之以晉，可以少安。左傳僖五年　▲伯姬之舍失火，左右曰：夫人少避火乎？穀梁傳襄三十年　▲此人少壯，豈能忘其父哉？漢書賈誼傳　▲願陛下少留計！又　▲使管子愚人也，則可；管子而少知治體，則是豈不可爲寒心哉？又　▲及太子少長，知妃色，則入于學。又　▲兒能騎羊引弓射鳥鼠，少長則射狐菟。又匈奴傳　▲約爲兄弟以和親，冒頓乃少止。又

④時間副詞　猶言少頃。▲昔者有饋生魚於鄭子產，子產使校人畜之池。校人烹之，反命曰：始舍之，圉圉焉；少則洋洋焉，攸然而逝。孟子萬章上

稍 ㄕㄠ

①表態副詞　漸也，頗略也。▲子尾多受邑而稍致諸君。左傳昭十年　▲吳王之棄其軍亡也，軍遂潰，往往稍降太尉梁軍。史記吳王濞傳　▲上怒稍解，因上書請

朝。又梁孝王世家 ▲上以爲能，稍遷至大中大夫。又酷吏傳 ▲項羽乃疑范增與漢有私，稍奪之權。又項羽本紀 ▲上以德施，實分其國，不削而稍弱矣。又主父偃傳 ▲及慶死後，稍以罪去，孝謹益衰矣。又萬石君傳 ▲陛下必欲上，稍上，即無風雨，遂上封矣。又封禪書 ▲其後漕稍絫，而渠下之民頗得以溉田矣。又河渠書

首 ㄕㄡ

①副詞　今言『開首』或『首先』。▲田假田角田間於楚趙非手足戚，何故不殺？且秦復得志於天下，則齮齕首用事者墳墓矣。漢書田儋傳 ▲大將軍梁商初開幕府，復首辟瑗。後漢書崔瑗傳

善 ㄕㄢ

①形容詞　能也。表人之所長時用之。善字下可用介詞『於』字，大都省去。▲

田横之高節，賓客慕義而從横死，豈非至賢！余因而列焉。無不善畫者，莫能圖，何哉？史記田儋傳 ▲白起者，郿人也；善用兵，事秦昭王。又白起傳 ▲聞膠西有蓋公善治黄老言，使人厚幣請之。又曹相國世家 ▲少君資好古，善爲巧發奇中。又封禪書

②形容詞　喜也，易也。表示事之傾嚮或人之性習用之。下亦應有介詞『於』字。此爲前條之引伸義。▲名家使人儉而善失真。史記自序 ▲四人皆曰：陛下輕士善罵，臣等義不受辱，故恐而亡匿。又留侯世家

③表態副詞　今言『好好地』。下不可增介詞『於』字。▲若善守汝國！我顧且盜而城！史記張儀傳 ▲其之燕，燕之處士田光先生亦善待之。又刺客傳 ▲光既得專諸，善客待之。又 ▲上因納謂丹曰：吾病寖加，恐不能自還。善輔道太子，毋違我意！漢書史丹傳 ▲宮曰：善藏我兒胞！丞知是何等兒也？又外戚傳

擅 ㄕㄢˋ

①表態副詞　今言『擅自』。▲重人也者，無令而擅爲。韓非子孤憤 ▲竇嬰引卮酒進上曰：天下者，高祖天下，父子相傳，此漢之約也。上何以得擅傳梁王？史記魏其侯傳 ▲錯擅鑿廟垣爲門，請下廷尉誅。又晁錯傳 ▲倫出幽升高，寵以藩傳，稽留王命，擅止道路。後漢書儒林楊倫傳　按後三例表假設。

深 ㄕㄣ

①表態副詞　極也。▲是時，明經著節士琅邪貢禹爲諫大夫，顯使人致意，深自結納。漢書石顯傳 ▲諸奴婢私共計議，欲謀殺續分其財產。善深傷李氏而力不能制，乃潛負續逃去。後漢書獨行李善傳 ▲子猷言語殊不遜，深不可容。世說 ▲深爲梁主所賞。宇文逌庾子山集序

審

①表態副詞　信也。　▲上赦趙王，因赦貫高。高喜曰：吾王審出乎？泄公曰：然。史記張耳傳　▲臣子見定陶王雅素愛幸，今者道路流言，爲國生意，以爲太子有動搖之議。審若此，公卿以下必以死爭，不奉詔。臣願先賜死以示羣臣。漢書史丹傳　▲足下審能騎龍弄鳳，翔嬉雲間者，亦非狐兔燕雀所敢謀也。後漢書矯慎傳　▲王審用臣之議，大則可以王，小則可以霸。越絕書計倪內經

矧

①副詞　亦也。　▲元惡大憝，矧惟不孝不友。書康誥　▲不率大戛，矧惟外庶子訓人，惟厥正人，越小臣諸節，乃別播敷造民大譽。又　▲百姓王人罔不秉德明恤，小臣屏侯甸，矧咸奔走。又君奭

②副詞　又也。▲寧王惟卜用克綏受茲命。今天其相民，矧亦惟卜用。書大誥　▲女劼毖殷獻臣侯甸男衛，矧大史友內史友越獻臣百宗工，矧惟爾事服休服采，矧惟若疇圻父薄違農父，若保弘父定辟，矧女剛制於酒。又酒誥　▲今沖子嗣，則無遺壽耇，曰其稽我古人之德，矧曰其有能稽謀自天！又召誥

③轉接連詞　況也。▲相時憸民，猶胥顧于箴言，其發有逸口，矧予制乃短長之命？書盤庚　▲若考作室，既底厥法；厥子乃弗肯堂，矧肯構？厥父菑，厥子乃弗肯播，矧肯穫？又大誥　▲神之格思，不可度思，矧可射思？詩　▲三爵不識，矧敢多又？又小雅賓之初筵

甚 ㄕㄣˋ

①表態副詞　極也。▲臣之罪甚多矣！左傳昭二十四年　▲懼者甚衆矣！又　▲意氣洋洋，甚自得也。史記管晏傳　▲其治所誅殺甚多。又酷吏傳　▲見其跡甚

大，類禽獸云。又孝武紀　▲又爲匈奴所欺，失亡多，甚自愧。又韓長孺傳　▲毋甚高論！令今可施行也。又張釋之傳　▲所與上從容言天下事甚衆。又留侯世家　▲高祖箕踞罵，甚慢易之。又張耳傳　▲欲省賦甚。漢書高帝紀　▲人性不甚相遠也，何三代之君有道之長而秦無道之暴也？又賈誼傳

慎 ㄕㄣˋ

①表態副詞　大抵命令時用之，且必與禁戒副詞『無』『毋』『勿』連用。『慎毋』『慎無』『慎勿』猶今言『切莫』。　▲項王謂曹咎等曰：謹守成皋！則漢欲挑戰，慎勿與戰！史記項羽傳　▲朱公不得已而遣長子，爲一封書，遺故所善莊生曰：至則進千金於莊生所，聽其所爲，慎無與爭事！至楚，長男發書進千金如其父言。莊生曰：可疾去矣，慎毋留！又越世家　▲國中口語籍籍，慎無復至江都。漢書景十三王傳　▲丈夫爲吏，一坐軟弱不勝任免，終身廢棄無有赦時。其羞辱甚於

貪汙坐贓。愼勿然！又酷吏傳 ▲咸性仁恕，常戒子孫曰：爲人議法，當依於輕，雖有百金之利，愼無與人重比！後漢書陳寵傳

尙 ㄕㄤˋ

①內動詞　加也。▲居法王公，富擬國家，雖季氏專魯，穰侯擅秦，何以尙茲？後漢書楊秉傳

②外動詞　與「上」同。按今言「尊重」。▲昔者有虞氏貴德而尙齒，夏后氏貴爵而尙齒，殷人貴富而尙齒，周人貴親而尙齒。禮記祭義 ▲尙欲祖述堯舜禹湯之道，將不可以不尙賢。墨子尙賢上

③副詞　詩小弁箋云：尙，猶也。按於一狀態繼續未變或殘餘未盡時用之。今語言「還」。▲雖無老成人，尙有典型。詩大雅 ▲今吾尙病，孟子 ▲視吾舌尙在不？史記張儀傳 ▲及夫至門，丞相尙臥。又魏其傳 ▲建老白首，萬石君尙無

恙。又石奮傳 ▲上使取六劍，劍尚盛，未嘗服。又衞綰傳 ▲白起之遷也，其意尚怏怏不服。又白起傳 ▲趙王使使者視廉頗尚可用否。又廉頗傳 ▲魯人有與曾參同姓名者殺人，人告其母曰：曾參殺人！其母織自若也。頃之，一人又告之曰：曾參殺人！其母尚織自若也。又甘茂傳 ▲今營陵侯澤，諸劉爲大將軍，獨此尚觖望，又荊燕世家 ▲王國尚可存。又陳軫傳 ▲假設天下如曩時，淮陰侯尚王楚，鯨布王淮南，彭越王梁，韓信王韓，張敖王趙，貫高爲相，盧綰王燕，陳豨在代；令此六七公者皆亡恙，當是時而陛下卽天子位，能自安乎？臣有以知陛下之不能也。漢書賈誼傳

④副詞 亦猶也。於比較二事讓步時用之。今語亦言『還。』 ▲白圭之玷，尚可磨也；斯言之玷，不可爲也。詩大雅抑

⑤副詞 劉淇云：復也，更也。 ▲如僕尚何言哉？尚何言哉？太史公報任安書 ▲盡沒入鄧通家，尚負責數巨萬。史記佞幸傳 ▲公子喜士，名聞天下。今有難，無他端，

而欲赴秦軍，譬若以肉投餒虎，何功之有？尚安事客！又信陵君傳 ▲父而賜子死，尚安復請？又李斯傳 ▲方今上無太子，王，親高皇帝孫，行仁義，天下莫不聞。宮車一日晏駕，非王尚誰立者？漢書淮南王傳 ▲諸當戶君長皆言：單于自將數萬騎擊漢數千人，不能滅，後無以復使邊臣，令漢益輕匈奴。復力戰山谷間，尚四五十里得平地，不能破，乃還。又李陵傳

⑥副詞 古亦訓爲『猶』。按與『尚且』義同。 ▲繆公怪之，問曰：中國以詩書禮樂法度爲政，然尚時亂。今戎夷無此，何以爲治？不亦難乎！史記秦本紀 ▲今將軍尚不得夜行，何乃故也！又李斯傳 ▲夫千乘之王，萬家之侯，百室之君，尚猶患貧，而況匹夫編戶之民乎！又貨殖傳 ▲夫以天子之位，乘今之時，因天之助，尚憚以危爲安，以亂爲治，假設陛下居齊桓之處，將不合諸侯而匡天下乎？漢書賈誼傳 ▲民不樂生，尚不避死，安能避罪！又董仲舒傳

⑦命令副詞 爾雅云：尚，庶幾也。 ▲爾尚輔予一人！書 ▲爾尚一乃心力，其克

有勳。又大禹謨　▲尚明時朕言！又顧命　▲尚明聽之哉！又呂刑　▲有菀者柳，不尚息焉？詩小雅菀柳　▲將旦而祔，則薦卒辭曰：哀子某隮附爾于皇祖某甫，尚饗！儀禮士虞禮　▲齊侯戒師期而有疾。醫曰：不及秋，將死。公聞之，卜曰：尚無及期！左傳文十八年　▲初，靈王卜曰：余尚得天下！不吉。又昭三年　按字或作上。詩云：「上愼旃哉，」漢石經作尚。

⑧時間副詞　亦與「上」同。　▲以友天下之善士爲未足，又尚論古之人：頌其詩，讀其書，不知其人，可乎？是以論其世也。是尚友也。孟子萬章下　按古人生於前世，今追而論之，故云「尚論；」追而友之，故云「尚友。」

⑨假設連詞　若也，與儻同。按「儻」從「黨」聲，「黨」從「尚」聲，故「儻」「尚」可通用。　▲尚欲祖述堯舜禹湯之道，將不可以不尚賢。墨子尚賢

勝 ㄕㄥ

①外動詞　讀平聲。禁也，堪也。常與「不」字連用。「不勝」猶今言「禁不起」「止不住」。▲枝大本小，將不勝春風。韓非子揚權　▲臣竊不勝犬馬之心。史記三王世家　▲民不樂生，尙不避死，安能避罪！此刑罰之所以蕃而姦邪不可勝者也。漢書董仲舒傳

②表數副詞　盡也。亦讀平聲。亦恆與否定副詞「不」「弗」等詞連用。▲當此之時，楚兵數千爲聚者不可勝數。史記陳涉世家　▲誠得至，反漢，漢之賂遺王財物，不可勝言。又大宛傳　▲朕既不敏，弗能勝識。漢書景帝紀　▲秦始皇帝葬於驪山之阿，珍寶之藏，機械之變，棺槨之麗，宮館之盛不可勝原。又劉向傳　▲事率衆多，不可勝以文陳。又成許后傳

殊 ㄕㄨ

①表態副詞　漢書韓信傳注云：殊，絕也。劉淇云：絕者，極辭。▲父曰：履我！良業爲

取履，因長跪履之，父以足受，笑而去。良殊大驚。史記留侯世家 ▲地肥饒，少寇，志安樂；又自以遠漢，殊無報胡之心。又大宛傳 ▲丞相特前戲許灌夫，殊無意往。又魏其侯傳 ▲居蠻夷中久，殊失禮義。又陸賈傳 ▲朱公長男不知其意，以爲殊無短長也。又越世家 ▲今君與廉頗同列，廉君宣惡言而君畏匿之，恐懼殊甚。且庸人尚羞之，況於將相乎？又藺相如傳 ▲軍皆殊死戰。漢書韓信傳 ▲前賀西至長安，殊無臬。又昌邑王傳 ▲田慮既到，兜題見慮輕弱，殊無降意。後漢書班超傳 ▲孔璋章表殊健。魏文帝與吳質書 ▲諸葛孔明拜龐德公於牀下，公殊不令止。襄陽耆舊傳

數 ㄕㄨˋ

①數量形容詞　與今語『幾』同。▲堂高數仞，榱題數尺，我得志，弗爲也；食前方丈，侍妾數百人，我得志，弗爲也。孟子盡心下

②動詞　計也。讀上聲。▲多必數於萬，寡必數於千。墨子非攻 ▲當此之時，楚兵數千人爲聚者不可勝數。史記陳涉世家

③表數副詞　屢也。音朔ㄕㄛ。▲臣，市井鼓刀屠者，公子親數存之。史記信陵君傳 ▲立數過寶飲食。漢書文三王傳 ▲門外車騎交錯，又日出醉歸，曹事數廢。又陳遵傳 ▲涉賓客多犯法，罪過數上聞；王莽數收繫欲殺，輒復赦出之。又原涉傳 ▲每至直更，數過，吏弗求。又郭解傳 ▲數問其家金餘尙有幾所？又疏廣傳

庶 ㄕㄨ

①數量形容詞　書皋陶謨鄭注云：庶，衆也。▲庶尹允諧。書益稷 ▲念用庶徵。又洪範 ▲我事孔庶。詩小雅小明 ▲羞庶羞。儀禮大射儀 ▲庶功日進。淮南子主術訓 ▲庶物時育。張衡東京賦

②副詞　爾雅釋言云：庶，幸也。▲亂庶遄沮。詩 ▲庶無罪悔，以迄於今。又 ▲

君姑修政而親兄弟之國，庶免於難。左傳桓六年　▲惡我者懼，庶有益乎！又僖十五年　▲余將老使郤子逞其志，庶有豸乎！又宣十七年　▲我君景公引領西望，曰：庶撫我乎！又成十三年

孰 ㄕㄨˊ

①疑問形容詞　與「何」義同。　▲孰君而無稱？公羊傳昭二十五年　▲孰王而可叛也？呂氏春秋恃君覽行論

②疑問代名詞　用以代人與「誰」同。　▲百姓足，君孰與不足？百姓不足，君孰與足？論語顏淵　▲王者孰謂？謂文王也。公羊傳隱元年　▲然則孰狩之？薪采者也。又哀十四年　▲有以告者曰：有麕而角者。孔子曰：孰為來哉？孰為來哉？又　▲方子胥窘於江上，道乞食，志豈嘗須臾忘郢邪！故隱忍就功名；非烈丈夫孰能致此哉？史記伍子胥傳　▲此豈非天邪！非天命孰能當之？又外戚世家　▲漢王曰：孰能

爲我使淮南，令之發兵倍楚？又黥布傳

③疑問代名詞　用以代事，與『何』同。▲是可忍也，孰不可忍也？論語八佾　▲乃十一月晦，日有食之；適見於天，菑孰大焉？史記文帝紀

④疑問代名詞　兼代人與事言。數事竝列時用之。▲父與夫孰親？左傳　▲子謂子貢曰：女與回也孰愈？論語公冶長　▲哀公問：弟子孰爲好學？又雍也　▲子貢問：師與商也孰賢？又先進　▲禮與食孰重？孟子　▲上問朝臣：兩人孰是？史記魏其侯傳

⑤疑問副詞　與『何』同。何故也，爲何也。▲惠公出共世子而改葬之，臭達於外。國人誦之曰：孰是人斯而有是臭也？晉語　▲孰兩東門之可蕪？楚辭九章　▲孰之壞壞也可以爲之莽莽也？呂氏春秋知接　按二『之』字與『是』同。▲襄公傷於泓，君子孰稱？史記自序

儵 ㄕㄨˋ

①表態副詞　忽也，疾也。▲儵而來兮忽而逝。楚辭少司命

率 ㄕㄨㄞˋ

①副詞　大率也。▲古之獻絲者其率用此歟？禮記祭義 ▲一歲中往來過他客，率不過再三過。史記陸賈傳 ▲漢率一歲中使多者十餘，少者五六輩；遠者八九歲，近者數歲而反。又大宛傳 ▲於是黃帝迎日推策，後率二十歲復朔旦冬至。又封禪書 ▲封者食租稅，歲率戶二百。又貨殖傳 ▲太史公曰：吾嘗過薛，其俗閭里率多暴桀子弟，與鄒魯殊。又孟嘗君傳 ▲轉輸北河，率三十鍾而致一石。又平津侯傳 ▲陛下何忍以帝皇之號爲戎人諸侯？埶既卑辱而禍不息，長此安窮？進謀者率以爲是，固不可解也。漢書賈誼傳 ▲府掾吏率皆羸車小馬，不上鮮明；

而遵獨極輿馬衣服之好。又陳遵傳　▲事率衆多，不可勝以文陳。又成許后傳　▲羌性貪而貴吏清，前有八都尉，率好財貨，爲所患苦。後漢書張奐傳

②語首助詞　無義。▲夏王率遏衆力，率割夏邑，有衆率怠弗協。書湯誓　▲率惟茲有陳，保乂有殷。又君奭　▲亦越武王率惟敉功，不敢替厥義德，率惟謀從容德。又立政　▲俾百僚乃心率輔弼余一人。逸周書祭公篇

誰ㄕㄨㄟ

①疑問形容詞　說文云：誰，何也。▲凡人主必信信而又信，誰人不親？呂氏春秋貴信　▲顧自以爲身殘處穢，動而見尤，欲益反損，是以抑鬱而無誰語。漢書司馬遷傳　▲王儒見執金吾廣義，問帝崩所病，立者誰子？年幾歲？又武五子傳

②疑問代名詞　『何人』也。代人用。▲誰生厲階？至今爲梗。詩大雅桑柔　▲誰能執熱，逝不以濯？又　▲寡人有子，未知其誰立焉。左傳閔二年　▲吾誰欺？欺天

乎！論語子罕 ▲朕非屬趙君，當誰任哉？史記李斯傳

③疑問代名詞　代事，「何事」也。 ▲壹動而五美附，陛下誰憚而久不爲此？漢書賈誼傳　按誼言事於漢文帝，不當言其憚何人，故當釋爲「何事」。

④語首助詞　發聲，無義。 ▲知而不已，誰昔然矣。詩陳風墓門　按爾雅云：誰昔，昔也。郭注云：誰，發語辭。

爽 ㄕㄨㄤˇ

①語首助辭　無義。 ▲爽惟民迪吉康。書康誥 ▲爽惟天其罰殛我。又

日 ㄖˋ

①時間副詞　今言「一天一天地」。 ▲隨會在秦，賈季在狄，難日至矣！左傳文十三年 ▲質樸日消，恩愛寖薄。漢書禮樂志 ▲商君遺禮義，棄仁恩，并心於進取。

行之二歲，秦俗日敗。又賈誼傳

②時間副詞　晉語注云：日，往日也。　▲日君以驪姬爲夫人，民之疾心固皆至矣。晉語一　▲狐偃曰：日吾來此也，非以翟爲榮，可以成事也。又四

若

①表態形容詞　順也。　▲鳥獸魚鱉咸若。書　▲故民入川澤山林，不逢不若；魑魅罔兩，莫能逢之。左傳宣三年

②外動詞　亦順也。　▲欽若昊天。書堯典　▲疇咨若時登庸？又　▲疇若予工？又　▲疇若予上下草木鳥獸？又

③外動詞　擇也。說文云：若，擇菜也。引伸之但爲擇義。　▲秦穆公告大夫子明及公孫枝曰：夫晉國之亂，吾誰使先？若夫二公子而立之，以爲朝夕之急。晉語二

按段玉裁云：此謂使誰先擇二公子而立之，若正訓擇。按此義，經籍用之者甚鮮，

此其僅見者。

④外動詞　及也。　▲喪禮，與其哀不足而禮有餘也，不若禮不足而哀有餘也；祭禮，與其敬不足而禮有餘也，不若禮不足而敬有餘也。禮記檀弓　▲雖然，則彼疾，當養者孰若妻與宰？又

⑤不完全外動詞　賓語之下必有疑問副詞『何』字。　▲寇深矣，若之何？左傳僖十五年　▲隨會在秦，賈季在狄，難日至矣！若之何？又文十三年　▲敝邑以政刑之不修，寇盜充斥，無若諸侯之屬辱在寡君者何；是以令吏人完客所館。又襄三十一年　▲叔父其茂昭明德，物將自至。余敢以私勞變前之大章，其若先王與百姓何？周語　▲內之，無若羣臣何？魏策

⑥人稱代名詞　對稱用，汝也，爾也。　▲既使吾與若辯矣，若勝我，我不若勝，若果是也，我果非也耶？莊子齊物論　▲若雖長大，好帶刀劍，中情怯耳！史記淮陰侯傳　▲若歸，試私從容問而父；然毋言吾告若也。又曹相國世家　▲五侯九伯，若實征

之，以夾輔王室！又齊太公世家 ▲吾翁卽若翁。又項羽紀 ▲大宛見騫，喜問曰：若欲何之？又大宛傳 ▲我，康叔也，令若子必有衞。又衞世家 ▲我將立若爲後。又 ▲成王與叔虞戲，削桐葉爲珪，以與叔虞曰：以此封若。又晉世家 ▲比若還，北軍必敗矣！後漢書彭寵傳

⑦指示代名詞 用與『其』同。▲若考作室，厥子乃弗肯堂，矧肯構？書大誥 ▲我亦惟茲二國命，嗣若功。又召誥 按王引之云：若，其也。嗣其功者，嗣二國之功也。某氏傳訓若爲順，非是。▲今人處若家得罪，將猶有異家所以避逃之者矣；今人處若國得罪，將猶有異國所以避逃之者矣。墨子天志 ▲宋人有嫁其子者，告其子曰：『嫁未必成也。有如出，不可不私藏。私藏而富，其於以復嫁易。』其子聽父之計，竊而藏之。若公知其盜也，逐而去之。淮南子氾論訓 ▲欲使仲子處於陵之地，避若兄之宅，吐若兄之祿，耳聞目見，昭晳不疑，仲子不處不食明矣。論衡刺孟 ▲孔子生，不知其父，若母匿之。吹律，自知殷宋大夫子氏之世也。又實

知

⑧指示代名詞　如此也。▲以若所爲，求若所欲，猶緣木而求魚也。孟子梁惠王 ▲故人苟生之爲見，若者必死；苟利之爲見，若者必害。荀子禮論 ▲頑頓亡恥，奊詬亡節，廉恥不立，且不自好，苟若而可。漢書賈誼傳

⑨指示形容詞　此也。▲南宮适出，子曰：君子哉若人！尙德哉若人！論語憲問 ▲有明天子，則襄公得爲若行乎？公羊傳莊四年 ▲曷爲以外內同若辭？又僖二十六年 ▲君如有憂中國之心，則若時可矣。又定四年 ▲聞若言，莫不揮泣奮臂而欲戰。齊策 ▲不通於若計者，不可使用國。管子八觀 ▲雖有至聖大賢，豈能勝若讒哉？晏子諫篇 ▲公何爲出若言！又問篇 ▲法若言，行若道。墨子節葬 ▲君人者亦可以察若言矣。荀子王霸 ▲爲天下之長患，致黔首之大害者，若說爲深。呂氏春秋振亂 ▲秦王聞若說，必若刺心。史記蘇秦傳 ▲若三子之行，未得爲孔子駿徒也。說苑善說 ▲洋洋乎若德，雖崇山千仞，重淵百尺，曾未足以喻其

高，究其深也。蔡邕汝南周巨勝碑

⑩代名副詞　如此也。義與第八條同，惟用法異。▲爾知寧王若勤哉！書大誥

按漢書翟義傳載莽誥襲此文作若此勤。▲君若謹行，常在朕躬。史記公孫弘傳　▲黃生曰：今桀紂雖失道，然君上也；湯武雖聖，臣下也。夫主有失行，臣不正言匡過以尊天子，反因過而誅之，代立南面，非殺而何？固曰：必若云，是高皇帝代秦卽天子之位非邪？漢書儒林傳

⑪副詞　乃也，始也。▲必有忍也，若能有濟也。周語引書　▲一女必有一鍼一刀；若其事立；耕者必有一耒一耜一銚，若其事立；行服連軺輂者，必有一斤一鋸一椎一鑿，若其事立。管子海王　▲故貴以身爲天下，若可以寄天下；愛以身爲天下，若可以託天下。老子　按王引之因莊子在宥篇引此二句若作則，遂訓爲則。今按此亦乃義。乃則同義，不必拘於莊子之文也。

⑫傳疑副詞　劉淇云：疑辭，猶似也。▲若聞秦將先衞，信乎？左傳定四年　▲文帝

出長安門，若見五人於道北。史記封禪書 ▲天子既已封泰山，無風雨災，而方士更言蓬萊諸神若將可得。又 ▲公孫卿言：見神人東萊山，若云欲見天子。又

⑬傳疑副詞　或也。 ▲趙文子請叔孫於楚曰：子若免之，以勸左右，可也。左傳昭十三年 ▲右尹子革曰：請待於郊，以聽國人。王曰：衆怒不可犯也。曰：若入於大都而乞師諸侯。王曰：皆叛矣。曰：若亡於諸侯，以聽大國之圖君也。王曰：大福不再，祇取辱焉。又昭十三年 ▲子猶言於齊侯曰：君若待於曲棘，使羣臣從於魯以卜焉。又昭二十六年 ▲若從踐士，若從宋，亦唯命。又定元年

⑭選擇連詞　或也。漢書高紀注云：若，或也。禮記文王世子注云：先聖周公若孔子，疏云：若是不定之辭。 ▲旅王若公。書召誥 ▲冪用綌若錫。儀禮燕禮 ▲若衣若笄。又士昏禮 ▲魚腸胃倫膚若九，若十有一。下大夫則若七若九。又公食大夫禮 ▲書賵於方，若九，若七，若五。又士喪禮 ▲凡封國若家，牛助爲牽徬。周禮秋官罪隸 ▲父母有婢子若庶子庶孫，甚愛之，雖父母沒，沒身敬之不衰。禮記內則 ▲

大夫沒矣，則稱謚若字。又玉藻　▲矢以柘若棘。又投壺　▲孟氏使半爲臣，若子若弟。左傳襄十一年　▲若以大夫之靈，獲保首領以歿於地，唯是春秋窀穸之事所以從先君於禰廟者，請爲靈若厲！大夫擇焉！又襄十三年　▲衛，顓頊之虛也；故爲帝丘，其星爲大水。水，火之牡也；其以丙子若壬午作乎！又昭十七年　▲其以軍若城邑降者，卒萬人，邑萬戶，如得大將。史記吳王濞傳　▲灌夫奮曰：願取吳王若將軍頭以報父之仇。又竇嬰田蚡傳　▲以萬人若一郡降者，封萬戶。漢書高帝紀　▲時有軍役若水旱，民不困乏。又食貨志

▲民年十七以上若不滿十歲有罪當刑者皆免之。又惠帝紀

⑮承接連詞　與『而』同。　▲君子大夫獨行遇雨若濡。易夬九三　▲幸若獲宥，及於寬政，赦其不閑於教訓而免於罪戾，弛於負擔，君之惠也。左傳莊二十二年

▲越王命徇於軍曰：有眩瞀之疾者，以告。王親命之曰：我有大事，子有眩瞀之疾，其歸若已。吳語

⑯轉接連詞　說了一事別提一事時用之。▲鳥獸之肉不登於俎，皮革齒牙骨角毛羽不登於器，則公不射；古之制也。若夫山林川澤之實，器用之資，皁隸之事，官司之守，非君所及也。左傳隱五年　▲若壅其口，其與能幾何？周語　▲當在薛也，予有戒心。辭曰：聞戒，故爲兵餽之。予何爲不受？若於齊，則未有處也。無處而餽之，是貨之也。孟子公孫丑下

⑰假設連詞　如也。今言「假若」「若使」。▲寡人若朝於薛，不敢與任齒。左傳隱十一年　▲公子若反晉國，則何以報不穀？又僖二十三年　▲我若獲沒，必屬說與何忌於夫子。又昭七年　▲若以先臣之故，而使有後，君之惠也。又哀十四年　▲管仲寢疾，桓公往問之，曰：仲父之疾亟矣，若不幸而不起此疾，彼政我將安移之？管子戒篇　▲王若隱其無罪而就死地，則牛羊何擇焉？孟子梁惠王　▲朔之婦有遺腹，若幸而男，吾奉之；卽女也，吾徐死耳！史記趙世家　▲句踐賢君，種蠡賢臣。若反國，將爲亂。又越世家　▲自今以來，若有召王者，必見我面，我將先以身當之；

無故而王乃入。又趙世家

⑱句首助詞 無義。 ▲若昔朕其逝。書大誥 ▲若天棐忱。又君奭 ▲若古有訓。又呂刑 ▲惟爾元孫某遘厲虐疾，若爾三王，是有丕子之責於天。又金縢 ▲女多修扞我于艱，若女予嘉。又文侯之命 ▲叔舅！予女銘若纂乃考服。禮記祭統 ▲伯父令女來明紹享余一人，若余嘉之。吳語

⑲句中助詞 無義。 ▲予若籲懷茲新邑。書盤庚

⑳語末助詞 爲形容詞或副詞之語尾。與『然』字第九條同。 ▲君子終日乾乾，夕惕若厲，无咎。易乾 ▲出涕沱若，戚嗟若。又離 ▲有孚發若。又豐 ▲不節若，則嗟若。又節 ▲用史巫紛若。又巽 ▲曰肅時雨若；曰乂時暘若；曰哲時燠若；曰謀時寒若；曰聖時風若。書洪範 ▲桑之未落，其葉沃若。詩衛風氓 ▲猗嗟昌兮！頎而長兮！抑若揚兮！美目揚兮！又齊風猗嗟 ▲六轡沃若。又小雅皇皇者華 ▲有所竭情盡慎，致其敬而誠若，有美而文而誠若。禮記禮器 ▲國有道，則

突若入焉：國無道，則突若出焉。大戴禮曾子制言 ▲力沛若有餘。公羊傳文十四年 ▲今有人於此，驩若愛其子，竭力單務以利之。墨子天志中 ▲惏然改容，超若自失。史記司馬相如傳 ▲遠而望之，奐若也；近而視之，瑟若也。說文玉部

然（日母）

①內動詞　即今「燃」字。說文云：然，燒也。▲凡有四端於我者，知皆擴而充之矣；若火之始然，泉之始達。孟子公孫丑上

②不完全內動詞　乃也，是也。▲始也我以汝為聖人邪；今然君子也。莊子天地 ▲偶視而先俯，非恐懼也，然夫士欲獨修其身，不以得罪於比俗之人也。荀子修身 ▲譬其若去日之明於庭而就火之光於室也，然可以小見而不可以大知。新書修政語

③表態形容詞　是也。▲閔子騫曰：居簡而行簡，毋乃太簡乎？子曰：雍之言然。論

語辭也　▲孔子欣然笑曰：形狀末也，而似喪家之狗，然哉然哉！史記孔子世家　按漢書荊燕吳傳云『張卿大然之。』以形容詞作外動詞用。

④指示代名詞　如此也。　▲故君子之於學也，藏焉，修焉，息焉，游焉。夫然，故安其學而親其師，樂其友而信其道。禮記學記　▲事君者，量而后入，不入而后量，凡乞假於人，爲人從事者亦然。然，故上無怨而下遠罪也。又少儀　▲聖君置儀設法而固守之。然，故諶杵習士聞識博學之人不可亂也；衆彊富貴私勇者不能侵也；信近親愛者不能離也；珍怪奇物不能惑也；萬物百事非在法之中者，不能動也。今天下則不然：皆有善法而不能守也。然，故諶杵習士聞識博學之士能以其智亂法惑上；衆彊富貴私勇者能以其威犯法侵陵；鄰國諸侯能以其權置於立相；大臣能以其私附百姓，剪公財以祿私士。管子任法　▲聖君設度量，置儀法，如天地之堅，如列星之固，如日月之明，如四時之信。然，故令往而民從之。又　▲遵主令而行之，雖有功利，罪死。然，故下之事上也，如響之應聲也；臣之事主也，如景之

從。又 ▲從士以上，皆羞利而不與民爭業，樂分施而恥積藏。然，故民不困財，貧窶者有所竄其手。荀子大畧 ▲人人皆以我爲好士。然，故士至。又堯問 ▲力盡其事，歸利於上者必聞，聞者必賞；汙穢爲私者必知，知者必誅。然，故忠臣盡忠於公，民士竭力於家，百官精勉於上。韓非子難三 按以上諸例，然字皆當讀斷。王引之以「然故」連讀，釋爲「是故，」非也。 ▲今庶人屋壁得爲帝服，倡優下賤得爲后飾。然，而天下不屈者，殆未有也。賈誼治安策

⑤代名副詞 如此也。義與前條同，惟用法異。 ▲帝謂文王：無然畔援！無然歆羨！詩大雅皇矣 按毛傳訓然爲「是，」鄭箋訓爲「如是。」 ▲天之方難，無然憲憲！天之方蹶，無然泄泄！又板 ▲天之方虐，無然謔謔！又

⑥應對副詞 唯也，諾也。 ▲曾子曰：參也與子游聞之。有子曰：然。然則夫子有爲言之也。禮記檀弓上 ▲佛肸召，子欲往。子路曰：昔者由也聞諸夫子曰：親於其身爲不善者，君子不入也。佛肸以中牟叛，子之往也，如之何？曰：然。有是言也。論語陽貨

▲陳子以時子之言告孟子。孟子曰：然。夫時子惡知其不可也？孟子公孫丑下

⑦副詞　始也，乃也。　▲衛靈公聞孔子來，喜，郊迎。問曰：蒲可伐乎？對曰：可。其男子有死之志，婦人有保西河之志。吾所伐者不過四五人。靈公曰：善。然不伐蒲。史記孔子世家　▲闔閭富，故然使鱄諸刺王僚；燕太子丹富，故然使荊軻刺秦王。賈誼新書　▲嗟乎！世士誠躬師孔聖之崇則，嘉楚嚴之美行，則道豐績盛，名顯身榮，載不刊之德，播不滅之聲，然知薄者之不足，厚者之有餘也。後漢書朱穆傳

⑧轉接連詞　與『然而』同。　▲呂后問曰：陛下百歲後，蕭相國既死，誰令代之？上曰：曹參可。問其次，上曰：王陵可。然陵少戇，陳平可以助之。陳平智有餘，然難以獨任。周勃厚重少文，然安劉氏者必勃也。史記高帝紀　▲鄭國曰：始臣爲間，然渠成，亦秦之利也。又河渠書　▲足下位爲上相，食三萬戶侯，可謂富貴無欲矣。然有憂念，不過患諸呂少主耳。又陸賈傳　▲絳侯既出，曰：吾嘗將百萬軍，然安知獄吏之貴乎！又周勃世家　▲亞夫笑曰：臣之兄已代父侯矣，有如卒，子當代，亞夫何說

俟乎？然既已貴如負言，又何說餓死？又 ▲至閭巷之俠，修行砥名，聲施天下，莫不稱賢，是爲難耳。然儒墨皆排擯不載。又游俠傳 ▲衞青霍去病亦以外戚貴幸，然頗用才能自進。又佞幸傳 ▲劇孟雖博徒，然母死，客送葬車千餘乘；此亦有過人者。又袁盎傳 ▲荆軻雖游酒人乎，然其爲人沈深好書。又刺客傳 ▲大尉遂將北軍，然尚有南軍。又呂后紀 ▲觀往者得失之變，故作孤憤五蠹內外儲說林說難十餘萬言。然韓非知說之難，爲說難書甚具，終死於秦，不能自脫。又韓非傳 ▲孫子籌策龐涓明矣！然不能早救患於被刑。又孫子傳

⑨轉接連詞　與『然則』同。　月令仲冬命閹尹審門閭謹房室，詩之小雅亦有巷伯刺讒之篇，然宦人之在王朝者其來舊矣。後漢書宦者傳

⑩語末助詞　助形容詞或副詞爲其語尾。　▲惠然肯來。詩邶風終風 ▲卜云其吉，終然允臧。又鄘風定之方中 ▲弑不成，卻反，舍于郊，皆說然息。公羊傳定八年 ▲子在陳曰：歸與歸與！吾黨之小子狂簡，斐然成章，不知所以裁之。論語公冶長

▲顏淵喟然歎曰：仰之彌高，鑽之彌堅；瞻之在前，忽焉在後。又子罕 ▲子夏曰：君子有三變：望之儼然，卽之也溫，聽其言也厲。又子張 ▲欣欣然有喜色而相告。孟子 ▲天油然作雲，沛然下雨，則苗浡然興之矣。又 ▲王勃然變乎色。又 ▲曾西艴然不悅。又 ▲使民盻盻然，終歲勤動，不得以養其父母。又 ▲德璉常斐然有述作之意。魏文帝與吳質書

⑪語末助詞　表擬象，多與「如」「若」連用。 ▲如見其肺肝然。禮記大學 ▲其待之也，若待諸侯然。又雜記 ▲無若宋人然。孟子 ▲予豈若是小丈夫然哉？又 ▲今言王若易然。又 ▲木若以美然。又 ▲其視殺人若艾草菅然。漢書賈誼傳

⑫語末助詞　表斷定，用同「焉」。 ▲穆公召縣子而問然。禮記檀弓 ▲國人稱願然曰：幸哉！有子如此。又祭義　按大戴記曾子大孝篇「然」作「焉」。 ▲君子以此之爲尊敬然。又哀公問 ▲寡人願有言然。又 ▲若由也，不得其

死然。論語先進　▲强鉗而利口，厚顏而忍詬，無正而恣睢，妄辨而幾利，不好辭讓，不敬禮節，而好相推擠：此亂世姦人之說也，則天下之治說者方多然矣。荀子解蔽

忍

①助動詞　▲一朝而尸三卿，余不忍爲也。左傳　▲匈奴冒頓新服北夷，來爲邊害；孟舒知士卒罷敝，不忍出言。史記田叔傳　▲女至不材，我不忍殺，不分一錢也！又司馬相如傳

任

①外動詞　廣韻云：當也。▲臣不任受怨，君亦不任受德。左傳成三年

②外動詞　勝也，當也。多與『不』或『勿』連用。『不任』『毋任』與『不勝』

同，猶今言『當不起。』按義與前條同，而用法小異。▲伏銘私荷，不任下情。謝朓謝左傳啓

③助動詞　劉淇云：任猶能也。▲是時，武安君病，不任行。史記白起傳　▲卒腹痛，不任入。吳志諸葛恪傳　▲義眞輕訬，不任主社稷。宋書廬陵王義眞傳

仍ㄖㄥˊ

①外動詞　因也。▲魯人爲長府。閔子騫曰：仍舊貫，如之何，何必改作？論語先進

②副詞　頻也，連也。▲晉仍無道而鮮胄。周語　▲明年，大將軍將六將軍仍再出擊胡。史記平準書　▲淮南衡山專挾邪僻之計，謀爲叛逆，仍父子再亡國，各不終其身。又淮南王傳　▲太史公仍父子相續纂其職。又自序　▲今大將軍仍復克獲。漢書武帝紀　▲勳謂虞紹曰：吾仍見上，上甚聰明；但擁蔽於左右耳。後漢書蓋勳傳

③副詞　與『乃』通，始也。　▲策拊掌大笑，仍有兼并之志矣。吳志太史慈傳注　▲既而張遼至夾石，聞城已拔，仍退。又呂蒙傳

如

①關係內動詞　往也。　▲州公如曹。春秋桓五年　▲公將如棠觀魚者。左傳隱五年　▲忽容容其安之兮？超荒忽其焉如？東方朔七諫　▲餘起如廁。漢書張耳傳　▲上如邯鄲擊豨。又盧綰傳　▲田生如長安，不見澤，而假大宅，令其子求事呂后所幸大謁者張卿。又荊燕吳傳

②外動詞　及也。　▲明日，徐公來。熟視之，自以爲不如；闚鏡而自視，又弗如遠甚。齊策　▲夫宋之不足如梁也，寡人知之矣。宋策

③外動詞　公羊昭十二年注云：如猶奈也。童斐云：如字含有『處置』二字之意。按如字又猶今言『對付』。　▲陳文子見崔武子曰：將如君何？左傳襄二十四年

按『將如君何，』當譯爲『將怎樣對付君。』故『何』爲副詞。▲人而不仁如禮何；人而不仁，如樂何？論語八佾 ▲天生德於予，桓魋其如予何？又述而 ▲不能正其身，如正人何？又子路 ▲不曰如之何如之何者，吾末如之何也已。又衛靈公 ▲君如彼何哉？孟子 ▲吾如有萌焉何哉？又 ▲一薛居州，獨如宋王何？又 ▲曩吾修詩書，正禮樂，將以治天下，遺來世，非但修一身治魯國而已；而魯之君臣日失其序，仁義益衰，情性益薄，此道不行一國與當年，其如天下與來世矣！列子仲尼

④助動詞 當也。▲夏，大旱，公欲焚巫尫。臧文仲曰：巫尫何爲？天欲殺之，則如勿生。若能爲旱，焚之滋甚。左傳僖二十一年 ▲若愛重傷，則如勿傷；愛其二毛，則如服焉。又僖二十二年 ▲有喜而憂，如有憂而喜乎？又宣十一年 ▲若知不能，則如無出。今既遇矣，不如戰也。又成二年 ▲二三子若能死亡，則如違之以待所濟；若求安定，則如與之以濟所欲。又昭十三年 ▲君若愛司馬，則如亡。又昭二十一年

▲子西曰：不能，如辭。又定五年　▲然則如叛之。又定八年　▲不習爲吏，如視己事。大戴禮保傅　▲今天下莫爲義，則子如勸我者也，何故止我？墨子貴義　▲孟子將朝王，王使人來曰：寡人如就見者也；有寒疾，不可以風。朝將視朝，不識可使寡人得見乎？孟子公孫丑下　▲欲令都尉自送，則如勿收耶？漢書翟義傳

⑤介詞　與今語『依照』同。▲項羽使人還報懷王，懷王曰：如約。史記高帝紀

按『如約』者謂『如約以高祖王秦』也。『以高祖王秦』省去。▲雖三代征伐，未能竟其義，如其文也。又司馬穰苴傳　▲汝陰侯滕公心知朱家大俠，意季布匿其所，乃許曰：諾。待閒，果言如朱家指。又季布傳　▲再飲，病已，溺如故。又倉公傳

按『如故』卽今言『依舊』『照舊』。

⑥等立連詞　與也。▲修五禮，五玉，三帛，二牲，一死贄，如五器。書堯典　▲公如大夫入。儀禮鄉飲酒禮　▲趙王問樓緩曰：予秦地如毋予，孰吉？史記虞卿傳

⑦承接連詞　而也。▲耿耿不寐，如有隱憂。詩邶風柏舟　▲不失其馳，舍矢如破。

又小雅車攻 ▲使有司月省如時考之。大戴禮王言 ▲是故不賞不罰如民咸盡力。又子張問入官 ▲記鴻雁之遰也，如不記其鄉，何也？又夏小正 ▲帝入東學，上親而貴仁，則親疏有序如恩相及矣。又保傅 ▲天下豈有無父之國哉？吾何行如之？禮記檀弓 按王引之云宣十七年穀梁傳：『兄弟也何去而之』語意同。

▲及鄭伯盟，歃如忘。左傳隱七年 ▲夜中，星隕如雨。又莊七年 ▲火如象之，不火何爲？又昭六年 ▲勇如害上，則不登於明堂。逸周書後大匡 ▲民之自計，皆就安利如辟危窮。韓非子五蠹 ▲安如易，樂而湛。大戴禮保傅 ▲合志如同方，共其憂而任其難。又文王官人 ▲施其時而成之，法其命如循之。春秋繁露王道通三 ▲見利如前，乘便而起。鹽鐵論世務 按以上四例皆『如』『而』互用。

⑧轉接連詞 與『而』第九條同，與今語『卻』相當。▲夫鼠，晝伏夜動，不穴於寢廟，畏人故也。今君聞晉之亂而後作焉，寧將事之，非鼠如何？左傳襄二十三年 ▲史曰：爾爲仁爲義，人弑爾君而復國不討賊，此非弑君如何？公羊傳宣六年

聾瘖，非害國家如何也？晏子諫篇　▲鄉是如不臧，倍是如不亡者，自古及今未嘗有也。荀子儒效篇　▲非故如何也。楚策　▲非反如何也？趙策

⑨選擇連詞　或也。▲安見方六七十如五六十而非邦也者？論語先進　▲宗廟之事如會同，端章甫，願爲小相焉。又

⑩假設連詞　若也。今言『假如』　▲富而可求也，雖執鞭之士，吾亦爲之；如不可求，從吾所好。論語述而　▲如有用我者，吾其爲東周乎？又陽貨　▲如恥之，莫若師文王。孟子　▲如有遇霧露，行道死，陛下竟以天下之大弗能容。史記袁盎傳　▲如有馬驚車敗，陛下縱自輕，奈高廟太后何？又　▲惜乎！子不遇時！如令子當高帝時，萬戶侯豈足道哉！又李將軍傳　▲客亦何面目復見文乎？如復見文者，必唾其面而大辱之！又孟嘗君傳　▲孔子曰：魯今且郊。如致膰乎大夫，則吾猶可以止。又孔子世家

⑪比喻連詞　當以『像……一般』『像……似的』譯之。▲不欲碌碌如玉

落落如石。老子　▲君之視臣如犬馬，則臣事君如寇讎。孟子　▲士趨矢石，如渴得飲。史記貨殖傳　▲人生一世間，安能邑邑如此？又淮南王傳　▲至如說丞相弘，如發蒙振落耳！又汲黯傳　▲貴出如糞土，賤取如珠玉。又貨殖傳　▲楚令尹子西曰：王之使使諸侯，有如子貢者乎？又孔子世家　▲今漢王慢而侮人，罵詈諸侯羣臣，如罵奴耳。又彭越傳　▲夫秦王有虎狼之心，殺人如不能舉，刑人如恐不勝。又項羽紀

⑫語末助詞　爲形容詞副詞之語尾，無義。▲屯如亶如，乘馬班如。易屯　▲褎如充耳。詩邶旄丘　▲婉如清揚。又鄭風野有蔓草　▲子之燕居，申申如也，夭夭如也。論語述而　▲孔子於鄉黨，恂恂如也。朝與下大夫言，侃侃如也；與上大夫言，誾誾如也。君在，踧踖如也，與與如也。君召使擯，色勃如也，足躩如也。又鄉黨　▲善如爾之問也。禮記祭義　▲受一爵而色洒如也。又玉藻　▲孔子三月無君，則皇皇如也。孟子　▲天下晏如也。史記司馬相如傳　▲縈如辱如，有機有樞。漢書敘

傳

辱 ㄖㄨˋ

①表敬副詞　▲君與滕君辱在寡人。左傳隱十一年　▲敝邑以政刑之不脩，寇盜充斥，無若諸侯之屬辱在寡君者何，是以令吏人完客所館。又襄三十一年

詞詮卷六

茲ㄗ

①指示代名詞　此也。▲好生之德，洽于民心，茲用不犯于有司。書大禹謨　按『茲用』爲『用茲』之倒文。▲念茲在茲！書　▲文王既沒，文不在茲乎！論語子罕

②指示形容詞　此也。▲帝曰：皐陶！惟茲臣庶，罔或干予正。書大禹謨　▲惟茲佩之可貴兮，委厥美而歷茲。離騷　▲堂堂其胤，爲世之良，于其令母，受茲義方。蔡邕濟北相崔君夫人誄

③副詞　說文云：茲，草木益多也。此茲字本義，今通用滋字。▲怙其儁才而不以茂德，茲益罪也。左傳宣十五年　▲今余命女環茲率舅氏之典。又襄十四年　▲君

富於季氏而大於魯國，茲陽虎所欲傾覆也。又定九年 ▲且夫卭筰西僰之與中國竝也，歷年茲多，不可記已。史記司馬相如傳 ▲賦斂茲重。漢書五行志 ▲今將軍爲秦將三歲矣！所亡失已十萬數，而諸侯竝起茲益多。又項籍傳 ▲匈奴終不敢取當茲欲鄉和親，而邊境少事矣。又匈奴傳

④承接連詞 斯也，則也。 ▲朝夕曰：祀茲酒。書酒誥 按王引之云：言朝夕戒之曰：惟祭祀斯用酒也。故下文曰飲惟祀。 ▲若可，師有濟也；君而繼之，茲無敵矣。左傳昭二十六年

⑤承接連詞 王引之云：承下起上之詞，猶今人言致令如此也。樹達按：茲，此也；本代名詞。此種用法，乃是『茲用』之省略。介詞『用』字省去，故獨存茲字，而其作用乃如王氏所云矣。 ▲勿使有所壅閉湫底以露其體，茲心不爽而昏亂百度。左傳昭元年 ▲單旗劉狄帥羣不弔之人以行亂于王室；晉爲不道，是攝是贊，思肆其罔極；茲不穀震盪播越，竄在荆蠻。又昭廿六年

⑥語末助詞　與哉同。▲周公曰：嗚呼！休茲！書　▲昭茲來許，繩其祖武。詩大雅下
武　▲美矣岑君，嗚呼休茲！後漢書岑彭傳贊

滋

①副詞　益也。即茲之通用字。參閱『茲』第三條。▲若是，則弟子之惑滋甚。孟
子　▲吳王恐爲謀滋甚。史記吳王濞傳　▲侵奪諸侯之地，徵求滋多。又　▲武
安君由此滋驕。又魏其武安侯傳　▲太后好黃老之言，而魏其武安趙綰王臧等
務隆推儒術，貶道家言；是以竇太后滋不說魏其等。又　▲民務稼穡，衣食滋殖。
又呂后紀　▲老子曰：法令滋章，盜賊多有。又酷吏傳　▲孔氏有古文尚書，而安國
以今文讀之，因以起其家逸書，得十餘篇；蓋尚書滋多於是矣。又儒林傳　▲諸辨
士爲方略者，妄作妖言諂諛王，王喜，多賜金錢，而謀反滋甚。又淮南王傳　▲孝文
皇帝始置五經博士，武帝大合天下之書，而孝宣論六經於石渠，學者滋盛。後漢

書翟酺傳

咨ㄗ　訾

①歎詞　無義。▲帝曰：咨！女羲暨和。朞三百有六旬有六日，以閏月定四時成歲，允釐百工，庶績咸熙。書堯典　▲帝曰：咨！四岳湯湯洪水方割，蕩蕩懷山襄陵，浩浩滔天下民其咨，有能俾乂？僉曰：於！鯀哉！又　▲帝曰：咨！四岳朕在位七十載，汝能庸命巽朕位。又　▲咨虖羣公可不憂哉！漢書王莽傳　▲咨！可謂命世大聖，千載之師表者已。魏修孔子廟碑　▲昔荆龔王與晉厲公戰於鄢陵。臨戰，司馬子反渴而求飲，豎陽穀操黍酒而進之。子反叱曰：訾！退酒也！呂氏春秋權勳　▲孟嘗君讌坐，一人曰：訾！天下之王有侵君者，臣請以血湔其衽！齊策　▲訾黃其何不徠下？漢書禮樂志　按師古注云：訾，嗟歎之辭也。

自ㄗ

①內動詞　由也，因也。　▲二者之咎，皆自於朕之德薄而不能遠達也。史記文帝紀　▲要若有司馬相如劉向揚雄之徒出，必自於此，不自於循常之徒也。韓愈答劉正夫書

②代名詞　今言『自己』。　▲其自爲謀也則過矣，其爲吾先君謀也則忠。左傳成二年　▲殺人之父，人亦殺其父；殺人之兄，人亦殺其兄。然則非自殺之也，一閒耳。孟子　▲先名實者，爲人也；後名實者，自爲也。又　▲許子冠乎？曰：冠。曰：奚冠？曰：冠素。曰：自織之與？曰：否，以粟易之。又滕文公上　▲夫人必自侮，然後人侮之；家必自毀，而後人毀之；國必自伐，而後人伐之。又離婁上　▲自暴者不可與有言也，自棄者不可與有爲也。又　▲公則自傷，鬼惡能傷公！莊子達生　▲山木自寇也，膏火自煎也。又人閒世　▲分財則多自與。史記管仲傳　▲遺人立六國後，自爲

樹黨,爲秦益敵也。又張耳陳餘傳 ▲侍中樂陵侯高,帷幄近臣,朕之所自親,君何越職而舉之?漢書黃霸傳 ▲朔文辭不遜,高自稱譽。又東方朔傳 ▲陛下幸而赦遷之,自疾而死。又賈誼傳 ▲顯及禹山雲自見日侵削,數相對啼泣自怨。又霍光傳

③副詞　今言『另自』『別自』。 ▲安世深辭賀封,又求損守冢戶數,稍減至三十戶。上曰:吾自爲掖廷令,非爲將軍也。安世乃止,不敢復言。漢書張安世傳 ▲此閒自有伏龍鳳雛。世說註

④介詞　從也。 ▲自其異者視之,肝膽楚越也;自其同者視之,萬物皆同也。莊子德充符 ▲一與一爲二,二與一爲三。自此以往,巧曆不能得。又齊物論 ▲自天子稱號下至佐僚及宮室官名,少所變更。史記禮書　按以上諸例,自字介事。 ▲自命夫命婦至於老病,無不受冰。左傳昭四年 ▲自天子以至於庶人,壹是皆以修身爲本。禮記大學 ▲大宛之跡見自張騫。史記大宛傳　按以上諸例,自字介人。 ▲自朝至于日中昃。書 ▲自未作鄜畤也,而雍旁故有吳陽武畤。史記封禪書

▲自古至今，所由來遠矣。又三王世家 ▲無忌自在大梁時，常聞此兩人賢。又信陵君傳 ▲今自陛下舉兵擊匈奴，中國以空虛。又酷吏傳 ▲自秦時棄不屬。漢書嚴助傳 ▲自漢初定以來七十二年，吳越人相攻擊者不可勝數。又 按以上諸例，自字介時間。▲吾自衞反魯，然後樂正。論語子罕 ▲有爲神農之言者許行，自楚之滕。孟子滕文公上 ▲姊衞子夫自平陽公主家得幸天子。史記衞青傳 ▲弟子自遠方至受業者百餘人。又儒林傳 ▲令郡具私馬五十疋爲驛，自河內至長安。又酷吏傳 ▲然劇孟母死，自遠方送喪蓋千乘。又游俠傳 ▲自關以東，莫不延頸願交焉。又 按以上諸例，自字介方所。

⑤假設連詞　苟也。恒以「自非」連用。▲自非聖人，外寧必有內憂。左傳成十六年 ▲意者臣愚而不概于王心邪？亡其言臣者賤而不可用乎？自非然者，臣願得少賜游觀之閒，望見顏色。史記范雎傳 ▲自非大無道之世者，天盡欲扶持而安全之。漢書董仲舒傳 ▲自非聖人，得志而不驕佚者，未之有也。鹽鐵論論功 ▲

自非供陵廟，稻粱米不得導擇。後漢書皇后記　▲自非拜國君之命，胡嘗扶杖出門乎？又鄭玄傳　▲自非顯才高行，安可强冠之哉！西京雜記

⑥推拓連詞　與『雖』同。▲自吾母而不得吾情，吾惡乎用吾情？禮記檀弓下　▲夫自上聖黃帝作爲禮樂法度，身以先之，僅以小治。史記秦本紀　▲自含血戴角之獸，見犯則校，而況於人懷好惡喜怒之氣！又律書　▲自子夏門人之高弟也，猶云出見紛華盛麗而說，入聞夫子之道而樂，二者心戰，未能自決，而況中庸以下，漸漬於失教，被服於成俗乎？又禮書　▲漢興，接秦之弊，作業劇而財匱。自天子不能具鈞駟，而將相或乘牛車。又平準書　▲昌爲人强力敢直言，自蕭曹等皆卑下之。又周昌傳　▲且自呂后太子及大臣皆素敬憚之。又　▲高祖不脩文學，而性明達，好謀能聽。自監門戍卒見之如舊。漢書高祖紀　▲至于技巧工匠，自元成閒鮮能及之。又宣帝紀贊　▲自京師有誖逆不順之子孫。又禮樂志　▲今律令煩多而不約，自典文者不能分明。又刑法志　▲律令煩多，百有餘萬言；奇情他

比，日以益茲，自明習者不知所由。又 ▲堪非獨不可於朝廷，自州里亦不可也。▲又劉向傳 ▲自高皇帝不能以是一歲爲安，故臣知陛下之不能也。又賈誼傳 自薄太后太子諸大臣皆憚厲王。又淮南厲王傳 ▲或說黯曰：自天子欲令羣臣下大將軍。又汲黯傳 ▲招延四方豪傑，自山東游士莫不至。又文三王傳 ▲且自三代之盛，夷狄不與正朔服色。又韓安國傳 ▲自凡人猶繫於習俗，而況哀公之倫乎？又景十三王傳 ▲自丞相黃霸廷尉于定國大司農朱邑京兆尹張敞右扶風尹翁歸及儒者夏侯勝等皆以善終著名宣帝之世，然不得列於名臣之圖，以此知其選矣。又蘇武傳 ▲自魏其武安之厚賓客，天子常切齒。又衛青傳贊 ▲故顏淵死，孔子曰：噫！天喪余！唯此一人爲能當之；自宰我子貢子游子夏不與焉。又董仲舒傳贊 ▲每定大政已決，輒移病出。聞有詔令，乃驚，使吏之丞相府問焉。自朝廷大臣，莫知其與議也。又張安世傳 ▲自京師不曉，況於遠方？又杜周傳 ▲自尚書近臣，皆結舌杜口。又 ▲然自劉向揚雄皆博極羣書，皆稱遷有良史之材。

又司馬遷傳贊　▲自三代之盛，胡越不與受正朔也。又嚴助傳　▲自公卿在位，皆敖弄無所爲屈。又東方朔傳　▲自唐虞之隆，成康之際，未足以諭當世。又　▲自堯之用舜，文王於太公，猶試然後爵之，又況朱雲者乎？又胡建傳　▲自霍光之賢，不能爲子孫慮。又梅福傳　▲自聖人推類以記，不敢專也，況於非聖者乎？又于定國傳　▲自高祖聞而召之，不至。又王貢兩龔傳　▲自禁門內樞機近臣，蒙受冤譖。又孫寶傳　▲大司農錢，自乘輿不以給供養。又毋將隆傳　▲元帝時，中書令石顯用事，自前相韋玄成及衡皆畏顯。又匡衡傳　▲性與天道，自子貢之屬不得聞。又張禹傳　▲自古大聖猶懼此，況臣莽之斗筲？又翟義傳　▲自貢獻宗廟三宮，猶不至此。又王嘉傳　▲是以遐方疏俗殊鄰絕黨之域，自上仁所不化，茂德所不綏，莫不蹻足抗手，請獻厥珍。又揚雄傳　▲其治米鹽，事小大皆關其手，自部署縣名曹貴物，官吏令丞，弗得擅搖。又咸宣傳　▲自中國尚建關梁以制諸侯，所以絕臣下之覬欲也。又匈奴傳　▲自黃帝湯武行師，必待部曲旗旌號令。又王莽傳　▲時書不布，自東平王以叔父求太史公諸子書，大將軍白不許。又敍傳　▲故自帝師安昌侯諸舅大將軍兄弟及公卿大夫後宮外屬許史之家有貴寵者，莫不被文傷詆。又　▲自天地不能兩盈，而況於人事乎？鹽鐵論非鞅　▲自吏明習者不知所處，而況愚民乎？又刑德　▲吾愛士，雖吾子不能過也；及其犯誅，自吾子亦不能脫也。吳越春秋

雜 ㄗㄚˊ

①表態副詞　今言參雜。　▲復遣廷尉大鴻臚雜問。漢書文三王傳　▲相如身自著犢鼻褌，與庸保雜作，滌器於市中。又司馬相如傳　▲寔以病徵拜議郎，復與諸儒博士共雜定五經。後漢書崔寔傳

作 ㄗㄛˋ

①時間副詞　詩駉傳云：作，始也。王念孫云：作之言乍也。乍者，始也。▲烝民乃粒，萬邦作乂。書皋陶謨 ▲萊夷作牧。又禹貢 ▲沱潛既道，雲土夢作乂。又

②時間介詞　及也。▲其在高宗時，舊勞于外，爰曁小人。作其卽位，乃或亮陰三年不言。書無逸 ▲其在祖甲，不義惟王，舊惟小人。作其卽位，爰知小人之依。又

則ㄗㄜˊ

①名詞　法則也。▲伐柯伐柯，其則不遠。詩豳風伐柯 ▲天生烝民，有物有則。又大雅烝民 ▲敬慎威儀，維民之則。又抑 ▲先人有則而我弗虧。後漢書崔駰傳

②外動詞　法傚也。▲河出圖，洛出書，聖人則之。易繫辭 ▲則而效之。左傳 ▲行父還觀莒僕，莫可則也。又文十八年 ▲幽厲之後，王道缺，禮樂衰，孔子脩舊起廢，論詩書，作春秋，則學者至今則之。漢書司馬遷傳 ▲則后稷之烈。鹽鐵論 ▲臣聞三公上則台階，下象山岳。後漢書劉愷傳

③不完全內動詞　乃也。　▲雖隕於深淵，則天命也。左傳哀十五年　▲是非王之夫子母弟甥舅也，則皆荆蠻戎狄之人也；非親則頑，不可入也。鄭語　▲天下之言性也，則故而已矣。孟子　▲此則寡人之罪也。又　▲夫章子，豈不欲有夫妻子母之屬哉？爲得罪於父，不得近，出妻屏子，終身不養焉。其設心以爲不若是，是則罪之大者，是則章子已矣！又離婁下　▲卿則州人，昔又從事。吳志太史慈傳

④時間副詞　與『卽』同。表示一種動作或狀態表現之早速。　▲故有社稷莫不欲安，俄則危矣；莫不欲存，俄則亡矣。韓詩外傳　▲於是至則圍王離，與秦軍遇。漢書項籍傳　按『至』與『圍王離』動作相距之時間極短，故云『則』。　▲周王數百年，秦二世則亡，不如都周。又婁敬傳　▲湯武廣大其德行，六七百歲而弗失；秦王治天下十餘歲則大敗。又賈誼傳　按漢書王莽傳云：『應聲滌地，則時成創。』『則時』與『卽時』同，『則』作形容詞用。以用例他書少見，附記於此。

⑤承接連詞　表因果之關係。則字以上之文爲原因，以下之文爲結果。　▲聖人

以順動，則刑罰清而民服。易 ▲宗邑無主，則民不威；疆場無主，則啓戎心。左傳莊二十八年 ▲夫諸侯之賄聚於公室，則諸侯貳；若吾子賴之，則晉國貳。諸侯貳則晉國壞；晉國貳則子之家壞。何沒沒也？將焉用賄？又襄二十四年 ▲水懦弱，民狎而翫之，則多死焉。又昭二十年 ▲其爲物不貳，則其生物不測。禮記中庸 ▲是故財聚則民散，財散則民聚。又大學 ▲道善則得之，不善則失之矣。又 ▲仁則榮，不仁則辱。孟子 ▲人能無以飢渴之害爲心害，則不及人不爲憂矣。又 ▲思則得之，不思則不得也。又告子上 ▲趙亡則勝爲虜，何爲不憂乎？史記平原君傳 ▲如此，則嫌乃可爲也。又 ▲黃金成，以爲飲食器，則益壽。又封禪書 ▲先生之方能若是，則太子可生也。又扁鵲傳 ▲大王誠幸而許之一言，則吳王率楚王略函谷關，守滎陽敖倉之粟，距漢兵，治次舍須大王。又吳王濞傳 ▲且秦無已而帝，則且變易諸侯之大臣。又 ▲今以法割削之，則逆節萌起。又主父偃傳 ▲雖包堯舜之術，挾伊管之辨，懷龍逢比干之意，欲盡忠當世之君，而素無根柢之容，

雖竭精思，欲開忠信輔人主之治，則人主必有按劍相眄之跡。又鄒陽傳

⑥承接連詞　表文中對待之關係。說文云：『則，等畫物也。』則字本爲分畫之義，故其爲詞亦有畫分之義焉。此類文字，若去其所對待者而使之獨，則『則』字之作用失。至『則』字之形，或僅有其一而不兼具；然仍不害其爲對待也。▲穀則異室，死則同穴。詩王風大車　▲昊天上帝，則不我遺；羣公先正，則不我助。又大雅雲漢　▲子女玉帛，則君有之；羽毛齒革，則君地生焉。左傳僖二十三年　▲其自爲謀也，則過矣；其爲吾先君謀也，則忠。又成二年　▲入其門，則無人門焉者；入其閨，則無人閨焉者。公羊傳宣六年　▲弟子入則孝，出則弟。論語學而　▲立則見其參於前也；在輿，則見其倚於衡也。又衛靈公　▲夏后氏殯於東階之上，則猶在阼也；殷人殯於兩楹之閒，則與賓主夾之也；周人殯於西階之上，則猶賓之也。禮記檀弓　▲天地則已易矣，四時則已變矣。禮記　▲非其道，則一簞食不可受於人；如其道，則舜受堯之天下，不以爲泰。子以爲泰乎？孟子　▲樂歲粒米狼戾，多

取之而不爲虐，則寡取之；凶年糞其田而不足，則必取盈焉。又　▲諫則不行，言則不聽。又　▲入則無法家拂士，出則無敵國外患者，國恒亡。又　▲有伊尹之志則可，無伊尹之志則篡也。又　▲夫天下以市道交；君有勢，我則從君；君無勢，則去。史記廉頗傳　▲王入則侍景帝同輦，出則同車游獵。又梁孝王世家　▲有先生則活，無先生則棄捐塡溝壑。又扁鵲傳　▲漢之得人，於茲爲盛。儒雅則公孫弘董仲舒兒寬，篤行則石建石慶，質直則汲黯卜式，推賢則韓安國鄭當時，定令則趙禹張湯，文章則司馬遷相如，滑稽則東方朔枚皐，應對則嚴助朱買臣，歷數則唐都洛下閎，協律則李延年，運籌則桑弘羊，奉使則張騫蘇武，將帥則衞青霍去病，受遺則霍光金日磾，其餘不可勝紀。漢書公孫弘傳　按以上諸例爲一事具一則字者。

▲其室則邇，其人□甚遠。詩　▲我□辭禮矣！彼則以之。左傳襄十年

▲今有璞玉於此，雖萬鎰，□必使玉人彫琢之；至於治國家，則曰姑舍女所學而從我，則何以異於教玉人彫琢玉哉？孟子梁惠王下　▲耳目之官□不思而蔽於

物，物交物，則引之而已矣！心之官則思。又告子上 ▲故無因至前，口雖夜光之珠，猶不見德；故有人先談，則以枯木朽株樹功而不忘。史記鄒陽傳 ▲項王則受璧置之坐上；亞父口受玉斗，置之地，拔劍撞而破之。又項羽紀 按以上諸例二事對言，止一則字。凡口處皆『則』字被省略之處也。▲孔子與門人立，拱而尚右。二三子亦皆尚右。孔子曰：二三子之嗜學也！我則有姊之喪故也。二三子皆尚左。禮記檀弓上 按此以我與二三子爲對待，故以『則』字別言之。▲宋殤公立，十年十一戰，民不堪命。孔父嘉爲司馬，督爲太宰，故因民之不堪命，先宣言曰：司馬則然。左傳桓二年 按『司馬則然，』督以此明己之不與也。▲周書有之：『乃大明服。』己則不明，而殺人以逞，不亦難乎？又僖二十三年 按：『己則不明』，隱寓『他人則無罪』之義。▲先軫曰：子與之，定人之謂禮。楚一言而定三國，我一言而亡之。我則無禮，何以戰乎？又僖二十八年 ▲先軫曰：秦不哀吾喪，而伐吾同姓。秦則無禮，何施之爲？又僖二十三年 按：『秦則無禮，』謂我非無禮也。

▲我則不德，而徼怨於楚。我曲楚直，不可謂老。又宣十二年 按：『我則不德，』亦對楚爲言。下文『我曲楚直，』是其證矣。 按以上諸例文意本有二事，而只言一事；其未言之事，則以『則』字反映出之。『則』字功用之妙如此。

⑦承接連詞　於初發見一事之已然之狀態時用之。 ▲鄭穆公使視客館，則束載厲兵秣馬矣。左傳僖三十三年 ▲公使陽處父追之，及諸河，則在舟中矣。又 ▲登丘而望之，則馳；騁而從之，則決睢澨，閉門登陴矣。又成十五年 ▲嬖復命於崔子，且御而歸之。至，則無歸矣！又襄二十七年 ▲及晏子如晉，公更其宅。反，則成矣。又昭三年 ▲使子路反見之。至，則行矣。論語微子 ▲其子趨而往視之，苗則槁矣！孟子 ▲王之臣有託其妻子於其友而之楚遊者。比其反也，則凍餒其妻子。又梁惠王下 ▲辟兄離母，處於於陵。他日歸，則有饋其兄生鵝者。又滕文公下 ▲使使往之主人，荆卿則已駕而去榆次矣。史記刺客傳

⑧承接連詞　於始爲一事時用之。與『乃』『於是』義同。惟『乃』『於是』語氣

緩，而『則』語氣急耳。▲鯀則殛死，禹乃嗣興。書洪範 ▲禾則盡起。又金縢 ▲既見君子，我心則降。詩召南草蟲 ▲鷹則爲鳩。大戴禮夏小正 ▲豺則祭獸戮禽。呂氏春秋季秋紀 ▲及今上即位，則厚禮置祠之內中。史記封禪書 ▲天下初定，郡國諸侯各務自拊循其民。吳有豫章郡銅山，濞則招致天下亡命盜鑄錢。又吳王濞傳 ▲丞相取充位，天下事皆決於湯，百姓不安其生，騷動，縣官所興，未獲其利，姦吏並侵漁，於是痛繩以罪，則自公卿以下至於庶人咸指湯。又酷吏傳

⑨轉接連詞　與『而』同。▲寡人願事君朝夕不倦，將奉質幣以無失時，則國家多難，是以不獲。左傳昭三年 ▲竭力以事大國，則不得免焉。孟子 ▲夫貴爲天子，富有天下，是人情之所同欲也。然則從人之欲，則勢不能容，物不能贍也。荀子榮辱 ▲然則怪迂阿諛苟合之徒自此興。史記封禪書

⑩假設連詞　若也，苟也。▲女則有大疑，謀及乃心，謀及卿士，謀及庶人，謀及卜筮。書洪範 ▲心則不競，何憚于病。左傳僖七年　按風俗通作『心苟不競』。▲

德則不競，尋盟何爲？又成九年　▲公子則往，羣臣之子敢不皆負羈紲以從！又定八年　▲今是大鳥獸，則失喪其羣匹，越月踰時焉，則必反巡。禮記三年問　▲大寇則至，使之持危城，則必畔；遇敵處戰則必北。荀子議兵　▲彼則肆然而爲帝，過而遂正於天下，則連有赴東海而死矣。趙策　▲誠得劫秦王使悉反諸侯之侵地，則大善矣；則不可，因而刺殺之。燕策　▲臣之里婦，有夫死三日而嫁者，有終身不嫁者。則自爲娶，將何娶焉？韓詩外傳　▲今聞章邯降項羽，項羽乃號爲雍王，王關中。今則來，沛公恐不得有此。史記高祖紀　▲項王謂曹咎等曰：謹守成皐！則漢欲挑戰，愼勿與戰！又項羽紀　▲文公曰：子則自以爲有罪，寡人亦有罪耶？又循吏傳　▲陛下則不深察愚臣之言，忽於天地之戒，咎根不除，水雨之災山石之異將發不久。漢書谷永傳　▲丞相曰：使君所言公事，之曹與長史掾議之；吾且奏之。則私，吾不受私語。又袁盎傳

⑪陪從連詞　與「之」同。　▲匪雞則鳴，蒼蠅之聲。詩　▲匪東方則明，月出之

光。又

哉 ㄗㄞ

①時閒副詞　爾雅釋詁云：哉，始也。▲哉生魄。書　▲哉生明。又

②語中助詞　說文云：哉，言之閒也。▲王曰：嗚呼！肆哉爾庶邦君越爾御事！爽邦由哲，亦惟十人迪知上帝命。書大誥　▲陳錫哉周。詩大雅文王

③語末助詞　表感歎。　▲大哉乾元！萬物資始，乃統天。易乾彖傳　▲遠哉遙遙！左傳　▲廣哉熙熙乎！又　▲善哉民之主也！又　▲林放問禮之本。子曰：大哉問！論語八佾　▲大哉堯之為君也。又泰伯　▲孝哉閔子騫！人不閒於其父母昆弟之言。又先進　▲有是哉子之迂也！又子路　▲南宮适出，子曰：君子哉若人，尚德哉若人！又憲問　▲君哉舜也！孟子滕文公上　▲天下殆哉岌岌乎！又萬章上

▲陳涉少時嘗與人傭耕，輟耕之壟上，悵恨久之，曰：苟富貴無相忘！庸者笑而應

曰：若為庸耕，何富貴也！陳涉太息曰：嗟呼！燕雀安知鴻鵠之志哉！史記陳涉世家 ▲上讀子虛賦而善之，曰：朕獨不得與此人同時哉！又司馬相如傳 ▲上怒曰：烹之！通曰：嗟呼！寃哉烹也！又淮陰侯傳 ▲三代之際，非一士之智也，信哉！又叔孫通傳 ▲上其城，望見其屋室甚大，曰：壯哉縣！又陳平世家 ▲及吳楚一說，說雖行哉，然復不遂。又鼂錯傳 ▲觀故蕭曹樊噲滕公之家及其素，異哉所聞！又樊噲傳 ▲孔子因史文次春秋，紀元年，正時日月，蓋其詳哉！又三代世表

④語末助詞　表疑問。 ▲天實為之，謂之何哉？詩邶風北門 ▲咸丘蒙問曰：語云：盛德之士，君不得而臣，父不得而子。舜南面而立，堯帥諸侯北面而朝之，瞽瞍亦北面而朝之。舜見瞽瞍，其容有蹙。孔子曰：於斯時也，天下殆哉岌岌乎！不識此語誠然乎哉？孟子萬章上 ▲奈何以見陵之怨欲批其逆鱗哉！史記刺客傳 ▲曹丘至，卽揖季布曰：楚人諺曰：「得黃金百，不如得季布一諾。」足下何以得此聲於梁楚閒哉？又季布傳

⑤語末助詞　表反詰。▲禮云禮云，玉帛云乎哉？樂云樂云，鐘鼓云乎哉？論語陽貨 ▲湯使人以幣聘之。囂囂然曰：我何以湯之聘幣爲哉？我豈若處畎畝之中，由是以樂堯舜之道哉？湯三使往聘之。既而幡然改曰：與我處畎畝之中，由是以樂堯舜之道，吾豈若使是君爲堯舜之君哉？吾豈若使是民爲堯舜之民哉？吾豈若於吾身親見之哉？孟子 ▲處非道之位，被衆口之譖，溺於當世之言，而欲當嚴天子而求其安，幾不亦難哉！韓非子姦劫弑臣 ▲今將軍內不能直諫，外爲亡國將，孤特獨立而欲常存，豈不哀哉！史記項羽紀 ▲高祖急，顧丁公曰：兩賢豈相厄哉？又季布傳 ▲夫絳侯東陽侯稱爲長者，此兩人言事，曾不能出口，豈斆此嗇夫諜諜利口捷給哉？又張釋之傳 ▲愼夫人乃妾。妾主豈可與同坐哉！又袁盎傳 ▲非通幽明之變，惡能識乎性命哉？又外戚世家 ▲既驩合矣，或不能成子姓；能成子姓矣，或不能要其終：豈非命也哉！又 ▲夫精變天地，而信不喻兩主，豈不哀哉！又鄒陽傳 ▲忘國家之政，而貪雉兒之獲，則仁者不由也。從此觀之，齊楚之事，

豈不哀哉！又司馬相如傳　▲太史公曰：天道恢恢，豈不大哉！又滑稽傳　▲待農而食之，虞而出之，工而成之，商而通之，此寧有政教發徵期會哉？人各任其能，竭其力，以得所欲。又貨殖傳

⑥語末助詞　表擬議。禮記曾子問疏云：哉者，疑而量度之辭。　▲我其試哉！書堯典　▲帝曰：咨四岳。湯湯洪水方割，湯湯懷山襄陵，浩浩滔天，下民其咨！有能俾乂？僉曰：於！鯀哉！帝曰：吁！咈哉！方命圮族。岳曰：異哉！試可乃已！帝曰：往欽哉！又

在

①內動詞　今言「存在」。　▲子畏於匡，顏淵後。子曰：吾以女爲死矣。曰：子在，回何敢死！論語先進

②關係內動詞　▲魚在在藻，依于其蒲。詩小雅魚藻　▲公在乾侯。春秋　▲爲民父母行政，不免於率獸而食人，惡在其爲民父母也？孟子梁惠王上　▲在於王所

者，長幼卑尊皆辟居州也，王誰與爲不善？又滕文公下　▲國且危亡在於旦暮，史記淳于髡傳　▲顏淵簞食瓢飲，在于陋巷。漢書貨殖傳

③外動詞　存問也。　▲子以君命在寡君。儀記聘禮記　▲君與滕君辱在寡人。左傳隱十一年　▲君若辱在寡君，寡君與其二三臣共聽兩君之所欲，成其可知也。又成四年　▲寡人淹恤在外，二三子皆使寡人朝夕聞衞國之言，吾子獨不在寡人。又襄二十六年　▲敝邑以政刑之不脩，寇盜充斥，無若諸侯之屬辱在寡君者何；是以令吏人完客所館，高其閈閎，厚其牆垣，以無憂客使。又襄三十一年　▲君亦不使一个辱在寡人。又昭二十八年　▲必率諸侯以顧在余一人。吳語

④副詞　與『纔』『裁』同。　▲長沙乃在二萬五千戶耳。漢書賈誼傳　按王念孫云：賈子藩彊篇作『乃纔二萬五千戶』。

⑤介詞　於也。　▲魚在在藻，依于其蒲。詩小雅魚藻　按此例第一『在』字爲關係內動詞，第二『在』字爲介詞。『魚在在藻』，猶言『魚在于藻』也。觀此知

古人用字之精密。▲子在齊聞韶。論語述而 ▲在陳絕糧。又衛靈公 ▲在岐梁涇漆之北，有義渠大荔烏氏朐衍之戎。漢書匈奴傳 按右例『在』字介方所。▲齊晉秦楚，其在成周微甚。史記十二諸侯年表 按右例『在』字介時間。▲今譬於草木，寡君在君，君之臭味也。左傳襄八年 按右例『在』字表地位。

再 ツァイ

①表數副詞　二次也。▲景帝再自幸其家。漢書周仁傳 ▲五年一朝，凡再入朝。又文三王傳

載 ツァイ

①語首助詞　無義。▲載脂載舝，還車言邁。詩邶風泉水 ▲載馳載驅，歸唁衛侯。又鄘風載馳 ▲乃生男子，載寢之牀，載衣之裳，載弄之璋，其泣喤喤。又小雅斯干

▲乃生女子，載寢之地，載衣之裼，載弄之瓦。又　▲睍睆黃鳥，載好其音。詩　▲載笑載言。又　▲載輸爾載。將伯助予。又　▲汎汎楊舟，載沈載浮。又

②語中助詞　無義。　▲皇尸載起。詩小雅

③假設連詞　設也。　▲載使子草律曰吾不如弘恭。法言先知

早ㄗㄠˇ　蚤

①時間副詞　與今語同。　▲孔子蚤作，負手曳杖消搖於門。禮記檀弓上　▲不如早爲之所。左傳隱元年　▲得志於諸侯而誅無禮，曹其首也。子盍蚤自貳焉？又僖二十三年　▲多大國之交而威勢蚤具者可亡也。韓非子亡徵　▲然回也屢空，糟糠不厭，而卒蚤夭。史記伯夷傳　▲使遂蚤得處囊中，乃穎脫而出，非特末見而已。又平原君傳　▲事留變生，將軍復欲何待而不早決之乎？後漢書何進傳

暫蹔

①表態副詞　廣雅釋詁云：暫，猝也。▲廣陽死，睨其傍有一兒騎善馬，暫騰而上胡兒馬。漢書李廣傳

②時間副詞　不久之詞。今言「暫時」　▲且夫前世豈樂傾無量之費，役無罪之人，快心於狼望之北哉，以爲不壹勞者不久佚，不蹔費者不永寧，是以忍百萬之師以摧餓虎之喙，運府庫之財塡盧山之壑而不悔也。漢書匈奴傳　▲友人勸其仕，憲亦不拒之，暫到京師而還，竟無所就。後漢書黃憲傳　▲閒隙一開，則邪人動心；利競暫啓，則仁義道塞。又李固傳　▲當其快然自足，蹔得于己。王右軍帖

曾

①表態副詞　高也。見淮南子注。字又作增，見增下。▲鳳皇曾逝萬仞之上。淮南

子覽冥訓

②時間副詞　嘗也。音層。（ㄘㄥˊ）▲莊公存之時，樂曾淫于宮中。公羊傳閔元年 ▲然身修者，官未曾亂也。史記循吏傳 ▲虜曾一入，倘率車騎擊之，所殺甚衆。又馮唐傳 ▲梁王以此怨盎，曾使人刺盎。又袁盎傳 ▲孟嘗君曾待客夜食，有一人蔽火光，客怒，以飯不等，輟食辭去。孟嘗君起，自持其飯比之，客慙，自剄。又孟嘗君傳 ▲孝惠帝曾春出游離宮，叔孫生曰：古者有春嘗果，方今櫻桃熟，可獻，願陛下出，因取櫻桃獻宗廟。又叔孫通傳 ▲時征西校尉任倘以姦利被徵抵罪，倘曾副大將軍鄧騭，騭黨護之。後漢書劉愷傳

③副詞　乃也。▲誰謂河廣？曾不容刀；誰謂宋遠？曾不崇朝。詩衛風河廣 ▲喪亂蔑資，曾莫惠我師。又大雅板 ▲臯臯訿訿，曾不知其玷。又召旻 ▲將由夫患邪淫之人與？則彼朝死而夕忘之；然而從之，則是曾鳥獸之不若也。禮記三年問 ▲越曾足以爲大虞乎？吳語 ▲設以齊取魯，曾不興師，徒以言而已矣。公羊傳閔二年

▲曾謂泰山不如林放乎？論語八佾 ▲吾以子爲異之問，曾由與求之問。又先進 ▲讒佞之人，則奚曾爲國常患乎？晏子春秋外篇 ▲爾何曾比予於管仲？孟子公孫丑上 ▲王何曾惜一踦屨乎？賈子諭誠 ▲此兩人言事，曾不能出口。史記張釋之傳 ▲老臣病足，曾不能疾走。又趙世家 ▲紂貴爲天子，死曾不如匹夫。又淮南王傳 ▲因讓佗自立爲帝，曾無一介之使報者。又南越傳 ▲何梁王爲人子之孝，爲人臣之忠，而太后曾弗省也？又韓長孺傳 ▲强者規田以千數，弱者曾無立錐之居。漢書王莽傳

增Z

①表態副詞　高也。 ▲鳳皇翔于千仞兮，覽德煇而下之。見細德之險徵兮，遙增擊而去之。漢書賈誼傳 ▲夫鳶鵲遭害，則仁鳥增逝；愚者蒙戮，則知士深退。又梅福傳

卽ㄐ一ˊ

①不完全內動詞　爲也，是也。▲民死亡者，非其父兄，卽其子弟。左傳襄八年 ▲梁父卽楚將項燕。史記項羽紀 ▲博士諸生三十餘人前曰：人臣無將，將卽反。又叔孫通傳 ▲少府徐仁，卽丞相車千秋女壻也。漢書杜延年傳 ▲宮卽曉子女。又外戚傳 ▲游公母卽祁太伯母也。又原涉傳

②形容詞　與今語『當』同。▲項羽卽日因留沛公與飲。史記項羽紀　按『卽日』猶今言『當日』。▲項伯許諾，卽夜復去。漢書高帝紀 ▲卽日夕，入未央宮。又文帝紀 ▲後人有毀涉者曰：『姦人之雄也。』喪家子卽時刺殺言者。又原涉傳 ▲時漢中蠻夷反畔，以禪爲漢中太守。夷賊素聞其名聲，卽時降服。後漢書陳禪傳 ▲終又上書自訟，卽日貰出。又楊終傳 ▲郃渡兵攻盛，盛不能拒，卽時卻退。吳志朱然傳

③副詞　與「便」同。▲雍齒雅不欲屬沛公。及魏招之，即反爲魏守豐。史記高祖紀　▲秦始皇帝常曰：東南有天子氣。於是因東游以厭之。高祖即自疑，亡匿。又▲留侯性多病，即道引，不食穀。又留侯世家　▲歲餘，高后崩，即罷兵。又南越傳▲大臣固爭之，莫能得。上以留侯策，即止。又張丞相傳　▲降城即以侯其將，得賂即以分其士。又酈生傳　▲縣人來，聞蹕，匿橋下。久之，以爲行已過，即出。見乘輿車騎，即走耳。又張釋之傳　▲大王一日得楚之亡卒，未知其高下，而即與同載。又陳平世家　▲未至軍，爲壇，以節召樊噲。噲受詔，即反接，載檻車。又　▲度不中不發，發即應弦而倒。又李廣傳　▲客有道涉所知母病避疾在里宅者，涉即往候。又原涉傳

④表態副詞　或也。▲若以越國之罪爲不可赦也，將焚宗廟，係妻孥，沈金玉於江，有帶甲五千人將以致死，無乃即傷君王之所愛乎？越語　▲雄見諸子各以其知舛馳，大氐詆訾聖人，即爲怪迂析辯詭辭以撓世事，雖小辯，終破大道而或

衆。漢書揚雄傳

⑤方所介詞　卽今語『就地』之『就』。▲項羽晨朝上將軍宋義，卽其帳中斬宋義頭。史記項羽紀　▲乃使陳平載絳侯代將而卽軍中斬噲。又樊噲傳　▲十月，卽墓上弑齊君舍而商人自立。又齊世家　▲吳王卽山鑄錢。又吳王濞傳　▲天子使者持大將軍印卽軍中拜車騎將軍青爲大將軍。又衛青傳　▲召黃門郎揚雄卽充國圖畫而頌之。漢書趙充國傳

⑥承接連詞　與『則』同，古卽則通用。▲三十四十之間而無藝，卽無藝矣。五十而不以善聞，則無聞矣。大戴禮曾子立事　▲與之地，卽無地以給之。韓策　▲王能使臣無拜，可矣。不卽不見也。秦策　▲公徐行卽免死，疾行則及禍。史記項羽紀　▲先卽制人，後則爲人所制。又　聞令下，卽各以其學議之。又李斯傳　▲今單于能，卽前與漢戰，天子自將兵待邊。又匈奴傳　▲且以季布之賢，而漢求之急，此不北走胡，卽南走越耳。又季布傳　▲君相少主如伊尹周公，長而反政。不卽南

面稱孤而有楚。又春申君傳 ▲有母弟可立，不即立長。又魯世家 ▲沛令共誅令，擇可立立之以應諸侯，即室家完。漢書高祖紀 ▲彼背其主降，陛下侯之，即何以責人臣不守節者乎？又周勃傳 ▲誠先於未然，即蒙恬樊噲不復施，棘門細柳不復備。又匈奴傳

⑦假設連詞　若也。▲南蒯枚筮之，遇坤之比。示子服惠伯，曰：即欲有事，何如？左傳昭十二年 ▲莊公病，將死，謂季子曰：寡人即不起此病，吾將焉致乎魯國？公羊傳莊三十二年 ▲百里子與蹇叔子送其子而戒之曰：爾即死，必於殽之嶔巖。又僖三十三年 ▲甯殖病，將死，謂喜曰：黜公者非吾意也。孫氏爲之。我即死，女能固納公乎？又襄二十七年 ▲即不忍其觳觫而就死地，則牛羊何擇焉？孟子梁惠王上 ▲西方有比肩獸焉，與邛邛距虛比，爲邛邛距虛齧甘草。即有難，邛邛距虛負而走。爾雅釋地 ▲今王以漢中與楚，即天下有變，王何以市楚也？秦策 ▲即復之楚，願王殺之！又 ▲所貴於天下之士者，爲人排患釋難解紛亂而無所取也。

卽有所取者，是商賈之人也！趙策　▲今王恃楚之强，而信春申君之言，以是質秦，而久不可知。卽春申君有變，是王獨受秦患也。魏策　▲卽不幸而不起此病，彼政我將安移之？韓非子十過　▲史鰌病，且死，謂其子曰：我卽死，治喪於北堂。賈子胎教　▲晉公子圉聞晉君病，曰：卽君百歲後，秦必留我。史記秦本紀　▲吏吾使郤芮厚賂秦，約曰：卽得入，請以晉河西之地與秦。又晉世家　▲齊彊而厲公居櫟，卽不往，且率諸侯伐我內厲公。又鄭世家　▲子卽反國，何以報寡人？又晉世家　按左傳僖二十三年作『公子若反晉國』。　▲朔之婦有遺腹，若幸而男，吾奉之；卽女也，吾徐死耳。又趙世家　▲今孔丘年少好禮，其達者歟！吾卽沒，若必師之！又孔子世家　▲季桓子病，顧謂其嗣康子曰：我卽死，若必相魯。又　其騎曰：虜多且近。卽有急，奈何？又李將軍傳　▲彼卽肆然而爲帝，過而爲政於天下，則連有赴東海而死耳！又魯仲連傳　▲將軍能聽臣，臣敢獻計。卽不能，願先自剄。又季布傳　▲君王能出捐此地許二人，二人今可致。卽不能，事未可知也！又彭越傳　▲使君所言公事，之曹與長史掾議；吾且奏之。即私邪，吾不受私語。又袁盎傳　▲王且去，涇屏人言曰：王即不聽用鞅，必殺之無令出境！又商君傳　▲劉澤爲大將軍。太后王諸呂，恐即崩後劉將軍爲害，乃以劉澤爲琅邪王以慰其心。又呂后紀　▲戚姬子如意爲趙王，年十歲，高祖憂即萬歲之後不全也。又張丞相傳　按右二例『即』亦當訓『若』，與他例不同者，此在句中耳。王引之別訓爲『或』，非也。

疾（ㄐㄧˊ）

①時間副詞　速也。　▲王其疾敬德！書召誥　▲莊生曰：可疾去矣，愼毋留！史記越世家　▲吾聞秦軍圍趙王鉅鹿，疾引兵渡河！又項羽紀

嗟（ㄐㄧㄝ）

①語中助詞　▲啜其泣矣，何嗟及矣！詩王風中谷有蓷

②歎詞　無義。說文三篇上言部字作譇云：咨也，一曰：痛惜也。　▲嗟嗟臣工，敬爾在公！詩周頌臣工　▲嗟嗟保介，惟莫之春。又　▲齊大饑，黔敖爲食於路以待餓者而食之。有餓者蒙袂輯屨，貿貿然來。黔敖左奉食，右執飲，曰：嗟！來食！禮記檀弓下　▲嗟！士室之人顧無多辭！史記匈奴傳　▲於是天子曰：嗟乎！吾誠得如黃帝，吾視去妻子如脫躧耳。又孝武紀　▲高祖曰：嗟乎！有以也！又田儋傳　▲伍子胥仰天歎曰：嗟乎！讒臣嚭爲亂矣！又伍子胥傳　▲嗟乎！嗟乎！一人固不能獨立！又越世家

藉ㄐㄧㄝ　借

①假設連詞　▲於乎小子，未知臧否。匪手攜之，言示之事；匪面命之，言提其耳。借曰未知，亦既抱子。詩大雅抑　▲藉使子嬰有庸主之材，僅得中佐，山東雖亂，秦之地可全而有；宗廟之祀，未當絕也。史記秦始皇紀　▲借使秦王計上世之事，並殷周之迹以制御其政，後雖有淫驕之主，而未有傾危之患也。又　▲召令徒屬曰：

公等遇雨，皆已失期；失期當斬。藉第令毋斬，而戍死者固十六七。又陳涉世家

就 ㄐㄧㄡˋ

①假設連詞　縱也。▲且以人情評論其理，光衣冠子孫，徑路平易，位極州郡，日望徵辟，亦無瑕穢纖介之累。無故刊定詔書，欲以何名？就有所疑，當求其便安，豈有觸冒死禍以解細微！後漢書霍諝傳　▲前討徐州，威罰實行。其子弟念父兄之恥，必人自爲守，無降心。就能破之，尚不可有也。魏志荀彧傳　▲就與孫劉不平，不過令吾不作三公而已！又辛毗傳　▲法孝直若在，則能制主上令不東行。就復東行，必不傾危矣。蜀志法正傳

漸 ㄐㄧㄢˋ

①表態副詞　寖也。▲天子業出兵誅宛，宛小國而不能下，則大夏之屬漸輕漢，

而宛善馬絕不來。漢書李廣利傳 ▲凡天下所不理者，常由人主承平日久，俗漸敝而不悟，政寖衰而不改。後漢書崔寔傳 ▲此雖小失，而漸壞舊章。又李固傳

薦 荐

①副詞 廣韻云：薦，仍也，再也。▲天降喪亂，饑饉薦臻。詩大雅雲漢 ▲又懼讒慝之間，謀之以啓貪人，荐爲敝邑不利。左傳昭十八年

盡

①表數副詞 悉也，皆也。▲周禮盡在魯矣。左傳昭元年 ▲沛公欲王關中，使子嬰爲相，珍寶盡有之。史記項羽紀 ▲其物禽獸盡白。又封禪書 ▲取宛，虜齮，盡定南陽軍。又曹相國世家 ▲漢兵因乘勝，遂盡虜之。又周勃世家 ▲遂案寧氏，盡破碎其家。又酷吏傳 ▲關中富商大賈，大抵盡諸田。又貨殖傳 ▲南陽行賈盡法孔

氏雍容。又▲相如不得已，彊往，一坐盡傾。又司馬相如傳▲相如與俱之臨邛，盡賣其車騎。又▲王已入關，車騎盡居外，不知王處。又梁孝王世家▲式有少弟，弟壯，式脫身出分，獨取畜羊百餘，田宅財物盡予弟。式入山牧十餘歲，羊致千餘頭，買田宅；而其弟盡破其業。又平準書▲上問上林尉諸禽獸簿，十餘問，尉左右視，盡不能對。又▲今軍吏計功，以天下不足徧封；此屬畏陛下不能盡封，故相聚謀反耳。又留侯世家▲岸崩，盡壓殺臥者，少君獨得脫，不死。又外戚傳▲乃進言田叔等十餘人，上盡召見，與語，漢廷臣毋能出其右者。上說，盡拜爲郡守。又田叔傳▲妨功害能之臣，盡爲萬戶侯。李陵答蘇武書

②介詞　時間方所二項均用之。▲盡十二月，都中無犬吠之盜。漢書王溫舒傳按此例用於時間。▲自雁門以東盡遼陽爲燕代。又諸侯王表　按此例用於方所。

浸 ㄑㄧㄣ 寢

①副詞　漸也。　▲久之，寢與中人亂。史記佞幸傳　▲府亦使其不言，故盜賊寢多。又酷吏傳　▲自張湯死後，網密多詆嚴，官事寢以耗廢。又　▲質樸日消，恩愛寢薄。漢書禮樂志　▲海水溢西南出，寢數百里。又溝洫志　▲政由王氏出，災異浸甚。又劉向傳　▲寢信女須等。又廣陵厲王傳　▲孝惠高后時，冒頓寢驕，迺爲書使使遺高后。又匈奴傳

將 ㄐㄧㄤ

①助動詞　廣雅云：將，欲也。按卽今語之「打算」。此種用法，含有意志作用。▲國不堪貳，君將若之何？左傳隱元年　▲太叔完聚，繕甲兵，具卒乘，將襲鄭，夫人將啓之。公聞其期，曰：可矣！又　▲將立州吁，乃定之矣！又隱四年　▲羽父請殺桓公，

將以求太宰。又隱十一年　▲此行也，將鄭是訓定，豈敢求罪於晉？又宣十二年　▲今將借人之力以救其死，若之何銘之？又襄十九年　▲鄭國將有諸侯之事，子産乃問四國之爲於子羽。又襄三十一年　▲將奉贄幣以無失時，則國家多難，是以不獲。又昭三年　▲今吾子相鄭國，作封洫，立謗政，制三辟，鑄刑書，將以靖民，不亦難乎？又昭六年　▲國家方危，諸侯方貳，將以襲敵，不亦難乎？又定四年　▲今將以小忿蒙舊德，無乃不可乎？又定六年　▲宋將叛晉，是棄溷也。又定八年　▲今諸侯會而君將以寡君見晉君，則晉成爲伯矣。又哀十三年　▲行之克也，將以害之；若其不克，其因以罪之。晉語　▲天將以夫子爲木鐸。論語八佾　▲孔子曰：諾！吾將仕矣。又陽貨　▲孟子見梁惠王，王曰：叟不遠千里而來，亦將有以利吾國乎？孟子梁惠王上　▲宋，小國也；今將行王政。孟子　▲井上有李，螬食者過半矣；匍匐往，將食之。又　▲君將何以教我？楚詞卜居　▲伍尙謂員：可去矣！汝能報父之讎，我將歸死。史記伍子胥傳　▲沛公大驚，曰：爲將奈何？又留侯世家　▲四人相謂曰：

凡來者，將以存太子。又　▲君之危若朝露，尙將欲延年益壽乎？又商君傳　▲今王將繼簡襄之意以順先王之志，臣敢不聽命乎？又趙世家　▲且夫諸侯之爲從者，將以安社稷尊主彊兵顯名也。又張儀傳　▲今將以上庸之地六縣賂楚，以美人聘楚，以宮中善歌謠者爲媵。又

②助動詞　前條『將』字用法，乃表事之出於人類之意志者，故譯爲『打算』。此條將字，則表屬於人事自然之結果，不由意志決定者。可以今語『會』字譯之。　▲使疾其民以盈其貫，將可殪也。左傳宣六年　▲聞晉師旣濟，王欲還，嬖人伍參欲戰，令尹孫叔敖弗欲，曰：昔歲入陳，今茲入鄭，不無事矣。戰而不捷，參之肉其足食乎？參曰：若事之捷，孫叔敖爲無謀矣；不捷，參之肉將在晉軍，可得食乎？又宣十二年　▲自今無有代其君任患者。有一於此，將爲戮乎？又成二年　▲其非唯我賀，將天下實賀。又昭八年　▲譬如禽獸然，一个負矢，將百羣皆奔。吳語　▲將有四方之賓來，褻衣何爲陳於斯？禮記檀弓　▲譬若欲衆其國之善射御之士者，

必將富之貴之敬之譽之，然后國之善射御之士將可得而衆也。墨子尙賢　按『必將』之『將』則爲『含意志作用』之『將』字。　▲二王我將有所遇焉。孟子　▲夫滕，壤地褊小，將爲君子焉，將爲小人焉。又滕文公上　按此例之『爲』，有也。　▲主上遇其大臣如遇犬馬，彼將犬馬自爲也；如遇官徒，彼將官徒自爲也。賈誼治安策　▲願王釋齊而先越，若不然，後將悔之無及。史記伍子胥傳　▲齊負海之國也；地廣民衆，兵强士勇，雖有百秦，將無奈齊何。又張儀傳　▲今法有誹謗妖言之罪，是使衆臣不敢盡情，而上無由聞過失也；將何以來遠方之賢良！其除之！又文帝紀　▲凡賢主者，必將能拂世摩俗而廢其所惡，立其所欲。又李斯傳　▲惠帝二年，蕭何卒。參聞之，告舍人：『趣治行！吾將入相。』又曹相國世家

③助動詞　表示動作之時間，故或以爲時間副詞。　▲將行，哭而過市。左傳　▲其爲人也，發憤忘食，樂以忘憂，不知老之將至云爾。論語述而　▲今人乍見孺子將入于井，則必有怵惕惻隱之心。孟子　▲范陽人蒯通說范陽令曰：竊聞公之

將死，故弔。史記張耳傳 ▲闔廬病創，將死，謂太子夫差曰；爾忘句踐殺爾父乎？夫差對曰：不敢忘。又伍子胥傳 ▲仇液將行。其客宋公謂液曰：秦不聽公，樓緩必怨公。又穰侯傳

④助動詞　當也。▲夫謀而先過，惠訓不倦者，叔向有焉，社稷之固也，猶將十世宥之以勸能者。左傳襄二十一年 ▲兵民之殘也，財用之蠹，小國之大菑也。將或弭之，雖曰不可，必將許之。又襄二十七年 ▲非子定社稷，其將誰也？管子 ▲夫是漆雕之廉，將非宋榮之恕；是宋榮之寬，將非漆雕之暴也。韓非子顯學 ▲卓逆天無道，蕩覆王室。今不夷汝三族懸示四海，則吾死不瞑目；豈將與乃和親邪！吳志孫堅傳

⑤外動詞　請也。讀千羊切。（ㄑ一ㄤ）▲匪我愆期，子無良媒。將子無怒，秋以爲期。詩衛風氓 ▲將仲子兮，無踰我牆！又鄭風將仲子 ▲將伯助予！又小雅

⑥副詞　殆也。▲楊子以爲孝文親屈帝尊以信亞夫之軍，曷爲不能用頗牧；彼

將△有激云爾。漢書張馮汲鄭傳贊　▲季孟嘗折愧子陽而不受其爵，今更共陸陸欲往附之，將△難爲顏乎！後漢書馬援傳

⑦副詞　幾也。▲今滕，絕長補短，將△五十里也。孟子滕文公

⑧介詞　今言『領著』，『帶著』。▲楚子使道朔將△巴客以聘於鄧。左傳桓九年　▲鄭伯將△王自圉門入。又莊二十一年　▲其馬將△胡駿馬而歸。淮南子人間訓　▲則辭引使者丙吉知狀，掖庭令將△則詣御史府以視吉。漢書丙吉傳　▲廣漢將△吏到家，自立庭下。又趙廣漢傳　▲仲卿載酒始共求媼，媼惶急，將△翁須歸。又外戚傳　▲禹將△崇入後堂。又張禹傳　▲永將△家屬走虞。後漢書劉永傳　▲共起兵，將△嬰至臨涇，立爲天子。又楚王囂傳　▲自以爲久宦不達，遂將△家屬客河東。又第五倫傳

⑨選擇連詞　與『抑』同。▲子能順杞柳之性而以爲桮棬乎？將△戕賊杞柳而後以爲桮棬也？孟子告子上　▲屈原曰：吾寧悃悃款款朴以忠乎？將△送往勞來斯無窮乎？寧誅草茅以力耕乎？將△遊大人以成名乎？寧正言不諱以危身乎？將△從俗

富貴以偷生乎？寧超然高舉以保真乎？將呢訾栗斯喔咿嚅唲以事婦人乎？寧廉潔正直以自清乎？將突梯滑稽如脂如韋以挈楹乎？寧昂昂若千里之駒乎？將氾氾若水中之鳧，與波上下偷以全吾軀乎？寧與騏驥抗軛乎？將隨駑馬之迹乎？寧與黃鵠比翼乎？將與雞鶩爭食乎？此孰吉孰凶？何去何從？楚辭卜居　▲夫子貪生失理而爲此乎？將子有亡國之事斧鉞之誅而爲此乎？將子有不善之行，愧遺父母妻子之醜而爲此乎？將子有凍餒之患而爲此乎？將子之春秋故及此乎？莊子至樂　▲人生受命於天乎？將受命於戶耶？史記孟嘗君傳　▲今欲使臣勝之邪？將安之也？漢書龔遂傳　▲意迺招賢選士之路鬱滯而不通與？將舉者未得其人也？又成帝紀　▲誠以大司馬有大功當著之邪？將以骨肉故欲異之也？又王莽傳　▲民父子相棄，吏匿不言邪？將從東方來者加增之也？何以錯繆至是？又于定國傳　▲知其巧姦而用之邪？將以爲賢也？又京房傳　▲毋乃牽於文繫而不得騁與？將所繇異術所聞殊方與？又董仲舒傳　▲意豈有所恨與？將在位者與生殊乎？又

賈禹傳 ▲單于曰：此天子詔語邪？將從使者所求邪？又匈奴傳 ▲亭長爲汝求乎？爲汝有事屬之而受乎？將平居自以恩意遺之乎？後漢書卓茂傳 ▲客有見周公者，曰：入乎？將毋周公曰：請入。客曰：坐乎？將毋周公曰：請坐。客曰：言乎？將毋周公曰：唯唯。韓詩外傳

足ㄗㄨˊ

①助動詞　今言『夠』 ▲不捷，參之肉其足食乎？左傳宣十二年 ▲是四國者，專足畏也。又昭十二年 ▲王由足用爲善。孟子 ▲王曰：婦言謂何？孟曰：婦言：『愼無爲楚相！不足爲也！』史記滑稽傳 ▲無巖處奇士之行，而長貧賤，好語仁義，亦足羞也！又貨殖傳 ▲盎乃驚謝曰：公幸有親吾不足以累公！又袁盎傳 ▲亞父受玉斗，置之地，拔劍撞而破之，曰：唉！豎子不足與謀！又項羽紀 ▲鄒陽辭雖不遜，然其比物連類，有足悲者。又鄒陽傳 ▲河南太守獨有雒陽耳！何足憂！又淮南王傳

▲荆軻曰：此國之大事也！臣駑下，恐不足任使。又刺客傳 ▲夫以秦王之暴，其積怒於燕，足爲寒心。又 ▲夫秦雖積衆暴兵數十萬人，雖有覆軍殺將係虜單于之功，亦適足以結怨深讐，不足以償天下之費。又平津侯傳 ▲王太后曰：太子小而傳太后抱養之；今至太子家，以乳母恩耳！不足有所妨。漢書外戚傳 ▲鍾會所統，五六倍於鄧艾，但可敕會取艾，不足自往。魏志鍾會傳 ▲忍病十年，壽俱當盡，不足故自刳裂。又華陀傳

卒ㄗㄨˊ

①副詞　終也。　▲管仲卒受下卿之禮而還。史記周本紀 ▲吾起兵至今八歲矣；身七十餘戰，所當者破，所擊者服，未嘗敗北，遂霸有天下。然今卒困於此。又項籍傳 ▲三國終之卒分晉。又六國表序 ▲及據國爭權，卒以滅亡。又陳餘傳 ▲秦任刑法不變，卒滅趙氏。又酈生傳 ▲事窮智困，卒困匈奴。又韓王信傳 ▲今項羽僄

悍，不可遣；獨沛公素寬大長者，可遣。卒不許項羽而遣沛公西略地。又高祖紀　▲呂媪怒呂公曰：公始常欲奇此女與貴人，沛令善公，求之不與，何自妄許與劉季？呂公曰：此非兒女子所知也。卒與劉季。又　▲然卒破楚者，此三人力也。又留侯世家　▲傾側擾攘楚魏之間，卒歸高帝。又陳丞相世家　▲李斯以閭閻歷諸侯，入事秦，因以瑕釁以輔始皇，卒成帝業。又李斯傳　▲秦王跽曰：先生卒不幸教寡人邪？又范雎傳　▲其弟說再封，數稱將軍，卒爲案道侯。又韓王信傳　▲陸生卒拜尉他爲越王。又陸賈傳　▲齊湣王二十五年，復卒使孟嘗君入秦。又孟嘗君傳　▲景帝立，釋之恐，稱病，欲免去，懼大誅至；用王生計，卒見謝，景帝不過也。又張釋之傳　▲辟陽侯於諸呂至深，而卒不誅。計畫所以全者，皆陸生平原君之力也。又陸賈傳　▲七十子之徒，仲尼獨薦顏淵爲好學。然回也屢空，糟糠不厭，而卒蚤夭。又伯夷傳　▲始孟嘗君列此二人於賓客，賓客盡羞之。及孟嘗君有秦難，卒此二人拔之。又孟嘗君傳

②時間副詞 今作『猝』字，遽也。今語言『猝然』。讀如ㄘㄨˋ。▲嘗從入上林；賈姬如廁，野彘卒入廁。上目都，都不行。史記酷吏傳 ▲臣恐議者不深慮其終始，欲以壹切省繇戍，十年之外，百歲之內，卒有他變，障塞破壞，亭隧滅絕，當更發屯繕治。累世之功，不可卒復。漢書匈奴傳 ▲斂天下之財，積無功之家，帑藏單盡，民物彫傷，卒有不虞，復當重賦百姓。怨叛既生，危亂可待也。後漢書翟酺傳 ▲盜賊凶荒，九州代作，饑饉暴至，軍旅卒發。又仲長統傳

坐 ㄗㄨㄛˋ

①表態副詞 本『坐立』之坐，引伸爲『安坐』之義。▲今但申以威靈，明其憲令，在任之人，豈不戒懼？而當坐設三互，自生留閡邪？後漢書蔡邕傳 ▲當膺外離內合，兵往必驚。且自冬踐春，屯結不散，人畜疲羸，自亡之埶，徒更招降，坐制强敵耳。後漢書段熲傳 ▲臣位列臺司，憂責深重，不敢尸祿惜生，坐觀成敗。又陳蕃傳

②原因介詞 因也。▲嬰坐高祖繫歲餘，掠笞數百。史記夏侯嬰傳 ▲是時，孟舒坐虜大入塞盜劫雲中尤甚免。又田叔傳 ▲叔坐法失官。又 ▲任安坐上行出游共帳不辦，斥免。又 ▲古者大臣有坐不廉而廢者。漢書賈誼傳 ▲坐預詔之，得令老將生姦詐。又李陵傳 ▲吾昔以虎牙將軍圍翟義，坐不生得，以見責讓。後漢書光武紀

最 ㄗㄨㄟˋ

①副詞 史記索隱云：最，都凡也。▲最從高帝得相國一人，丞相二人，將軍二千石各三人。史記周勃世家 ▲最，驃騎將軍去病凡六出擊匈奴。又霍去病傳 ▲最，大將軍青凡七出擊匈奴，斬捕首虜五萬餘級，一與單于戰，收河南地置朔方郡。漢書衛青傳

②表態副詞 尤也，極也。▲諸侯咸來賓從，而蚩尤最爲暴。史記五帝紀 ▲成山

斗入海，最居齊東北隅。又封禪書　▲七十子之徒，賜最爲饒益。又貨殖傳　▲慶於諸子中最爲簡易矣。又萬石君傳　▲當此之時，髡心最歡，能飲一石。又滑稽傳　▲由居二千石中，最爲暴酷驕恣。又酷吏傳　▲王有孽子不害最長，王弗愛。又淮南王傳　▲自與士卒平分糧食，最比其羸弱者。又司馬穰苴傳　▲上平生所憎，羣臣所共知，誰最甚者？又留侯世家　▲文帝從容問通曰：天下誰最愛我者乎？通曰：宜莫如太子。又佞幸傳　▲武安侯爲太尉時，迎王至霸上，謂王曰：上未有太子，大王最賢，高帝孫。卽宮車晏駕，非大王立當誰哉？又武安侯傳　▲羣臣爭功，歲餘不決。高祖以蕭何功最盛，封爲酇侯。又蕭何世家　▲然至冒頓而匈奴最彊大，盡服從北夷，而南與中國爲敵國。又匈奴傳

總 ㄗㄨㄥ

①外動詞　要也。與代名詞「之」字合用。　▲總之，不離古文者近是。史記五帝紀

②副詞　統也，皆也。　▲傳之義例，總歸諸凡。杜預左傳序

縱 ㄗㄨㄥ

①推拓連詞　即也。今云「縱令」「即令」。　▲且予縱不得大葬，予死於道路乎？論語子罕　▲吾一婦人，而事二夫，縱弗能死，其又奚言。左傳莊十四年　▲以誣道蔽諸侯，罪莫大焉。縱無大討，而又求賞，無厭之甚也。又襄二十七年　▲吾縱生無益於人，吾可以死害於人乎哉？禮記檀弓　▲今縱弗忍殺之，又聽其邪說，不可。史記張儀傳　▲且已在其位，縱愛身，奈辱朝廷何？又汲黯傳　▲且公子縱輕勝，棄之降秦，獨不憐公子姊邪？又信陵君傳　▲縱彼畏天子之詔不敢動我，我獨不媿於心乎？又田儋傳　▲縱江東父兄憐而王我，我何面目見之？縱彼不言，籍獨不愧於心乎？又項羽紀　▲諸君縱欲阿意背約，何面目見高帝地下？又呂后紀

且ㄗㄩ

①語中助詞　無義。　▲揚且之晳也。詩鄘風君子偕老

②語末助詞　無義。　▲不見子都，乃見狂且。詩鄭風山有扶蘇　▲其虛其邪，既亟只且。又邶風北風　▲匪我思且。又國風

絶ㄗㄩㄝˊ

①表態副詞　後漢書吳良傳注云：絶，猶極也。　▲上與公卿諸生議封禪。封禪用希曠，絶莫知其儀禮。史記封禪書　▲單于書絶悖逆。又匈奴傳　▲孝王有罍尊，任王后絶欲得之。又梁孝王世家　▲嫪毐遂得侍太后，太后私與通，絶愛之。又呂不韋傳　▲平王使無忌爲太子取婦於秦。秦女好，無忌馳歸報平王曰：秦女絶美，王可自取，而更爲太子取婦。平王遂自取秦女而絶愛幸之。又伍子胥傳　▲謝太傅

絶重褚公。世說

此

①指示代名詞　是也。兼指「人」「物」「事」「地」各項。▲陳衰，此其昌乎！左傳莊二十二年　按「此」謂陳敬仲。▲信至國召辱己之少年令出胯下者以爲楚中尉。告諸將相曰：此，壯士也。史記淮陰侯傳　▲敦外親小童及幸臣董賢等在公門省戶下。陛下欲與此共承天地，安海內，甚難。漢書鮑宣傳　按以上諸例指人。▲孟子見齊宣王，王立於沼上，顧鴻雁麋鹿，曰：賢者亦樂此乎？孟子梁惠王上

按右例指物。▲所謂誠其意者，毋自欺也；如惡惡臭，如好好色：此之謂自慊。禮記大學　▲兩人所出微，不可不爲擇師傅賓客。乃選長者士之有節行者與居。竇長君少君由此爲退讓君子。史記外戚世家　▲項王見人恭敬慈愛，言語嘔嘔；人有疾病，涕泣分食飲。至使人有功當封爵者，印刓弊，忍不能予。此所謂婦人之

仁也。又淮陰侯傳 ▲諸將因問信曰：兵法：右倍山陵，前左水澤。今者將軍令臣等反背水陳，然竟以勝。此何術也？信曰此在兵法，顧諸君不察耳！兵法不曰：陷之死地而後生，置之亡地而後存？又 ▲功冠諸侯，用此得王。又黥布傳 ▲且太子所與俱諸將，皆嘗與上定天下梟將也。今使太子將之，此無異使羊將狼也。又留侯世家　按以上諸例指事。

②指示形容詞　是也。▲維此二國，其政不獲。詩 ▲大任有身，生此文王。維此文王，小心翼翼。又大雅大明 ▲此心之所以合於王者，何也？孟子梁惠王 ▲天子聞之，曰：非此母不能生此子。史記酷吏傳

③指示副詞　如此也。猶今言「這樣」。▲匪言不能，胡此畏忌？詩大雅桑柔 ▲以鶉首而賜秦，天何爲而此醉？庾信哀江南賦

④承接連詞　與「斯」字「則」字用法同。▲有德此有人，有人此有土，有土此有財，有財此有用。禮記大學 ▲自生民以來，善政少而亂俗多。必待堯舜之君，

此△為志士終無時矣。後漢書黃瓊傳

裁（ㄘㄞ）纔　財　才

①副詞　僅也。　▲燕王曰：寡人蠻夷僻處，雖大男子，裁△如嬰兒。史記張儀傳　▲前已罷外城，省亭隧，令裁△足以候望通熢火而已。漢書匈奴傳　▲是時，李陵子復立籍都尉為單于，呼韓邪單于捕斬之，遂復都單于庭；然眾裁△數萬人。又　▲今虜使到裁△數日，而王廣禮敬即廢。如令鄯善收吾屬送匈奴，骸骨長為豺狼食矣。後漢書班超傳　▲救之，少發，則不足；多發，遠縣纔△至，則胡又已去。又鼂錯傳　▲費用皆卬富人長者；然身衣服車馬纔△具，妻子內困。又原涉傳　▲太僕見馬遺財△足。又文帝紀　▲光為人沈靜詳審，長財△七尺三寸。又霍光傳　▲賞所置，皆其魁宿，或故吏善家子失計隨輕黠願自改者；財△數十百人。又尹賞傳　▲郅支人眾中寒，道死，餘財△三千人到康居。又匈奴傳　▲林部據嶮，路才△容軌。水經注

②副詞　少也。▲赤眉使萬人攻異前部，異裁出兵以救之。後漢書馮異傳　▲宜裁加貸宥以崇厚德。又張酺傳

憯ㄘㄢˇ

①副詞　爾雅云：憯，曾也。▲民言無嘉，憯莫懲嗟。詩小雅節南山　▲哀今之人，胡憯莫懲？又十月之交　▲式遏寇虐，憯不畏明。又大雅民勞　▲胡寧瘨我以旱，憯不知其故？又雲漢

齊ㄑㄧˊ

①副詞　皆也。▲陛下損膳省用，出禁錢以振元元，寬貸，而民不齊出南畝。漢書食貨志

且ㄑㄧㄝ

①助動詞　將也。▲墨子經說云：「方然亦且。」或定爲時間副詞。▲且入井，非入井也。墨子小取　▲范增謂項莊曰：若入，前爲壽，請以劍舞，擊沛公于坐，殺之！不者，若屬皆且爲所虜！史記項羽紀　▲趙寇至，且入界。又信陵君傳　▲無忌言於平王曰：伍奢有二子，皆賢；不誅，且爲楚憂。又伍子胥傳　▲奢聞子胥之亡也，曰：楚國君臣且苦兵矣。又　▲汝可疾去矣！且見禽。又商君傳　▲是歲，天子始建漢家之封，而太史公留滯周南，不得與從事，故發憤且卒；而子遷適使反。又自序　▲會日且入，大風起，砂礫擊面。又衛將軍傳　▲天子曰：我非忘諸校尉功也，今固且圖之。又　▲安國時千餘騎，亦且盡。又匈奴傳　▲吳王從臺上觀，見且斬愛姬，大駭。又孫子傳　▲胡急擊之，矢下如雨，漢兵死者過半，漢矢且盡。又李廣傳　▲今一索不得，後必且復索之，奈何？又趙世家　▲夫賢主者，必且能全道而行督責之術

者也。又李斯傳

②時間副詞 姑也。今語言『姑且』『暫且』。▲且以喜樂，且以永日。詩唐風山有樞 ▲皇帝卽不欲匈奴近塞，則且詔吏民遠舍。史記匈奴傳 ▲闔廬立三年，乃興師與伍胥伯嚭伐楚，拔舒，因欲至郢。將軍孫武曰：『民勞未可。且待之！』乃歸。又伍子胥傳 ▲韓信謝曰：先生且休矣！我將念之。又淮陰侯傳 ▲南越朝鮮自全秦時內屬爲臣子。後且擁兵阻阨，選蠕觀望。又律書 ▲丞相御史兩將軍皆以爲民方收斂時，未可多發；萬人屯守之，且足。漢書馮奉世傳 ▲縣官且順聽羣臣言，猶將復發徙之也。又陳湯傳 ▲夜郎旁小邑皆貪漢繒帛，以爲漢道險，終不能有也，迺且聽蒙約。又西南夷傳 ▲弘等因言『西南夷爲害，可且罷，專力事匈奴，』上許之。又

③副詞 附於數詞之前以表『幾近』之義。▲秦伐魏，取安邑；伐趙，取晉陽；伐楚，取鄢郢矣！覆三國之軍，兼二周之地，舉韓氏，取其地，且天下之半。國策 ▲欽

子及昆弟支屬至二千石者且十人。漢書杜欽傳 ▲後燕王盧綰復反，率其黨且萬人降匈奴。又匈奴傳 ▲匈奴頗殺人民，毆婦女弱小且千人去。又

④副詞　猶也。今言「尙且」。▲天且不違，而況於人乎！況於鬼神乎！易乾文言 ▲獸相食，且人惡之。爲民父母行政，不免於率獸而食人。惡在其爲民父母也？孟子梁惠王上 ▲管仲且猶不可召，而況不爲管仲者乎！孟子 ▲一戰勝齊，遂有南陽。然且不可。又 ▲堯舜病，且其民未至爲之禱。韓非子外儲說 ▲夫罪輕且督深，而況有重罪乎？史記李斯傳 ▲樊噲曰：臣死且不避，卮酒安足辭！又項羽紀

⑤提起連詞 ▲若是，則弟子之惑滋甚。且以文王之德，百年而後崩，猶未洽於天下。孟子 ▲莊公左搏桓公，右抽劒以自承，管仲鮑叔進，曹劌按劒當陛之間，曰：且二君將改圖，無或進者。呂氏春秋貴信 ▲景公過晏子曰：子宮小，近市，請徙子家豫章之圃。晏子再拜而辭曰：且嬰家貧，待市食，而朝暮趨之，不可以遠。韓非子難二 ▲公子牟辭應侯，應侯曰：公子將行矣，獨無以教之乎？曰：且微君之命命之

也，臣固且有效於君。趙策 ▲或曰：且天爲質，闇示珍符，固不可辭。司馬相如封禪文 ▲翟璜問李克曰：今者聞君召先生而卜相，果誰爲之？李克曰：魏成子爲相矣。翟璜忽然作色曰：臣何負於魏成子？李克曰：且子之言克於子之君者，豈將比周以求大官哉？史記魏世家 ▲今釋此時而自必於漢，且爲智者固若此乎？又淮陰侯傳

⑥等列連詞　又也。今語云『而且。』有但連詞者，有連句者。▲洧之外，洵訏且樂，詩鄭風溱洧 ▲彼美孟姜，洵美且都。又有女同車 ▲君子有酒，旨且多。又小雅魚麗 ▲王使榮叔歸含且賵。春秋文五年　按穀梁傳云：『其曰且，志兼也。』▲如有周公之才之美，使驕且吝，其餘不足觀也已。論語泰伯 ▲邦有道，貧且賤焉，恥也；邦無道，富且貴焉，恥也。又 ▲仁且智，夫子既聖矣乎！孟子公孫丑上 ▲項王怒，欲殺之。項伯曰：天下事未可知；且爲天下者不顧家，雖殺之，無益，祇益禍耳。史記項羽紀 ▲侯自我得之，自我捐之，無所恨！且終不令灌仲孺獨死，嬰獨生。又

魏其侯傳　▲黥布，天下猛將也，善用兵。今諸將皆陛下故等夷，乃令太子將此屬，無異使羊將狼，莫肯爲用。且使布聞之，則鼓行而西耳。又留侯世家

⑦選擇連詞　抑也，或也。▲葬引至於堩，日有食之，則有變乎？且不乎？禮記曾子問篇　▲王以天下爲尊秦乎？且尊齊乎？齊策　▲漢之聖者，在高帝之孫，且曾孫也。史記封禪書　▲子嬰因問曰：富貴者驕人乎？且貧賤者驕人乎？又魏世家　▲足下欲助秦攻諸侯乎？且欲率諸侯破秦也？又酈生傳　▲二世曰：吾方燕私，丞相輒來請事，丞相豈少我哉？且固我哉？又李斯傳　▲自漢擊匈奴，而廣未嘗不在其中；然無尺寸之功以得封邑者，何也？豈吾相不當侯邪？且固命也？又李廣傳　▲不識天之以我備其物與？且惟無我而物無不備者與？淮南子精神訓

⑧轉接連詞　與「抑」同。▲孔子曰：求！周任有言曰：陳力就列，不能者止。危而不持，顚而不扶，則將焉用彼相矣？且爾言過矣！虎兕出於柙，龜玉毀於櫝中，是誰之過與？論語季氏　▲滔滔者天下皆是也，而誰以易之？且而與其從辟人之士也，

豈若從辟世之士哉？微子　▲夏后殷周之盛，地未有過千里者也；而齊有其地矣；雞鳴狗吠相聞，而達乎四境，而齊有其民矣。地不改闢矣，民不改聚矣；行仁政而王，莫之能禦也。且王者之不作，未有疏於此時者也；民之憔悴於虐政，未有甚於此時者也。飢者易爲食，渴者易爲飲。孟子

⑨假設連詞　若也。　▲且如桓立，則恐諸大夫之不能相幼君也。公羊傳隱元年　▲且使子而可逐，則先君其逐臣矣！又隱三年　▲劑貌辨答宣王曰：王方爲太子之時，辨謂靜郭君曰：太子不仁，不若革太子，更立衛姬嬰兒校師。靜郭君曰：不可！吾弗忍爲也。且靜郭君聽辨而爲之也，必無今日之患也。呂氏春秋知士　按齊策『且』作『若』。　▲邾之故法，爲甲裳以帛。公息忌謂邾君曰：不若以組。凡甲之所以固者，以滿竅也。今竅滿矣，而任力者手耳。且組則不然：竅滿則盡任力矣。又去尤　▲燕南附楚，則楚重；西附秦，則秦重；中附韓魏，則韓魏重。且苟所附之國重，此必使王重矣。燕策　▲且使我有雒陽負郭田二頃，吾豈能佩相印乎！史記

蘇秦傳　▲且服奇者志淫，則是鄒魯無奇行也。又趙世家

⑩連詞　劉淇云：且，兩務之辭；言方且如此，又復如彼也。▲士死者過半，而所殺傷匈奴亦萬餘人，且引且戰。史記李廣傳　▲黃帝且戰且學仙。漢書郊祀志　▲險道傾仄，且馳且射。又鼂錯傳　▲遵馮几口占書吏，且省官事。又陳遵傳

竊 ㄑㄧㄝ。

①表態副詞　私也。凡事不敢公然爲之者爲竊。▲叔孫通之降漢，從儒生弟子百餘人，然通無所言進，專言故羣盜壯士進之。弟子皆竊罵。史記叔孫通傳　▲巴蜀民或竊出商賈，取其筰馬僰僮旄牛，以此巴蜀殷富。漢書西南夷傳　▲蒙歸至長安，問蜀賈人，獨蜀出枸醬，多持竊出市夜郎。又　▲餘善以殺郢威行國中，民多屬；竊自立爲王，繇王不能制。又閩粤傳　▲張讓等使人潛聽，具聞其語，乃率常侍段珪畢嵐等數十人持兵竊自側闥入伏省中。後漢書何進傳

②表敬副詞　劉淇云：竊，謙辭。不敢徑直以爲何如，故云竊也。按前條義實，此條則已流爲形式矣。　▲子曰：述而不作，信而好古；竊比於我老彭。論語述而　▲昔者竊聞之：子夏子游子張皆有聖人之一體，冉牛閔子顏淵則具體而微。敢問所安。曰：姑舍是。孟子公孫丑上　▲臣，范陽百姓蒯通也。竊閔公之將死，故弔之。漢書蒯通傳　▲必將戰勝而後略地，攻得而後下城，臣竊以爲殆矣。又　▲竊聞夜郎所有精兵，可得十萬。浮船牂柯出不意，此制粵一奇也。又西南夷傳

切 ㄑㄧㄝ

①表態副詞　今言「嚴切地」　▲豐惲等見震連切諫不從，無所顧忌；遂詐作詔書調發司農錢穀大匠見徒材木，各起家舍園池廬觀，役費無數。後漢書楊震傳　▲於是詔書下詡章，切責州郡。又虞詡傳　▲前司徒楊賜奏下詔書切敕州郡護送流民；會賜去位，不復捕錄。又劉陶傳　▲董卓爲司空，聞邕名高，辟之，稱疾不

就。卓大怒，切敕州郡舉邕詣府。又蔡邕傳　▲帝恚甚，有司奏以爲大不敬，詔切責蕃秉，免歸田里。又李雲傳

僉 ㄑㄧㄢ

①表數副詞　皆也。　▲舜曰：『咨四岳！有能奮庸熙帝之載，使宅百揆，亮采惠疇？』僉曰：『伯禹作司空。』書舜典　▲數年間，民養子者千數。僉曰：『賈父所長。』生男名爲賈子，生女名爲賈女。後漢書黨錮賈彪傳

前 ㄑㄧㄢˊ

①時間副詞　今言『從前』。　▲前陳王項梁皆敗，不如更遣長者扶義而西。漢書高帝紀　▲涉自以爲前讓南陽賻送，身得其名；而令先人墳墓儉約，非孝也；迺大治起冢舍，周閣重門。又原涉傳

潛（ㄘㄧㄢˊ）

①表態副詞　密也。▲明年，爲永樂少府，乃潛與司徒河閒劉郃謀誅宦官。後漢書陳球傳　▲客有彈琴於屏。邕至門，試潛聽之。又蔡邕傳　▲又潛遣貧人能縫者傭作賊衣，以采綖縫其裾爲幟。有出市里者，吏輒禽之。賊由是駭散。又虞詡傳　▲詡計賊當退，乃潛遣五百餘人於淺水設伏，候其走路。虜果大奔，因掩擊，大破之。又

親（ㄘㄧㄣ）

①形容副　▲方今上無太子，王，親高帝孫，行仁義，天下莫不聞。宮車一日宴駕，非王尙誰立者？漢書淮南王傳　按「親高帝孫」，猶言「高帝親孫」，古文恒以形容詞置於領位名詞之上，今語則相反耳。下例倣此。▲李太后，親平王之大母

也。又文三王傳 ▲野王親昭儀兄。又佞幸石顯傳 ▲皇太后，親霍后之姊子，故常竦體敬而禮之。又外戚霍后傳 ▲紅陽侯立，太后親弟。又王莽傳上 按此例形容詞「親」字置於領位名詞「太后」之下，與今語同。

②副詞　凡本身爲之謂之親。▲親於其身爲不善者，君子不入也。論語陽貨 ▲寡君聞君親舉玉趾將辱於敝邑，使下臣犒執事。左傳僖二十六年 ▲莊王親自手旌。又宣十二年 ▲齊侯親鼓士陵城。又成二年 ▲楚君以鄭故親集矢於其目。又襄二年 ▲鄭伯獻捷於會，故親聽命。又襄八年 ▲荀偃士匄帥卒攻偪陽，親受矢石。又襄十年 ▲君親推之。又昭九年 ▲諸客奔走市買至日昳，皆會涉親閱視。漢書游俠原涉傳 ▲邑前親毀君，欲敗西域。後漢書班超傳

情 ㄑㄧㄥˊ

①表態副詞　誠也。▲當此，天下之君子皆知而非之，謂之不義；今至大爲不義

攻國，則弗知非，從而譽之，謂之義。情不知其義也，故書其言以遺後世。若知其不義也，夫奚說書其不義以遺後世哉？墨子非攻上

請 ㄘㄧㄥ

①表敬副詞 ▲顏淵曰：請問其目。子曰：非禮勿視，非禮勿聽，非禮勿言，非禮勿動。顏淵曰：回雖不敏，請事斯語矣。論語顏淵

麤 ㄘㄨ 觕 粗

①表態副詞 廣韻云：略也。漢書注云：大略也。▲陸生迺麤述存亡之徵，凡著十二篇。史記陸賈傳 ▲請爲大夫麤陳其略。又司馬相如傳 ▲觕舉僚職，竝列其人。漢書敍傳 ▲謝粗道其義。世說 ▲沖乃粗下意。又 ▲阿鄙故麤有才具。又

趣ㄘㄨˋ

①時間副詞　亟也，疾也。今語云「快」。▲惠帝二年，蕭何卒。參聞之，告舍人：「趣治行！吾將入相。」史記曹參世家　▲竇太后曰：自竇長君在時，竟不得侯；死後乃封其子；彭祖顧得侯。吾甚恨之。帝趣侯信也！又周勃世家

從ㄘㄨㄥˊ

①副詞　隨也。▲長惡不悛，從自及也。左傳隱六年

②介詞　由也。▲有一黃頭郎，從後推之上天。史記佞幸傳　▲步走，從酈山下道芷陽閒行。又項羽紀　▲於是大風從西北而起，折木發屋，揚沙石。又　▲晏子爲齊出，其御之妻從門閒窺之。又晏子傳　▲少北，則爲匈奴所得，從蜀，宜徑，又無寇。又大宛傳　▲蘇代謂曰：今旦代從外來，見木偶人與土偶相與語。又孟嘗君傳　▲

今子幸而聽解，解奈何乃從他縣奪人邑中賢大夫權乎？又游俠傳 ▲虎圈嗇夫從旁代尉對上所問禽獸簿甚悉。又張釋之傳 ▲有一人從橋下走出。又 ▲博望侯張騫居大夏時，見蜀布邛竹杖，使問所從來，曰：從東南身毒國可數千里，得蜀賈人市。又西南夷傳 ▲欲令人衣求盜衣持羽檄從東方來，呼曰：南越兵入界。又淮南王傳 ▲公等皆去！吾亦從此逝矣。又高帝紀 ▲故從母言之，是爲賢母；從妻言之，是必不免爲妬妻。又平原君傳 ▲長卿！弟俱如臨邛！從昆弟假貸，猶足爲生，何至自苦如此！又司馬相如傳 ▲敞免奏既下，詣闕上印綬，便從闕下亡命。漢書張敞傳 ▲陳餘亦怨獨不王已，從田榮藉助兵。又高帝紀 ▲振人不瞻，先從貧賤始，家無餘財。又游俠傳

③介詞 隨也。 ▲狐突之子毛及偃從重耳在秦。史記晉世家 ▲乃以刀決張道，從醉卒直隧出。又袁盎傳 ▲梁項生從田何受易。漢書儒林傳 ▲雛爲童子，從田王孫受易。又 ▲梁丘賀從太中大夫京房受易。又 ▲其先夏侯都尉，從濟南

張生受尚書。又　▲漢興，高祖過魯，申公以弟子從師入見於魯南宮。又　▲延壽云當從孟喜問易。又

④推拓連詞　用爲「縱」字。　▲從其有皮，丹漆若何？左傳宣二年

取ㄘ

①副詞　纔也，僅也。　▲楊子取爲我；拔一毛而利天下，不爲也。孟子　▲丞相取充位，天下事皆決於湯。史記酷吏張湯傳　▲二人之寵取過庸，不篤。漢書佞幸傳　▲故服匈奴；後盛大，取羈屬，不肯往朝會。又西域烏孫傳　按顏注云：「言纔羈縻屬之而已」，訓「取」爲「纔」。

全ㄗㄩㄢ

①形容詞　大抵於國家「無對待」或「未分裂」時用之。　▲南越朝鮮自全

秦時內屬爲臣子。史記律書　按『全秦』謂滅六國後之秦，所以別於春秋戰國與各國並立時之秦也。漢書枚乘傳『全秦』義同。▲自始全燕時，嘗略屬眞番朝鮮，爲置吏築鄣塞。又朝鮮傳　按『全燕』謂燕王喜未徙居遼東以前之燕也。索隱謂六國燕方全盛之時，非是。王念孫讀漢書雜志謂『指戰國時燕國言，以別於漢之燕者』亦非。▲其民羯羠不均，自全晉之時固已患其僄悍，而武靈王益厲之。又貨殖傳　按『全晉』謂未分爲韓趙魏三國時之晉。▲淮南全國之時，多爲邊吏。漢書嚴助傳　按師古曰：全國謂未分爲三之時也。按師古此說是。▲夫全趙之時，武力鼎士袨服叢臺之下者一旦成市，而不能止幽王之湛患。又鄒陽傳　按服虔曰：全趙，趙未分之時。按服說是。趙幽王爲呂后幽死後，文帝立幽王長子遂爲趙王，取趙之河間立遂弟辟彊爲河間王，故幽王時趙爲未分之全趙也。文選注引應劭云：後分爲三。又諸侯王表序云：趙分爲六。▲今漢據全秦之地，兼六國之衆。又枚乘傳　▲臣聞全代之時，北有強胡之敵，內連中國之兵。又韓安國傳　按服虔曰：代未分之時也。

②表態副詞　今言『完全』　▲問臣意：診病決死生，能全無失乎？史記倉公傳　▲觀古今文人，多不全了此處。後漢書自叙　▲本初乘資，雖能强大，然雄豪方起，全未可必也。魏志和洽傳

斯

①不完全內動詞　是也。　▲彼爾維何？惟常之華；彼路斯何？君子之車。詩小雅采薇

②外動詞。　說文云：斯，析也。　▲墓門有棘，斧以斯之。詩陳風墓門　▲趙孟見桑下餓人，與之脯一朐。曰：斯食之。呂氏春秋報庚

③外動詞。　離也。　▲華胥氏之國，不知斯齊國幾千萬里。列子黃帝

④指示代名詞　此也。　▲子謂子賤：君子哉若人。魯無君子者，斯焉取斯。論語公冶長　▲有美玉於斯。又子罕　▲杜蕢入，歷階升，酌曰：曠飲斯。又酌曰：調飲斯。禮記

檀弓

⑤指示形容詞　此也。用在名詞之前，故與前條異。▲伯牛有疾，子問之，自牖執其手曰：亡之！命矣夫！斯人也而有斯疾也！斯人也而有斯疾也！論語雍也　▲今及其死也，朋友諸臣未有出涕者，而內人皆行哭失聲。斯子也，必多曠於禮也夫！禮記檀弓下

⑥承接連詞　則也，乃也。▲女則錫之福，時人斯其惟皇之極。書洪範　▲周公居東二年，則罪人斯得。又金縢　▲謀猶回遹，何日斯沮。詩小雅小旻　▲大侯既抗，弓矢斯張。又賓之初筵　▲受爵不讓，至于己斯亡。又角弓　▲我欲仁，斯仁至矣。論語述而　▲鄉人飲酒，杖者出，斯出矣。又鄉黨　▲其言也訒，斯謂之仁已乎？又顏淵　▲夫子之得邦家者，所謂立之斯立，道之斯行，綏之斯來，動之斯和。又子張　▲人喜則斯陶，陶斯咏，咏斯猶，猶斯舞。禮記檀弓　按此例「則斯」重言。▲歸，斯受之而已矣！孟子　▲如知其非義，斯速已矣。何待來年！又　▲善斯可矣。又

▲壺遂之內廉外脩，斯鞠躬君子也。史記韓長孺傳　▲雖慘酷，斯稱其位矣。又酷吏傳

⑦連詞　與文言「之」字今語「的」字義同。　▲螽斯羽，振振兮。詩周南螽斯　▲有兔斯首。詩

⑧句中助詞　外動詞賓語倒裝時用之。　▲朋酒斯饗。詩豳風七月　▲于京斯依。又大雅公劉　▲于豳斯館。又

⑨語末助詞　爲形容詞或副詞之語尾。　▲王赫斯怒。詩大雅皇矣　▲二爵而言言斯。禮記玉藻　▲色斯舉矣，翔而後集。論語鄉黨　按王引之云：公羊傳「色然而駭，」義與此近。

⑩語末助詞　▲弁彼鸒斯，歸飛提提。詩小雅小弁　▲蓼彼蕭斯，零露湑兮。又蓼蕭

私

①表態副詞　今言『私自』。▲單于使左右難漢使者曰：漢，禮義國也；貳師道：前太子發兵反，何也？使者曰：然。乃丞相私與太子爭鬭，太子發兵欲誅丞相，丞相誣之，故誅丞相。此子弄父兵，罪當笞，小過耳。漢書匈奴傳 ▲毋闕氏恐單于不立子而立左大都尉也，乃私使殺之。又

思

①語首助詞　無義。▲予未有知，思日贊贊襄哉！書皋陶謨 ▲思皇多士，生此王國。詩大雅文王 ▲思齊太任。又思齊 ▲思媚周姜。又 ▲思輯用光。又公劉 ▲思文后稷，克配彼天。又周頌思文 ▲思皇多祜。又載見 ▲思媚其婦。又良耜 ▲思樂泮水。又魯頌泮水 ▲思肆其罔極。左傳昭二十六年

②語中助詞　無義。▲寤寐思服。詩周南關雎 ▲旨酒思柔。又小雅桑扈 ▲自西自東，自南自北，無思不服。又大雅文王有聲 ▲於乎皇王，繼序思不忘。又周頌閔予

小子

③語末助詞　無義。▲南有喬木，不可休思；漢有游女，不可求思。詩周南漢廣　▲敷時繹思，我徂惟求定，又周頌賚

似

①副詞　今語言「像」。▲尉佗因問陸生曰：我孰與蕭何曹參韓信賢？陸生曰：王似賢。史記陸賈傳　▲龐士元曰：論王霸之餘業，覽倚伏之要害，吾似有一日之長。世說　▲王大將軍云：阿平故當最劣。庾曰：似未肯劣。又

肆

①副詞　遂也。▲肆類于上帝。書堯典　▲肆覲東后。又　按史記五帝紀「肆」皆作「遂」。

②承接連詞　爾雅云：肆，故也。▲昔在殷王中宗，嚴恭寅畏，天命自度，治民祗懼，不敢荒寧；肆中宗之享國七十有五年。其在高宗，時舊勞於外，爰曁小人……不敢荒寧，嘉靖殷邦，至於小大無時或怨；肆高宗之享國五十有九年。其在祖甲，不義惟王，舊爲小人；作其卽位，爰知小人之依，能保惠於庶民，不敢侮鰥寡；肆祖甲之享國三十有三年。書無逸　按史記魯世家「肆」皆作「故」。▲天道福善禍淫，降災于夏以彰厥罪；肆台小子將天命明威，不敢赦。又湯誥　▲肆朕誕以爾東征。又大誥　按王莽擬誥「肆」作「故」。▲肆不殄厥慍，亦不隕厥問。詩大雅緜　▲肆戎疾不殄，烈假不瑕。又思齊　▲肆成人有德，小子有造。又肆皇天弗尙。又抑

些

①語末助詞　無義。▲何爲四方些，舍君之樂處而離彼不祥些！楚詞招魂

索[五七]

①副詞　盡也。▲傒自見索言之。漢書成許后傳

悉[五一]

①外動詞　爾雅釋詁云：悉，盡也。▲料大王之卒，悉之，不過三十萬。韓策　按悉之謂盡其所有。

②代名副詞　亦盡也。▲齊悉復得其故城。史記燕世家　▲飛鳥悉翔舞城中，下食。又田單傳　▲泰山上舉火，下悉應之。又武帝紀　▲乃悉以其裝齎置二石醇醪。又袁盎傳　▲乃悉取其禁方書，盡與扁鵲。又扁鵲傳　▲慶年七十餘，無子，使意盡去其故方，更悉以禁方予之。又倉公傳　▲項羽悉引兵渡河，遂破章邯。又張耳傳　▲秦果悉起兵益章邯擊楚軍。又項羽傳　▲至滎陽，諸敗軍皆會。蕭何亦發關中

老弱未傳悉詣滎陽。又項羽紀 ▲斯長男由爲三川守，諸男皆尙秦公主，女悉嫁秦諸公子。又李斯傳 ▲發年十五以上悉詣長平遮絕趙救及糧食。又白起傳 ▲願爲君計，莫若遣君子孫昆弟能勝兵者悉詣軍所，上必益信君。又蕭何世家 ▲願君讓封勿受，悉以家私財佐軍，則上心說。又 ▲悉召故秦祝官，復置太祝太宰，如其故儀禮。又封禪書 ▲呂嬃大怒曰：若爲將而棄軍，呂氏今無處矣！乃悉出珠玉寶器散堂下，曰：毋爲他人守也！又呂后紀 ▲匈奴聞，悉遠其累重於余吾水北。又匈奴傳 ▲景帝曰：丞相議不可用。乃悉封徐盧等爲列侯。又周勃世家 ▲秦令少府章邯免酈山徒人奴產子，悉發以擊楚大軍，盡敗之。又陳涉世家 ▲韓破，良家僮三百人，弟死，不葬，悉以家財求客刺秦王，爲韓報仇。又留侯世家 ▲叔孫通因進曰：諸弟子儒生隨臣久矣！與臣共爲儀。願陛下官之！高帝悉以爲郎。又叔孫通傳

③介詞　亦盡也。 ▲雋兵少不敵，乃張圍結壘起土山以臨城內，因鳴鼓攻其西

南，賊悉衆赴之。後漢書朱儁傳

小

①表態副詞　少也，略也。▲其爲人也小有才。孟子 ▲鮮卑越溢，多爲不法。裁以軍令，則忿戾作亂；制御小緩，則陸掠殘害。後漢書應劭傳 ▲上意欲令小加弘潤。世說 ▲日小欲晚。又

屑

①助動詞　古義訓「屑」爲「潔，」「不屑」謂「不以爲潔。」▲是故諸侯雖有善其辭命而至者，不受也。不受也者，是亦不屑就已。孟子公孫丑下 ▲於心有猜，則簋飧饌餔，猶不屑餐；旌瞽以之。後漢書張衡傳

先

①形容詞　論衡四諱篇云：死亡謂之先。　▲先民有言：詢于芻蕘。詩　▲昔先王之命曰：王后無適，則擇立長，年鈞以德，德鈞以卜。左傳昭二十六年　▲漢復得匈奴降者，言烏桓嘗發先單于冢，匈奴怨之。漢書匈奴傳

②時間副詞　後之反。與今語同。　▲比天之所與我者，先立乎其大者，則其小者不能奪也。孟子告子上　▲振人不贍，先從貧賤始。漢書朱家傳

③時間介詞　▲勾踐聞吳王夫差日夜勒兵，且以報越，越欲先吳未發往伐之。史記越世家　▲王王太后亦恐嘉等先事發，乃置酒，介漢使者權謀誅嘉等。又南越傳　▲先是十餘歲，河決灌，梁楚地固已數困。漢書食貨志　▲始，義兄宣居長安，先義未發，家數有怪。又翟義傳

鮮ㄒㄧㄢ

①指示代名詞　此也。　▲知恤鮮哉。書　▲故士有畫地爲牢，勢不入，削木爲吏，議不對，定計於鮮也。太史公報任少卿書

②指示形容詞　此也。讀平聲。　▲惠鮮鰥寡。書　▲鮮民之生，不如死之久矣。詩

③代名詞　讀上聲，少也。　▲以欲從人，則可；以人從欲，鮮濟。左傳僖二十年

④數量形容詞　少也。讀上聲。　▲武王既老而生成王，成王是以鮮於兄弟。魏志王朗傳

新ㄒㄧㄣ

①時間副詞　▲時成都侯商新爲大司馬衛將軍輔政，素不善湯。漢書陳湯傳　▲是時茂陵守令尹公新視事，涉未謁也。又原涉傳　▲烏桓時新中匈奴兵，明友既

後匈奴，因乘烏桓敝擊之。又匈奴傳 ▲中常侍曹節等專執朝事，新誅太傅陳蕃大將軍竇武，欲借寵賢德以釋衆望。後漢書姜肱傳

尋 ㄒㄧㄣ

①時間副詞 旋也。繼起之事與前事相距之時間不甚久時用之。劉淇云：猶今云『隨即』。 ▲震前後所上，轉有切至，帝既不平之；而樊豐等皆側目憤怨，俱以其名儒，未敢加害。尋有河間男子趙騰詣闕上書，帝發怒，遂收考詔獄，結以罔上不道；震復上疏救之，帝不省，騰竟伏尸都下。會太史言星變逆行，遂共譖震。後漢書楊震傳 ▲梁冀既誅，瓊首居公位，海內翕然望之。尋而五侯擅權，傾動內外，自度力不能匡，乃稱疾不起。又黃瓊傳 ▲家貧，復爲郡西門亭長，尋轉功曹。又陳寔傳 ▲復徵，再遷漁陽太守，尋轉蜀郡太守。又李膺傳 ▲尋轉尙書度支郎中。宇文逌庾子山集序

信

①表態副詞　說文云：信，誠也。按今語言『真』。▲子皙信美矣。左傳昭元年 ▲信能行此五者，則鄭國之民仰之若父母矣。孟子 ▲於是乃卽三王而卜，卜人皆曰吉發書視之，信吉。史記魯世家 ▲若妻信病，賜小豆四十斛，寬假限日。魏志華佗傳

相

①助動詞　見也。▲小生乃欲相吏耶？漢書朱雲傳 ▲縱荊邦之賊者，我也；報荊邦之仇者，子也。兩俱不仁，何相問姓名爲？越絕書荊平王

②副詞　『交相』『互相』之義。▲燕莊公遂送桓公入齊境。桓公曰：非天子，諸侯相送不出境。史記齊世家 ▲是以業與三王爭流，而名與天壤相弊也。又魯仲連傳

▲酒酣以往，高漸離擊筑，荊軻和而歌於市中，相樂也。又刺客傳　▲乃立神明臺井幹樓，度五十餘丈，輦道相屬。又孝武紀　▲漢王與項羽相距京索之間。又蕭何世家　▲白起者，穰侯之所任舉也，相善。又穰侯傳　▲崑崙，其高三千五百餘里，日月所相避隱爲光明也。又大宛傳　▲其極也，上下相遁，至於不振。又酷吏傳　▲弟子傳以久次相受業。又儒林傳　▲姑臧吏民及羌胡更相謂曰：『孔君淸廉仁賢，舉縣蒙恩，如何今去不共報德？』遂相賦斂牛馬器物千萬以上，追送數百里。奮謝之而已，一無所受。後漢書孔奮傳

素 ㄙㄨˋ

①時間副詞　今言『素來』『向來』。▲高祖爲亭長，素易諸吏。史記高祖紀　▲盾素仁愛人。又趙世家　▲居巢人范增素居家，好奇計。又項羽紀　▲陸生素與平原君善。又陸賈傳　▲任敖素善高祖。又任敖傳　▲匈奴素聞郅都節，居邊，爲引兵

去。又酷吏傳 ▲籍福說武安侯曰：魏其貴久矣！天下士素歸之。又武安侯傳 ▲蚡言安國太后，天子亦素聞其賢，即召以爲北地都尉。又韓安國傳 ▲陛下獨宜爲趙王置貴彊相，及呂后太子羣臣素所敬憚，乃可。又張丞相傳 ▲臨晉籍少翁素不知解，因出關。漢書郭解傳 ▲莽大怒，殺宇，而呂寬亡。寬父素與護相知，寬至廣漢，過護，不以事實語也。又樓護傳 ▲太伯同母弟王游公素嫉涉。又原涉傳 ▲諸假號素聞涉名，爭問原尹何在，拜謁之。又 ▲夫不素養士而欲求賢，譬猶不琢玉而求文采也。又董仲舒傳 ▲昔成王之政，周公在前，召公在後，畢公在左，史佚在右，四子挾而維之，目見正容，耳聞正言，一日即位，天下曠然；言其法度素定也。後漢書翟酺傳

速 ㄙㄨˋ

①時間副詞　疾也。 ▲姬謂太子曰：君夢齊姜，必速祭之！左傳僖四年 ▲司馬法

不云乎；『賞不踰時。』欲民速觀爲善之利也。漢書翟方進傳 ▲唯陛下愼經典之誠，圖變復之道，斥遠佞巧之臣，速徵鶴鳴之士！後漢書楊賜傳

夙 ㄙㄨˋ

①時間副詞　早也，素也。　▲時北地胡騎數千隨賊攻郡，皆夙懷燮恩，共於城外叩頭求送燮還鄉里。後漢書傅燮傳

宿 ㄙㄨˋ

①副詞　素也。　▲建寧初，靈帝當受學，詔太傅三公選通尚書桓君章句宿有重名者，三公舉賜。後漢書楊賜傳 ▲靈帝宿聞其名，數引納之。又劉陶傳 ▲帝宿重陶才，原其罪。又

所ㄙㄨㄛˇ

①名詞　處也。▲公朝於王所。春秋僖二十八年　▲子曰：爲政以德，譬如北辰，居其所而衆星共之。論語爲政　▲盎心不樂，家多怪，乃之棓生所問占。漢書爰盎傳　▲涉從建所出，尹公故遮拜涉。又原涉傳　▲於是二王去居其所，未嘗肯會龍城。又匈奴傳　▲玄商留南將軍所，良帶徑至單于庭，單于號良帶曰烏桓都將軍，留居單于所，數呼與飲食。又

②被動助動詞　見也，被也。馬氏文通以「所」爲代名詞，其說非是。說詳附錄代名詞所字之詞性。▲世子申生爲驪姬所譖。禮記檀弓　▲夫所借衣車者，非親友則昆弟也。國策　▲嗜慾在外，則明所蔽矣。淮南子說林訓　▲陰陽之所壅沉不通者，竅理之。又覽冥訓　▲衆雄而無雌，又何化之所能造乎？又　▲無本業所修，方術所務，焉得無有睥睨掩鼻之容哉！又修務訓　▲公孫敖出代郡，爲胡所敗

七千有餘。史記匈奴傳　▲民不足於糟糠，何橘柚之所厭。鹽鐵論未通　▲衛太子爲江充所敗。漢書霍光傳　▲騫曰：爲漢使月氏而爲匈奴所閉道，今亡。唯王使人道送我！又張騫傳　▲食於道旁，乃爲烏所盜肉。又黃霸傳　▲所以微文深詆殺者甚衆。又咸宣傳　▲當其寒也，何刑所斷？當其溫也，何賞所施？論衡寒溫　▲車騎大將軍鄧騭爲種羌所敗於冀西。後漢書安帝紀

③假設連詞　若也。誓詞中用之尤多。　▲予所否者，天厭之！天厭之！論語雍也　▲爾所弗勖，其于爾躬有戮。書牧誓　▲所可道也，言之醜也。詩鄘風牆有茨　▲所不與舅氏同心者，有如白水。左傳僖二十四年　▲所不歸爾帑者，有如河。又文十二年　▲所有玉帛之使者，則告；不然，則否。又宣十年　▲所不此報，無能涉河。又宣十七年　▲所不請于君焚丹書者，有如日。又襄二十三年　▲嬰所不唯忠于君利社稷者是與，有如上帝。又襄二十五年　▲所能見夫人者，有如河。又昭三十一年　▲余所有濟漢而南者，有若大川。又定三年　▲所不爲中軍司馬，有如先君。又定六年

▲所難子者，上有天，下有先君。又哀十四年 ▲所不殺子者，有如陳宗。又哀二十四年 ▲范蠡請退。王曰：所不掩子之惡揚子之美者，使其身無終沒于越。越語

④語中助詞　無義。　▲君無所辱賜於使臣，臣敢辭。儀禮燕禮 ▲君之臣免於罪，則有先人之敝廬在，君無所辱命。禮記檀弓 ▲能進不能退，君無所辱命。左傳成二年 ▲無所用盟，請使公子鱄約之。公羊傳襄二十七年 ▲君無所辱大禮。又昭二十五年

⑤語尾　與『許』同，用於數詞之下，與今言『光景』『上下』『之譜』義同。　▲高四尺所。禮記檀弓 ▲良殊大驚，隨目之。父去里所，復還。史記留侯世家 ▲廣令諸騎曰：前！未到匈奴陳二里所，止。又李將軍傳 ▲十八日所而病愈。又扁鵲傳 ▲其巫，老女子也，年已七十。從弟子女十人所。又滑稽傳 ▲天雨血一頃所。漢書五行志 ▲數問其家金餘尚有幾所？又疏廣傳 ▲涉居谷口半歲所，自劾去官。又原涉傳 ▲才留三千所兵守武昌耳。吳志周魴傳 ▲自後賓客絕百所日。世說

雖 ㄙㄨㄟ

①副詞　用與惟同。　▲女雖湛樂從，弗念厥紹。詩大雅抑　按王引之云：書無逸曰：『惟耽樂之從』，文義正與此同。　▲故民迂則流之，民流通則迂之。決之則行，塞之則止。雖有明君能決之，又能塞之。管子君臣　▲余雖好脩姱以鞿羈兮，謇朝誶而夕替。離騷

②反詰副詞　廣雅云：雖，豈也。　▲雖無予之，路車乘馬。詩　▲雖微晉而已，天下其誰能當之？禮記　▲恥大國之士於中原，又殺其君以重之；子思報父之仇，臣思報君之仇，雖微秦國，天下孰不患？晉語

③推拓連詞　縱也。　▲子見齊衰者，雖狎，必變；見冕者與瞽者，雖褻，必以貌。論語鄉黨　▲果能此道矣，雖愚必明，雖柔必强。禮記中庸　▲雖君有命，寡人弗敢與聞。左傳隱十一年　▲桀有昏德，鼎遷於商，載祀六百。商紂暴虐，鼎遷於周。德之休

明，雖小，重也；其姦回昏亂，雖大，輕也。又宣三年 ▲若夫豪傑之士，雖無文王猶興。孟子 ▲民欲與之偕亡，雖有臺池鳥獸，豈能獨樂哉！又 ▲騶衍，其言雖不軌，儻亦有牛鼎之意乎！史記孟子傳 ▲通亦愿謹，不好外交；雖賜洗沐，不欲出。又佞幸傳 ▲淮陰人爲余言：韓信雖爲布衣時，其志與衆異。又淮陰侯傳 ▲孝文時，以治刑名言事太子。然歐雖治刑名家，其人長者。又萬石君傳 ▲王瞿然駭曰：寡人何敢如是！今主上雖急，固有死耳！安得不戴？又吳王濞傳 ▲疾西據洛陽武庫，食敖倉粟，阻山河之險以令諸侯，雖毋入關，天下固已定矣。又 ▲名譽雖高，賓客雖盛，所由殆與太伯延陵季子異矣。又張耳傳 ▲素無根抵之容，雖竭精思，欲聞忠言輔人主之治，則人主必有按劍相眄之跡。又鄒陽傳 ▲灌嬰雖少，然數力戰，乃拜灌嬰爲中大夫。又灌嬰傳 ▲漆城雖於百姓愁費，然佳哉！漆城蕩蕩，寇來不能上。又滑稽傳 ▲優旃曰：汝雖長，何益？幸雨立。我雖短也，幸休居。又 ▲湯雖文深意忌不專平，然得此聲譽。又酷吏傳 ▲及列九卿，收接天下名士大夫，已心內雖不合，然陽浮慕之。又 ▲楚雖有富大之名，而實空虛；其卒雖多，然而輕走易北。又張儀傳 ▲荊軻雖游酒人乎！然其爲人沈深好書。又刺客傳 ▲及吳楚一說，說雖行哉，然復不遂。又鼂錯傳 ▲楚王大怒曰：寡人雖不德耳，奈何以朱公之子故而施惠乎？又越世家 ▲丞相嘗使籍福請魏其城南田。魏其大望曰：老僕雖棄，將軍雖貴，寧可以勢奪乎！不許。又魏其侯傳

④語首助詞 ▲雖敝邑之事君，何以不免？左傳文十七年 ▲雖我小國，則蔑以過之矣。又 ▲伯父若裂冠毀冕，拔本塞原，專棄謀主，雖戎狄其何有余一人？又昭九年

隨ㄙㄨㄟˊ

①時間副詞 今言「隨着」「隨即」。 ▲知友被辱隨仇者，廉也。韓非子五蠹 ▲立政隨謂陵曰：亦有意乎？漢書李陵傳 ▲長公主賜鄧通，吏輒隨沒入之。又鄧通傳

▲韓係伯鄰居種桑樹於界上以爲誌。係伯以桑枝蔭妨他地，遷數尺，鄰畔隨復侵之。襄陽耆舊傳

②介詞　從也。今言「跟隨著」。　▲護少隨父爲醫長安。漢書樓護傳　▲父恭爲御史，任賢爲太子舍人。哀帝立，賢隨太子官爲郎。又董賢傳　▲於是冒頓知其左右可用，從其父單于頭曼獵，以鳴鏑射頭曼，其左右皆隨鳴鏑而射殺頭曼。又匈奴傳　▲其外西自桐師以東，北至葉榆，名爲嶲昆明，編髮，隨畜移徙，無常處。又西南夷傳　▲建武二十七年，補淮陽國醫工長，隨王之國。二十九年，從王朝京師，隨官屬得會見，帝問以政事。後漢書第五倫傳

遂 ㄙㄨㄟˋ

①副詞　終竟也。　▲叔詹曰：楚王其不沒乎！爲禮卒於無別，無別不可謂禮，將何以沒？諸侯是以知其不遂霸也。左傳僖二十二年　▲及歸，遂不見。又文七年　▲項

羽雖聞漢東，既已連齊兵，欲遂破之而擊漢。史記高祖紀　▲及高祖貴，遂不知老父處。又　▲上卽命丞相御史遂考諸縣傳送淮南王不發封餽侍者。又淮南王傳　▲王氏浸盛，災異數見，羣下莫敢正言；福復上書，上遂不納。漢書梅福傳　▲子雲歎曰：此人後生無比，遂不爲世所稱，亦是奇事。顏氏家訓

②副詞　儀禮聘禮鄭注云：遂猶因也。穀梁傳云：遂，繼事也。　▲祭公來，遂逆王后于紀。春秋桓七年　▲上以讓蒼，蒼遂病免。史記張蒼傳　▲扁鵲已逃去，桓侯遂死。又扁鵲傳　▲大臣多害辟陽侯行，欲遂誅之。又陸賈傳　▲子孫脩業而息之，遂至巨萬。又貨殖傳　▲高祖曰：壯士行，何畏！乃前拔劍擊斬蛇，蛇遂分爲兩。又高祖紀　▲此五子者，不産於秦，而繆公用之，并國二十，遂霸西戎。又李斯傳　▲成大功者，在因瑕釁而遂忍之。又　▲人有告鄧通盜出徼外鑄錢，下吏驗問，頗有之，遂竟案，盡沒入鄧通家。又佞幸傳　▲高祖十年七月，太上皇崩，使人召豨，豨稱病甚。九月，遂與王黃等反。又陳豨傳　▲有司再請削其國，去大半。端心慍，遂爲無訾省。又

五宗世家 ▲王陵見而怪其美士，乃言沛公，赦勿斬。遂從西入武關，至咸陽。又張蒼傳 ▲及上置酒，見留侯所招客從太子入見，上乃遂無易太子志矣。又叔孫通傳 ▲單于自度戰不能如漢兵，單于遂獨身與北騎數百潰漢圍西北遁走。又匈奴傳

須 ㄒㄩ

①外動詞　待也。▲已約石君，須以成事。漢書淮陽憲王欽傳 ▲其分地衆而子孫少者，建以爲國，空而置之，須其子孫生者，舉使君之。又賈誼傳

②助動詞　要也。不須猶今言「不用」「不必」。▲奉世上言：願得其衆，不須復煩大將。漢書馮奉世傳 ▲適有事務，須自經營。應璩與滿公琰書

胥 ㄒㄩ

①副詞　皆也。▲眠娗諈諉勇敢怯疑四人相與游於世，胥如志也。列子力命

②副詞　相也。▲民非后，罔克胥匡以生。書太甲　▲重我民，無盡劉，不能胥匡以生。又盤庚上　▲汝曷弗告朕而胥動以浮言？又

③語末助詞　無義。▲君子樂胥。詩小雅　▲侯氏燕胥。又

徐ㄙㄩˊ

①表態副詞　緩也。▲徐行後長者，則謂之弟。孟子　▲且匈奴畔其主而降漢，漢徐以縣次傳之，何至令天下騷動罷弊中國而以事夷狄之人乎！史記汲黯傳

旋ㄙㄩㄢˊ

①時間副詞　尋也。今云「隨即」。凡後一事之發生與前一事時間相距不久時用之。▲登之罘，刻石；旋遂之琅琊，道上黨入。史記始皇紀　▲濟北王侍者韓女

病要背痛，寒熱，衆醫皆以爲寒熱也。臣意診脈曰：內寒，月事不下也。卽竄以藥，下，病已。又倉公傳 ▲菑川王美人懷子而不乳，來召臣意。臣意往，飲以莨礍藥撮，以酒飲之；旋乳。又 ▲卓既殺瓊珌，旋亦悔之。後漢書董卓傳

洵

表態副詞　爾雅云：信也。 ▲洵美且仁。詩國風 ▲洧之外洵訏且樂。又

循

方所介詞　漢書注云：循，順也。今言『沿著』。 ▲師出於陳鄭之閒，國必甚若出於東方，觀兵於東夷，循海而歸，其可也。左傳僖四年 ▲始楚威王時，使將莊蹻將兵循江上略巴黔中以西。漢書西南夷傳

詞詮卷七

伊一

①指示形容詞　是也。▲我之懷矣，自詒伊阻。詩邶風雄雉 ▲所謂伊人，在水一方。又秦風蒹葭 ▲心之憂矣，自詒伊戚。又小雅小明 ▲所謂伊人，於焉逍遙？又白駒 ▲伊年暮春，將瘞后土，禮靈祇。漢書揚雄傳河東賦

②語首助詞　無義。爾雅云：伊，維也。郭注云：發語詞。▲不可畏也，伊可懷也。詩豳風東山 ▲有皇上帝，伊誰云憎？又小雅正月 ▲我視謀猶，伊於胡底？又小旻 ▲伊誰云從？惟暴之云。又何人斯 ▲伊嘏文王，既右饗之。又周頌我將 ▲嘉承天和，伊樂厥福。漢書禮樂志 ▲伊欲風流而令行，刑輕而姦改，百姓和樂，政事宣昭，何修何飭而膏露降，百穀登？又董仲舒傳

③語中助詞 無義。 其伊恤朕躬？書 ▲苟遂斯道，豈伊傷政？後漢書杜喬傳 ▲豈伊不虔思於天衢，豈伊不懷歸於枌榆。張衡西京賦

繄一

①不完全內動詞 是也。 ▲民不易物，惟德繄物。左傳僖五年 ▲此一王四伯，豈繄多寵，皆亡王之後也。周語 ▲君王之於越也，繄起死人而肉白骨也。吳語 按韋昭注並云：繄，是也。

②語首助詞 維也。 ▲爾有母遺，繄我獨無。左傳隱元年 王室之不壞，繄伯舅是賴。又襄十四年

猗一

①語末助詞 表感歎。王引之云：猗，兮也。 ▲斷斷猗無他技。書秦誓 ▲坎坎伐檀

兮，寘之河之干兮，河水淸且漣猗！詩魏風伐檀 ▲而已反其眞，而我猶爲人猗！莊子大宗師 按「猗」古音在「歌部」，讀如「阿」，卽今語之「啊」字。

噫一

①歎詞 ▲噫！公命我勿敢言。書金縢 ▲子路死。子曰：噫！天祝予！公羊傳哀十四年 ▲顏淵死。子曰：噫！天喪予！天喪予！論語先進 ▲曰：今之從政者何如？子曰：噫！斗筲之人，何足算也！又子路 按「噫」古音在之咍部，卽今語之「唉」字。

台一

①人稱代名詞 我也。 ▲祗台德先。書禹貢 ▲非台小子敢行稱亂。又湯誓 ▲朝夕納誨以輔台德。又說命

②疑問代名詞 何也。 ▲夏罪其如台？書湯誓 按史記殷本紀譯作「夏罪其奈

何。』▲乃曰：其如台？又高宗肜日　按殷本紀譯作『乃曰其奈何。』▲今王其如台？又西伯戡黎　按殷本紀譯作『今王其奈何。』▲卜稽曰：其如台？又盤庚　按王引之云：此謂『卜問曰其奈何』也。▲莊周申韓不乖寡聖人而漸諸篇，則顏氏之子，閔氏之孫其如台？法言問道　按王引之云：此言三子若不詆訾聖人，則顏閔之徒其奈之何也。▲蹶白門而東馳兮，云台行乎中野？張衡思玄賦　▲伊考自遂古乃降戾爰茲，作者七十有四人；今其如台而獨闕也？後漢書班固傳

宜一

①表態形容詞　今言『適宜。』　諸侯將相侯王以爲莫宜寡人，寡人不敢辭。史記文帝紀　按本當云『莫宜於寡人，』『於』字省略。

②助動詞　當也。　▲是宜爲君，有恤民之心。左傳莊十一年　▲信斯言也，宜莫如

舜。孟子 ▲惟仁者宜在高位。又離婁上 ▲臣宜從，病甚。史記留侯世家 ▲夫爲天下除殘賊，宜縞素爲資。又 ▲顧上有不能致者，天下有四人，令公誠能無愛金玉璧帛，令太子爲書，卑辭安車，因使辨士固請，宜來。又 ▲孝文帝召田叔問之曰：公知天下長者乎？對曰：臣何足以知之！上曰：公，長者也；宜知之。又田叔傳 ▲帝問：天下誰愛我？通曰：宜莫如太子。又佞幸傳 ▲兩國相擊，此宜夸矜見所長。又劉敬傳 ▲長者無他技能，宜可令收債。又孟嘗君傳 ▲臣竊以爲其人勇士，有智謀，宜可使。又藺相如傳 ▲蓋君子善善惡惡，君宜知之！又平津侯傳 ▲使者及左將軍疑其爲變，謂太子：『已降服，宜命人毋持兵。』又朝鮮傳 ▲令范陽令宜整頓其士卒以守戰者也。又陳餘傳 ▲呂后數言：張王以魯元公主故，不宜有此。又張耳傳 ▲酈生曰：必聚徒合義兵誅無道秦，不宜倨見長者。又酈生傳 ▲平陽侯曹參身被七十創，攻城略地，功最多，宜第一。又蕭相國世家 ▲於是二世令御史案諸言反者下吏，非所宜言。諸言盜者皆罷之。又叔孫通傳 ▲將軍至尊，不宜入閭巷。漢書樓護傳　▲豈宜唯思所以清原正本之論，删定律令？又刑法志　▲願將軍詳大義，參以蓍龜，豈宜褒顯，先使入侍，令天下昭然知之。又丙吉傳

③推度副詞　殆也。　▲異哉！夫子有三軍之懼，而又有桑中之喜，宜將竊妻以逃者也。左傳成二年　▲士貞伯曰：鄭伯其死乎！自棄也已！視流而行速，不安其位，宜不能久。又成六年　▲禮曰：父召無諾；君命召，不俟駕。固將朝也，聞王命而遂不果，宜與夫禮若不相似然。孟子公孫丑下　▲陳代曰：不見諸侯，宜若小然！今一見之，大則以王，小則以霸。且志曰：枉尺而直尋，宜若可爲也！又滕文公下　▲孟子曰：是亦羿有罪焉。公明儀曰：宜若無罪焉！又離婁下　▲公孫丑曰：道則高矣美矣！宜若登天然；似不可及也。又盡心上　▲且救趙之務，宜若奉漏甕沃焦釜也。史記田敬仲世家　▲今陰陽不調，宜更歷之過也。漢書律曆志

④語首助詞　無義。　▲螽斯羽，詵詵兮；宜爾子孫，振振兮。詩周南螽斯　▲哀我塡寡，宜岸宜獄。又小雅小宛

夷

①語首助詞　無義。▲居於其國，則掌行人之勞辱事焉；夷使則介之。周禮行夫按據鄭注引故書如此，今本無『夷』字。▲何以謂之狂也？曰：其志嘐嘐然，曰：古之人！古之人！夷考其行而不掩焉者也。孟子盡心下

②語中助詞　無義。▲紂有億兆夷人，離心離德。書泰誓　▲蟊賊蟊疾，靡有夷屆；罪罟不收，靡有夷瘳。詩大雅瞻卬

儀

①語中助詞　無義。▲人亦有言：德輶如毛，民鮮克舉之。我儀圖之，維仲山甫舉之。詩大雅烝民

以

①抽象名詞　故也。與今口語「理由」二字相當。▲何其久也？必有以也。詩邶風旄丘 ▲宋人執而問其以。列子周穆王 ▲太史公讀列侯至便侯，曰：有以也夫！史記惠景侯者表 ▲古人思秉燭夜遊，良有以也。魏文帝與吳質書

②外動詞　用也。▲霸主將德是以，而二三之，其何以長有諸侯乎？左傳成八年 ▲我辭禮矣，彼則以之。猶有鬼神，於彼加之。又襄十年 ▲視其所以，觀其所由，察其所安。論語爲政

③外動詞　謂也，以爲也。▲昔者吾有斯子也，吾以將爲賢人也。禮記檀弓 ▲公以告臧孫，臧孫以難；告郈孫，郈孫以可，勸。左傳昭二十五年 ▲臣之妻私臣，臣之妾畏臣，臣之客欲有求於臣，皆以美於徐公。國策 ▲於是言事者衆，或進擢召見，人人自以得上意。漢書元帝紀 ▲今吳王自以與大王同憂，願因時循理棄軀

以除患於天下，意亦可乎？又吳王濞傳 ▲天子與大將軍霍光聞而嘉之，曰：『公卿大臣當用經術明於大誼。』由是名聲重於朝廷，在位者皆自以不及也。又雋不疑傳 ▲朝廷稱之曰：『張釋之爲廷尉，天下無冤民；于定國爲廷尉，民自以不冤。』又于定國傳 ▲天下攝然人安其生，自以沒身不見兵革。又嚴助傳 ▲惠從吏卒十餘人隨昆彌還，未至烏孫，烏孫人盜惠印綬節。惠還，自以當誅。時漢五將皆無功，天子以惠奉使克獲，遂封惠爲長羅侯。又常惠傳 ▲延年大重之，自以能不及翁歸，徙署督郵。又尹翁歸傳 ▲望之自以託師傅德，終不坐。非頗詘望之於牢獄，塞其怏怏心，則聖朝亡以施恩厚。又蕭望之傳 ▲諸見罷珠崖詔書者，莫不欣欣人自以將見太平也。又匡衡傳 ▲王曰：此可也。雖然，吾以不至若此，專禁而已。又伍被傳

④指示代名詞　此也。　按爾雅『已』訓爲『此』『以』『已』古字同，故『以』可訓『此。』 ▲未死而言死，不論。以雖知之，與勿知同。呂氏春秋知化

▲故周書曰：允哉！允哉！以言非信則百事不滿也。又貴信　▲夫再實之木根必傷，掘藏之家必有殃；以言大利而反爲害也。淮南子人閒訓

⑤疑問代名詞　假借爲『台』，何也。說詳附錄『討論詩經「于以」書』　▲于以采蘩？于沼于沚；于以用之？公侯之事。于以采蘩？于澗之中；于以用之？公侯之宮。詩召南采蘩　▲于以采蘋？南澗之濱；于以采藻？于彼行潦。于以盛之？惟筐及筥；于以湘之？惟錡及釜。于以奠之？宗室牖下；誰其尸之？有齊季女。又采蘋　▲爰居爰處，爰喪其馬。于以求之？于林之下。又邶風擊鼓

⑥指示形容詞　此也。與第四條爲指示代名詞者義同而用法異。　▲對揚以辟之勤大命施於烝彝鼎。禮記祭統　▲大夫君子，凡以庶士，小大莫處，御於君所。又射義引詩　▲且無梁孰與無河內急？王曰：梁急。無梁孰與無身急？王曰：身急。曰：以三者，身，上也；河內，其下也。秦未索其下而王效其上，可乎？魏策　▲晉之分也，齊之奪也，皆以羣臣之太富也。夫燕宋之所以弒其君者，皆以類也，韓非子愛臣　按

孫詒讓札迻謂『以類』當作『此類，』非蓋『以』卽可訓『此』也。▲妾惟以一太子一女奈何棄之匈奴？漢書婁敬傳

⑦表度副詞　太也，甚也。▲晉陽處父聘於衛，反過甯，甯嬴從之，及溫而還。其妻問之，嬴曰：以剛。商書曰：『沈潛剛克，高明柔克。』夫子壹之，其不沒乎！左傳文五年　▲羣公子之舍則以卑矣。公羊傳莊元年　▲木若以美然。孟子公孫丑下　▲三月無君則弔，不以急乎？又　▲周公之非管仲，且亦以明矣！韓非子難一

⑧介詞　用也。表動作所用之工具。▲醒，以戈逐子犯。左傳僖二十四年　▲殺人以梃與刃，有以異乎？孟子　▲許子以釜甑爨，以鐵耕乎？又　▲方今之時，臣以神遇而不以目視。莊子養生主

⑨介詞　因也。表動作之所因。▲君子不以言舉人，不以人廢言。論語衛靈公　▲乃孔子則欲以微罪行，不欲爲苟去。孟子　▲乃欲以一笑之故殺吾美人，不亦僨乎！史記平原君傳　▲士固爲知己者死，今乃以妾尚在之故，重自刑以絕從，妾

其奈何畏歿身之誅，終滅賢弟之名？又刺客傳 ▲其子曰張摯，字長公，官至大夫，免。以不能取容當世，故終身不仕。又張釋之傳

⑩介詞 表論事之標準。今語云『以……論』 ▲以賢，則去疾不足；以順，則公子堅長。左傳宣四年 ▲立適以長不以賢，立子以貴不以長。公羊傳隱元年 ▲子思之不悅也，豈不曰：以位，則子，君也；我，臣也；何敢與君友也！以德，則子事我者也，奚可以與我友？孟子萬章下

⑪介詞 用同『於』，位於形容詞之下。 ▲衆叛親離，難以濟矣。左傳隱四年 ▲今縱無法以遺後嗣，而又收其良以死，難以在上矣。又文四年 ▲己則反天，而又以討人，難以免矣。又文十五年 ▲隋黨崇讐，而懼諸侯，或者難以霸乎！又哀十二年 ▲易以溺人。禮記 ▲慶封爲亂於齊，而欲走越，其族人曰：晉近，奚不之晉？慶封曰：越遠，利以避難。韓非子說林上 ▲今暴得大名，不祥；不如有所屬。事成，猶得封侯，事敗，易以亡；非世所指名也。史記項羽紀

⑫介詞　用同『於』表時間。▲其弟以千畝之戰生，命之曰成師。左傳　▲齊以甲戌饗之。史記齊世家　▲河間獻王德以孝景帝前二年用皇子爲河間王。又五宗世家　▲及朱公進金，非有意受也，欲以事成後復歸之以爲信耳。又越勾踐世家　▲文以五月五日生。又孟嘗君傳　▲侯生曰：臣宜從老，不能請數公子行日，以至晉鄙軍之日北鄉自剄以送公子。又信陵君傳　▲韓說以太初三年爲游擊將軍。又衞青傳　▲詐言以武帝時受詔，得職吏事。漢書燕王旦傳　▲時定陵侯淳于長坐大逆誅，長小妻迺始等六人皆以長事未發覺時棄去或更嫁。又孔光傳

⑬介詞　表『領率』之義。▲宮之奇以其族去虞。史記晉世家　▲里克邳鄭欲內重耳，以三公子之徒作亂。又　▲欒書中行偃以其黨襲捕厲公，囚之。又　▲公子自度終不能得之於王，計不獨生而令趙亡，乃請賓客約車騎百餘乘，欲以客往赴秦軍，與客俱死。又信陵君傳　▲天子又以爲王王太后已附漢，獨呂嘉爲亂，不足以興兵，欲使莊參以二千人往使。又南越傳

⑭介詞　表所用之名義或資格。▲至其時，西門豹往會之河上，三老官屬豪長者里父老皆會，以人民往觀之者三二千人。史記滑稽傳　▲將軍蘇建以校尉從衛將軍靑有功，……以將軍築朔方，以右將軍將再從大將軍出定襄。又衛靑傳　▲趙食其以主爵爲右將軍，曹襄以平陽侯爲後將軍，韓說以校尉從大將軍，……以待詔爲橫海將軍。又

⑮介詞　及也。表連及。▲富以其鄰。易小畜　▲拔茅茹以其彙。又泰　▲剝牀以足。又剝　▲剝牀以膚。又　▲用行師，終有大敗，以其國君，凶。又復　▲余一人有罪，無以萬夫。周語引湯誓

⑯介詞　與也。▲欒氏其以宋升降乎！左傳襄二十九年　▲主人以賓揖。儀禮鄉射禮　▲各以其耦進。又　▲以耦左還。又大射儀　▲滔滔者天下皆是也，而誰以易之？論語微子　▲天下有變，王割漢中以楚和。周策　▲陛下起布衣，以此屬取天下。史記留侯世家

⑰介詞　表事之結果，可譯為『以至於。』　▲昔秦繆公不從百里奚蹇叔之言以敗其師。漢書息夫躬傳

⑱介詞　從也。　▲今以長沙豫章往，水道多絕，難行。漢書西南夷傳

⑲等立連詞　與也。　▲季康子問使民敬忠以勸，如之何？論語為政　▲賦常棣之七章以卒。左傳襄二十年　▲賓入大門而奏肆夏，示易以敬也。禮記郊特牲　▲王日夜求壯士如周丘等，數稱引吳楚反時計畫以約束。史記衡山王傳

⑳承接連詞　與『而』同。　▲不戒以孚。易泰六四　▲俾暴虐於百姓，以姦宄於商邑。書牧誓　▲親以無災，又何患焉？左傳閔二年　▲宰夫和之，齊之以味，濟其不及以泄其過。又昭二十年　▲狐偃惠以有謀，趙衰文以忠貞，賈佗多識以恭敬。晉語　▲昔楚靈王不君，其臣箴諫以不入。吳語　▲我衆以無義。公羊傳莊二十四年　▲治世之音安以樂，亂世之音怨以怒，亡國之音哀以思。禮記樂記　▲富以苟，不如貧以譽；生以辱，不如死以榮。大戴禮曾子制言

㉑陪從連詞　下接『往』『來』『上』『下』『東』『西』『南』『北』諸字。▲凡雨，自三日以往爲霖。左傳隱九年　▲聊攝以東，姑尤以西。左傳　▲中人以上，可以語上也；中人以下，不可以語上也。論語雍也　▲自有生民以來，未有孔子也。孟子　▲幽厲以往，尙矣。史記天官書

已一

①動詞　止也。▲已而已而！今之從政者殆而！論語微子　▲病旋已。史記倉公傳　▲食已，乃還致詔。漢書王尊傳　▲羌人嘗獲麥，已，遠其妻子。又趙充國傳　按以上例作內動用。▲令尹子文三仕爲令尹，無喜色；三已之，無慍色。論語公冶長　按右例『已』作外動用，卽今語云『免職』『免』字之義。

②指示代名詞　爾雅云：已，此也。▲近可遠在已。史記夏本紀　按書作『邇可遠在茲。』

③指示代名詞　如此也。▲庸者也，用也；用也者，通也；通也者，得也。適得而幾已，因是已。已而不知其然謂之道。莊子齊物論 ▲吾生也有涯，而知也無涯；以有涯隨無涯，殆已。已而爲知者，殆而已矣！又養生主 ▲田駢以道術說齊王，王應之曰：寡人所有，齊國也。道術難以除患，願聞齊國之政。田駢對曰：臣之言無政而可以爲政。譬之，若木無材而可以爲材。願王察其所謂而自取齊國之政焉。已雖無除其患，天地之間，六合之內，可陶冶而變化也。齊國之政，何足問哉？淮南子道應訓 ▲於臣之計，先誅先零。已則罕开之屬不煩兵而服矣。漢書趙充國傳

④表態副詞　太也。過也。與『以』第七條同。▲高伯其爲戮乎！復惡已甚矣！左傳桓十七年 ▲爲之歌鄭。曰：美哉！其細已甚，民弗堪也。是其先亡乎！又襄二十九年 ▲君刑已頗，何以爲盟主？又昭二年 ▲用成已甚，弗能忍也。又昭二十六年 ▲曷爲貶？子司馬子曰：蓋以操之爲已蹙矣。公羊傳莊三十年 ▲其不言來，不周事之用也。賵以早而含已晚。穀梁傳文五年 ▲脫驂於舊館，毋乃已重乎？禮記檀弓

仲尼不爲已甚者。孟子

⑤時間副詞　表過去。墨子經說云：自後曰已。　▲老父已去，高祖適從旁舍來。史記高祖紀　▲使臣蚤言，皆已誅。又秦始皇紀　▲田生已得金，卽歸齊。又荆燕世家　▲吾言已在前矣！吾欲全吾言。又趙世家　▲張儀已卒之後，犀首入相秦。又張儀傳　▲子所言者，其人與骨皆已朽矣。又老子傳　▲胡亥已聞扶蘇死，卽欲釋蒙恬。又蒙恬傳　▲太子已立，遣使者以罪賜公子扶蘇蒙恬死。扶蘇已死，蒙恬疑而復請之。又　▲魯勾踐已聞荆軻之刺秦王，私曰：惜哉！其不講於刺劍之術也！又刺客傳　▲鄉使秦已并天下，行仁義，法先聖，陛下安得而有之？又酈生傳　▲漢五年，已并天下，諸侯共尊漢王爲皇帝於定陶，叔孫通就其儀號。又叔孫通傳

⑥時間副詞　表旋嗣第二事之發生距第一事不久時用之。　▲召湯而囚之夏臺；已而釋之。史記夏本紀　▲韓王成無軍功，項王不使之國，與俱至彭城，廢以爲侯；已又殺之。又項羽紀　▲冒頓乃作爲鳴鏑，習勒其騎射，令曰：鳴鏑所射而不悉

射者，斬之。行獵鳥獸，有不射鳴鏑所射者，輒斬之。已而冒頓以鳴鏑自射其善馬，左右或不敢射者，冒頓立斬不射善馬者。又匈奴傳　▲始黯列為九卿，而公孫弘張湯為小吏。及弘湯稍益貴，與黯同位，黯又非毀弘湯等。已而弘至丞相，封為侯；湯至御史大夫。又汲黯傳　▲羣臣有言見一老父牽狗，言吾欲見巨公。已忽不見。又封禪書　▲不疑同舍有告歸，誤持其同舍郎金去。已而同舍郎覺亡，意不疑，不疑謝有之，買金償。漢書直不疑傳　▲令令此道順而全安甚易，不肯早為；已乃墮骨肉之屬而抗剄之，豈有異秦之季世乎！又賈誼傳　▲諸客奔走市買，至日昳，皆會涉親閱視。已謂主人：『願受賜矣。』既共飲食，涉獨不飽。又原涉傳　▲文母太后喪時，守復土校尉；已為中郎，後免官。又　▲文帝嘗病癰，鄧通嘗為上嗽吮之。上不樂，從容問曰：天下誰最愛我者乎？通曰：『宜莫若太子。』太子入問疾，上使太子齰癰，太子嗽癰而色難之。已而聞通嘗為上齰，太子慙，繇是心恨通。又鄧通傳　▲初，襄王欲伐鄭，故取翟女為后，與翟共伐鄭；已而黜翟后。又匈奴傳

⑦陪從連詞　與『以』同。用於『上』『下』『往』『來』等詞之前。參閱『以』第卅一條。　▲年八十已上，賜米人月一石，肉二十斤。漢書文帝紀

⑧語末助詞　表決定。　▲公定，予往已。書洛誥　▲生事畢而鬼事始已。禮記檀弓　▲二者形，則萬物之情可得而觀已。史記貨殖傳　▲夫神農以前，吾不知已。又　▲彼將有德燕而輕亡宋，則齊可亡已。又蘇秦傳　▲夫存韓安魏而利天下，此亦王天時已。又魏世家　▲夫韓亡之後，兵出之日，非魏無攻已。又　▲言其利不言其害，卒有秦禍，無及爲已。又張儀傳　▲雖舜禹復生，弗能改已。又范雎傳　▲古布衣之俠，靡得而聞已。又游俠傳　▲唐虞以上不可記已。又龜策傳　▲秦以三郡攻王之上黨，羊腸之西，勾注之南，非王有已。又趙世家　▲自夏以往，其流不可聞已。漢書禮樂志　▲盛哉鑠乎！越不可載已。又楊雄傳　▲吳楚舉大事而不求劇孟，吾知其無能爲已。又游俠傳

⑨歎詞　古音當讀如『唉』。　▲已！予惟小子。書大誥　▲已！女惟小子。又康誥　▲

已！女乃其速由茲義率殺。又 ▲已！女惟冲子。又洛誥 ▲已！我安逃此而可？莊子庚桑楚

矣二

①語末助詞 助詞或句，表感歎。 ▲逷矣，西土之人！書牧誓 ▲展矣君子！詩邶風雄雉 ▲美哉禹功！明德遠矣！左傳昭元年 ▲甚矣！吾衰也！久矣！吾不復夢見周公。論語述而 ▲三代邈絕，遠矣！難存。史記封禪書 ▲甚矣！安危在出令，存亡在所任：誠哉是言也！又楚元王世家

②語末助詞 助兼詞或子句，表提示以起下文，與『也』第二條同。 ▲漢之廣矣，不可泳思；江之永矣，不可方思。詩周南漢廣 ▲兄及弟矣，式相好矣，無相猶矣。又小雅斯干 ▲爾之遠矣，民胥然矣；爾之教矣，民胥傚矣。又角弓 ▲惡不仁者，其爲仁矣，不使不仁者加乎其身。論語里仁

③語末助詞　助句，表已然之事實。淮南子說林訓云：「也」之與「矣」，相去千里。▲晉侯在外十九年矣；而果得晉國。險阻艱難，備嘗之矣；民之情僞，盡知之矣。左傳僖二十八年　▲人或說偃曰：太橫矣！史記主父偃傳　▲秦王後悔之，使人赦之，非已死矣。又韓非傳　▲昔天下之網嘗密矣！然姦僞萌起。又酷吏傳　▲使人逐之，而主父馳已脫關矣。史記趙世家　▲天下雲集響應，贏糧而景從，山東豪俊遂並起而亡秦族矣。又秦始皇紀　▲不愛其身，赴士之阨困。既已存亡死生矣；而不矜其能。又游俠傳

④語末助詞　助句，表已然之境。▲公叔痤召鞅謝曰：今者王問可以爲相者，我言若王；色不許我。我方先君而後臣，因謂王：『卽弗用鞅，當殺之。』王許我。汝可疾去矣！史記商鞅傳　▲武王伐紂，不期而會孟津之上八百諸侯。皆曰：紂可伐矣。又劉敬傳

⑤語末助詞　助句，表理論上或事實上必然之結果。▲子曰：仁遠乎哉！我欲仁，

斯仁至矣論語述而　▲夫尹公之他，端人也，其取友必端矣孟子　▲今智伯帥二國之君伐趙，趙將亡矣，則二君爲之次矣趙策　▲上以德施，實分其國，不削而稍弱矣！史記主父偃傳　▲願君留意臣之計！否，必爲二子所禽矣又淮陰侯傳　▲試延以公主，起有留心，則必受之；無留心，則必辭矣又吳起傳　▲今足下反天性，棄冠帶，欲以區區之越與天子抗衡爲敵國，禍且及身矣！又陸賈傳　▲帝聽君出辟陽侯，太后大驩，兩主共幸君，君貴富益倍矣又

⑥語末助詞　助句，表言者語意之堅確。▲事父母能竭其力；事君能致其身；與朋友交言而有信：雖曰未學，吾必謂之學矣論語學而　▲諸生且待我！我不忘矣史記叔孫通傳　▲吳楚反時，條侯爲太尉，乘傳東將至洛陽，得劇孟，喜曰：吳楚舉大事而不求孟，吾知其無能爲已矣又劇孟傳

⑦語末助詞　助一句，表疑問。▲吉又何咎矣？易師　▲旡妄之往，何之矣？又无妄　▲啜其泣矣，何嗟及矣？詩王風中谷有蓷　▲侯誰在矣？張仲孝友。又小雅六月

▲今茲之正，胡然厲矣？又正月 ▲女何夢矣？禮記文王世子 ▲邪而詛之，將何益矣？左傳隱十一年 ▲居何以訓矣？晉語 ▲公子翬諂乎隱公，謂隱公曰：百姓安子，諸侯說子，盍終爲君矣？公羊傳隱四年 ▲危而不持，顛而不扶，則將焉用彼相矣？論語季氏

異：

①旁指指示代名詞　與『他』義同。 ▲吾以子爲異之問，曾由與求之問！論語先進

②旁指指示形容詞　亦與『他』義同。惟用於名詞之上，故與前條有別。 ▲盜愛其室，不愛其異室。墨子兼愛上 ▲故古者聖人之所以濟事成功垂名於後世者，無他故異物焉。曰：唯能以尚同爲政者也。又尚同中 ▲晉文公一舉而八有功：所以然者，無他故異物，從狐偃之謀，假顛頡之脊也。韓非子右儲說上 ▲此無異故，

其謀臣皆不盡其功也。又初見秦 ▲今堪年衰歲暮，恐不得自信，排於異人，將安究之哉？漢書劉向傳

意：

①外動詞 漢書文三王傳注云：意，疑也。 ▲不疑同舍有告歸，誤持其同舍郎金去。已而同舍郎覺亡，意不疑。漢書直不疑傳 ▲梁王怨爰盎及議臣，迺與羊勝公孫詭之屬謀，陰使人刺殺爰盎及其他議臣十餘人，賊未得也。於是天子意梁。逐賊，果梁使之。又文三王傳 ▲左將軍心意樓船前有失軍罪，今與朝鮮和善，而又不降，疑其有反計，未敢發。又朝鮮傳

②選擇連詞。 ▲黃帝顓頊之道存乎？意亦忽不得見與？大戴禮武王踐祚 ▲夫見下貴者，所以長生安體樂意之道也。今子獨无意焉，知不足耶？意知而力不能行耶？莊子盜跖 ▲吾不識孝子之爲親度者，亦欲人愛利其親與？意欲人之惡賊其親

與？墨子兼愛 ▲子之義將匿耶？意將以告人乎？又耕柱 ▲女爲之與？意鮑爲之與？又明鬼 ▲將以窮無窮，逐無極與？意亦有所止之與？荀子脩身 ▲誠病乎？意亦思乎？秦策 ▲其者寡人之不及與？意亦子大夫思有所不至乎？漢書燕刺王傳 ▲不識世無明君乎？意先生之道固不通乎？說苑善說 ▲不知神鬼邪？意厲鬼也？又辨物

③歎詞 與『噫』同。 ▲意！仁義其非人情乎！莊子駢拇 ▲意！甚矣其無愧而不知恥也！又在宥

義二

①語首助詞 無義。 ▲義爾邦君，越爾多士尹氏御事，綏予曰：無毖于恤，不可不成乃寧考圖功。書大誥

亦：

①副詞　又也。昭十七年公羊傳注云：亦者，兩相須之意。按今語言「也。」▲怨不在大，亦不在小。書康誥　▲旣右烈考，亦右文母。詩周頌雝　▲先君何罪？其嗣亦何罪？左傳文七年　▲楚子使申舟聘於齊，亦使公子馮聘於晉。又宣十四年　▲乃令左軍銜枚泝江五里以須，亦令右軍銜枚踰江五里以須。吳語　▲及平長，可取婦，富人莫肯與者；貧者平亦恥之。史記陳丞相世家　▲張負旣見之喪所，獨視偉平；平亦以故後去。又　▲平曰：嗟乎！使平得宰天下，亦如是肉矣！又　▲今大王慢而少禮，士廉節者不來；然大王能饒人以爵邑，士之頑鈍嗜利無恥者亦多歸漢。又　▲於梁舉壺遂臧固郅他皆天下名士，士亦以此稱慕之。又韓長孺傳　▲今得漢地，而單于終非能居之也。且漢王亦有神，單于察之！又匈奴傳　▲天子乃赦吳使者歸之，而賜吳王几杖，老不朝。吳得釋其罪，謀亦益解。又吳王濞傳　▲

呂后復問其次。上曰：此後亦非而所知也。又高祖紀 ▲有數人不肯去兵，宦者令張澤諭告，亦去兵。又高后紀 ▲見文法輒取，亦不覆案求官屬陰罪。又酷吏傳 ▲今公爲燕，欲急滅豨等，豨等已盡，次亦至燕，公等亦且爲虜矣！又盧綰傳

②副詞　祇也，特也，但也。▲聖人之治天下，豈無所用其心哉！亦不用於耕耳。孟子滕文公上 ▲自反而忠矣，其橫逆由是也。君子曰：此亦妄人也已矣！又離婁下 ▲寡人之從君而西也，亦晉之妖夢是踐。左傳僖十五年 ▲竈焉知天道？是亦多言矣。又昭十八年 ▲公曰：唯據與我和夫？晏子對曰：據亦同也，焉得爲和！又昭二十年 ▲王亦不好士耳！何患無士？齊策 ▲子擊因問曰：富貴者驕人乎？且貧賤者驕人乎？子方曰：亦貧賤者驕人耳。史記魏世家

③語首助詞　無義。▲亦未繘井。易井彖 ▲亦行有九德。書皋陶謨 ▲亦越成湯，陟丕釐上帝之耿命。又立政 ▲亦越文王武王克知三有宅心，灼見三有俊心，以敬事上帝。又 ▲亦既見止，亦既覯止，我心則降。詩召南草蟲

④語中助詞　無義。　▲予亦拙謀作乃逸。書盤庚　▲凡周之士，不顯亦世。詩大雅文王　▲不顯亦臨，無射亦保。又思齊　▲不聞亦式，不諫亦入。又

益

①表態副詞　愈也，更也。劉淇云：加甚之詞。　▲如水益深，如火益熱。孟子　▲考入海及方士求神者，莫驗，然益遣，冀遇之。史記封禪書　▲誅罰良善，日以益甚。又吳王濞傳　▲田氏日以益尊於齊。又司馬穰苴傳　▲徙安國益東屯右北平。又韓安國傳　▲後朝，上益莊，丞相益畏。又袁盎傳　▲吏民益輕犯法，盜賊滋起。又酷吏傳　▲令冬月益展一月，足吾事矣。又　▲伯夷叔齊雖賢，得夫子而名益彰。又伯夷傳　▲秦武王卒，昭王立，樗里子又益尊重。又樗里疾傳　▲願陛下為原廟渭北，衣冠月出游之，益廣多宗廟，大孝之本也。又叔孫通傳　▲今將軍為秦將三歲矣！所亡失以十萬數，而諸侯並起，滋益多。又項羽紀

②副詞　稍也，漸也。▲後昭信謂去曰：前畫工畫望卿舍，望卿袒裼傅粉其傍，又數出入南戶窺郎吏，疑有姦。去曰：善司之。以故益不愛望卿。漢書景十三王傳 ▲胡急擊，矢下如雨；漢兵死者過半，漢矢且盡，廣乃令持滿毋發，而廣身自以大黃射其裨將，殺數人，胡虜益解。又李廣傳 ▲武益愈，單于使使曉武。又蘇武傳

初，去年十四五，事師受易，師數諫正去。去益大，逐之。又

一　壹

①副詞　猶云『一旦』，事未然而假設其然時用之。▲蔡許之君一失其位，不得列於諸侯。左傳成三年 ▲一正君而國定矣。孟子 ▲一怒而諸侯懼。又 ▲蔡澤駿雄弘辯，彼一見秦王，必相之。秦策 ▲一聞人之過，終身不忘。莊子徐無鬼 ▲今置將不善，壹敗塗地。史記高祖紀 ▲相如一奮其氣，威信敵國。又藺相如傳 ▲歲一不登，民有饑色。漢書文帝紀 ▲大王壹起國中，雖女子，皆奮臂以從大

王。又燕刺王傳

②副詞　皆也。▲乃卜三龜，一習吉。書 ▲政事一埤益我。詩邶風北門 ▲五者一得於天下民無不足無不贍者。禮記大傳 ▲若吾子之語審茂，則一諸侯之相也。大戴禮衞將軍文子 ▲不言公外內寮一疑之也。穀梁傳莊十六年 ▲社稷安危，一在將軍。六韜立將 ▲食客數千人，無貴賤一與文等。史記孟嘗君傳 ▲參代何爲相國，舉事無所變更，一遵蕭何約束。又曹相國世家 ▲其閻顯江京等知識婚姻禁錮，一原除之。後漢書順帝紀 ▲故先王焉爲之立中制節，壹使足以成文理，則釋之矣。禮記三年問 ▲共養勞賜，壹出少府。漢書毋將隆傳 ▲政事壹決大將軍光。又車千秋傳 ▲會赦，壹解。又王嘉傳

③副詞　竟也。事出於意料之外時用之。王引之云：一猶乃也。▲靜郭君之於寡人，一至此乎！呂氏春秋知士 ▲士之遨弊，一若此乎？又貴直 ▲爲法之敝，一至此哉！史記商君傳 ▲寡人之過，一至此乎！又滑稽傳 ▲范叔一寒至此哉！又范雎傳

▲伯樂喟然太息，曰：一至此乎！淮南子道應訓

④表態副詞　劉淇云：壹，專一；猶言誠也，實也。　▲予壹不知夫喪之踊也！予欲去之久矣！禮記檀弓　▲子之哭也，壹似重有憂者？又　▲顏回問仲尼曰：孟孫才其母死，哭泣無涕，中心不戚，居喪不哀。無是三者，以善喪蓋魯國。固有無其實而得其名者乎？回一怪之。莊子大宗師

⑤副詞　或也。　▲一臧一否，其誰能常之？左傳昭五年　▲一共一否，爲罪滋大。又昭十六年　▲一有一亡曰有。穀梁傳莊十八年　▲泉一見一否爲瀸井，一有水一無水爲瀸汋。爾雅　▲一繼一及，魯之常也。史記魯世家

⑥語中助詞　無義。　▲君一過多矣！何信於讒？左傳昭二十年　▲今楚王之善寡人一甚矣！管子霸形　▲此一何慶弔相隨之速也！燕策　▲自天子以至於庶人，壹是皆以修身爲本。禮記大學　▲微子之言，吾壹樂辨言。大戴禮小辨　▲敗者壹大。左傳成十六年　▲今壹不免其身，以棄社稷，不亦惑乎！又襄二十一年　▲拔劍割

肉，壹何壯也。漢書東方朔傳

抑

①選擇連詞　字或作意。參閱意第二條。▲宋元公爲魯君如晉，卒於曲棘；叔孫昭子求納其君，無疾而死。不知天之棄魯邪？抑魯君有罪於鬼神，故及此也？左傳昭二十六年　▲子將大滅衛乎？抑納君而已乎？又哀二十六年　▲牀第之不安邪？抑驪姬之不存側邪？晉語　▲敢問天道乎？抑人故也？周語　按賈子禮容語『抑』作『意』。▲子路問强。子曰：南方之强與？北方之强與？抑而强與？禮記中庸　▲請問黃帝人邪？抑非人邪？大戴禮五帝德　▲陳子禽問於子貢曰：夫子之至於是邦也，必聞其政。求之與？抑與之與？論語學而　▲今有受人之牛羊而爲之牧之者，則必爲之求牧與芻矣。求牧與芻而不得，則反諸其人乎？抑亦立而視其死與？孟子公孫丑下

②轉接連詞。▲夏徵舒弒其君，其罪大矣；討而戮之，君之義也。抑人亦有言曰：『牽牛以蹊人之田而奪之牛。』牽牛以蹊者信有罪矣；而奪之牛，罰已重矣。諸侯之從也，曰：討有罪也。今縣陳，貪其富也。以討召諸侯，而以貪歸之，無乃不可乎！左傳宣十一年　▲子晳信美矣，抑子南夫也。又昭元年　▲若聖與仁，則吾豈敢。抑爲之不厭，誨人不倦，則可謂云爾已矣！論語述而　▲子曰：不逆詐，不億不信，抑亦先覺者，是賢乎！又憲問　▲子夏之門人小子，當灑掃應對進退，則可矣；抑末也。本之則無，如之何？又子張

③語首助詞　無義。▲叔善射忌，又良御忌，抑磬控忌，抑縱送忌。詩鄭風大叔于田　▲抑此皇父，豈曰不時！又小雅十月之交　▲晉侯使叔向告劉獻公曰：抑齊人不盟，若之何？左傳昭十三年　▲寡君與其二三老曰：抑天實剝亂，是吾何知焉？又昭十九年　▲苦成叔子曰：抑年少而執官者衆，吾安容子？晉語

雅 ㄧㄚˇ

①時間副詞　史記高祖紀注蘇林云：雅，素也。▲雍齒雅不欲屬沛公。史記高祖紀▲陳喜雅數與王計謀反。又淮南王傳▲高雅得幸於胡亥，欲立之。又蒙恬傳▲憲王雅不以長子棁爲人數。又五宗世家▲張耳雅游，人多爲之言。又張耳傳▲今呂氏雅故，本推轂高帝就天下，功至大。又荆燕世家▲光雅恭謹，知上欲尊寵賢，及聞賢當來也，光警戒，衣冠出門待。漢書董賢傳▲齊相雅行躬耕，隨牧畜。又卜式傳▲舜素謹敕，太后雅愛信之。又元后傳

②表態副詞　頗也，甚也。劉淇云：雅猶極也。▲肅宗先聞后有才色，數以訊諸姬傳。及見，雅以爲善。後漢書章德竇后紀▲劉尹先推謝鎮西，謝後雅重劉。世說

啞 ㄧㄚˇ

①歎詞 無義。▲晉平公與羣臣飲，飲酣。乃喟然歎曰：莫樂爲人君！惟其言而莫之違。師曠侍坐於前，援琴撞之。公披衽而避，琴壞於壁。公曰：太師誰撞？師曠曰：今者有小人言於側者，故撞之。公曰：寡人也。師曠曰：啞！是非君人者之言也！韓非子難一

約㈢

①副詞 略計之詞。今云『大約』。▲疾者前入坐，見佗北壁懸此蛇輩，約以十數。魏志華佗傳

邪㈡ 耶

①語末助詞 助詞或句，表疑問。▲不知天之棄魯邪？抑魯君有罪於鬼神，故及此也？左傳昭二十六年 ▲天邪？地邪？莊子 ▲舜目蓋重瞳子，又聞項羽亦重瞳子；

羽豈其苗裔邪？何興之暴也！史記項羽傳 ▲黨所謂天道，是邪？非邪？又伯夷傳 ▲公以爲吳興兵是邪？非邪？又淮南衡山王傳 ▲文帝從霸陵上，欲西馳下峻阪。袁盎騎，並車擥轡。上曰：將軍怯邪？又袁盎傳 ▲楚王聞之曰：儀以寡人絕齊未甚邪？又袁盎傳 ▲上召布罵曰：若與彭越反邪？又欒布傳 ▲且以季布之賢，而漢求之急如此；此不北走胡，卽南走越耳。夫忌壯士以資敵國，此伍子胥所以鞭荊平王之墓也。君何不從容爲上言邪？又季布傳 ▲趙堯進請問曰：陛下所爲不樂，非爲趙王年少而戚夫人與呂后有郤邪？又張蒼傳

②語末助詞 表反詰。 ▲文帝曰：吏不當若是邪？史記張釋之傳 ▲王非若主邪？何自敢言若主！又田叔傳 ▲僕游揚足下之名於天下，顧不重邪？又季布傳 ▲今大臣雖欲爲變，百姓弗爲使，其黨寧能專一邪？又孝文紀 ▲於是上曰：天下方有急，王孫寧可以讓邪？又魏其侯傳 ▲魏其銳身爲救灌夫，夫人諫魏其曰：灌將軍得罪丞相，與太后家忤，寧可救邪？又 ▲太后怒，不食，曰：今我在也，而人皆藉吾

弟！令我百歲後，皆魚肉之矣！且帝寧能爲石人邪？又 ▲故進百金者，將用爲夫人麤糲之費，得以交足下之驩，豈敢以有求望邪？又刺客傳 ▲語曰：變古亂常，不死則亡：豈錯等謂邪？又鼂錯傳 ▲夫高祖起微細，定海內，謀計用兵，可謂盡之矣。然而劉敬脫輓輅，一說建萬世之安，智豈可專邪？又劉敬傳

③語末助詞 表停頓。 ▲內邪若不私取小府，將安所仰乎？漢書成許后傳

④語末助詞 助句表感歎。 ▲乾坤其易之門邪！易繫辭 ▲如此而近有德而遠有色，則四封之內視其君其猶母邪！管子 ▲莊生驚曰：若不去邪？史記越世家

⑤語末助詞 表決定，與「也」同。 ▲我適先生之所，則廢然而返；不知先生之洗我以善邪？莊子德充符 ▲始也我以女爲人邪；今然君子也！又天地 ▲甚矣夫！人之難說也，道之難明邪！又天運 按此例「邪」「也」互用。

也 ㄧㄝ

①語末助詞　但助詞。▲子謂子貢曰：女與回也孰愈？對曰：賜也何敢望回！論語公冶長　▲柴也愚，參也魯，師也辟，由也喭。又先進　▲子曰：君子謀道不謀食。耕也，餒在其中矣；學也，祿在其中矣。又衛靈公　按以上例助名詞。▲於我乎每食四簋，今也每食不飽。詩秦風權輿　▲古也有志：克己復禮，仁也。左傳昭十二年　▲古也墓而不墳。禮記檀弓　▲古者冠縮縫，今也橫縫。又　▲哀公問：弟子孰爲好學？孔子對曰：有顏回者好學，不遷怒，不貳過；不幸短命死矣。今也則亡。未聞好學者也。論語雍也　▲麻冕，禮也；今也純。又子罕　▲古者民有三疾，今也或是之亡也。又陽貨　按以上例助副詞。

②語末助詞　助兼詞，表提示以起下文。▲子產之從政也，擇能而使之。左傳襄三十一年　▲聽其言也，可以知其所好矣。大戴禮曾子立事　▲夫子之至於是邦也，必聞其政。論語學而　▲子曰：赤之適齊也，乘肥馬，衣輕裘。吾聞之也，君子周急不濟富。又雍也　▲古之狂也肆，今之狂也蕩。又陽貨　▲孩提之童，無不知愛其親者；及

其長也；無不知敬其兄也。孟子盡心 ▲地之相去也，千有餘里；世之相後也，千有餘歲。得志行乎中國，若合符節。孟子 ▲桓公謂左右曰：醫之好利也，欲以不疾者爲功。史記扁鵲傳 ▲彼賢人之有天下也，專用天下適己而已矣。又李斯傳 ▲高雅得幸於胡亥，欲立之；又怨蒙毅法治之而不爲己也，因有賊心。又蒙恬傳 ▲大將軍之與單于會也，而前將軍廣右將軍食其軍別從東道，或失道後，擊單于。又衞將軍傳 ▲姦僞萌起。其極也，上下相遁，至於不振。又酷吏傳

③語末助詞　表決定句意於此結束。▲故曰：或勞心，或勞力。勞心者治人，勞力者治於人；治於人者食人，治人者食於人：天下之通義也。孟子 ▲故爲淵敺魚者，獺也；爲叢敺爵者，鸇也；爲湯武敺民者，桀與紂也。又 ▲故曰：城郭不完，兵甲不多，非國之災也；田野不闢，貨財不聚，非國之害也。又 ▲文帝曰：嗟呼！此真將軍矣！曩者霸上棘門軍若兒戲耳！其將固可襲而虜也。史記周亞夫傳 ▲余所謂述故事，整齊其世傳，非所謂作也；而君比之於春秋，謬矣！又自序 ▲應侯懼，不知

所出蔡澤聞之往入秦也。又范雎傳　▲貫高曰：所以不死一身無餘者，白張王不反也。又張耳傳　▲襄子至橋，馬驚。襄子曰：此必是豫讓也！使人問之，果豫讓也。又刺客傳　▲王使屈平爲令，衆莫不知。每一令出，平伐其功曰：以爲非我莫能爲也。又屈原傳　▲天者，人之始也；父母者，人之本也。人窮則反本，故勞苦倦極，未嘗不呼天也；疾痛慘怛，未嘗不呼父母也。又　▲魯仲連曰：吾始以君爲天下之賢公子也；吾乃今然後知君非天下之賢公子也。又魯仲連傳　▲扁鵲曰：其死何如時？曰：雞鳴至今。曰：收乎？曰：未也。又扁鵲傳　▲毋卹曰：從常山上臨代，代可取也。又趙世家　▲公叔之僕曰：起易去也。又吳起傳　▲然善屬書離辭，指事類情，用剽剝儒墨，雖當世宿學，不能自解免也。又莊子傳　▲報使者曰：必取吾眼置吳東門，以觀越兵入也。又越世家　▲使人刺殺袁盎及其他議臣十餘人。逐其賊，未得也。又梁孝王世家　▲出入遊戲僭於天子，天子聞之，心弗善也。又韓長孺傳

④語末助詞　連舉數事時用之。　▲君子是以知秦穆公之爲君也，舉人之周也；

與人之壹也；孟明之臣也，其不解也；能懼思也；子桑之忠也，其知人也；能舉善也。左傳 ▲凡爲天下國家有九經曰：修身也；尊賢也；親親也；敬大臣也；體羣臣也；子庶民也；來百工也；柔遠人也；懷諸侯也。禮記中庸 ▲天地之道，博也；厚也；高也；明也；悠也；久也。又

⑤語末助詞　與『矣』用同。淮南子說林訓云：『也之與矣，相去萬里。』按此就其常例言之。若其變則『也』字亦恆與『矣』同用。▲散軍而郊射，左射貍首，右射騶虞，而貫革之射息也。禮記樂記 ▲刑罰行於國，所誅者亂人也。如此，則民順治而國安也。又聘義 ▲且夫欒氏之誣晉國久也。晉語 ▲從我於陳蔡者，皆不及門也。論語先進

⑥語末助詞　命令時用之。▲寡人已知將軍能用兵矣！寡人非此二姬，食不甘味；願勿斬也！史記孫子傳 ▲竇太后曰：皇后兄王信可侯也！又外戚傳 ▲自竇長君在時，竟不得侯，死後封其子，彭祖顧得侯：吾甚恨之！帝趣侯信也！又

⑦語末助詞　表感歎。▲惡！是何言也！孟子公孫丑　▲於是高帝曰：吾迺今日知爲皇帝之貴也！史記叔孫通傳　▲上退，謂左右曰：甚矣汲黯之戇也！又汲黯傳

⑧語末助詞　助句，表疑問。▲出門同人，又誰咎也？易同人象傳　▲夫易，何爲者也？又繫辭　▲叔兮伯兮，何多日也？詩邶風旄丘　▲國君去其國，止之曰：奈何去社稷也？禮記曲禮下　▲曾子怒曰：商，女何無罪也？又檀弓上　▲夫夫也，爲習於禮者，如之何其裼裘而弔也？又　▲何爲不去也？又　▲吾焉用此？其以賈害也？左傳桓十年　▲且虞能親於桓莊乎，其愛之也？又僖五年　▲今豆有加，下臣弗堪，無乃戾也？又昭六年　▲女忘君之爲孺子牛而折其齒乎，而背之也？又哀六年　▲敢問天道乎？抑人故也？周語　▲抑刑戮也？其夭札也？晉語　▲主亦有以語肥也？又　▲子張問：十世可知也？論語爲政　▲仁者雖告之曰：井有人焉，其從之也？又雍也　▲莫知其所終，若之何其無命也？莫知其所始，若之何其有命也？莊子寓言　▲意者秦王帝王之主也？君恐不得爲臣，何暇從以難之？意者秦王不肖主也？

君從以難之，未晚也？呂氏春秋不侵 ▲所說出於爲名高者也？而說之以厚利，則見下節而遇卑賤，必棄遠矣。所說出於厚利者也？而說之以名高，則見無心而遠事情。韓非子說難 ▲不識臣之力也？抑君之力也？又難二 ▲此於其親戚兄弟若此，而又況於仇讎之敵國也？魏策 ▲足下欲助秦攻諸侯乎，且欲率諸侯破秦也？史記酈生傳 ▲乃復問被曰：公以爲吳興兵，是邪？非也？又淮南王傳 ▲豈吾相不當侯邪？且固命也？又李廣傳

⑨語末助詞　表反詰。 ▲今孤之不得意於天下，非皆二子之憂也？管子戒篇 ▲公都子曰：冬日則飲湯，夏日則飲水，然則飲食亦在外也？孟子告子 ▲然則鄉之所謂知者，不乃爲大盜積者也？莊子胠篋 ▲今應侯亡地而言不憂，此其情也？秦策

業 一七

①時間副詞　已也。 ▲良業爲取履，因長跪履之。史記留侯世家 ▲上患吳會稽

輕悍，無壯王以塡之；諸子少，乃立濞於沛爲吳王。已拜，受印，高帝召濞相之，謂曰：「若狀有反相。」心獨悔，業已拜，因拊其背告曰：漢後五十年，東南有亂者，豈若邪？然天下同姓爲一家，愼無反！又吳王濞傳　▲是時，漢兵已踰句注二十餘萬，已業行。又劉敬傳　▲項王范增疑沛公之有天下，業已講解，又惡負約，恐諸侯叛之，乃陰謀曰：巴蜀道險，秦之遷民皆居蜀，乃曰：巴蜀亦關中地也，故立沛公爲漢王。又項羽紀　▲嘗入侍高后燕飲，高后令朱虛侯劉章爲酒吏。章自請曰：臣，將種也，請得以軍法行酒。高后曰：可！頃之，諸呂有一人醉亡酒，章追，拔劍斬之，而還報曰：有亡酒一人，臣謹行法斬之。太后左右皆大驚。業已許其軍法，無以罪也。又齊悼惠王世家　▲夫士業已屈首受書，而不能以取尊榮，雖多，亦奚以爲？又蘇秦傳　▲天子業出兵誅宛，宛小國，而不能下，則大夏之屬漸輕漢，而宛善馬絕不來，烏孫侖臺易苦漢使，爲外國笑。漢書李廣傳

要 一幺

①外動詞　總也。『要之』猶今言『總而言之。』　▲臣遷謹記高帝以來至太初諸侯，譜其損益之時，令後世得覽：形勢雖强，要之以仁義爲本。史記漢興以來諸侯表　▲且先王昔言事天子期無失禮，要之，不可以說好語入見，入見則不得復歸，亡國之勢也。又尉佗傳　▲夫張儀之行事，甚於蘇秦。然世惡蘇秦者，以其先死，而儀振暴其短，以扶其說，成其衡道。要之，此兩人真傾危之士哉！又張儀傳

②副詞　總也。　▲亦要存亡吉凶，則居可知矣。易繫辭　▲帝王者，各殊禮而異務；要以成功爲統紀，豈可混乎？史記高祖功臣侯表　▲然要言易者本於楊何之家。又儒林傳　▲誠使鄉曲之俠，予季次原憲比權量力，效功於當世，不同日而論矣。要以功見言信，俠客之義，又曷可少哉！又游俠傳　▲夫世異時移，事業不必同，故曰：儉而難遵。要曰：强本節用，則人給家足之道也。又自序　▲西域諸國頗背叛，匈奴

欲大侵要死，可殺校尉將人衆降匈奴。漢書西域傳 ▲且濟時拯世之術，豈必體堯蹈舜然後乃理哉！期於補綻決壞，枝柱邪傾，隨形裁割；要措斯世於安寧之域而已。後漢書崔寔傳

攸 又

①助動詞 爾雅云：攸，所也。 ▲君子有攸往。易坤

②連詞 用於主詞與動詞之間。 ▲彭蠡既豬，陽鳥攸居。書禹貢 ▲漆沮卽從，豐水攸同。又 ▲九州攸同，四隩既宅。又 ▲帝乃震怒，不畀洪範九疇，彝倫攸斁。又洪範 ▲天乃錫禹九疇，彝倫攸敍。又 ▲萬福攸同。詩小雅蓼蕭 ▲風雨攸除，鳥鼠攸去，君子攸芋。又斯干 ▲君子攸躋。又 ▲君子攸寧。又 ▲報以介福，萬壽攸酢。又楚茨 ▲迺立冢土，戎醜攸行。又大雅緜 ▲豈弟君子，福祿攸降。又旱麓 ▲王在靈囿，麀鹿攸伏。又靈臺 ▲四方攸同，王后維翰。又文王有聲 ▲既作

泮宮，淮夷攸服。又魯頌泮水

③語中助詞　賓詞在前，動詞在後時用之。▲予小子新命于三王，惟永終是圖，茲攸俟。書金縢　▲予曷其不于前寧人圖功攸終！又大誥　▲乃非民攸訓，非天攸若。又無逸

④語首助詞　無義。▲四曰：攸好德。書洪範　▲執訊連連，攸馘安安。詩大雅皇矣

⑤語中助詞　無義。▲予曷敢不于前寧人攸受休畢！書大誥　▲無若火始炎炎，厥攸灼敘，弗其絕。又洛誥　▲亦惟爾多士攸服奔走臣我多遜。又多士　▲予攸好德。又洪範

猶ㄧㄡˊ

①不完全內動詞　若也。▲文莫吾猶人也；躬行君子，則吾未之有得。論語述而　▲聽訟吾猶人也；必也，使無訟乎！又顏淵　▲以若所爲求若所欲，猶緣木而求魚

也。孟子 ▲周公之不有天下，猶益之於夏，伊尹之於殷也。又 ▲秦形勢之國地勢便利，其以下兵於諸侯，譬猶居高屋之上建瓴水也。史記高祖紀 ▲吾今日見老子，其猶龍邪！又老子傳 ▲今吳之有越，猶人之有腹心之疾也。又伍子胥傳 ▲夫秦卒與山東之卒，猶孟賁之與怯夫。又張儀傳 ▲斯其猶人哉！安足與謀？又李斯傳

②副詞 禮記檀弓注云：猶，尚也。與今語『還』同。凡已過之境有稽留，或餘勢未能卽消時用之。▲閏月不告朔，猶朝于廟。春秋文六年 ▲一薰一蕕，十年尚猶有臭。左傳僖四年 ▲且以文王之德，百年而後崩，猶未洽於天下。孟子 ▲叔孫太傅稱說引古今，以死爭太子，上佯許之，猶欲易之。史記留侯世家 ▲關中自汧雍以東至河華，膏壤沃野千里；而公劉適邠，太王王季在岐，文王作豐，武王治鎬，故其民猶有先王之遺風。又貨殖傳 ▲夫學者載籍極博，猶考信於六藝。又伯夷傳 ▲馮先生甚貧，猶有一劍耳。又孟嘗君傳 ▲使其中有可欲者，雖錮南山猶有

郡。又張釋之傳　▲張廷尉事景帝歲餘，爲淮南王相，猶尚以前過也。又　▲關東羣盜並起，秦發兵誅擊，所殺亡甚衆，猶然不止。又始皇紀　▲於是天子始使御史中丞丞相長史督之，猶弗能禁也。又酷吏傳　▲且縱單于不可得，恢所部擊其輜重，猶頗可得以慰士大夫心。又韓長孺傳　▲今斬吾頭，馳三十里間，形容尚未能敗，猶可觀也。又田橫傳　▲其明年，山東被水菑，民多飢乏，於是天子遣使者虛郡國倉廩以賑貧民，猶不足。又平準書　▲使人往聽之，猶尚越聲。又陳軫傳　▲臣下百官力誦聖德，猶不能宣盡其意。又自序

③副詞　且也。今言「尚且」　▲蔓草猶不可除，況君之寵弟乎？左傳隱元年　▲困獸猶鬬，況國相乎？又宣十二年　▲孫子曰：兵已整齊，使赴水火，猶無難矣。吳越春秋　按言外有「不如水火之事更不難」之意。　▲王猶不堪，況爾之小醜乎！史記周本紀　▲夫曾參以布衣猶難之；今陛下親以王者修之。又袁盎傳　▲唯王所欲用之，雖赴水火猶可也。又孫子傳　▲慶於諸子中最爲簡易矣，然猶如此。

又石奮傳　按言外有『不簡易者更可知』之意　▲此皆學士所謂有道仁人也；猶然遭此菑，況以中材而涉亂世之末流乎！又游俠傳　▲天子春秋鼎盛，行義未過，德澤有加焉，猶尚如是，況莫大諸侯權力且十此者乎！漢書賈誼傳

④副詞　均也，等也。或與『之』字連用。▲從之將退，不從亦退，猶將退也，不如從楚，亦以退之。左傳襄十年　▲猶之與人也，出納之吝，謂之有司。論語堯曰　▲苟與人異，惡往而不黜乎？猶且黜乎！寧於故國爾！燕策

⑤假設連詞　若也。▲子弟猶歸器衣服裘衾車馬，則必獻其上，而後敢服用其次也。禮記內則　按鄭注云：猶若也。▲猶有鬼神，於彼加之。左傳襄十年　▲參成可筮。猶有闕也，筮雖吉，未也。又昭十二年　▲猶有鬼神，此必敗也。又昭二十七年

由（又）

①不完全內動詞　與『猶』第一條同。▲人役而恥為役，由弓人而恥為弓，矢

人而恥爲矢也。孟子公孫丑上

②副詞　尙也。亦假作「猶」字用。與「猶」第二條同。▲王由足用爲善。孟子

③介詞　自也，從也。▲禮義由賢者出。孟子 ▲何由知吾可也？又 ▲由堯舜至於湯，五百有餘歲。又 ▲由湯至於文王，五百有餘歲。又 ▲由文王至於孔子，五百有餘歲。又 ▲由孔子而來至於今，百有餘歲。又 ▲分裂天下而封王侯，政由羽出。史記項羽紀 ▲百官之非，宜由朕躬。又孝文紀 ▲乃賜造父以趙城，由此爲趙氏。又趙世家 ▲故天下傳之，夥涉爲王，由陳涉始。又陳涉世家 ▲萬物殷富，政由一家。又陸賈傳 ▲尉佗之王，本由任囂。又南越傳

④介詞　因也。▲由所殺蛇白帝子，殺者赤帝子，故上赤。史記高祖紀 ▲由此楊氏與郭氏爲仇。又遊俠傳 ▲其後使往者皆稱博望侯以爲質於外國，外國由此信之。又大宛傳

⑤介詞　於也。▲別求聞由古先哲王。書康誥 按上文云：「往敷求於殷先哲王」，

句例正同。▲左執簧，右招我由房。詩王風君子揚揚 ▲無易由言。又大雅抑 按

箋云：由，于也。▲客使自下由路西。禮記雜記

繇

①介詞 與『由』同，自也。▲蓋聞天道禍自怨起，而福繇德興。史記文帝紀

②介詞 爾雅云：繇，於也。▲王若曰：大誥繇爾多邦。馬融本書大誥 ▲今天下不幸有事，郡縣諸侯未有奮繇直道者也。漢書卜式傳 按臣瓚云：言未有奮厲於正直之道也。

猷

①介詞 於也。▲大誥猷爾多邦。鄭王本書大誥 ▲王曰：告猷爾多士。書多士 ▲王曰：烏呼！告猷爾有多方士。又多方 ▲王若曰：告猷爾四國多方。又 按此三例

從王引之說。

②語中助詞。▲女猷黜乃心，無傲從康。書盤庚　▲女萬民乃不生，生暨予一人猷同心。又

尤又

①表度副詞　甚也。▲余並論次，擇其言尤雅者，故著爲本紀，書首。史記五帝紀　▲秦既得意，燒天下詩書，諸侯尤甚。又六國表　▲方秦之强時，天下尤趨謀詐哉。又甘茂傳　▲諸士在己之右，愈貧賤，尤益敬，與鈞。又灌夫傳　▲後會五銖錢白金起，民爲姦，京師尤甚。又酷吏傳　▲於故人子弟爲吏及貧昆弟，調護之尤厚。又　▲蒼本好書，無所不觀，無所不通，而尤善律曆。又張丞相傳　▲是時，富豪皆爭匿財，唯式尤欲輸之助費。又平準書　▲王者之興，何嘗不以卜筮決於天命哉！其於周尤甚。又日者傳　▲關中富商大賈，大抵盡諸田：田嗇田蘭，韋家栗氏，安陵杜杜

氏，此其章章尤異者也。又貨殖傳

有文

①不完全內動詞　與『爲』同。▲眇能視，不足以有明也，跛能履，不足以有行也。易　▲克國得妃，其有吉孰大焉？晉語一　按昭五年左傳云：『其爲吉孰大焉。』同一句法，『有』作『爲』。▲人之有道也，飽食煖衣逸居而無教，則近於禽獸。孟子滕文公　按此言人之爲道如此也。孟子又云：『民之爲道也，有恆產者有恆心。』句例相同，『有』卽作『爲』。▲然則耆炙亦有外與？孟子

②傳疑副詞　或也。穀梁傳曰：一有一亡曰有。▲有隕自天。易姤九五　▲乃有不迪不吉，顚越不恭，暫遇姦宄。書盤庚　▲朕不敢有後。又多士　▲天下曷敢有越厥志？孟子梁惠王引書　▲大夫君子，無我有尤。詩鄘風載馳　▲日有食之。春秋

③連詞　讀去聲，與『又』同。▲終則有始，天行也。易蠱彖　▲終風且曀，不日有

曀。詩邶風終風　▲既搢必盥。雖有執於朝，弗有盥矣。禮記玉藻　▲天地萬物之橐宙合，有橐天地。管子宙合　▲王曰：若是其甚與？曰：殆有甚焉。孟子梁惠王　▲人之有道也，飽食煖衣逸居而無教，則近於禽獸。聖人有憂之，使契爲司徒，教以人倫。又滕文公上　按上文云：『堯獨憂之，』故此云『有憂之。』　▲世衰道微，邪說暴行有作。又滕文公下　按上文云：『邪說暴行又作，』字卽作『又。』　▲我則勞於君，君有何勞於我？莊子徐無鬼　▲知者之知，固以多矣；有以守少，能無祭乎？愚者之知，固以少矣；有以守多，能無狂乎？荀子王霸　▲以人之性固正理平治邪？則有惡用聖王惡用禮義矣哉？又性惡　▲王季歷困而死，文王苦之，有不忘羑里之醜。呂氏春秋胥時　▲齊魏有何重於孤國也？秦策

④連詞　讀去聲，與『又』同，專用於整數與餘數之間。　▲二十有八載，放勳乃殂落。書堯典　▲旬有五日，百濮乃罷。左傳文十六年　▲必有寢衣，長一身有半。論語鄉黨　▲於是肅愼貢楛矢石砮，長尺有咫。史記孔子世家　▲朕臨天下二十有

八年。又封禪書 ▲其後三百有餘歲，戎狄攻大王亶父，亶父亡走岐下。又匈奴傳 ▲當是之時，秦襄公伐戎至岐，始列爲諸侯。是後六十有五年，而山戎越燕而伐齊。又 ▲昔周監於二代，三聖制法，立爵五等，封國八百，同姓五百有餘。漢書諸侯王表 ▲往往而聚者百有餘戎。又匈奴傳

⑤語首助詞　用在名詞之前，無義。 ▲蠢茲有苗。書 ▲賓司大皞與有濟之祀。左傳僖二十一年　按上例用於獨有名詞之前者。 ▲王假有廟。易萃彖 ▲亮采有邦。書皋陶謨 ▲夙夜浚明有家。又 ▲乃有室大競。又立政 ▲民不適有居。又盤庚 ▲告猷爾有方多士。又多方 ▲有王雖小，元子哉！又召誥 ▲庶士有正越庶伯君子。又酒誥 ▲伻嚮即有僚，明作有功。又洛誥 ▲予欲左右有民。又皋陶謨 ▲無弱孤有幼。又 ▲乃用三有宅克即宅，曰三有俊克即俊。書立政 ▲其有衆咸造。又盤庚 ▲摽有梅。詩召南摽有梅 ▲皇建其有極。又洪範 ▲友于兄弟，施于有政。論語爲政篇引書 ▲發彼有的。又小雅賓之初筵 ▲擇三有事。又十月之交

投畀有北；有北不受，投畀有昊。又巷伯　▲孔甲擾于有帝。左傳昭二十九年　▲籩豆之事，則有司存。論語泰伯

又

①外動詞　作『有』字用。　▲嗟嗟保介，維莫之春，亦又何求？詩周頌臣工　▲是三子也，吾又過於四之，無不及。周語　▲作又不節，害之道也。又　▲人之情，雖桀跖，豈又肯爲其所惡賤其所好者哉？荀子議兵　▲滿又小魚。石鼓文　▲又秦嗣王。詛楚文

②副詞　復也，更也。　▲姑又與之遇以驕之。左傳文十六年　▲引渭，穿渠，起長安，並南山下至河，三百餘里；徑易漕；度可令三月罷。而渠下民田萬餘頃，又可得以溉田。史記河渠書　▲然既已貴如負言，又何說餓死？又周勃世家　▲夫創少瘳，又復請。又魏其侯傳　▲今將軍傅太子，太子廢而不能爭，爭不能得，又弗能死。又

▲是時，蕭何爲相國，而張蒼乃自秦時爲柱下史，明習天下圖書計籍，蒼又善用算律歷，故令蒼以列侯居相府，領主郡國上計者。又張蒼傳　▲孝文帝欲用皇后弟竇廣國爲丞相，曰：恐天下以吾私廣國。廣國賢，有行，故欲相之。念久之，不可。而高帝時大臣，又皆多死，餘皆見無可者。又申屠嘉傳　▲今天下初定，死者未葬，傷者未起，又欲起禮樂。又叔孫通傳　▲上方踞牀洗，召布入見，布甚大怒，悔來，欲自殺。出就舍，帳御飲食從官如漢王居，布又喜過望。又黥布傳　▲淮南王布見赫以罪亡，上變，固已疑其言國陰事；漢使又來，頗有所驗；遂族赫家，發兵反。又　▲陛下素驕淮南王，弗稍禁，以至此。今又暴摧折之。又袁盎傳　▲及項梁渡淮，信仗劍從之，居戲下，無所知名。項梁敗，又屬項羽。又淮陰侯傳　▲新垣衍快然不悅，曰：噫嘻！亦甚矣！先生之言也。先生又惡能使秦王烹醢梁王？又魯仲連傳　▲代王曰：寡人固已爲王矣！又何王？又孝文紀　▲要以功見言信，俠客之義，又曷可少哉！又游俠傳　▲顧其計誠足以利國家不耳！且盜嫂受金，又何足疑乎？又陳平世家　▲

景帝居禁中，召條侯賜食，獨置大胾，無切肉，又不置箸。又周勃世家 ▲行酒，次至臨汝侯，臨汝侯方與程不識耳語，又不避席。又魏其侯傳 ▲凡說之難，非吾知之有以說之難也，又非吾辨之能明吾意之難也。又韓非傳 ▲其異姓負强而動者，漢已幸勝之矣；又不易其所以然。漢書賈誼傳 ▲蚡以爲越人相攻擊其常事；又數反覆，不足煩中國往救也。又嚴助傳 ▲且夫富者，衆之怨也。吾既亡以教化子孫，不欲益其過而生怨。又此金者，聖主所以養惠老臣也，故樂與鄉黨宗族共饗其賜。又疏廣傳

焉 一六

①指示代名詞　用與『之』同。 ▲子女玉帛，則君有之；羽毛齒革，則君地生焉。左傳僖二十五年 ▲若大盜禮焉以君之姑姊與其大邑。又襄二十一年 ▲衆好之，必察焉；衆惡之，必察焉。論語衛靈公 ▲二世曰：先帝後宮非有子者，出焉不宜。

皆令從死。史記始皇紀 ▲夫史舉下蔡之監門也，大不爲事君，小不爲家室，以苟賤不廉聞於世，甘茂事之，順焉。又甘茂傳 ▲諸公聞之，皆多解之義，益附焉。又游俠傳 ▲太守甚任之，吏民敬愛焉。又循吏傳

②指示代名詞　用同「於是」，實兼介詞「於」與代名詞「是」兩詞之用。

▲制，巖邑也；虢叔死焉，他邑唯命。左傳隱元年 ▲昔陪臣書能輸力於王室，王施惠焉。又襄二十年 ▲子犯知文公之安齊而有終焉之志。晉語 ▲愛之能勿勞乎？忠焉能勿誨乎？論語憲問 ▲文王之囿方七十里，芻蕘者往焉；雉兔者往焉；與民同之，民以爲小，不亦宜乎！孟子 ▲雲雨之山有木名曰欒，羣帝焉取藥。山海經大荒南經 ▲馳椒邱且焉止息。離騷 ▲其存君興國而欲反覆之，一篇之中，三致意焉。史記屈原傳 ▲淵深而魚生之，山深而獸往之，人富而仁義附焉。又貨殖傳

③疑問代名詞　人，事，方所皆用之。 ▲莊公病，將死，謂季子曰：寡人即不起此病，

吾將焉致乎魯國？季子曰：般也存，君何憂焉！公羊傳莊三十二年 按右例「焉」代人。▲今穀嗛未報，鼎焉爲出哉？漢書郊祀志 按右例「焉」代事。▲所謂伊人，於焉逍遙？詩小雅白駒 ▲所謂伊人，於焉嘉客？又 ▲視其所以，觀其所由，察其所安，人焉廋哉？人焉廋哉？論語爲政 ▲天下之父歸之，其子焉往？孟子 ▲且焉置土石？列子湯問 按右諸例「焉」代方所。

④疑問形容詞　何也。用於名詞之前，故與前二條異。▲今王公大人骨肉之親，無故富貴面目美好者，焉故必智哉？墨子尚賢下 ▲魂氣飄飄，焉所安神？蔡邕司徒袁公夫人馬氏碑銘

⑤疑問副詞　何也。▲鶴實有祿位，余焉能戰？左傳閔元年 ▲猶有晉在，焉得定功？又宣十二年 ▲棖也慾，焉得剛？論語公冶長 ▲未能事人，焉能事鬼？又先進 ▲且齊楚之事，又焉足道哉！史記司馬相如傳 ▲文信侯叱曰：去！我身自請之而不肯，汝焉能行之！又甘茂傳 ▲且夫楚唯無彊，六國立者復撓而從之，陛下焉能臣之？

又留侯世家

⑥介詞　用同『於』。　▲裔焉大國，滅之，將亡。左傳哀十七年　▲人莫大焉無親戚君臣上下。孟子盡心　▲五色五聲五色五味凡四類，自然存焉天地之間而不期爲人用。尹文子大道上

⑦承接連詞　乃也，則也。　▲壇墠有禱，焉祭之；無禱，乃止。禮記祭法　▲七教修，焉可以守，三至行，焉可以征。大戴禮王言　▲有知，焉謂之友；無知，焉謂之主。又曾子制言　▲吾道路悠遠，必無有二命，焉可以濟事。吳語　▲勝無非義者，焉可以爲大勝。管子幼官　▲信不足，焉有不信。老子　▲分議者延延，而支苟者諮諮，焉可以長生保國。墨子親士　▲必知亂之所自起，焉能治之；不知亂之所自起，則不能治。又兼愛　▲君爲政，焉勿鹵莽！治民，焉勿滅裂！莊子則陽　▲若赴水火，入焉焦沒耳。荀子議兵　▲凡人之動也，爲慶賞爲之，則見害傷焉止矣。又

⑧語中助詞　賓語倒置時用之，與『是』同。　▲我周之東遷，晉鄭焉依。左傳隱六

年　按周語作『晉鄭是依。』　▲安定國家，必大焉先。又襄三十年　▲今王播棄黎老，而孩童焉比謀。吳語　▲委蛇還旅，二守焉依。後漢書任李劉傳贊

⑨語末助詞　爲形容詞或副詞之語尾。　▲其心休休焉，其如有容。書秦誓　▲我心憂傷，惄焉如擣。詩小雅小弁　▲睠言顧之，潸焉出涕。又大東　▲三難異科，雜焉同會。漢書谷永傳

⑩語末助詞　助兼詞以提起下文，與『也』第二條同。　▲民之服焉，不亦宜乎！左傳昭三十二年　▲於其出焉，使公子彭生送之；於其乘焉，搚幹而殺之。公羊傳莊元年　▲於其歸焉，用事乎河。又定四年　▲且以五帝之聖焉而死，三王之仁焉而死，五伯之賢焉而死，烏獲任鄙之力焉而死，成荆孟賁王慶忌夏育之勇焉而死。死者，人之所必不免也。史記范睢傳

⑪語末助詞　助副詞性之兼詞，用同『乎。』　▲遲速衰序，於是焉在。左傳昭三十二年　▲於是焉河伯欣然自喜。莊子秋水

⑫語末助詞　表決定。

▲其如有容焉。禮記大學引書秦誓 ▲內私而外順，則民瞻其顏色而弗事爭也；望其容貌而民不生易慢焉。又樂記 ▲見善，恐不得與焉；見不善者，恐其及己也。大戴禮曾子立事 ▲每世之隆，封禪答焉。史記封禪書 ▲望氣王朔言：候獨見旗星出如瓜，食頃，復入焉。又 ▲未能至，望見之焉。又 ▲參於是避正堂舍蓋公焉。又曹相國世家 ▲安國爲人多大略，智足以當世取舍，而出於忠厚焉。又韓長孺傳 ▲上下相爲匿，以文辭避焉。又酷吏傳 ▲既已存亡生死矣，而不矜其能，羞伐其德，蓋亦有足多者焉。又游俠傳 ▲及盛，取羈屬，不肯往朝會焉。又大宛傳 ▲自是之後，李氏名敗，而隴西之士居門下者皆用爲恥焉。又李將軍傳 ▲莊兄弟子孫以莊故至二千石六七人焉。又鄭當時傳 ▲及至秦之季世，焚詩書，坑術士，六藝從此缺焉。又儒林傳 ▲凡天下戰國七，燕處弱焉。又蘇秦傳 ▲是故主獨制於天下而無所制也，能窮樂之極矣。賢明之主也！可不察焉？故申子曰：有天下而不恣睢，命之曰以天下爲桎梏者，無他焉，不能督責，而顧以其

身勞於天下之民，若堯禹然：故謂之桎梏也。又李斯傳

⑬語末助詞　表疑問。　▲嗟行之人，胡不比焉？詩唐風杕杜　▲野人曰：父母何算焉？儀禮喪服傳　▲孔子之喪，有自燕來觀者，舍於子夏氏。子夏曰：聖人之葬人與！人之葬聖人也，子何觀焉？禮記檀弓上　▲既富矣，又何加焉？論語子路　▲王無異於百姓之以王爲愛也。以小易大，彼惡知之？王若隱其無罪而就死地，則牛羊何擇焉？孟子梁惠王　▲及夏之時，有卞隨務光者，此何以稱焉？史記伯夷世家

⑭語末助詞　表感歎。　▲君哉舜也！巍巍乎有天下而不與焉！論語泰伯　▲使其中無可欲者，雖無石椁，又何戚焉！史記張釋之傳

奄 一马

①時間副詞　廣韻云：忽也，遽也。　▲愉始至鎮，而桓玄楊佺期舉兵以應王恭，乘流奄至。世說注

言

①外動詞　謂也。引成語而以「言」字解釋之。▲詩云：「刑於寡妻，至於兄弟，以御於家邦。」言舉斯心加諸彼而已。孟子 ▲詩云：「既醉以酒，既飽以德。」言飽乎仁義也。又

②語首助詞　無義。▲言告師氏，言告言歸。詩周南葛覃 ▲翹翹錯薪，言刈其楚。又漢廣 ▲陟彼南山，言采其蕨。又召南草蟲 ▲驅馬悠悠，言至於漕。又鄘風載馳 ▲言既遂矣，至於暴矣。又衛風氓 ▲焉得諼草？言樹之背。又伯兮 ▲言念君子，溫其如玉。又秦風小戎 ▲言私其豵，獻豜於公。又豳風七月 ▲君子至止，言觀其旂。又小雅庭燎 ▲言旋言歸，復我邦族。又黃鳥 ▲昏姻之故，言就爾居。又我行其野 ▲我行其野，言采其蓫。昏姻之故，言就爾宿。爾不我畜，言歸斯復。又 ▲楚楚者茨，言抽其棘。又楚茨 ▲我不見兮，言從之邁。又都人士 ▲之子於狩，言韔其弓；

之子于釣，言綸之繩。又采綠　▲荏染柔木，言緡之絲。又大雅抑　▲於乎小子！未知藏否。匪手攜之，言示之事；匪面命之，言提其耳。又　▲言授之縶，以縶其馬。又周頌有客　▲旣盟之後，言歸於好。左傳僖九年

③語中助詞　無義。　▲德言盛，禮言恭。易繫辭　▲靜言思之，寤辟有摽。詩邶風柏舟　▲寤言不寐，願言則嚏。又終風　▲赫如渥赭，公言錫爵。又簡兮　▲載脂載舝，還車言邁。又泉水　▲駕言出遊，以寫我憂。又　▲願言思子，不瑕有害。又二子乘舟　▲星言夙駕，說于桑田。又鄘風定之方中　▲弋言加之，與子宜之。又鄭風女曰雞鳴　▲彤弓弨兮，受言藏之。又小雅彤弓　▲睠言顧之，潸焉出涕。又大東　▲念彼共人，興言出宿。又小明　▲諸父兄弟，備言燕私。又楚茨　▲君子有酒，酌言嘗之。又瓠葉　▲永言配命，自求多福。又大雅文王　▲維此聖人，瞻言百里。又桑柔　▲鼓咽咽，醉言歸。又魯頌有駜

因 ㄧㄣ

①內動詞　連接也。見逸周書作雒篇注。　▲南繫於雒水，北因於郟山。逸周書作雒　▲制郊甸方百六里，因西土爲方千里。又

②不完全內動詞　猶也。　▲王獨不見夫蜻蛉乎？六足四翼，飛翔乎天地之間，俛啄蚉虻而食之，仰承甘露而飲之，自以爲無患與人無爭也；不知夫五尺童子方將調飴膠絲加己乎四仞之上而下爲螻蟻食也。夫蜻蛉其小者也，黃雀因是已。楚策　▲夫黃雀其小者也，黃鵠因是已。又　▲夫黃鵠其小者也，蔡聖侯之事因是已。又　▲蔡聖侯之事其小者也，君王之事因是已。又

③副詞，與今語之『就』或『就著』同。　▲智伯之伐仇猶，遺之廣車，因隨之以兵。史記樗里疾傳　▲穰侯卒於陶，而因葬焉。又穰侯傳　▲漢兵因乘勝，遂盡虜之。又絳侯世家　▲坐之堂下，賜僕妾之食，因數讓之。又張儀傳　▲信之入匈奴，與

太子俱。及至穎當城生子，因名曰穎當。又韓王信傳 ▲單父人呂公善沛令，辟仇從之客，因家焉。漢書高帝紀 ▲行數里，醉因臥。又

④介詞 表原因，與「以」義同。 ▲因前使絕國功，封騫博望侯。史記衛青傳 ▲良未至，道逢趙王姊出飲；李良望見，以爲王，伏謁道旁。王姊醉，不知其將，使騎謝李良。李良素貴，起，慚其從官。李良已得秦書，固欲反趙，未決，因此怒，遣人追殺王姊道中。又張耳傳 ▲今政治和平，世無兵革，上下相安，何因當有大水一日暴至？漢書王商傳

⑤介詞 表經由，可譯爲「由」。 ▲魏使人因平原君請從於趙。趙策 ▲今令臣食肉炊桂，因鬼見帝。楚策 ▲始前數都尉皆步入府，因吏謁守如縣令。史記酷吏傳 ▲使韓安國因長公主謝罪太后。又梁孝王世家 ▲茂因張儀樗里子而求見秦惠王。又甘茂傳 ▲平遂至修武，降漢，因魏無知求見漢王。又陳丞相世家 ▲玄以山東無足問者，乃西入關，因涿郡盧植事扶風馬融。後漢書鄭玄傳

⑥介詞 與口語『就』義同。▲使馳義侯因巴蜀罪人發夜郎兵下牂柯江。史記尉佗傳 ▲卽因使者上書請比內諸侯。又 ▲善戰者因其勢而利導之。又孫子傳 ▲智者舉事，轉禍爲福，因敗爲功。又蘇秦傳

⑦介詞 表時間，與『趁』義同。▲急因天時大利吏士銳氣以十二月擊先零羌。漢書趙充國傳

⑧介詞 由也。▲西傾因桓是來。書禹貢

應ㄧㄥ

①助動詞 說文云：應，當也。▲今殿前之氣，應爲虹蜺；皆妖邪所生，不正之象。後漢書楊賜傳 ▲陛下不應憂嶠而應憂戎。世說

②時間副詞 劉淇云：應猶卽也。▲若當灸不過一兩處，每處不過七八壯，病亦應除。魏志華佗傳 ▲桓督領諸將周旋赴討，應皆平定。吳志朱桓傳

詞詮卷八

惡

①疑問代名詞　何也。代事。▲君子去仁，惡乎成名？論語里仁 ▲魯侯之美惡乎至？公羊傳莊十二年 ▲卒然問曰：天下惡乎定？曰：定於一。孟子梁惠王 ▲敢問夫子惡乎長？曰：我知言，我善養吾浩然之氣。又公孫丑 ▲辭尊居卑，辭富居貧，惡乎宜乎？抱關擊柝。又萬章下　按『惡乎』之『乎』乃介詞，以『惡』爲疑問詞，故『乎』置於『惡』之下。公羊傳何注禮記檀弓鄭注並云：『惡乎猶於何也。』其說正合。王引之云：『惡乎猶言何所，不必訓於何，』非是。

②疑問代名詞　何處也。代方所。▲居惡在？仁是也；路惡在？義是也。孟子 ▲爲民父母行政，不免於率獸而食人，惡在其爲民父母也？又梁惠王上 ▲伯高死於

衛，赴於孔子。曰：吾惡乎哭諸？兄弟，吾哭諸廟；父之友，吾哭諸寢門之外；所知，吾哭諸野。於野則已疏，於寢則已重。夫由賜也見我，吾哭諸賜氏。遂命子貢爲之主。禮記檀弓　▲自吾毋而不得用吾情，吾惡乎用吾情？又　▲其賤奈何？外淫也。惡乎淫？淫於蔡。公羊傳桓六年　▲且王攻楚，將惡出兵？史記春申君傳

③疑問形容詞　何也。用於名詞之上，故與前二條異。　▲舟車既已成矣。曰：吾將惡許用之？墨子非樂

④疑問副詞　何也。　▲棄父之命，惡用子矣？左傳桓十六年　▲臣恐效文成，則方士皆掩口，惡敢言方哉！史記武帝紀　▲非通幽明之變，惡能識乎性命哉？又外戚世家　▲況乎上聖，又惡能已？又司馬相如傳　▲百姓雖勞，又惡可以已哉？又　▲然二子不困戹，惡能激乎？又范雎蔡澤傳　▲先生惡能使秦王烹醢梁王！又魯仲連傳　▲若乃梁者，則吾乃梁人也。先生惡能使梁助之？又　▲先生飲一斗而醉，將惡能飲一石哉！又滑稽傳　▲今身且不能利，將惡能治天下哉！又李斯傳　▲天

時不與，雖有清濟濁河，惡足以爲固！又蘇秦傳 ▲賢人乎！賢人乎！非質有其內，惡能用之哉！又楚元王傳 ▲凶德參會，待時而發，藉福區區其間，惡能救斯敗哉？漢書竇嬰田蚡傳贊

⑤歎詞　表驚訝。 ▲宰我子貢善爲說詞，冉求閔子騫顏淵善言德行；孔子兼之，曰：我於辭命則不能也。然則夫子既聖矣乎？曰：惡！是何言也！孟子公孫丑 ▲顏回曰：端而虛，勉而一，則可乎？曰：惡！惡可！莊子人間世 ▲子貢問於孔子曰：君子之所以貴玉而賤珉者，何也？爲夫玉之少而珉之多邪？孔子曰：惡！賜！是何言也！夫君子豈多而賤之，少而貴之哉！荀子法行

烏×

①疑問副詞　何也。 ▲烏能與齊懸衡！國策 ▲遲速有命，烏識其時？史記賈誼傳 ▲齊楚之事，又烏足道乎！漢書司馬相如傳 ▲子實秦人，矜夸宮室，保界河山，

信識昭襄而知始皇矣；烏△覩大漢之云爲乎？班固東都賦

②歎詞　無義。▲今割齊民以附夷狄，弊所恃以事無用，鄙人固陋，不識所謂。使者曰：烏謂此邪！必若所云，則是蜀不變服而巴不化俗也。史記司馬相如傳難蜀父老

無×

①無指指示代名詞　▲相人多矣，無△如季相。史記高帝紀　▲奮無文學，恭謹無△與比。又萬石君傳　按以上例爲『無人』之義。▲朝廷見人或毀曰：不疑狀貌甚美，然獨無△奈其善盜嫂何也！又直不疑傳　按凡『無奈何』之『無』皆今言『無法』之義。故亦爲無指指示代名詞。

②同動詞　有之反。▲大車無△輗，小車無△軏，其何以行之哉？論語爲政　▲且司馬，令尹之偏而王之四體也。絕民之主，去身之偏，艾王之體以禍其國，無△不祥大焉。左傳襄三十年　▲夫無△所發怒，乃罵臨汝侯。史記竇嬰田蚡傳　▲魏其良久乃聞聞

卽恚，病痱，不食欲死。或鬪上無意殺魏其，魏其復食，治病。又 ▲上以爲廉忠實無他腸，乃拜綰爲河間王太傅。又萬石君傳 ▲使其中有可欲者，雖錮南山猶有郄；使其中無可欲者，雖無石槨，又何戚焉？又張釋之傳

③不完全內動詞　非也。▲苟無忠信之人，則禮不虛道。禮記禮器　按易繫辭傳云：「苟非其人，道不虛行。」句例正同，「無」卽作「非」。▲無德厚以安之，無度數以治之，則國非其國，而民無其民。管子形勢解　按此例以「無」與「非」爲對文，

④禁戒副詞　莫也。▲無友不如己者！論語學而 ▲五霸桓公爲盛。葵丘之會，諸侯束牲載書而不歃血。初命曰：誅不孝，無易樹子，無以妾爲妻！再命曰：尊賢育才，以彰有德！三命曰：敬老慈幼，無忘賓旅！四命曰：士無世官，官事無攝，取士必得，無專殺大夫！五命曰：無曲防，無遏糴，無有封而不告！孟子告子下 ▲子產蹴然改容更貌曰：子無乃稱！莊子德充符 ▲楚人剽疾，願上無與楚人爭鋒。史記留侯世家

▲若歸，試私從容問而父；然無言吾告若也！又曹相國世家　▲太后面質呂須於陳平曰：鄙語曰『兒婦人口不可用。』顧君與我何如耳！無畏呂須之讒也！又陳平世家　▲陵母既私送使者，泣曰：爲老妾語陵：謹事漢王！漢王，長者也。無以老妾故持二心！妾以死送使者，遂伏劍而死。又

⑤否定副詞　不也。　▲無偏無黨，王道蕩蕩。書洪範　▲君子食無求飽，居無求安。論語學而　▲子貢問曰：貧而無諂，富而無驕，何如？又　▲巽與之言，能無說乎？又　▲襄仲曰：不有君子，其能國乎！國無陋矣。左傳文十二年　▲今吾子疆理諸侯，而曰『盡東其畝而已。』唯吾子戎車是利，無顧土宜。其無乃非先王之命也乎？又成二年　▲孟秋行春令，則其國乃旱，陽氣復還，五穀無實。禮記月令　按呂氏春秋孟秋紀『無』作『不。』　▲三年之喪何也？曰：稱情而立文，因以飾羣，別親疏貴賤之節，而弗可損益也，故曰：無易之道也。又三年問　▲昆蟲無作。又郊特牲　▲名者，人治之大者也，可無愼乎？又大傳　▲天子欲使莊參以二千人往使，參

曰：以好往，數人足矣，以武往，二千人無足以爲也。史記尉佗傳

⑥否定副詞　未也。▲志輕理而不重物者，無之有也；外重物而不內憂者，無之有也；行離理而不外危者，無之有也；外危而不內恐者，無之有也。荀子正名

⑦介詞　與今言「不論」同。▲無巧不巧，工皆以此五者爲法。墨子法儀　▲廣遂引刀自剄。廣軍士大夫一軍皆哭。百姓聞之，知與不知，無老壯，皆爲垂涕。史記李將軍傳　▲分部悉捕諸呂男女，無少長皆斬之。漢書高后紀　▲且天之亡秦，無愚智，皆知之。又項籍傳　▲政事無巨細，皆斷於橫。又田儋傳　▲諸外家昆弟，無賢不肖，皆侍帷幄。又杜鄴傳　▲事無小大，因顯白決。又石顯傳　▲郡國諸豪及長安五陵諸爲氣節者皆歸慕之，涉遂傾身與相待，人無賢不肖闐門。又原涉傳

⑧語首助詞　無義。漢書貨殖傳孟康注云：無，發聲助也。▲無念爾祖，聿修厥德。詩大雅文王　▲無寧茲許公復奉其社稷。左傳隱十一年　▲如天之福，兩君相見，無亦唯是一矢以相加遺。焉用樂！又成十二年　▲夫令名，德之輿也；德，國之基也。

有基無壞，無亦是務乎？又襄二十四年 ▲無寧使人謂子，子實生我。又 按杜注並云：無寧，寧也。 ▲彼無亦置其同類。魯語 ▲無亦擇其柔嘉。周語 ▲公子無亦晉之柔嘉，是以甘食。晉語 ▲女無亦謂我老耄而舍我，而又謗我。楚語 ▲天之所生，地之所養，無人爲大。禮記祭義

亡

①同動詞　與「無」同。有之反。 ▲今入趙，北地入燕，東地入齊，南地入韓魏，則君之所得民，亡幾何人。史記白起傳 ▲軍亡導，或失道，後大將軍。又李將軍傳 ▲亡是公者，無是人也。漢書司馬相如傳

②內動詞　不在也。 ▲予美亡此。詩唐風葛生 ▲將軍文氏之子其庶幾乎！亡於禮者之禮也。禮記檀弓 ▲有天下者祭百神；諸侯，在其地則祭之，亡其地則不祭。又祭法 ▲季子使而亡焉。公羊傳襄二十九年 按說苑至公篇作「季子時使行，不

在。』　▲乃者，亡乎人之辭也。穀梁傳僖三十一年　▲邪行亡乎體，違言不存口。管子戒篇　▲其在彼邪？亡乎我；在我邪？亡乎彼。莊子田子方　▲故治亂在於心之所可，亡於情之所欲。荀子正名　▲吾所以得三士者，亡於十人與三十人中，乃在百人與千人之中。又堯問　▲然則鬬與不鬬，亡於辱之與不辱也，乃在於惡之與不惡也。又正論　▲王霸安存，危殆滅亡，制擧在我，亡乎人。又王制　▲聖亡乎治人而在於得道，樂亡於富貴而在於得利。淮南子原道訓　▲物物者，亡乎萬物之中。又詮言訓

③否定副詞　不也。　▲方今天下饑饉，可亡大自損減以救之稱天意乎？漢書貢禹傳　▲相守選擧不以實，及有臧者，輒行其誅，亡但免官，則爭盡力爲善。又　▲丞亡屬將軍。又胡建傳　▲我告漢軍先零所在，兵不往擊，久留得亡效五年時不分別人而並擊我？又趙充國傳

④應對副詞　與『否』同。　▲穆姜始往東宮而筮之。史曰：君必速出。姜曰：亡！左

傳襄九年　▲靖郭君將城薛，客多以諫，不聽，靖郭君戒謁者：『毋爲客通！』客曰；『臣請三言而已矣！益一言臣請烹。』靖郭君見之，客趨而進，曰：『海大魚。』因反走。君曰：『客有於此。』客曰：『鄙臣不敢以死爲戲。』君曰：『亡，更言之！』齊策　▲子祀曰：女惡之乎？曰：亡，予何惡？莊子大宗師　▲支離叔曰：子惡之乎？滑介叔曰：亡，予何惡？又至樂　▲請問蹈水有道乎？曰：亡，吾無道。又達生

⑤介詞　今言『不論』，與『無』第七條同。　▲上遣使者分條中都官詔獄繫者，亡輕重，一切皆殺之。漢書丙吉傳

⑥選擇連詞　字或作忘，又作『妄』，見『妄』下。　▲意者臣愚而不合於王心耶？亡其言臣者將賤而不足聽邪？秦策　▲秦之攻趙也，倦而歸乎？亡其力尚能進，愛王而不攻乎？趙策　▲不識三國之憎秦而愛懷邪？忘其憎懷而愛秦邪？又　▲聽子之謁而廢子之道乎？亡其行子之術而廢子之謁乎？韓策　▲老萊子曰：夫不忍一世之傷，而驁萬世之患，抑固窶邪？亡其略弗及邪？莊子外物　▲君將

攫之乎？亡其否歟？呂氏春秋審爲 ▲必得宋乃攻之乎？亡其不得宋，且不義，猶攻之乎？又愛類

毋ㄨ

①無指指示代名詞 ▲上蔡宗室諸竇，毋如竇嬰賢，乃召嬰。史記魏其侯傳 ▲盡十二月，郡中毋聲，毋敢夜行。又酷吏傳

②同動詞 有之反。與『無』同。 ▲身自持築臿，脛毋毛。史記秦始皇紀 ▲有如兩宮螫將軍，則妻子毋類矣。又魏其侯傳 ▲盡十二月，郡中毋聲。又酷吏傳 ▲漢廷臣毋能出其右者。又田叔傳 ▲毋城郭常處耕田之業，然亦各有分地。又匈奴傳

③否定副詞 不也。 ▲子絕四：毋意，毋必，毋固，毋我。論語子罕 ▲子毋讀書游說，安得此辱乎？史記張儀傳 ▲秦攻楚之西，韓梁攻其北，社稷安得毋危！又 ▲雖欲毋亡，不可得也。又 ▲燕趙郊見之，皆曰：『此范陽令先下者也。』即喜矣。燕

趙城可毋戰而降也。又陳餘傳　▲魯相初到，民自言相，訟王取其財物百餘人。田叔取其渠率二十人各笞五十，餘各搏二十。魯王聞之，大慚，發府中錢，使相償之。相曰：『王自奪之，使相償之，是王爲惡而相爲善也。』相毋與償之，於是王乃盡償之。又田叔傳　▲食肉毋食馬肝，未爲不知味也；言學者毋言湯武受命，不爲愚。又儒林傳　▲用臣之計，毋戰而略地，不攻而下城，傳檄而千里定。漢書蒯通傳

④禁戒副詞　莫也。　▲原思爲之宰，與之粟九百，辭。子曰：毋！以與爾鄰里鄉黨乎！論語雍也　▲秦始皇帝游會稽，渡浙江，梁與籍俱觀。籍曰：彼可取而代也。梁掩其口曰：毋妄言！族矣！史記項羽紀　▲釋之既朝畢，因前言便宜事。文帝曰：卑之，毋甚高論，令今可施行也。又張釋之傳　▲張負卒予女。爲平貧，乃假貸幣以聘，予酒肉之資以內婦。負誡其孫曰：毋以貧故事人不謹！又陳平世家　▲大將軍青亦陰受上誡，以爲李廣老，數奇，毋令當單于！又李廣傳　▲將軍毋失時！時間不容息。又陳餘傳　▲田生勸澤急行，毋留！又荆燕世家

⑤語首助詞　無義。▲且先君而有知也，毋寧夫人，而焉用老臣？左傳襄九年

務

①名詞　▲務在節儉。史記周本紀　▲大王舉梁楚而西，務在入關，未及收河北也。又陳餘傳

②副詞　今言『務必』。爾雅釋詁云：『務，彊也。』按彊義爲勉，意譯當以今語之『竭力地』『努力地』譯之。▲名可務立。淮南子修務訓　按文子積誠篇作名可强立。▲臣愚以爲可遣屯田卒詣故輪臺以東，置校尉三人分護，各舉圖地形，通利溝渠，務使以時益種五穀。漢書西域傳下　▲大行皇帝晏駕有日，卜擇陵園，務從省約。後漢書樂巴傳

勿

①否定副詞　不也。▲莫益之，或擊之，立心勿恆，凶。易益上九　▲非禮勿視，非禮勿聽，非禮勿言，非禮勿動。論語顏淵　▲於是與平剖符世世勿絕，爲戶牖侯。史記陳平世家　▲百姓歌之曰：蕭何爲法，斠若劃一。曹參代之守而勿失，載其清淨，民以寧一。又曹相國世家　▲天子以伍被雅辭多引漢之美，欲勿誅。又淮南王傳　▲陰使范齊之陳豨所，欲令久亡，連兵勿決。又盧綰傳

②禁戒副詞　與『莫』同。▲己所不欲，勿施於人！論語衛靈公　▲齊王曰：秦使魏冉致帝，子以爲何如？對曰：願王受之而勿備稱也。史記田敬仲世家　▲丹所報，先生所言者，國之大事也，願先生勿泄也！又刺客傳　▲且夫齊之必決於聊城，公勿再計！又魯仲連傳　▲田單因宣言曰：神來下教我。乃令城中人曰：當有神人爲我師。有一卒曰：『臣可以爲師乎？』因反走。田單乃起，引還，東鄉坐，師事之。卒曰：『臣欺君，誠無能也。』田單曰：『子勿言也！』因師之。又田單傳　▲始皇聞之，大怒，自馳如頻陽，見謝王翦曰：『寡人以不用將軍計，李信果辱秦軍。今聞荆日進

而西，將軍雖病，獨忍棄寡人乎？』王翦曰：『老臣罷病悖亂，唯大王更擇賢將。』始皇謝曰：『已矣！將軍勿復言！』又王翦傳

③語首助詞　無義。　▲弗問弗仕，勿罔君子。詩小雅節南山　按王引之云：勿罔，罔也。言弗問而察之，則下民欺罔其上矣。　▲史蘇是占，勿從何益。左傳僖十五年　按王引之云：言雖從史蘇之言，亦無益也。

猥ㄨㄟ

①表態副詞　曲也，苟也。　▲壽王猥曰：安得五家歷？漢書律曆志　▲深閉固距，而不肯試，猥以不誦絕之。又劉歆傳　▲尊妄詆欺，非謗赦前事，猥歷奏大臣，無正法，飾成小過以塗汙宰相，摧辱公卿，輕薄國家，奉使不敬。又王尊傳　▲不圖聖躬猥垂齒召。曹子建上責躬詩表

②時間副詞　王念孫云：猥猶猝也。廣雅云：猥，頓也。頓亦猝也。月令『寒氣總至』

鄭注：總猶猥卒也。卒與猝同。▲厲公猥殺四大夫。公羊傳成十八年疏引春秋說 ▲今猥被以大罪，恐其遂畔。漢書王莽傳 ▲案事者迺驗問惡言，何故猥自發舒？又文三王傳 ▲山水猥至。馬融長笛賦

爲

①不完全內動詞　是也。▲桀溺曰：子爲誰？曰：爲仲由。論語微子 ▲夫執輿者爲誰？又 ▲孰爲夫子？又 ▲萬取千焉，千取百焉，不爲不多矣。孟子 ▲故事半古之人，功必倍之，惟此時爲然。又 ▲獨以德爲可以除之。史記越世家

②外動詞　作也。今言「做」。▲子游爲武城宰。論語雍也 ▲哀公問曰：何爲則民服？又爲政

③外動詞　助也。讀去聲。▲冉有曰：夫子爲衛君乎？論語述而 ▲太尉入軍門，行令軍中曰：爲呂氏者右袒，爲劉氏者左袒。軍中皆左袒，爲劉氏。史記呂后紀 ▲周

陽侯始爲諸卿時，嘗繫長安，湯傾身爲之。又酷吏張湯傳

④外動詞　有也。　▲夫滕，壤地褊小，將爲君子焉，將爲野人焉。孟子滕文公上　▲夷子憮然爲間曰：命之矣。又　▲山徑之蹊間，介然用之而成路。爲間不用，則茅塞之矣。又盡心　▲孔子之不逮舜爲閒矣！晏子春秋外篇

⑤外動詞　謂也。　▲趙盾曰：天乎天乎！予無罪！孰爲盾而忍弒其君者乎？穀梁傳宣二年　▲管仲，曾西之所不爲也，而子爲我願之乎？孟子公孫丑　▲書曰：享多儀，儀不及物，曰不享，惟不役志於享。爲其不成享也。又告子　▲華如誣，巧言令色足恭一也；皆以無爲有者也。此之爲考志也。大戴禮文王官人　按上文『此之謂觀誠也』下文『此之謂視中也』字皆作謂。　▲宋，所爲無雉兔鮒魚者也。墨子公輸　▲動而爲之生，死而謂之窮。淮南子詮言訓　▲從命利君爲之順，從命病君爲之諛；逆命利君謂之忠，逆命病君謂之亂。說苑臣術

⑥表被動之助動詞　與『見』字義同。　▲胥之父兄爲戮於楚。史記吳世家　▲

靈公少侈，民不附，故爲弒易。又晉世家

⑦表態副詞　通作『僞』。　▲夫子爲弗聞也者而過之。禮記　▲使人爲得罪而西。漢書淮南王傳　▲宣謂後母曰：東郡太守文仲素假儻，今數有惡怪，恐有妄爲而大禍至也。太夫人可歸，爲棄去宣家者，以避害。又翟方進傳

⑧時間副詞　與『將』字義同。　▲樂正子見孟子曰：克告於君，君爲來見也。嬖人有臧倉者沮君，君是以不果來也。孟子梁惠王下　▲制春秋之義以俟後聖，以君子之爲亦有樂乎此也。公羊傳哀十四年　▲王翦曰：大王必不得已用臣，非六十萬人不可。始皇曰：爲聽將軍計耳。史記王翦傳　▲盧綰妻子亡降漢。會高后病，不能見，舍燕邸，爲欲置酒見之。高后竟崩，不得見。又盧綰傳　▲驃騎始爲出定襄當單于，捕虜，虜言單于東，乃更定驃騎出代郡。又衛青霍去病傳　▲單于愛之，詳許甘言，爲遣其太子入漢爲質。又匈奴傳

⑨介詞　助也。　▲季氏使閔子騫爲費宰，閔子騫曰：善爲我辭焉！論語雍也　▲季

氏富於周公，而求也爲之聚斂而附益之。又先進 ▲故爲淵敺魚者，獺也；爲叢敺爵者，鸇也；爲湯武敺民者，桀與紂也。孟子 ▲湯使亳衆往爲之耕。又 ▲之人也，之德也，將旁薄萬物以爲一世蘄乎亂。莊子逍遙遊 ▲紀渻子爲王養鬭雞。又達生 ▲臣爲韓王送沛公。史記項羽記 ▲吾爲公從中起，天下可圖也。又淮陰侯傳 ▲爲天下興利除害。又陸賈傳

⑩介詞 因也。 ▲曷爲先言王而後言正月？王正月也。公羊傳隱元年 ▲何爲貶之也？穀梁傳隱四年 ▲吾所以有大患者，爲吾有身。老子 ▲鄉爲身死而不受，今爲宮室之美爲之；鄉爲身死而不受，今爲妻妾之奉爲之；鄉爲身死而不受，今爲所識窮乏者得我而爲之。孟子 ▲仲尼曰：始作俑者，其無後乎！爲其象人而用之也。又 ▲不知者以爲爲肉也，其知者以爲爲無禮也。又 ▲仕，非爲貧也，而有時乎爲貧。又 ▲王如善之，則何爲不行？又 ▲天子爲兄弟之故不忍。史記五宗世家 ▲老父顧謂良曰：孺子下取履！良愕然，欲毆之，爲其老，彊忍下取履。又

留侯世家 ▲十餘萬人皆入睢水，睢水爲之不流。又項羽紀 ▲臣欲諫，爲位賤。又李斯傳 ▲今戰而勝之，齊之半可得，何爲止。又淮陰侯傳 ▲高帝已定天下，爲中國勞苦，故釋佗弗誅。又尉佗傳 ▲譬若江湖之雀，勃解之鳥，乘雁集不爲之多，雙鳧飛不爲之少。漢書揚雄傳

⑪介詞　與「與」字用同。　▲爲人謀而不忠乎？論語學而 ▲自妾之身之不爲人持接也，未嘗得人之布織也。管子　按尹注云：爲猶與也。　▲臣請爲王言樂。孟子 ▲夫道，窅然難言哉！將爲汝言其崖略。莊子知北遊 ▲犀首以梁爲齊戰於承匡而不勝。齊策　按此與齊戰，非助齊也。　▲韓仲子辟人，因爲聶政語。韓策 ▲寡人獨爲仲父言，而國人知之，何也？韓詩外傳 ▲斯其猶人哉！安足爲謀！史記李斯傳 ▲具爲天子言之。又大宛傳 ▲非好學深思，心知其意，蓋難爲淺見寡聞者道也。又五帝紀贊

⑫介詞　表被動，介出主動者。　▲不爲酒困。論語子罕 ▲世子申生爲驪姬所譖。

禮記檀弓　▲出公之後聲氏爲晉公拘於銅鞮，呂氏春秋審應覽　▲今足下自以與漢王爲厚交，爲之盡力用兵，終爲之所禽矣。史記淮陰侯傳　▲衛太子爲江充所敗。漢書霍光傳

⑬介詞　用同「於」。　▲謂之新宮，則近爲禰宮。穀梁傳僖三十年　▲稱爲前世，義於諸侯。晉語　按韋昭注云：言見稱譽於前世。　▲君不如令弊邑陰合爲秦。西周策　按史記孟嘗君傳「爲」作「於」。　▲此其爲親戚兄弟若此。而又況於仇讎之敵國也！魏策　▲魏爲逢澤之遇，朝爲天子。秦策　▲爲其來也，臣請縛一人過王而行。晏子春秋雜篇　▲秦穆公帥師送公子重耳，圍令狐桑泉臼衰，皆降爲秦師。竹書紀年　▲夫匈奴難得而制，非一世也。上及虞夏殷周，固弗程督禽獸畜之，不屬爲人。史記主父偃傳

⑭等立連詞　與也，又也。　▲不得，不可以爲悅；無財，不可以爲悅。得之爲有財，古之人皆用之，吾何爲獨不然？孟子公孫丑　▲屠耆單于使日逐王先賢撣兄右奥

鞬王爲烏藉都尉各二萬騎屯東方以備呼韓邪單于。漢書匈奴傳

⑮假設連詞　如也，若也。

▲荆若襲我，是自背其信而塞其忠也。爲此行也，荆敗我，諸侯必叛之。晉語　▲夫江黃之國近於楚，爲臣死乎！君必歸之楚而寄之。管子戒篇　▲孫叔敖戒其子曰：爲我死，王則封女，女必無受利地！列子說符　▲臣之御庶子鞅願王以國聽之也！爲不能聽，勿使出境。呂氏春秋長見　▲王甚喜人之掩口也。爲見王，必掩口！韓非子內儲說　▲夫沐者有棄髮，除者傷血肉。爲見其難，因釋其業，是無術之事也。又八說　▲今之新辨濫乎宰予；而世主之聽眩乎仲尼。爲悅其言因任其身，則焉得無失乎？又顯學　▲中國無事於秦，則秦且燒焫護君之國；中國爲有事於秦，則秦且輕使重幣而事君之國也。秦策　▲秦宣太后愛魏醜夫。太后病將死，出令曰：爲我葬，必以魏子爲殉。又　▲是楚與三國謀出秦兵矣，秦爲知之，必不救也。又　▲魏使人因平原君請從於趙，三言之，趙王不聽。出遇虞卿，曰：爲入，必語從！趙策　▲韓爲不能聽我，韓之德王也，必不爲雁行以

來；爲能聽我，絕和於秦，必大怒以厚怨於韓。韓策 ▲料大王之卒，不過三十萬。爲除守徼亭障塞，見卒不過二十萬而已。又 ▲今誠得治國，國治，身死不恨。爲死終不治，不如去。史記宋世家 ▲齊桓公問於管戚曰：管子今年老矣。爲棄寡人而就世，吾恐法令不行，人多失職，百姓疾怨，國多盜賊。吾何如而使姦邪不起，民衣食足乎？說苑君道

⑯何中助詞　賓語倒裝時用之。▲惟奕秋之爲聽。孟子 ▲故人苟生之爲見，若者必死；苟利之爲見，若者必害。荀子禮論 ▲唯行之爲守，唯義之爲行。又不苟

⑰語末助詞　表疑問。▲是之不憂，而何以田爲？左傳襄十七年 ▲雨行，何以聖爲？又襄二十二年 ▲將何治爲？晉語 ▲亡人得生，又何不來爲？楚語 ▲兩君合好，夷狄之民，何爲來爲？穀梁傳定十年 ▲夫黃帝尙矣，女何以爲先生難言之。大戴禮五帝德 ▲棘子成曰：君子質而已矣！何以文爲？論語顏淵 ▲子曰：誦詩三百，授之以政，不達；使於四方，不能專對；雖多，亦奚以爲？又子路 ▲夫顓臾，昔者先

王以爲東蒙主，且在邦域之中矣，是社稷之臣也，何以伐爲？又季氏 ▲奚以之九萬里而南爲！莊子逍遙遊 ▲何故深思高舉自令放爲？楚詞漁父 ▲然則又何以兵爲？荀子議兵 ▲君長有齊，何以薛爲！韓非子說林下 ▲君何以疵言告韓魏之君爲？趙策 ▲卽不能亟南面而臣於漢，何但遠走亡匿於幕北寒苦無水草之地爲？漢書匈奴傳 按以上「爲」字單用。 ▲三代之亡，共子之廢，皆是物也；女何以爲哉？左傳昭二十八年 ▲惡用是鶃鶃者爲哉！孟子滕文公 ▲我何以湯之聘幣爲哉！又萬章 ▲今我何以子之千金劍爲乎！呂氏春秋異寶 按以上「爲哉」「爲乎」連用。

⑱語末助詞　表感歎。 ▲予無所用天下爲！莊子逍遙遊 ▲今故告之，反怒爲！漢書趙后傳

惟

①外動詞　思也。▲上曰：吾惟之，豎子固不足遣，迺公自行耳！漢書張良傳 ▲顧大王詳惟之！又鄒陽傳 ▲退而深惟曰：夫詩書隱約者，欲以遂其志之思也。又司馬遷傳 ▲其後深惟社稷之計，規復萬載之策，乃大興師數十萬，使衛青霍去病操兵，前後十餘年。又匈奴傳下

②不完全內動詞　是也，爲也。▲厥草惟夭，厥木惟喬，厥土惟塗泥，厥田惟下下。書禹貢 ▲萬邦黎獻，共惟帝臣。又皋陶謨 ▲非予自荒茲德，惟女含德不惕予一人。又盤庚 ▲人有小罪，非眚，乃惟終，乃有大罪，非終，乃惟眚災。又康誥 ▲予克受，非予武，惟朕文考無罪；受克予，非朕文考有罪，惟予小子無良。又泰誓 ▲非我有周秉德不康寧，乃惟爾自速辜。又多方 ▲我民用大亂喪德，亦罔非酒惟行；越小大邦用喪，亦罔非酒惟辜。又酒誥

③副詞　獨也，僅也。▲敢呱呱而泣，予弗子，惟荒度土功。書益稷 ▲不惟許國之爲，亦聊以固吾圉也。左傳隱十一年

④介詞　與『以』用法同。▲亦惟女故，以丕從厥志。書盤庚

⑤等立連詞　與也。▲齒革羽毛惟木。書禹貢　▲百僚庶尹惟亞惟服宗工，越百姓里居。又酒誥　▲告爾四國多方惟爾殷侯尹民。又多方

⑥推拓連詞　用與『雖』同。▲不識天下之以我備其物與，且惟無我而物無不備者乎？淮南子精神訓

⑦語首助詞　▲惟二月既望，越六日乙未王朝步自周，則至於豐。書召誥　▲惟十有三祀，王訪於箕子。又洪範　▲惟元祀十有二月乙丑，伊尹祠於先王。又伊訓　▲惟三祀十有二月朔，伊尹以冕服奉嗣王歸於亳。又太甲中　▲惟十有三年春，大會於孟津。又泰誓上　▲惟彼陶唐，有此義方。左傳哀六年引夏書

⑧句中助詞　無義。▲百工惟時。書皋陶謨　▲無疆惟休，亦無疆惟恤。又召誥

唯

①副詞　獨也，但也。▲子謂顏淵曰：用之則行，舍之則藏，唯我與爾，有是夫。論語述而　▲不寧唯是，又使圍蒙其先君，將不得爲寡君老，左傳昭元年　▲唯蟲能蟲，唯蟲能天。莊子庚桑楚　▲方今唯秦雄天下。史記魯仲連傳　▲聞人之善言，進之上，唯恐後。又鄭當時傳　▲王道約而易操也，唯明主爲能行之。又李斯傳　▲朱公長男竟持其弟喪歸。至，其母及邑人盡哀之，唯朱公獨笑，曰：吾固知必殺其弟也！又越世家　▲成都侯商子邑爲大司空，貴重。商故人皆敬事邑，唯護自安如舊節。漢書樓護傳

②應諾副詞　諾也，然也。讀上聲。▲子曰：參乎！吾道一以貫之。曾子曰：唯。論語里仁　▲楚襄王問宋玉曰：先生其有遺行與？何士民衆庶不譽之甚也？宋玉對曰：唯，然，有之。楚策　按『唯然』重言也。▲秦王曰：先生何以幸教寡人？范睢曰：唯，唯。若是者三。史記范睢傳

③命令副詞　表希望之時用之。▲陛下未有繼嗣，子無貴賤，唯留意！漢書外戚趙

后傳

④介詞 與『以』字用同。▲冀之既病，則亦唯君故。左傳僖三年

⑤推拓連詞 與『雖』字用同。▲君以聞之，唯某無以更也。大戴禮虞戴德 ▲弊邑之王所甚說者，無大大王；唯儀之所甚願爲臣者，亦無大大王。弊邑之王所甚憎者，無先齊王；唯儀之所甚憎者，亦無先齊王。秦策 ▲唯毋欲與我同，將不可得也。墨子尚同 ▲今以仁義法正爲固無可知可能之理耶，然則唯禹不知仁義法正，不能仁義法正也。荀子性惡 ▲天下之人唯各持意哉！然而有所共予也。又大略 ▲須賈問曰：孺子豈有客習於相君者哉？范雎曰：主人翁習知之；唯雎亦得謁。史記范雎傳 ▲弘湯深心疾黯，唯天子亦不說也。又汲黯傳 ▲相如使時，蜀長老多言通西南夷不爲用；唯大臣亦以爲然。又司馬相如傳 ▲信問王曰：大王自料勇悍仁強，孰與項王？漢王默然良久，曰：不如也。信再拜賀曰：唯信亦爲大王不如也。又淮陰侯傳 ▲士亦以此稱慕之，唯天子以爲國器。又韓長孺傳 ▲唯其

人之瞻知哉，亦會其時之可爲也。漢書揚雄傳解嘲

⑥語首助詞　無義。▲互鄉難與言，童子見，門人惑。子曰：與其進也，不與其退也。唯何甚！論語述而　▲唯金沴木。漢書五行志

維

①不完全內動詞　是也。▲周雖舊邦，其命維新。詩大雅文王

②介詞　與『以』字用同。▲維子之故，使我不能餐兮。詩鄭風狡童

③連詞　與也。▲牧人乃夢：衆維魚矣，旐維旟矣。詩小雅無羊　▲虡業維樅，賁鼓維鏞。又大雅靈臺　▲與百官之政事師尹維旅牧相宜序民事。魯語

④語首助詞　爾雅云：伊，維，侯也。邢疏云皆發語辭。▲維此王季，帝度其心。詩大雅皇矣　▲維三代尙矣！史記自序

⑤句中助詞　無義。▲百工維時。書皋陶謨

微ㄨㄟ

①外動詞　匿也。▲白公奔山而縊，其徒微之。左傳哀十六年　按杜注云：微，匿也。

②不完全內動詞　非也。▲微我無酒，以遨以遊。詩邶風柏舟　按鄭箋云：非我無酒。▲微君之故，胡爲乎中露？又式微　▲子夏曰：微悁而勇若悁者，可乎？韓詩外傳六

③表態副詞　稍也，略也。今言『略微』。▲莽色厲而言方，欲有所爲，微見風采，黨與承其指意而顯奏之。漢書王莽傳

④表態副詞　說文云：微，隱行也。引伸爲隱匿之義。▲上始爲微行出。漢書成帝紀　▲賓客來者微知淮南衡山有逆計，皆將養勸之。又衡山王賜傳

⑤否定副詞　不也。▲雖讀禮傳，微愛屬文。顏氏家訓

⑥介詞　無也。▲微我，晉不戰矣。周語　▲微管仲，吾其被髮左衽矣！論語憲問

▲吳王曰：微子之言，吾亦疑之。史記伍子胥傳　▲微二子者，楚不國矣。又李斯傳　▲微趙君，幾爲丞相所賣。又　▲且垓下之會，微彭王，項氏不亡。又欒布傳　▲是日，微樊噲犇入營誚讓項羽，沛公事幾殆。又樊噲傳　▲太后見周昌，爲跪謝，曰：微君，太子幾廢。又周昌傳　▲先人失國，微陛下，臣等當蟲出。又田叔傳

危

①副詞　殆也。　▲我危得之。漢書宣六王傳　▲今兒安在？危殺之矣！又外戚趙后傳

違

①方所介詞　去也。　▲齊師違穀七里。左傳　▲忠恕違道不遠。禮記中庸

謂

①外動詞　向其人爲言時用之。　▲子謂子貢曰：女與回也孰愈？論語公冶長　▲子謂子夏曰：女爲君子儒，無爲小人儒！又雍也

②外動詞　非對其人爲言時而亦用之，與今言『評論』『批評』義同。　▲子謂韶盡美矣，又盡善也；謂武盡美矣，未盡善也。論語八佾　▲子謂子賤：君子哉若人！又公冶長　▲子謂仲弓曰：犂牛之子，騂且角；雖欲勿用，山川其舍諸？又雍也

③外動詞　言也。解釋時用之。　▲是以魯頌曰：春秋匪解，享祀不忒，皇皇后帝，皇祖后稷。君子曰：禮。謂其后稷親而先帝也。詩曰：問我諸姑，遂及伯姊。君子曰：禮。謂其姊親而先姑也。左傳文公二年

④不完全外動詞　名也，言也，稱也。　▲婦人謂嫁曰歸。爾雅　▲楚人謂乳穀，謂虎於菟。左傳　▲文王以民力爲臺爲沼，而民歡樂之，謂其臺曰靈臺，謂其沼曰靈沼。孟子梁惠王上

⑤不完全外動詞　與『奈』『如』同。　▲豈不夙夜，謂行多露！詩召南行露　▲

天實爲之，謂之何哉！又邶風北門　▲赫赫師尹，不平謂何？又小雅節南山　▲救而棄之，謂諸侯何？左傳僖二十八年　▲以師伐人，遇其師而還，將謂君何？又成二年　▲君實有臣而殺之，其謂君何？又成十七年　▲雖惡於後王，吾獨謂先王何乎？齊策　▲殺之亡之，無謂天下何；內之無若羣臣何。魏策　▲今縱不能博求天下賢聖有德之人而禪天下焉，而曰豫建太子，是重吾不德也，謂天下何？史記文帝紀

⑥不完全內動詞　爲也。▲醉而不出，是謂伐德。詩小雅賓之初筵　▲是謂觀國之光。左傳莊二十二年　▲一之謂甚，其可再乎？又僖五年　▲此之謂多矣。若能少此，吾何以得見？又昭元年　▲佻之謂甚矣，而壹用之，將誰福哉？又昭十年　▲登之謂甚，吾又重之，不如止也。又昭二十一年　▲八年之謂多矣！何以能久？晉語　▲生之謂性。孟子　▲此之謂大丈夫。又　▲於是上亦問左丞相平。平曰：有主者。上曰：主者謂誰？史記陳丞相世家

⑦介詞　與「爲」同。「謂」「爲」聲同，古多通用。▲禮樂謂之益，習德行謂

之益修，天子之命爲之益行。大戴禮朝事　按謂亦爲也，互文耳。▲國危而不安，患結而不解，何謂貴智？淮南子人間訓　▲然則人固不可與微言乎？孔子曰：何謂不可？又道應訓　▲有一人不得其所，則謂之不樂。鹽鐵論憂邊　▲丞相豈兒女子邪，何謂咀藥而死？漢書王嘉傳

⑧介詞　與也。▲晉欲得叔詹爲僇，鄭文公恐，不敢謂叔詹言。史記鄭世家

未 ㄨㄟˋ

①否定副詞　不也。▲仲子所食之粟，伯夷之所樹與？抑亦盜跖之所樹與？是未可知也。孟子　▲人固不易知，知人亦未易也。史記范雎蔡澤傳

②否定副詞　不曾也，與今言「還沒有」同。▲小人有母，皆嘗小人之食矣；未嘗君之羹，請以遺之。左傳隱元年　▲趙旃求卿，未得。又宣十二年　▲使伯氏司里，火所未至，徹小屋，塗大屋。又襄九年　▲以國之多難，未女恤也。又哀二十七年

③否定副詞　末字所狀之字往往省略，而與助詞『也』連用，以形言，恍若形容詞矣，而實非也。　▲我息秦奮，倍猶末也。左傳僖十五年　▲子魚曰：禍猶末也。又二十一年　▲子上曰：君之齒末也。又文元年

④否定副詞　與『否』字用同，恆在句末。　▲君除吏已盡末？吾亦欲除吏。史記田蚡傳　▲留侯子張辟彊爲侍中，年十五，謂丞相陳平曰：太后獨有帝，今哭而不悲，君知其解末？漢書外戚傳　▲帝因怒詰讓等曰：汝曹常言黨人欲爲不軌，皆令禁錮，或有伏誅。今黨人更爲國用，汝曹反與張角通，爲可斬末？後漢書宦者張讓傳　▲因謂亮曰：今日上不至天，下不至地，言出子口，入於吾耳，可以言末？蜀志諸葛亮傳　▲卿昔不顧吾，今可爲交末？世說方正篇注引楚國先賢傳

宛

①表態副詞　廣韻云：宛，然也。　▲遡游從之，宛在水中央。詩秦風蒹葭　▲遡游從

之，宛在水中坻。又▲宛其死矣，他人入室。又唐風山有樞

罔 ㄨㄤˇ

①同動詞　無也。▲罔有攸赦。書

②否定副詞　不也。▲罔罪爾衆。書盤庚▲罔知天之斷命。又▲乃罔畏畏。又微子▲罔敷求先王，克共明刑。詩大雅抑

③禁戒副詞　毋也。▲罔違道以干百姓之譽。書大禹謨

妄 ㄨㄤˋ

①表態副詞　猶今言「胡亂」。▲秦始皇帝東遊會稽，梁與籍俱觀。籍曰：彼可取而代也！梁掩其口曰：無妄言！族矣！史記項羽紀▲陛下妄得一胡兒，即貴重之。漢書金日磾傳▲漢置丞相，非用賢也。妄一男子上書，即得之矣。又車千秋傳　按

『妄一男子上書，』猶云『一男子妄上書。』▲丹卽卻頓首曰：愚臣妄聞，罪當死。又史丹傳 ▲今歌唫之聲未絕，傷痍者甫起，而噲欲搖動天下，妄言以十萬衆橫行，是面謾也。又匈奴傳 ▲今左右羣豎惡傷黨類，妄相交搆，致此刑譴。後漢書陳蕃傳

②選擇連詞 與『亡』第六條同。▲道固然乎？妄其欺不穀邪？越語 ▲先生老僭與？妄其楚國妖與？新序雜事

詞詮卷九

於ㄩ

①內動詞　在也。　▲邊鄙殘，國固守，鼓鐸之聲於耳，而乃用臣斯之計，晚矣！韓非子存韓　▲麗靡爛漫於前，靡曼美色於後。漢書司馬相如傳　按校勘家往往謂『於』上有脫字，非也。

②介詞　表動作之對象。　▲君子之於天下也，無適也，無莫也；義之與比。論語里仁　▲始吾於人也，聽其言而信其行；今吾於人也，聽其言而觀其行。於予予何誅？又公冶長　▲賜也達，於從政乎何有？又雍也　▲公伯寮愬子路於季孫。又憲問　▲我於辭命，則不能也。孟子　▲於禽獸又何難焉？又　▲於答是也何有。又　▲王如施仁政於民，省刑罰，薄稅斂，深耕易耨，壯者以暇日脩其孝悌忠信，入以

事其父兄，出以事其長上，可使制梃以撻秦楚之堅甲利兵矣。又梁惠王上　▲上由此怨望於梁王。史記梁孝王世家　▲吾於天下賢士，可謂亡負矣。漢書高帝紀　▲於官屬掾吏，務掩過揚善。又丙吉傳

③介詞　表動作之關係。　▲人無於水監，當於民監。書酒誥　▲夫談有悖於目，拂於耳，謬於心而便於身者。漢書東方朔傳

④介詞　表動作之所從，可譯爲「從」。　▲今燕虐其民，王往而征之，民以爲將拯己於水火之中也。孟子梁惠王下　▲子噲不得與人燕，子之不得受燕於子噲。又公孫丑下　▲今也，小國師大國而恥受命焉，是由弟子而恥受命於先師也。又離婁上　▲逢蒙學射於羿。又離婁下　▲鄭莊以任俠自喜，脫張羽於戹，聲聞梁楚之間。史記鄭當時傳　▲司馬長卿竊貲於卓氏。漢書楊雄傳

⑤介詞　表動作之所在，可譯爲「在」。　▲子擊磬於衛。論語憲問　▲於傳有之。孟子　▲梁王伏斧質於闕下謝罪。史記梁孝王世家　▲意所欲，於何所王之？又三

王世家　武王竟至周而卒於周。又甘茂傳　趙王乃齋戒五日，使臣奉璧，拜送書於庭。又藺相如傳　曹丘至，卽揖季布曰：楚人諺曰：『得黃金百，不如得季布一諾』足下何以得此聲於梁楚間哉？又季布傳　齊人或言聶政勇敢士也；避仇，隱於屠者之間。又刺客傳　荆軻嗜酒，日與狗屠及高漸離飲於燕市。又　頃之，襄子當出，豫讓伏於所當過之橋下。又　褒於道病死，上閔惜之。漢書王褒傳　宰相不親小事，非所當於道路問也。又丙吉傳　藺生收功於章臺，四皓采榮於南山。又楊雄傳

⑥介詞　表動作之所歸趨。　使狐偃將上軍，讓於狐毛而佐之。左傳僖廿七年　閏月者，附月之餘日也，積分而成於月者也。穀梁傳文六年　如此而成於孝子也。大戴禮曾子本孝　上與梁王燕飲，嘗從容言曰：千秋萬歲後，傳於王。史記梁孝王世家　平原君已定從而歸，歸至於趙。又平原君傳　東方朔割炙於細君。漢書楊雄傳

⑦介詞　表所爲。　▲齊使管仲平戎於周。史記齊太公世家

⑧介詞　與今語『根據』『依照』意同。　▲於諸侯之約，大王當王關中。史記韓信傳

⑨介詞　表『在……中』之義。　▲燕於姬姓獨後亡。史記燕世家　▲儒者所謂中國者，於天下乃八十分居其一分耳。又孟荀傳　▲京兆典京師，長安中浩穰，於三輔尤爲劇。漢書張敞傳

⑩介詞　表所在之地位。亦可譯爲『在』。惟此地位乃抽象的地位，與第五條實指地方者不同；故別出之。　▲吾三分四軍與諸侯之銳以逆來者，於我未病楚不能矣。左傳襄九年　▲且矯魏王令奪晉鄙兵以救趙，於趙則有功矣，於魏則未爲忠臣也。史記信陵君傳　▲廣川惠王於朕爲兄。漢書景十三王傳

⑪介詞　表時間。　▲子於是日哭，則不歌。論語述而　▲冢宰制國用，必於歲之杪。禮記王制　▲於今面折庭爭，臣不如君。史記呂后紀　▲於威宣之際，孟子荀卿之

列咸遵夫子之業而潤色之。又儒林傳

⑫介詞 表被動文中之原主動作者。▲勞心者治人，勞力者治於人。治於人者食人，治人者食於人：天下之通義也。孟子滕文公上 ▲彌子瑕見愛於衛君。韓非子說難 ▲然而兵破於陳涉，地奪於劉氏。漢書賈誼傳

⑬介詞 表形容詞之對象。▲吾何快於是！孟子梁惠王上 ▲吾甚慚於孟子。又公孫丑下 ▲舜明於庶物，察於人倫。又離婁

⑭介詞 表形容詞之比較級。▲季氏富於周公。論語先進 ▲子貢賢於仲尼。又子張 ▲苛政猛於虎也。禮記檀弓 ▲王如知此，則無望民之多於鄰國也。孟子梁惠王上 ▲此所謂枝大於本，脛大於股，不折必披。史記武安侯傳

⑮介詞 與以同義。▲慈，於戰則勝，以守則固。韓非子解老 按老子「於」作「以」。▲薊丘之植，植於汶篁。史記樂毅傳 ▲地柱折，天故毋椽，又奈何責人於全？又鼂錯傳 ▲居則習民於射法，出則教民於應敵。漢書鼂錯傳

⑯介詞　表人之意旨。▲人皆以楚爲强而君用之弱，其於英不然。史記春申君傳　▲今吳楚反，於公何如？對曰：不足憂也。又吳王濞傳　按『於英』『於英意』也。『於公』『於公意』也。

⑰介詞　表兩方之關係。▲麒麟之於走獸，鳳凰之於飛鳥，泰山之於丘垤，河海之於行潦，類也；聖人之於民，亦類也。孟子公孫丑　▲伯夷伊尹於孔子，若是班乎？曰：否。自有生民以來，未有孔子也。又　▲且今時趙之於秦，猶郡縣也。史記張儀傳

⑱語首助詞　無義。▲於稽其類，其衰世之意耶？易繫辭　▲黎民於變時雍。書堯典　▲於予擊石拊石。又　▲於物魚躍。詩大雅靈臺　▲於論鼓鐘，於樂辟廱。又　▲於萬斯年。又下武　▲於薦廣牡。又周頌雝　按右例舊讀有讀如『烏』以爲歎美之詞者，王引之皆讀如字。

⑲句中助詞　無義，倒裝時用之。▲亡於不暇，又何能濟？左傳昭四年　▲王貪而無信，唯蔡於憾。又昭十年　▲其一二父兄私族於謀而立長親。又昭十九年

⑳歎詞 讀與『烏』同。 ▲僉曰：於！鯀哉！書堯典

于ㄩ

①介詞 表方所在也。與『於』第五條同。 ▲于以采蘩？于沼于沚。于以采藻？于彼行潦。詩召南采蘩 ▲及餓死于申亥之家，爲天下笑。史記楚世家 ▲乃斫大樹，白而書之曰：龐涓死于此樹之下。又孫子傳 ▲齊桓公許與魯會于柯而盟。又刺客傳 ▲謹斬樊於期之頭，及獻燕督亢之地圖，函封，燕王拜送于庭。使使以聞。又 ▲廉頗卒死于壽春。又廉頗傳 ▲高帝曰：提三尺劍取天下者，朕也。故太上皇終不得制事，居于櫟陽。又韓長孺傳

②介詞 用同『以』。與『於』第十五條同。 ▲舜讓于德，弗嗣。書堯典 ▲歷告爾百姓于朕志。又盤庚 ▲予告汝于難，若射之有志。又 ▲今我既羞告爾于朕志。又 ▲惟予茲不于我政人得罪。又康誥 ▲聽朕教汝于棐民彝。又洛誥 ▲

楚自克庸以來，其君無日不討國人而訓之于民生之不易，禍至之無日，戒懼之不可以怠；在軍，無日不討軍實而申儆之于勝之不可保，紂之百克而卒無後，訓之以若敖蚡冒篳路藍縷以啟山林。左傳宣十二年　▲迺眷南顧，授漢于京。韋孟諷諫詩

③介詞　用同『爲』與『於』第七條同。▲惟茲臣庶，汝其于予治！孟子萬章

按介詞『於』『于』二字用法全同。『於』字所有介詞諸義，『于』字大率皆有之。茲僅舉最通用及最罕用者三條，餘以『於』字例推可也。

④等列連詞　與也。▲子弗祇服厥父事，大傷厥考心；于父不能字厥子，乃疾厥子；于弟弗念天顯，乃弗克恭厥兄；兄亦不念鞠子哀，大不友于弟。書康誥　▲告女德之說于罰之行。又　▲四方迪亂未定，于宗禮亦未克敉，公功迪將其後。又洛誥　按此例從王引之讀。▲時惟爾初不克敬于和，則無我怨。又多方　▲號泣于旻天于父母。孟子萬章上　▲大告道諸侯王三公列侯于汝卿大夫元士御事。

漢書翟義傳

⑤語首助詞　無義。▲于疆于理。詩大雅江漢

⑥語中助詞　倒裝用，與『是』字同。▲赫赫南仲，玁狁于襄。詩小雅出車　▲赫赫南仲，玁狁于夷。又　▲四國于蕃，四方于宣。又大雅崧高

⑦語中助詞　無義。▲黃鳥于飛。詩周南葛覃　▲穀旦于差，南方之原。又陳風東門之枌　▲穀旦于逝，越以鬷邁。又　▲王于興師，修我戈矛，與子同仇。又秦風無衣　▲王于出征，以佐天子。又小雅六月

⑧語末助詞　表疑問，用同『乎』。▲不籍而贍國，爲之有道于？管子山國軌　▲然則先王聖于？呂氏春秋審應

餘ㄩ

①他指指示代名詞　▲其餘后父據春秋褒紀之義，帝舅緣大雅申伯之意，寖廣

博矣。漢書外戚恩澤侯表　▲削梁王五縣，梁餘尚有八城。又文三王傳

②數量形容詞　表餘數之不定者。▲式脫身出分，獨取畜羊百餘。史記平準傳　▲往往而聚者百有餘戎。又匈奴傳　▲封國八百，同姓五十有餘。漢書諸侯王表　▲河間獻王采禮樂古事，稍稍增輯至五百餘事。又禮樂志

俞ㄩˊ

①表態副詞　與『愈』同。▲清之而俞濁者，口也；豢之而俞瘠者，交也。荀子榮辱

②應對副詞　然也。▲師錫帝曰：有鰥在下，曰虞舜。帝曰：俞，予聞，如何？書堯典　▲舜曰：咨四岳！有能奮庸熙帝之載，使宅百揆，亮采惠疇。僉曰：伯禹作司空。帝曰：俞！咨禹！汝平水土，惟時懋哉！又　▲禹曰：都！帝！愼乃在位！帝曰：俞！又皐陶謨　▲於是天子沛然改容曰：俞乎！朕其試哉！漢書司馬相如傳　▲揚子曰：俞！若夫閎言崇議幽微之塗，蓋難與覽者同也。又揚雄傳

與ㄩ

①名詞　共事之人，或黨與也。▲一曰征，二曰象，三曰與，四曰謀。周禮太卜　▲陶誕比周以爭與。荀子強國　▲不欺其與。又王霸　▲羣臣連與成朋，非毀宗室。漢書燕剌王旦傳

②外動詞　許也。▲子謂子貢曰：女與回也孰愈？對曰：賜也何敢望回？回也聞一以知十，賜也聞一以知二。子曰：弗如也，吾與汝弗如也。論語公冶長　▲人潔己以進，與其潔也，不保其往也；與其進也，不與其退也。又述而

③不完全外動詞　謂也。▲獺獸祭魚，其必與之獸，何也？曰：非其類也。大戴禮夏小正傳　▲來降燕乃睇室。其與之室，何也？操泥而就家，入人內也。又　▲夫禮，大之由也，不與小之自也。又曾子事父母　▲是故代相陳豨從車千乘，而吳濞淮南皆招賓客以千數，外戚大臣魏其武安之屬競逐於京師，布衣游俠劇孟郭解之

徒馳騖於閭閻，橫行州域，力折公侯；衆庶榮其名迹，覬而慕之，雖其陷於刑辟，自與殺身成名若季路仇牧，死而不悔也。漢書游俠傳

④外動詞　敵也，當也。▲闔邱嬰與申鮮虞乘而出，行及弇中，將舍。嬰曰：崔慶其追我！鮮虞曰：一與一，誰能懼我？左傳襄二十五年　▲宋方吉，不可與也。又哀九年　▲彼來從我，固守勿與。越語　▲事必與食，食必與位，無相越踰。大戴禮四代　▲以此與天下，天下不足兼而有也。秦策　▲善勝敵者不與。老子　▲龐煖易與耳。史記燕世家　▲今以君之下駟與彼之上駟，取君上駟與彼中駟，取君中駟與彼下駟。又孫子傳　▲秦之所惡，獨畏馬服子趙括將耳。廉頗易與，且降矣。又白起傳　▲吾生平知韓信爲人，易與耳。又淮陰侯傳　▲大之與小，强之與弱也，猶石之投卵，虎之啗豚。淮南子人間訓　▲問豨將，皆故賈人。上曰：吾知所以與之矣。漢書高帝紀　▲單于自度戰不能與漢兵。又匈奴傳　▲戰益急，恐不能與。又朝鮮傳

⑤內動詞　今言參與。讀去聲。▲秦伯納女五人，懷嬴與焉。左傳僖二十三年　▲朝

不坐，燕不與殺三人，亦足以反命矣。禮記檀弓　▲此又與於不仁之甚者也。孟子

▲秦始皇令嬴比封君，以時與列臣朝請。漢書貨殖傳

⑥副詞　假作『舉』用，皆也。　▲王霸安存危殆滅亡，制與在我亡乎人。荀子王制

▲天下之君子與謂之不祥。墨子天志

⑦介詞　與口語『和』字相當。　▲帝者與師處，王者與友處，霸者與臣處，亡國與役處。燕策　▲諸君子皆與驩言，孟子獨不與驩言，是簡驩也。孟子　▲使日夜無郤而與物爲春。莊子德充符　▲此迫矣！臣請入，與之同命。史記項羽紀　▲足下與項王有故，何不反漢與楚連和？又淮陰侯傳　▲上官大夫與之同列爭寵。又屈原傳　▲方今公孫丞相兒大夫董仲舒夏侯始昌司馬相如吾邱壽王主父偃朱買臣嚴助汲黯膠倉終軍嚴安徐樂司馬遷之倫，皆辨知閎達，溢于文辭。先生自視何與比哉？漢書東方朔傳　▲陛下雖賢，誰與領此？又賈誼傳

⑧介詞　爲也。　▲我使掌與女乘。孟子滕文公下　▲所欲，與之聚之；所惡，勿施爾

也。又離婁 ▲或與中期說秦王。秦策 ▲秦王令芈戍告楚曰：毋與齊東國，吾與子出兵矣。楚策 ▲主怒曰：劉氏孤弱，王氏擅朝，排擠宗室，且嫂何與取妹披抉其閨門而殺之？漢書薛宣傳 ▲漢王與義帝發喪。漢紀高祖紀 ▲匡衡勤學，邑人文不識家多書，衡乃與其傭作而不求償。西京雜記

⑨介詞 爲也。表被動時用，故與前條異。 ▲吳王夫差棲越於會稽，勝齊於艾陵，遂與勾踐禽死於干隧。秦策 ▲秦與天下罷，則令不橫行於周矣。西周策 按今本作「秦與天下俱罷」誤。辨見讀書雜志。

⑩介詞 隨也。 ▲蛤蟹珠龜，與月盛衰。淮南子地形訓

⑪介詞 用同「以」。 ▲殷人殯於兩楹之間，則與賓主夾之也。禮記檀弓 ▲大夫有所往，必與公士爲賓也。又玉藻

⑫介詞 與口語「向」字同。 ▲諸遷虜少有餘財，爭與吏求近處。漢書貨殖傳

⑬介詞 用同「於」。 ▲雖無德與女，式歌且舞。詩 ▲縱軀委命，不私與己 賈

誼服鳥賦 ▲要離與慶忌之吳渡江，中江，要離力微坐與上風。吳越春秋闔閭傳 ▲吳有越，腹心之疾；齊與吳，疥瘙也。史記越世家

⑭介詞　與『於』第十七條同　▲秦之與魏，譬若人有腹心之疾。又商君傳 ▲今秦之與齊也，猶齊之與魯也。又張儀傳

⑮連詞　禮記檀弓注云：與，及也。與今語『和』字相當。與第四條介詞異者，此連結平列之詞，彼則帶其賓語以修飾動詞也。　▲夫子之言性與天道，不可得而聞也。論語公冶長 ▲子謂顏淵曰：用之則行，舍之則藏，唯我與爾有是夫！又述而 ▲子罕言利與命與仁。又子罕 ▲昔自夏后氏之衰也，有二神龍止於夏帝庭而言曰：『余褒之二君。』夏帝卜殺之與去之與止之，莫吉。史記周本記 ▲凡有爵者與七十者與未齔者，皆不爲奴。漢書刑法志

⑯連詞　比較二事時用之，故必與『不如』『不若』『豈若』『寧』等詞關聯用之。又或作『與其』，義同。　▲與我處畎畝之中，由是以樂堯舜之道，吾豈若使是君爲堯舜之君哉！吾豈若使是民爲堯舜之民哉！孟子萬章 ▲與吾得革

車千乘也，不如聞行人燭過之一言。呂氏春秋貴直 ▲燕將見魯連書，喟然嘆曰：與人刃我，寧自刃。乃自殺。又魯仲連傳 ▲吾與富貴而詘於人，寧貧賤而輕世肆志焉。又 ▲與其殺不辜，寧失不經。書 ▲不如逃之，無使罪至，爲吳太伯，不亦可乎！猶有令名；與其及也。左傳閔元年 ▲喪禮，與其哀不足而禮有餘也，不若禮不足而哀有餘也；祭禮，與其敬不足而禮有餘也，不若禮不足而敬有餘也。禮記檀弓 ▲與其媚於奧，寧媚於竈。論語八佾 ▲禮，與其奢也，寧儉；喪，與其易也，寧戚。又 ▲與其生而無義，固不如烹。史記田單傳

⑰句中助詞　無義。▲夫有大功而無貴仕，其人能靖者，與有幾？左傳僖二十三年 ▲是盟也，其與幾何？又襄二十九年 ▲其居火也久矣！其與不然乎！又昭十七年 ▲若壅其口，其與能幾何？周語 ▲余一人其流辟於裔土，何辭之與有？又 ▲諸臣之委室而徒退者，將與幾人？晉語 ▲苗棼皇曰：郤子勇而不知禮，矜其伐而恥國君，其與幾何？又 ▲亡人苟入，掃除宗廟，定社稷，亡人何國之與有？又二

▲如寡人者，安與知恥？越語 ▲兵不得休八年，萬民與苦甚。漢書高帝紀

⑱語末助詞 表疑問，或作歟。 ▲誰與哭者？禮記檀弓 ▲子禽問於子貢曰：夫子之至於是邦也，必聞其政。求之與，抑與之與？論語學而 ▲子貢問：師與商也孰賢？子曰：師也過，商也不及。曰：然則師愈與？子曰：過猶不及。又先進 ▲不識舜不知象之將殺己與？曰：奚而不知也！象憂亦憂，象喜亦喜。然則舜僞喜者與？曰：否。孟子萬章上 ▲且以文王之德，百年而後崩，猶未洽於天下。武王周公繼之，然後大行。今言王若易然，則文王不足法與？又公孫丑上 ▲惠帝怪相國不治事，以爲『豈少朕與』？史記曹參世家 ▲商君曰：子不說吾治秦與？又商君傳 ▲夫人生百體堅強，手足便利，耳目聰明，而心聖智，豈非士之願與？應侯曰：然。又蔡澤傳 ▲此人暴虐吾國相，王縣購其名姓千金，夫人不聞與？又刺客傳 ▲甘羅曰：卿明知其不如文信侯專與？又甘茂傳 ▲王聞燕太子丹入質秦歟？曰：聞之。又 ▲子非三閭大夫歟？何故而至此？又屈原傳

⑲語末助詞　表感歎，或作歟。▲猗與漆沮！詩周頌潛 ▲猗與那與！又商頌那 ▲舜其大孝也與！禮記中庸 ▲孝弟也者，其爲仁之本與！論語學而 ▲臧文仲其竊位者與！知柳下惠之賢而不與立也。又衛靈公 ▲政姊榮聞人有刺殺韓相者，賊不得，國不知其名姓，暴其尸而縣之千金。乃於邑曰：其是吾弟與！又刺客傳

⑳語末助詞　表反問。▲化隆者閎博，治淺者褊狹，可不勉與！史記禮書 ▲志小天下，及餓死于中家，爲天下笑，操行之不得，悲夫！勢之於人也，可不愼與！又楚世家

愈ㄩ　逾

①表度副詞　彌也，益也。較前加甚之辭。▲大將軍青既益尊，姊爲皇后；然黯與亢禮。人或說黯曰：自天子欲羣臣下大將軍，大將軍尊重益貴，君不可以不拜。黯曰：夫以大將軍有揖客，反不重邪？大將軍聞，愈賢黯。史記汲黯傳 ▲少年聞之，愈益慕解之行。又游俠傳 ▲景帝遂案誅大行，而廢太子爲臨江王。栗姬愈恚恨。不

得見，以憂死。又外戚世家 ▲丞相奏事，因言：錯擅鑿廟垣爲門，請下廷尉誅。上曰：『此非廟垣，乃壖中垣，不致於法。』丞相謝。罷朝，怒謂長史曰：『吾當先斬以聞，乃先請爲兒所賣，固誤。』丞相遂發病死，錯以此愈貴。又晁錯傳 ▲武安侯雖不任職，以王太后故親幸；數言事，皆效。天下士吏趨勢利者皆去魏其歸武安。建元六年，竇太后崩，以武安侯爲丞相，天下士郡國諸侯愈益附武安。又武安侯傳 ▲灌夫爲人剛直使酒，不好面諛，貴戚諸有勢在己之右，不欲加禮，必陵之；諸士在己之左，愈貧賤，尤益敬與鈞。又灌夫傳 ▲人聞其能使物及不死，更饋遺之，常餘金錢衣食。人皆以爲不治生業而饒給，又不知其何所人，愈信，爭事之。又封禪書 ▲王心以爲上無太子，天下有變，諸侯並爭，愈益治器械攻戰具。又淮南王傳 ▲遵既免，歸長安，賓客愈盛。漢書陳遵傳 ▲人有畏影惡迹而去之走者，舉足愈數而迹逾多。莊子

豫ㄩ

①時間副詞 未至其時而先爲之曰「豫。」今言「豫先。」▲識者見前江迺始無應敵之數，知勇俱困，以致恥辱，卽豫爲臣憂。漢書陳湯傳 ▲武庫禁兵上方珍寶，其選物上弟，盡在董氏；而乘輿所服，乃其副也。及至東園祕器珠襦玉柙，豫以賜賢，無不備具。又佞幸傳 ▲忠以詔書旣開諫爭，慮言事者必多激切，或致不能容，乃上書豫通帝意。後漢書陳忠傳 ▲五月一日，當有大水，其變已至，不可防救。宜令吏人豫爲其備。又方術任文公傳

欲ㄩ

①外動詞 願也。▲卽欲與神通，宮室被服非象神，神物不至。史記封禪書 ▲是故其智不足與權變，勇不足以決斷，仁不能以取予，彊不能有所守，雖欲學吾術，

終不告之矣。又貨殖傳 ▲張負歸，謂其子仲曰：吾欲以女孫予陳平。又陳平世家 ▲寡人欲相甘茂，可乎？又甘茂傳 ▲子曰：我欲載之空言，不如見之於行事之深切著明也。又太史公自序

②時間副詞　將也。言未來之事用之。▲初，四人俱拜於前，小史竊言。武帝問：「言何？」對曰：爲侯者得東歸不？上曰：女欲不貴矣。漢書田廣明傳 ▲我與隗囂事欲不諧，使來見殺；得賜，道亡。後漢書隗囂傳 ▲廣陵太守陳登忽患匈中煩懣面赤不食，佗脈之曰：府君胃中有蟲，欲成內疽，腥物所爲也。又華佗傳 ▲想弟必有過理，得暫寫懷。若此不果，後期欲難冀。王右軍帖

聿[4]

①語首助詞　文選江賦注引韓詩薛君章句云：聿，辭也。幽通賦注云：聿，惟也。按實無義。▲聿求元聖。書湯誥 ▲聿追來孝。禮記引詩 按今詩「聿」作「遹」

▲聿修厥德。詩大雅文王　▲聿來胥宇。又緜　▲聿懷多福。又大明　▲聿中龢爲庶幾兮。班固幽通賦

②語中助詞　無義。　▲蟋蟀在堂，歲聿其莫。詩唐風蟋蟀　▲昔日未知，亦聿既髦。又大雅抑　▲雨雪瀌瀌，宴然聿消。荀子非相篇引詩小雅角弓

遹 ㄩˋ

①語首助詞　無義。　▲文王有聲，遹駿有聲。遹求厥寧，遹觀厥成。文王烝哉！詩大雅文王有聲　▲匪棘其欲，遹追來孝。又

粵 ㄩㄝˋ

▲語首助詞　無義。　▲粵詹雒伊，毋遠天室。史記周本紀　▲粵若來二月。漢書律曆志引書武成

②語中助詞　無義。　▲侚粵其幾淪神域兮。漢書敘傳

越 ㄩㄝˋ

①介詞　用同「於」　▲肆予曷敢不越卬敉寧王大命？書大誥　按漢書翟義傳莽誥作「害敢不於身撫祖宗之所受大命。」　▲濟濟多士，秉文之德；對越在天，駿奔走在廟。詩周頌清廟

②介詞　踰也，過也。　▲會友人上郡太守王旻喪還，規縞素越界到下亭迎之。後漢書皇甫規傳　▲前變未遠，臣誠戚之，是以越職盡其區區。又

③等列連詞　與也。　▲大誥猷爾多邦越爾御事。書大誥　▲肆予我友邦君越尹氏庶士御事。又　▲爾庶邦君越庶士御事。又　▲義爾邦君越爾多士尹氏御事。又　▲肆哉爾庶邦君越爾御事。又

④語首助詞　無義。　▲高宗肜日，越有雊雉。書高宗肜日　▲不服田畝，越其罔有

黍稷。又盤庚 ▲殷遂喪，越至於今。又微子 ▲越予小子，考翼不可征，王害不違卜？又大誥 ▲越予沖人，不卬自恤。又 ▲越若來三月惟丙午朏。又召誥 ▲越翼日戊午，乃社於新邑。又 ▲穀旦於逝，越以鬷邁。詩陳風東門之枌 ▲越有小旱。大戴禮夏小正

曰ㄩㄝ

①不完全內動詞　爲也。 ▲一曰水，二曰火，三曰木，四曰金，五曰土。書洪範 ▲水曰潤下，火曰炎上，木曰曲直，金曰從革，土爰稼穡。又 ▲八庶徵：曰雨，曰暘，曰燠，曰寒，曰風，曰時。五者來備，各以其敍，庶草蕃廡。又 ▲一曰乾豆，二曰賓客，三曰充君之庖。公羊傳桓四年 ▲國無九年之蓄曰不足，無六年之蓄曰急。禮記王制

按以上例『曰』字獨用。 ▲是其生也，與吾同物，命之曰同。左傳桓六年 ▲命曰勞酒。禮記月令 ▲命之曰暢月。又 ▲百官族人可謂曰智。孟子　按以上例

用於外動詞『命』『謂』等字之下。

②外動詞　廣雅云：曰，言也。▲子曰：學而時習之，不亦說乎？論語學而

③外動詞　亦言義。惟用以解釋上文，故與前條用法異。在今語與『他的意思是說』相同。▲哀公問社於宰我，宰我對曰：夏后氏以松，殷人以柏，周人以栗，曰：『使民戰栗。』論語八佾　按宰我推想周人用栗爲社之意，曰：『是欲使民戰栗，故用栗也。』▲且志曰：喪祭從先祖。曰：吾有所受之也。孟子滕文公上　▲咸丘蒙問曰：詩云：普天之下，莫非王土；率土之濱，莫非王臣。而舜旣爲天子矣，敢問瞽瞍之非臣，如何？曰：是詩也，非是之謂也。勞於王事而不得養父母也。曰：此莫非王事，我獨賢勞也。又萬章上

④語首助詞　無義。▲我送舅氏，曰至渭陽。詩秦風渭陽　▲曰爲改歲，曰殺羔羊。又豳風七月　▲曰歸曰歸。又小雅采薇　▲其未醉止，威儀反反。曰旣醉止，威儀幡幡。又賓之初筵　▲摯仲氏任，自彼殷商，來嫁于周，曰嬪于京。又大雅大明　▲曰止

曰時，築室於茲。又緜　▲天方艱難，曰喪厥國。又抑　▲載見辟王，曰求厥章。又周頌載見　▲仲尼曰：叔向古之遺直也。治國制刑，不隱於親；三數叔魚之惡，不為末減。曰義也夫！可謂直矣！左傳昭十四年

⑤語中助詞　無義。▲我東曰歸，我心西悲。詩豳風東山　▲其湛曰樂，各奏爾能。又小雅賓之初筵　▲雨雪瀌瀌，見晛曰消。又角弓　▲昊天曰明，及爾出王；昊天曰旦，及爾游衍。又大雅板

爰ㄩㄢˊ

①不完全內動詞　為也。▲水曰潤下，火曰炎上，木曰曲直，金曰從革，土爰稼穡。書洪範

②介詞　用同「於」。▲盤庚既遷，奠厥攸居，乃正厥位，綏爰有衆。書盤庚　▲推誠永究，爰何不臧？漢書孝成許后傳　▲伊考自邃古，乃降戾爰茲。班固典引

③介詞　與也。▲大保命仲桓南宮毛俾爰齊侯呂伋以二干戈虎賁百人逆子釗於南門之外。書顧命

④語首助詞　無義。集韻云：爰，引詞也。▲爰居爰處，爰喪其馬。詩邶風擊鼓　▲爰有寒泉，在浚之下。又凱風　▲樹之榛栗，椅桐梓漆，爰伐琴瑟。又鄘風定之方中　▲逝將去女，適彼樂土。樂土樂土，爰得我所。又魏風碩鼠　▲爰居爰處，爰笑爰語。又小雅斯干　▲爰及矜人，哀此鰥寡。又鴻雁　▲樂彼之園，爰有樹檀。又鶴鳴　▲亂離瘼矣，爰其適歸。又四月　▲干戈戚揚，爰方啓行。又大雅公劉　▲止基迺理，爰衆爰有。又　▲爰始爰謀，爰契我龜。又緜　▲爰及姜女，聿來胥宇。又　▲文王改制，爰周郅隆。史記司馬相如傳　▲雷電尞復白麟，爰五止顯黃德。漢書禮樂志

⑤語中助詞　無義。▲我王來，既爰宅於茲。書盤庚　▲載馳載驅，周爰諮諏。詩小雅皇皇者華

緣：ㄩㄢˊ

①介詞　因也。▲曷爲爲季子諱殺？季子之遏惡也，不以爲國獄，緣季子之心而爲之諱。公羊傳莊三十二年　▲成帝卽位，緣先帝意，厚遇異於他王。漢書宣元六王傳　▲前賢已再封，晏商再易邑，業緣私橫求，恩已過厚。又王嘉傳　▲武帝崩，大將軍霍光緣上雅意，以李夫人配食。又外戚傳

②介詞　隨也。▲其居位，爵祿賂遺所得，亦緣手盡。漢書樓護傳　▲彤聞世祖自薊還失軍，欲至信都，乃先使張萬尹綏選精騎二千餘匹緣路迎世祖軍。後漢書邳彤傳

云：ㄩㄣˊ

①外動詞　與『曰』同。▲牢曰：子云：吾不試，故藝。論語子罕

②外動詞　爲也。▲臣聞鄒衍曰：政教文質者，所以云救也。漢書嚴安傳　▲所以優游而不征者，重勤師衆，勞將卒，故隱忍而未有所云也。漢封甘延壽詔　▲雖云匹夫，霸王可也。後漢書袁術傳

③外動詞　有也。　▲大旱之日短而云災，故以災書；此不雨之日長而無災，故以異書也。公羊傳文二年　▲故人無師無法而知，則必爲盜；勇則必爲賊；云能則必爲亂。人有師有法而知，則速通；勇則速威；云能則速成。荀子儒效　▲曾子曰：詩曰：轂已破碎，乃大其輻；事已敗矣，乃重太息：其云益乎？又法行　▲巨塗則讓，小塗則殆。雖欲不謹，若云不使。又榮辱　▲云能而害無能，則亂也。又非十二子篇註引愼子　▲將欲觀殊議異策，虛心傾耳以聽，庶幾云得。鹽鐵論利議　▲陛下夙夜以求賢，此亦堯舜之用心也。然而未云獲者，士素不厲也。漢書董仲舒傳　▲天下存亡，誠云命也。後漢書馮衍傳　▲臣累世受恩，榮祚豐衍。竊不自揆，貪少云補。又應劭傳　皇綱云緒，帝紀乃設。又崔駰傳

④指示代名詞　如此也。▲介葛盧聞牛鳴，曰：是生三犧，皆用之矣。其音云。左傳僖二十九年　▲子之言云，又焉用盟！又襄二十八年　▲上曰：吾欲云云。漢書汲黯傳　按師古曰：「云云」猶言「如此如此」也。▲文學儒吏時有奏記稱說云云。又朱博傳　▲或曰：善爲政者欲除煩去苛，并官省職，爲之以無爲，事之以無事，何子之言云云也？後漢書仲長統傳

⑤假設連詞　如也，若也。▲管夷吾有病，小白問之曰：仲父之病疾矣，不可諱。云至於大病，則寡人惡乎屬國而可？列子力命

⑥語首助詞　無義。▲我僕痡矣，云何吁矣？詩周南卷耳　▲云誰之思？西方美人。又邶風簡兮　▲子之不淑，云如之何？又鄘風君子偕老　▲既見君子，云胡不夷？又鄭風風雨　▲始者不如今，云不我可。又小雅何人斯　▲靡所止疑，云徂何往？又大雅桑柔　▲赫赫炎炎，云我無所。又雲漢　▲瞻卬昊天，云如何里。又

⑦語中助詞　賓語倒置時用之，用法與「是」第五條同。▲有皇上帝，伊誰云

憯？詩小雅正月　▲伊誰云從？維暴之云。又何人斯　▲無曰不顯，莫予云覯！又大雅抑

⑧語中助詞　無義。▲道之云遠，曷云能來！詩邶風雄雉　▲我日搆禍，曷云能穀！又小雅四月　▲昔我往矣，日月方除，曷云其還，歲聿云莫。又小明　▲人之云亡，邦國殄瘁。又大雅瞻卬　▲民有肅心，荓云不逮。又桑柔　▲爲民不利，如云不克。又▲歲云秋矣。左傳僖十五年　▲日云莫矣。又成十二年　▲帥大讎以待小國，其誰云待之？魯語　▲內外無親，其誰云救之？晉語二　▲鳥魚可謂愚矣！禹湯猶云因焉。墨子公孟　▲通保傅，傳孝經論語尚書，未云有明。漢書昭帝紀　▲使臣殺身以安國，蒙誅以顯君，臣誠願之，獨恐未有云補。又諸葛豐傳　▲雖歿軀體，無所云補。後漢書陳龜傳

⑨語末助詞　無義。▲蓋記時也云。大戴禮夏小正傳　▲故聖人曰禮樂云。禮記樂記　▲太史公曰：余登箕山，其上蓋有許由冢云。史記伯夷列傳　▲故其儀闕然堙滅，其詳不可得而記聞云。又封禪書　▲牲用騮駒黃牛羝羊各一云。又　▲成山

斗入海，最居齊東北隅，以迎日出云。▲其用如經祠云。▲聞其言，不見其人云。▲地貴陽，祭之必於澤中圜丘云。▲及到，三神山反居水下；臨之，風輒引去，終莫能至云。▲少翁以方，蓋夜致王夫人及竈鬼之貌云。▲其後裝治行，東入海，求其師云。▲從官在山下，聞若有言萬歲云。▲有麃，上自射之，因以祭云。▲陛下建漢家封禪，天其報德星云。▲數日無所見，見大人跡云。▲天下騷動，大將得之若一敵國云。漢書游俠傳 ▲又召賢女弟以爲昭儀，位次皇后，更名其舍爲椒風，以配椒房云。佞幸傳 ▲自淳維以至頭曼千有餘歲，時大時小，別散分離，尚矣；其世傳不可得而次。然至冒頓而匈奴最强大；其世姓官號可得而記云。匈奴傳上

員 ㄩㄣˊ

①語首助詞　無義。▲君子員獵員遊。石鼓文

②語中助詞　與『云』第八條同，無義。　▲日月逾邁，若弗員來。書秦誓

③語末助詞　表決定。　▲縞衣綦巾，聊樂我員。詩鄭風出其東門

允 ㄩㄣˇ

①表態副詞　信也。　▲允所謂遭仁遇神，真所宜傳而著之。後漢書文苑傳

②語首助詞　無義。　▲允釐百工。書堯典　▲允迪厥德。又皋陶謨　▲允蠢鰥寡。又大誥　▲允執其中。論語堯曰篇引堯語　▲允出茲在茲。左傳襄二十一年引夏書　▲允王維后。詩周頌時邁　▲允王保之。又　▲於皇武王，無競惟烈，允文文王，克開厥後。又武　▲允文允武。又魯頌泮水　▲時文思索，允臻其極。周禮考工記

③語中助詞　無義。　▲庶尹允諧。書皋陶謨　▲豳居允荒。詩大雅公劉

庸 ㄩㄥˊ

①助動詞　無庸猶今言「不必」「不用」。▲既而大叔命西鄙北鄙貳於己。公子呂曰：國不堪貳，君將若之何？欲與大叔，臣請事之；若弗與，則請除之。公曰：無庸，將自及。左傳隱元年　按「無庸」謂「無庸除之」，動詞省略耳。故「庸」爲助動詞。▲竊爲君計者，莫若安民無事，且無庸有事於民也！史記蘇秦傳

②表態副詞　殆也。▲且吾聞唐叔之封也，箕子曰：其後必大。晉其庸可冀乎！左傳僖十四年　▲城濮之兆，其報在邲。今此行也，其庸有報志。又昭五年　▲南蒯子仲之憂，其庸可棄乎！又昭十三年

③反詰副詞　豈也。▲子儀在位，十四年矣；而謀召君者，庸非貳乎？左傳莊十四年　▲其君能下人，必能信用其民矣，庸可幾乎？又宣十二年　▲晏平仲端委立於虎門之外。四族召之，無所往。其徒曰：助陳鮑乎？曰：何善焉？助欒高乎？曰：庸愈乎？又昭十年　▲吾庸知天之不授晉且以勸荆乎？晉語　▲縱夫子驁祿爵，吾庸敢驁霸王乎？呂氏春秋愼大覽下賢　▲此天所置，庸可殺乎！史記晉世家　▲今移禍，庸去

是身乎？又楚世家　▲雖王之國，庸獨利乎？漢書南越王傳

④承接連詞　與『乃』同。　▲帝庸作歌。書皋陶謨　▲昔虞閼父爲周陶正以服事我先王。我先王賴其利器用也與其神明之後也，庸以元女大姬配胡公而封諸陳。左傳襄二十五年

容ㄩㄥˊ

①助動詞　當也。　▲然則建巳之月爲純陽，不容都無復陰也。董生雨雹對　▲公軍八月至潼關，閏月北渡河，則其年閏八月也。至此，容可大寒邪？魏志太祖紀注　▲雖千古茫昧，理世玄遠；遺文逸句，容或可尋。水經注

②助動詞　可也。　▲先王之樂所以節百事也；故有五節，遲速本末以相及，中聲以降，五降之後，不容彈矣。左傳昭元年　▲固狂夫下愚，不達大體，竊感古人一飯之報，況受顧遇而容不盡乎？後漢書李固傳　▲父在無容稱廟，父歿何容輒呼？顏氏

家訓

③助動詞　或也。與今言『許』同。▲諸王子在京，容有非常。宜亟發遣，各還本國。後漢書楊厚傳　▲求之密邇，容或未盡。又朱浮傳

④反詰副詞　與『庸』同。豈也。▲蓋鄭詹來而國亂，四佞放而衆服：以此觀之，容可近乎？後漢書楊秉傳　▲苟時未可，容得已乎？魏志辛毗傳

永ㄩㄥ

①時間副詞　長也，久也。▲不壹勞者不久佚，不蹔費者不永寧。漢書匈奴傳

用ㄩㄥ

①外動詞。▲其羽可用爲儀。易　▲如有用我者，吾其爲東周乎！論語陽貨　▲不用賢則亡。孟子　▲慶封令慶舍用政。史記齊世家

②介詞　與『以』同。　一切經音義七引倉頡篇云：『用，以也。』以用一聲之轉，故義同。　▲衞青霍去病亦以外戚貴，然頗用材能自進。史記佞幸傳　▲永始元延之間，日蝕地震尤數；吏民多上書言災異之應，譏切王氏專政所致。上懼變異數見，意頗然之，未有以明見。迺車駕至禹第，辟左右，親問禹以天變，因用吏民所言王氏事示禹。漢書張禹傳　▲是故身率妻子，戮力耕桑，灌園治產，以給公上。不意當復用此爲譏議也！又楊惲傳　▲單于既得翕侯，以爲自次王，用其姊妻之。又匈奴傳上　▲魯人皆以儒教，而朱家用俠聞。又游俠傳　▲清，寡婦，能守其業，用財自衞。又貨殖傳　▲先生奚用相濟？後漢書馬援傳

③介詞　由也，因也。　▲好生之德，洽於民心，茲用不犯於有司。書大禹謨　▲伯夷叔齊不念舊惡，怨是用希。論語公冶長　▲故謀用是作，而兵由此起。禮記禮運　▲王前欲伐齊，員彊諫；已而有功，用是反怨。史記越世家　▲廣用善射，虜多，爲郎騎常侍。又李廣傳　▲用此，其將兵數困辱。又游俠傳　▲光武戲曰：何用知非僕也？後

漢書鄧晨傳

④介詞　爲也。▲不忮不求，何用不臧？詩邶風雄雉　▲國既卒斬，何用不監？又小雅節南山　▲身將隱，焉用文之？左傳　▲鄰之厚，君之薄也。焉用亡鄭以倍鄰？又　▲何用見其末易災之餘而嘗也。穀梁傳桓十五年　▲何用弗受也？爲以王命絕之矣。又莊六年

⑤介詞　表所用之名義。▲秦詔書購求兩人，兩人亦反用門者以令里中。史記張耳陳餘傳

⑥介詞　表領率之義。▲郁成窺知申生軍日少，晨用三千人攻戮申生等。史記大宛傳

詞詮卷十

阿ㄚ

①語首助詞　必置於名詞及代名詞之上。　▲吾謂大弟但有武略耳。至於今者，學識英博，非復吳下阿蒙！吳志呂蒙傳注　▲與卿語，不如與阿戎語。世說注　▲主吏仲東阿東。成湯靈臺碑陰　▲禰衡游許下，自公卿國士以下，衡初不稱其官，皆名之曰阿某。抱朴子　▲堂上啓阿母。焦仲卿妻詩　▲阿母謂阿女。又　▲道逢鄉里人，家中有阿誰？古詩　▲先主謂曰：向者之論，阿誰爲失？蜀志龐統傳　▲敦作色曰：小人阿誰是也？晉書沈充傳

唉ㄞ

①嘆詞　無義。　狂屈曰：唉！予知之。莊子知北遊　▲亞父受玉斗，置之地，拔劍撞而破之。曰：唉！豎子不足與謀！史記項羽紀

安ㄢ

①疑問代名詞　代事物。　▲泰山其頹，則吾將安仰？梁木其壞，哲人其萎，則吾將安放？禮記檀弓　▲賢人深謀於廊廟，論議朝廷；守信死節隱居巖穴之士，設爲名高者，安歸乎？歸於富厚也。史記貨殖傳

②疑問代名詞　代處所，何處也。　▲王室多故，予安逃死乎？史記鄭世家　▲騫曰：臣在大夏時，見邛竹杖蜀布，問曰：安得此？大夏國人曰：吾賈人往市之身毒。又大宛傳　▲有其書無有？皆安受學？又倉公傳　▲又問臣意師慶安受之？又　▲姬侍王，從容語次譽赫長者也。王怒曰：女安從知之？漢書黥布傳

③疑問形容詞　何也。率用於名詞『所』字之上。　▲見其家織布好，而疾出其

家婦，云：欲令農士工女安所讎其貨乎？史記循吏傳 ▲今小國以窮困來告急天子，天子弗振，彼當安所告愬？又何以子萬國乎！又東越傳 ▲子當爲王，欲安所置之？又滑稽傳 ▲武帝大笑曰：於呼！安得長者之語而稱之？安所受之？又 ▲以古準今，壹何不相逮之遠也！安所繆盭而陵夷若是？漢書董仲舒傳 ▲駙馬都尉安所受此語？又師丹傳 ▲安所求子死？桓東少年場。又尹賞傳

④疑問副詞 何也。▲暴而不戢，安能保大？左傳宣十二年 ▲參免冠謝曰：陛下自察聖武孰與高皇帝？上曰：朕乃安敢望先帝乎！史記曹相國世家 ▲平曰：非魏無知，臣安得進？又陳平世家 ▲今上欲易太子，君安得高枕而臥乎？又留侯世家 ▲彼敗吾一軍，餘皆走，安能相救？又黥布傳 ▲吾亦欲東耳，安能鬱鬱久居此乎？又淮陰侯傳 ▲今君處毋望之世，事毋望之主，安可以無毋望之人乎！又春申君傳 ▲迺公居馬上得之，安事詩書！漢書陸賈傳

⑤承接連詞 乃也。▲王安挺志，一日惕一日留以安步王志。吳語 ▲王安厚

取名而去之。又　▲精存自生，其外安榮。管子內業　▲民衣食而緜，下安無怨咎。又山國軌　▲其山之淺有龍與斥，羣木安逐。又地圓　▲羣藥安生。又　▲若飢則得食，寒則得衣，亂則得治，此安生生。墨子尙賢　▲然則當爲之撞巨鐘，擊鳴鼓，彈琴瑟，吹竽笙而揚干戚，衣食之財將安可得而具乎？卽我以爲未必然也。又非樂　▲上不能好其人，下不能隆禮，安特將學雜識志順詩書而已耳！荀子勸學　▲委然成文以示之天下，而暴國安自化矣。又仲尼　▲文王誅四，武王誅二，周公卒業；至於成王，則安無誅矣。又　▲身不能不知恐懼而求能者，安唯便僻左右親比已者之用。又王霸　▲故先王聖人安爲之立中制節。又正論　▲今日置質爲臣，其主安重；今日釋璽辭官，其主安輕。呂氏春秋執一　▲犀首得見齊王，因久坐，安從容談。魏策

⑥語末助詞　與「焉」同，爲形容詞或副詞之語尾。　▲俄則屈安窮矣。荀子榮辱

案 按

①承接連詞　乃也，於是也。▲約期於牧，案用師旅。逸周書武寤 ▲秦與韓爲上交，秦禍案移於梁矣；秦與梁爲上交，秦禍案攘於趙矣。趙策 ▲故先王案爲之制禮義以分之。荀子榮辱 ▲權謀傾覆之人退，則賢良知聖之士案自進矣。又王制 ▲故先王案爲之立文。又禮論 ▲凡攻人者，非以爲名，則案以爲利也。又富國

②承接連詞　則也。▲是案曰是，非案曰非。荀子臣道 ▲秦使左案左，使右案右。又 ▲今子宋子案不然。又正論 ▲人皆失喪之，我按起而治之。又富國 ▲學者以聖王爲師，案以聖王之制爲法。又解蔽

而

①名詞　說文云：而，須也。▲深其爪，出其目，作其鱗之而。周禮考工記梓人

②人稱代名詞　對稱用，汝也。讀上聲。▲且而與其從避人之士也，豈若從避世之士哉！論語微子 ▲余而所嫁婦人之父也。左傳成二年 ▲而先皆季氏之良也。又定八年 ▲漢王曰：吾與項羽俱北面受命懷王，曰：約爲兄弟。吾翁卽若翁。必欲烹而翁，則幸分我一杯羹。史記項羽紀 ▲呂后眞而主矣！又留侯世家 ▲若歸，試私從容問而父。又曹相國世家

③助動詞　假作「能」字用。▲故古者聖王唯而審以尙同以爲正長，是故上下情通。墨子尙同 ▲天下之所以治者何也？唯而以尙同一義爲政故也。又 ▲不而矯其耳目之欲。又非命 ▲君以此思哀，則哀將焉而不至矣！荀子哀公 ▲不逢湯武與桓繆兮，世孰云而知之？楚辭九章 ▲管燕謂其左右曰：子孰而與我赴諸侯乎？齊策 ▲秦始皇使遺君王后玉連環，曰：齊多知，而解此環不？又　按莊子逍遙遊篇云：「知效一官，行比一鄉，德合一君，而徵一國。」亦假「而」爲

『能』作名詞用。

④副詞　猶也，且也。　▲千乘之君，求與之友而不可得也，而況可召與？孟子萬章下　▲夫禽獸之愚，而不可妄致也，而況於火食之民乎！尸子明堂　▲左右曰：秦西巴有罪於君，今以爲子傅，何也？孟孫曰：夫一麑而不忍，又何況於人乎？淮南子人閒訓

⑤副詞　與乃同，始也。　▲如此而成於孝子也。大戴記曾子本孝　▲孔子過泰山側，有婦人哭於墓者而哀。夫子式而聽之，使子路問之曰：子之哭也，壹似重有憂者？而曰：然。禮記檀弓　▲有四德者，隨而无咎。左傳襄九年　▲吾今取此然後而歸爾。公羊傳宣十五年

⑥等立連詞　與也。　▲故君爲社稷死，則死之；爲社稷亡，則亡之。若爲己死而爲己亡，非其私暱，誰敢任之？左傳襄二十五年　▲二三子計乎有禦楚之術而有守國之備乎？魯語　▲聞善而不善，皆以告其上。墨子尚同　▲學，譬之，猶礪也。夫昆

吾之金而銖父之錫，使干越之工鑄之以爲劍而弗加砥礪，則以刺不入，以擊不斷。尸子勸學　▲以管子之聖而隰朋之智，至其所不知，不難師於老馬與蟻；今人不知以其愚心而師聖人之智，不亦過乎！韓非子說林上　▲其患在豎牛之餓叔孫而江乙之說荆俗也。又內儲說　▲夫憂患之來攖人心也，非直蜂蠆之螫而蚊蝱之慘怛也。淮南子俶眞訓

⑦承接連詞　論語皇疏云：而者，因仍也。▲學而時習之，不亦說乎！論語學而　▲予既烹而食之。孟子　▲不足，又顧而之他。又離婁下　▲玉在山而草木潤，淵生珠而崖不枯。荀子勸學

⑧承接連詞　則也。▲君子見幾而作，不俟終日。易繫辭傳　▲諸侯方睦於晉，臣請嘗之。若可，君而繼之；不可，收師而退，可以無害。左傳襄十八年　▲若防大川焉，潰而所犯必大矣。楚語　▲君親無將，將而誅焉。公羊傳莊二十三年　▲文公學讀書於臼季，三日，曰：吾不能行咫，聞則多矣。對曰：然而多聞以待能者，不猶愈也？晉

語）▲士妾有子，而爲之緦；無子則已。（禮記喪服小記）▲非父則母，非兄而姒也。（墨子明鬼）▲與楚則漢破，與漢而楚破。（史記欒布傳）▲然而王何不使布衣之人以窮齊之說說秦？（燕策）▲然而計議不得，雖諸賁不能安其位亦明矣。（漢書鄒陽傳）

⑨轉接連詞　可譯爲『然』及今語之『卻，』惟意較輕耳。▲數之以不用僖負羈而乘軒者三百人也。（左傳僖二十八年）▲賈而欲贏，而惡囂乎？（又昭元年）▲不有祝鮀之佞，而有宋朝之美，難乎免於今之世矣。（論語雍也）▲子溫而厲，威而不猛，恭而安。（又述而）▲季氏富於周公，而求也爲之聚斂而附益之。（又先進）▲夫子焉不學，而亦何常師之有？（又子張）▲君子之道，淡而不厭，簡而文，溫而理。（禮記中庸）▲何哉，君所爲輕身以先於匹夫者以爲賢乎？禮義由賢者出，而孟子之後喪踰前喪。君無見焉！（孟子梁惠王下）▲其妻問所與飲食者，則盡富貴也；而未嘗有顯者來。（又離婁下）▲拱把之桐梓，人苟欲生之，皆知所以養之者；至於身，而

不知所以養之者。又告子上 ▲吾念之欲如是，而羣臣誰可者？史記張蒼傳 ▲自是之後，俠者極衆，而無足數者。漢書游俠傳

⑩陪從連詞　連續副詞與其所修飾之動詞。 ▲啟呱呱而泣。書皐陶謨 ▲子路率爾而對。論語先進 ▲嘑爾而與之，行道之人弗受；蹴爾而與之，乞人不屑也。孟子

⑪陪從連詞　接續介詞與動詞。 ▲我欲中國而授孟子室。孟子 ▲中天下而立。又 ▲吉於是中西域而立莫府。漢書鄭吉傳　按諸例『中』字皆介詞。

⑫陪從連詞　下接『上』『下』『往』『來』等字，與『以』字第廿一條用法同。 ▲形而上者謂之道，形而下者謂之器。易繫辭 ▲而今而後，吾知免夫。論語泰伯 ▲由孔子而來至於今，百有餘歲。孟子盡心下 ▲故自四五萬而往者强。荀子強國

⑬陪從連詞　與『之』字用同。 ▲君子恥其言而過其行。論語憲問 ▲德之流行，速於置郵而傳命。孟子 ▲君子恥其言而不見從，恥其行而不見隨。詩周頌譜

疏引尚書大傳

⑭ 假設連詞　用同如。▲且先君而有知也，毋寧夫人，而焉用老臣？左傳襄二十九年 ▲子產而死，誰其嗣之？又襄三十年 ▲晏子曰：後世若少惰，陳氏而不亡，則其國也已。又昭二十六年 ▲將盟，齊人加於載書曰：齊師出竟，而不以甲車三百乘從我者，有如此盟。孔丘使茲無還揖對曰：而不反我汶陽之田，吾以共命者，亦如之。又定十年 ▲堯崩三年之喪畢，舜避堯之子於南河之南。天下諸侯朝覲者，不之堯之子而之舜，訟獄者不之堯之子而之舜，謳歌者，不謳歌堯之子而謳歌舜。故曰天也。夫然後之中國踐天子位焉。而居堯之宮，逼堯之子，是篡也。孟子萬章上 ▲孔子進以禮，退以義，得之不得曰有命。而主癰疽與侍人瘠環，是無義無命也。又萬章下 ▲意而安之，願假冠以見；意如不安，願無變國俗！說苑奉使

⑮ 比較連詞　表直比，如也。▲君子以蒞衆用晦而明。易明夷象傳 ▲垂帶而厲。詩小雅都人士 ▲滿而不滿，實如虛，過之如不及。大戴禮衛將軍文子 ▲文王視民

如傷，望道而未之見。孟子離婁 ▲能而稷乎？能而麥乎？管子樞言 ▲財利至，則言善而不及也。荀子仲尼 ▲黔然而雷擊之，如牆厭之，又彊國 ▲與生與長而言之與響。呂氏春秋順說 ▲白頭而新，傾蓋而故。新序雜事 ▲一面而別，雖死而生。吳越春秋王僚傳

⑯語末助詞　爲形容詞副詞之語尾，無義。 ▲突而弁兮。詩齊風甫田 ▲頎而長兮。又猗嗟 ▲鋌而走險。左傳文十七年 ▲忽而自失。史記日者傳

⑰語末助詞　助句。漢書韋賢傳注云：而者，句絕之辭。 ▲俟我於著乎而，充耳以素乎而，尚之以瓊華乎而。詩齊風著 ▲唐棣之華，偏其反而。論語子罕篇引詩 ▲已而已而，今之從政者殆而。又微子 ▲若敖氏之鬼，不其餒而。左傳宣四年 ▲不其亂而。逸周書芮良夫 ▲我雖鄙耇，心其好而，我徒侃爾，樂亦在而。漢書韋賢傳

爾　九

①人稱代名詞　汝也。音變爲今語『你』字。▲爾無我詐，我無爾虞！左傳成元年

▲爾來何遲也？禮記檀弓　▲子貢欲去告朔之餼羊。子曰：爾愛其羊，我愛其禮。論語八佾　▲以吾一日長乎爾，毋吾以也！如或知爾，則何以哉？又先進　▲其至，爾力也；其中，非爾力也。孟子

②指示代名詞　此也。▲公會諸侯盟於薄，釋宋公。傳曰：執未有言釋之者，此其言釋之何？公與爲爾也。公與爲爾奈何？公與議爾也。公羊傳僖二十一年　按王引之云：『與爲爾』，『與爲此』也；『與議爾』，『與議此』也。▲孔子在衛，有送葬者，而夫子觀之，曰：善哉爲喪乎！足以爲法矣！子貢曰：夫子何善爾也？禮記檀弓

▲今二君勤勤，援引漢高河山之誓，孤用恧然。雖德非其疇，猶欲庶幾，事亦如爾；故未順旨。吳志周瑜傳　▲君不得爲爾。世說

③指示代名詞　如此也。六書故云：爾者，如是之合言。▲宦於大夫者之爲之服也，自管仲始也；有君命焉爾也。禮記雜記　按王引之云：『焉』猶乃也。『爾，』如

此也。言有君命乃如此也。▲相曰：王自使人償之。不爾；是王爲惡而相爲善也。漢書田叔傳 ▲我功當爲王。但爾者。陛下忘我邪？後漢書彭寵傳 ▲汝乃我家出，亦敢爾邪？又鄧禹傳 ▲蜀卓氏寡女亡奔司馬相如；貴土風俗何以乃爾乎？蜀志張裔傳 ▲諸葛亮見顧有本末，終不爾也。又費詩傳 ▲臣不意永昌風俗敦直乃爾。又呂凱傳 ▲人與相逢及屬城長吏接待隆厚者，乃與交歡，不爾；卽放所將奪其資貨。吳志甘寧傳 ▲飛免分裂之禍，受更生之恩，逐之尚必不足，豈當圖亡哉？若爾；寧頭當代入函。又注引吳書 ▲解人不當爾邪！又孫霸傳 ▲不爾以往，無所成也。又周魴傳 ▲正始之音，正當爾耳。世說

④指示形容詞　此也，▲既作爾歌，惟以告哀。詩 ▲許掾嘗詣簡文，爾夜風恬月朗。世說 ▲謝仁祖年八歲，謝豫章將送客，爾時已神悟，自參上流。又

⑤代名副詞　如此也。▲富歲子弟多賴；凶歲子弟多暴。非天之降才爾殊也，其所以陷溺其心者然也。孟子告子上

⑥語末助詞　玉篇云：爾，詞之畢也。爲形容詞或副詞之語尾。爲副詞之語尾者，其助動詞時，必帶連詞而字。▲如有所立，卓爾雖欲從之末由也已。論語子罕 ▲其在宗廟朝廷，便便言，唯謹爾。又鄉黨 ▲鼓瑟希，鏗爾。又先進 ▲南宮縚之妻之姑之喪，夫子誨之髽，曰：爾毋從從爾，爾毋扈扈爾。禮記檀弓 ▲居處言語飲食衎衎爾。又　按以上例爲形容詞之語尾。▲子路率爾而對。論語先進 ▲夫子莞爾而笑。又陽貨 ▲嘑爾而與之，行道之人弗受；蹴爾而與之，乞人不屑也。孟子

按以上爲副詞之語尾。

⑦語末助詞　與「而已」同。▲不以食道，用美焉爾。禮記檀弓 ▲唯祭祀之禮。主人自盡焉爾，豈知神之所饗，於彼乎於此乎！又　按郊特牲云：「豈知神之所饗也，主人自盡其敬而已矣。」「爾」字作「而已」，是其證也。▲不崇朝而徧雨乎天下者，唯太山爾。公羊傳僖三十一年 ▲是其爲相縣也，幾直夫芻豢稻粱之縣糟糠爾哉？荀子榮辱 ▲其以强爲弱，以存爲亡，一朝爾也。鹽鐵論論功

▲語末助詞 說文八部云：爾，詞之必然也。按表決定之意。卽今語『呢』字。▲其國亡矣，徒葬於齊爾。公羊傳莊四年 ▲器之與人，非有卽爾。又桓二年 ▲君若用臣之謀，則今日取郭而明日取虞爾。又僖二年 ▲莊王圍宋，軍有七日之糧爾。盡此不勝，將去而歸爾。又宣十五年 ▲鬱陶思君爾。孟子

⑨語末助詞 表疑問。▲然則何言爾？公羊傳隱元年 ▲何譏爾？又二年 ▲何危爾？又三年 ▲則中國曷爲獨言齊宋至爾？又僖二年

耳[九]

①語末助詞 表限止。與『而已』同。魏志崔琰傳云：『楊訓發表稱贊功伐。琰與訓書曰：「省表，事佳耳。」太祖怒曰：諺言「生女耳」，「耳」非佳語。按『耳』爲僅可而未足之詞，故曹公謂非佳語也。▲子曰：二三子！偃之言是也，前言戲之耳。論語陽貨 ▲故春事二十五日之內耳也。管子臣乘馬 ▲晏子食脫粟之食，

彖三代五卵苔菜耳矣。晏子雜篇 ▲然則非自殺之也，一閈耳。孟子 ▲人之易其言也，無責耳矣。又離婁 ▲口耳之間，則四寸耳。荀子勸學 ▲凡人倫，以十際爲安者也。釋十際，則與麋鹿虎狼無以異，多勇者則爲制耳矣。呂氏春秋愼行論壹行 ▲若乃得去不肖者而爲賢者狗，豈特攫其腓而噬之耳哉！齊策 ▲是直聖人之糟粕耳。淮南子道應訓 ▲曩者霸上棘門軍若兒戲耳。史記周勃世家 ▲趙王田獵耳，非爲寇也。又魏公子傳 ▲身爲漁父而釣於渭濱耳！又范雎傳 ▲於期每念之，常痛於骨髓。顧計不知所出耳！又刺客傳 ▲馮先生甚貧，猶有一劍耳。又孟嘗君傳 ▲儒者所謂中國者，於天下乃八十一分居其一分耳。又騶衍傳 ▲至如說丞相弘，如發蒙振落耳。又汲黯傳 ▲此不北走胡，卽南走越耳。又季布傳 ▲此其屬意非止此也，特畏高帝呂太后威耳。又文帝紀 ▲王曰：男子之所死者，一言耳。又淮南王傳 ▲淮南王有三子，唯在陛下耳。又袁盎傳 ▲吏爭以苛察相高，然其敝徒文具耳。又張釋之傳 ▲酒酣，武安起爲壽，坐皆避席伏。已，魏其侯爲壽，獨故人避席耳。又魏其侯傳　▲上自魏其時不直武安，特爲太后故耳。又　▲長沙迺在二萬五千戶耳。漢書賈誼傳　▲逐利不耳！慮非顧行也。又　▲漢存，特幸耳。又

②語末助詞　表決定。▲嗜酤酒，好謳歌，巷遊而鄉居者乎！吾無望也耳。大戴禮曾子立事　▲胎生者不殰，而卵生者不殈，則樂之道歸焉耳。禮記樂記　▲女得人焉耳乎？論語雍也　▲如雲而起耳。新書孽產子　▲昔甘茂之孫甘羅，年少耳；然名家之子孫。史記甘茂傳　▲士方其危若之時，易德耳！又　▲臣乃今日請處囊中耳。又信陵君傳　▲且吾所爲者極難耳。又刺客傳

③語末助詞　與『邪』『乎』用法同。▲楚王大怒曰：寡人雖不德耳；奈何以朱公之子故而施惠乎？史記越世家　▲後與南郡習授同載，見曹公出，授曰：父子如此，何其快耳！魏志崔琰傳注

附錄一

名詞代名詞下『之』『的』之詞性

口語之『的』卽文語之『之』。『之』字古音讀如臺，（ㄉㄞ）及『之』變讀『ㄓ』音以後，口語蓋仍讀如『臺』。後又由『臺』音變爲『的』音。語音與文字不一致，故代表口語ㄉ一音之『的』字始生。以此知『之』『的』兩字孰古孰今，殊難臆決。緣『之』雖由篆文遞變，固非古形，而音則全爲後起之音。『的』字形雖爲後起，而其發聲尙是古聲。（ㄉㄞ與ㄉ一爲雙聲）必謂『之』古而『的』今，得無顚倒？

與口語『的』同用之『之，』馬氏文通定爲介詞。故今研究語法者亦定『的』爲介詞。然文言中介詞『以』『於』『爲』『與』（除連詞之與字）『自』『由』『從』諸字，在何讀中皆各有其司詞。（口語同）『之』『的』則當何如謂『之』『的』無司詞乎?則與其他之介詞不類;謂其有司詞乎?則在『之』『的』之上之詞爲司詞乎?抑在其下之詞爲司詞乎?馬氏於此態度殊爲含混。文通界說云:

城門之軌,兩馬之力與?兩之字介於兩名之間以明相屬之義也。(卷一頁六)

又馬氏定司詞之界說,(卷一頁十六)但云『爲』『以』『與』各有司詞。『之』字有無司詞,彼絕無說。故馬氏於此態度至爲曖昧。又馬氏同時引孟子『爲淵敺魚』三句作例,說三爲字皆各介所司之詞於敺字,以明何爲而敺。似彼又認介詞之介爲『介紹』之義,與前作『介間』義說之者不同。故知馬氏於介詞定名之根本義,亦無確定之見解。同縣友人章行嚴君著中等國文典,嘗下介詞之定義云:

介詞者,所以介紹名詞以與動詞形容詞及其他名詞相聯絡者也。(八頁)

章君下此定義,態度固極明瞭。且彼從馬氏介詞『介間』『介紹』兩義中獨取

『介紹』一義，不取『介間』一義，亦爲有識。緣『介間』一義頗侵連詞之界域，本不確當故也。

章君既用介紹說爲介詞之定義矣，而於被『之』『的』介紹之詞如何說乎？彼於下文又云：

惟所介紹之名詞，介詞有置於其前者，有置於其後者。置於前者，謂之前置介詞；置於後者，謂之後置介詞。（八頁）

彼於後置介詞節又云：

後置介詞，只一之字。（二四三頁）

彼又引『先王之道斯爲美』一例，解釋之云：

之者，置於先王之後也，故爲後置介詞。而『之』字與『先王』合以冠『道』字。（頁同上）

取章君前後兩說合觀之，知彼定此『之』字爲介紹『先王』以與『道』字相聯絡。用馬氏術語言之，便當謂『先王』爲『之』字之司詞。然此說有數點可以懷疑。

1.『之』介紹『先王，』則之字與英文之of相當；然與中國文字本來之習慣不合。

2.凡介詞與其司詞，如『爲此』『以彼』『於人』等，皆可以成一讀；而『先王之』却不能成一讀。與其他之介詞不類。

3.又介詞與其司詞連成一讀，在一句中皆修飾動詞或形容詞，『先王之』等例，則是修飾名詞，亦與其他之介詞不類。

余緣懷疑於此，故前數年講授文法時，不從章說，却定此種『之』字乃介紹在彼下之詞。（『先王之道』『之』介『道』。）以此說與章說較，章說之第一病雖似可免，而章說之第二病依然存在。（『之道』亦不能成一讀。）第三病不止不能避免，且較章說爲更劣。因『先王之』尚可以强說是修飾名詞。『道』字，『之道』更無可說也。因此，余近亦棄此說，不敢復用。綜合上文所言觀之，『之』字置介詞中，實有種種困難之點。卽是：

一、介詞之界說不能概括確當。（馬氏介間介紹兩用，卽因此故。）

二、不用介間說，專用介紹說，則發生司詞何屬之問題。

三、司詞上屬既不妥，下屬亦不安，竟無法解決。

緣此，余意欲取『之』『的』二字，趕到介詞範圍以外去。

然則『之』『的』究竟當歸入何詞類乎？今且列舉數說。

一 連詞說

此爲日本人兒島獻吉郎所著漢文典之說。

二 語尾說

此說從口語『的』字立說以例文言『之』字者，立說之根據如下：

甲、形容詞『美麗的』『潔白的』等之『的』，今說者皆認爲形容詞之語尾，無認作介詞者。然則名代下之『之』『的』亦不必認作介詞，而可以認作語尾。

乙、副詞『活潑潑的跳』『慢慢的來』（現多寫作地字）之『的』說者亦多認做副詞之語尾。然則名代下之『之』『的』亦當認作語尾。

丙、『之』『的』表示所有，正與英文表示所有之S相同。然則吾人不當認『之』『的』同於英文介詞之of，而當認之同語尾之S。

三　助詞說

文言中助詞本可分爲三種：

甲、句首助詞　『緊』『允』『惟』『越』等是。

乙、句中助詞　如「惟利是視』之『是』，『有兔斯首』之『斯』等是。

丙、句末助詞　如『也』『哉』『乎』『歟』等是。

『之』字本爲一種句中助詞，後世文字漸漸趨簡約，趨於規則，其他之句中助詞多被汰去，惟『之』字有表明隸屬之作用，所以未見淘汰而存在。其實助詞本身是一種可有可無之物，故現在文言之『之』口語之『的』有時恆被省去，而無礙於文義。

此三說皆各有根據，余意助詞說尤爲近真。甚望留心文法者有以決之也。

附錄二

論詩經『于以』書

一、與錢玄同

玄同先生：

前承見告胡適之先生歸納詩經『于』字，謂『于』字與『焉』字相同，有『在那裏』與『在那處』二義。如『黃鳥于飛』之『于』，有『在那裏』之義；『于以采蘩』之『于』，爲『在何處』之義。釋『于飛』之『于』爲在那裏，頗爲確當；謂「于以采蘩」爲疑問句，語氣亦極拍合。但不知于以之「以」字，胡君如何安頓？弟意則謂「于以」之所以爲疑問，當在「以」字而不在「于」。尙書「夏罪其如台？」「今王其如台？」如台，史記皆譯作「奈何」。法言「顏氏之子其如台？」漢書敍傳「如台不匡，」如台亦皆奈何之義。台字既有何義，說文台從目聲，則以當爲台之假借，亦是「何」義。（以爲目之隸變。）如此則「于以采蘩？于沼于沚；」「于以采藻？于彼行潦；」「于以求之？于林之下，」上下文「于」字，既可解釋一律，而「以」字又實有着落，不致如胡君之說，成爲贅疣。不知兄與胡先生以爲如何？

再「于」「於」二字，本可作「以」字用，說見拙著古書疑義舉例續補。「于」可訓「以」，則「以」亦可訓「于」，但詩之于以，既將于字釋爲何處，又訓爲于，未免糾纏，不如前說之爽快耳。

二　與胡適之

適之先生：

玄同兄處轉到先生給他的信，知道您對於我的『于以說』還有疑義，現在我來說明他。

一、疑問詞作司詞，必在介詞的前面，前天和劭西玄同談這問題時，劭西便曾談及。但是詩經裏面像『自何能穀？』（小宛，）自字介詞，亦在何字的前面；與平常先司詞後介詞的次序不同。又如：

于焉逍遙？ 于焉嘉客？——小雅白駒

于何從祿？——同正月

于何不臧？——十月之交

于何其臻？——菀柳

伊于胡底？——小旻

于字介疑詞『焉』『何』『胡，』都在他們的前面。又古書中有『惡乎』

的例，檀弓『吾惡乎哭諸？』絕無『何于』『焉于』『胡于』……等等的例。那麼，我們可以知道于字這個介詞，和旁的介詞有一個大不相同之點：便是旁的介詞用疑問詞作司詞的時候，介詞一定在司詞的下面，在上面者爲例外。于字却不然，他介紹疑問詞作司詞，一定在他的前面。『于以』的次序，『于』在『以』前，也是這個特別例之一；絕沒有『不古』的嫌疑了。（韓文『於何考德而問業焉？』也用於何，不用何於，可見古人讀書精細。）

二、您說上下文相同的字，解釋不必一律，他處誠也可說。但『于以采藻？于彼行潦』等句，既是上句問詞，下句答詞，自然不能不做同樣的解釋。譬如詩經裏『終南何有？有紀有堂；』『終南何有？有條有梅，』句例正和『于以采蘩？于沼于沚』相同。若說者將上下文的二字作異義的解釋，豈非笑話？而況這些文句，于字作同義解，以字便有着落；作異義解，以字便成贅疣呢？

三、我們看了詩經『于以奠之？宗室牖戶；誰其尸之？有齋季女』四句，下二句是一問一答，知道上二句也是一問一答。釋『于以……』句爲疑問句，這也恐怕應該是一個有力的證據。由此例推，則天保詩中『俾爾單厚，何福不除？俾爾多益，以莫不庶？』四句是排偶句。上兩句是疑問語氣，下兩句也當然是疑問句。那麽，這『以』字也應該作何字解了。下文『以莫不興』『以莫不增』，也當作同這樣的解釋。

四、您說『于以』是複詞，詩經中誠有複詞，但多是靜字，如『參差』『猗難』之類。沒有名字，而且多是雙聲疊韻字，介詞代詞是絕沒有複字的。

五、您說詩經中有三種的于字，都可以用焉字解釋，但是這三種之外，于字有只當在字解的，如『我出我車，于彼郊矣。』有當倒裝是字解的，如『玁狁于襄。』這些于字，焉字都包括不了，那又何必定用焉字去統括呢？

附錄三

論所字之詞性（暫缺）

詞詮勘誤表

卷	頁	行	原文	改正
三	五三	九	洪惟我幼人	幼下脫「沖」字
四	五一	三	表態副詞	表態形容詞
五	二〇	三	擊缻	擊甕叩缶
		八	太后豈以爲有愛不相魏其	有下脫「臣」字
	五九	六	魏風碩鼠	魏上脫「又」字
六	七二	九	晏子爲齊出	齊下脫「相」字
七	四〇	五	後擊單于	四字衍
	五六	一	天地萬物之橐	全刪
		二	宙合有橐天地管子宙合	全刪

民國二十一年一月二十九日敝公司突遭國難總務處印刷所編譯所書棧房均被炸燬附設之涵芬樓東方圖書館尚公小學亦遭殃及盡付焚如三十五載之經營隳於一旦迭蒙各界慰問督望速圖恢復詞意懇摯銜感何窮敝館雖處境艱困不敢不勉爲其難因將需要較切各書先行覆印其他各書亦將次第出版惟是圖版裝製不能盡如原式事勢所限想荷鑒原謹布下忱統祈垂督

上海商務印書館謹啓

版權所有

中華民國十七年十月初版
民國二十一年九月印行國難後第一版
(三二三七)

詞詮

每册定價大洋貳元玖角
(外埠酌加運費匯費)

著者 楊樹達
校訂者 方毅
發行兼印刷者 上海商務印書館
發行所 商務印書館 上海及各埠